心理治療
—解析與策略

曾文星 ▪ 編著

編著者簡介

曾文星

本籍：台灣省台南人

經歷：國立台灣大學醫學院醫科畢業（1961）

國立台灣大學附屬醫院精神科住院醫師專科訓練
（1961～65）

美國哈佛大學醫學院精神科進修（1965～68）

曾任：國立台灣大學醫學院精神科講師（1965～72）

美國夏威夷東西文化中心研究學者（1971～72）

夏威夷大學醫學院精神科副教授（1972～76）

世界精神醫學會跨文化精神醫學分會會長（1983～93）

美國文化精神醫學研究會委員（1996～2006）

現職：夏威夷大學醫學院精神科教授（1976～）

特任：北京大學精神衛生研究所客座教授（1987～）

世界文化精神醫學協會會長（2006～09）

榮任：世界精神醫學會跨文化精神醫學分會榮譽顧問（1993～）

美國精神醫學會卓越終生院士（2003～）

嘉獎：美國文化精神醫學研究會學術創作獎（2002）

美國文化精神醫學研究會終生成就獎（2008）

美國精神醫學會亞洲精神醫學特別貢獻獎（2008）

● 中文著作

合著：《最新精神醫學》（水牛出版社，1980）

《現代精神醫學》（水牛出版社，1994）

《新編精神醫學》（水牛出版社，2003）

《文靜心理衛生叢書》（十二冊）（水牛出版社，
1989～1996）

《心理治療：原則與方法》（水牛出版社，1981）

《心理治療：理論與分析》（水牛出版社，1994）

《心理治療：學說與研究》（水牛出版社，2005）

專著：《文化精神醫學：學理與運用》（水牛出版社，2006）

編著：《心理治療普及叢書》（十本）

（北京醫科大學出版社，2001～2002）〔簡體版〕

《心理治療及輔導叢書》（十本）

（中文大學出版社，2004）〔繁體版〕

《曾文星教授心理治療叢書》（六本）

（北京醫科大學出版社，2008）〔簡體版〕

包括：《心理治療：操作與會談》

《心理治療：解析與策略》

《心理治療：督導與運用》

主編：《華人的心理與治療》（桂冠圖書公司，1996）

● 日文著作

合編：《移居と適應》（日本評論社，1996）

● 英文著作

合著：*Culture, Mind and Therapy*（Brunner/Mazel, 1981）

Culture and Family: Problems and Therapy（Haworth, 1991）

Culture and Forensic Mental Health（Brunner-Routledge, 2004）

Cultural Competence in Health Care: A Guide for Professionals（Springer, 2008）

專著：*Handbook of Cultural Psychiatry*（Academic Press, 2001）

Clinician's Guide to Cultural Psychiatry（Academic Press, 2003）

合編：*Adjustment in Intercultural Marriage*（University Press of Hawaii, 1977）

People and Cultures of Hawaii: A Psychocultural Profile（University Press of Hawaii, 1980）

Chinese Culture and Mental Health（Academic Press, 1985）

Suicidal Behavior in the Asia-Pacific Region（Singapore University Press, 1992）

Chinese Societies and Mental Health（Oxford University Press, 1995）

Culture and Psychopathology（Brunner/Mazel, 1997）

Culture and Psychotherapy（American Psychiatric Press, 2001）

Cultural Competence in Clinical Psychiatry（American Psychiatric Publishing, Inc., 2004）

Asian Culture and Psychotherapy（University of Hawaii Press, 2005）

共同作者

（提供個案資料並共同撰寫之共同作者名單與簡介）

叢　中 教授　　北京大學精神衛生研究所教授。主要從事心理治療的工作與教學，特別研究成語對本土性心理治療的運用。

田　峰 副教授　　山西醫科大學第二醫院精神衛生科副主任醫師。從事精神衛生與心理治療工作。

朱金富 教授　　河南省新鄉醫學院心理學系主任，新鄉醫學院第二附屬醫院主任醫師、教授。主要從事臨床心理諮詢與治療工作，特別是本土性的心理治療研究。

陳一心 所長、副教授　　南京醫科大學腦科醫院副教授，兒童精神衛生研究中心所長。主要從事兒童心理治療工作。

林　紅 博士　　北京大學精神衛生研究所兒童心理衛生副研究師及主治醫師，北京大學臨床心理中心辦公室主任。主要從事兒童與青少年的心理研究與父母的輔導。

黃韋欽 醫師　　台灣桃園療養院精神科醫師。主要從事住院病人與門診病人的心理治療，包括催眠治療。

序

　　這是本人先後出版的「曾文星教授心理治療叢書」裡最近所完成的其中一本，主要焦點放在說明對病情如何做解析，了解病人的病情來龍去脈以後，建立輔導的策略，好進行治療的工作。這可說是心理治療的操作裡最重要的課題，是施予心理輔導的核心工作。

　　在過去三十五年的光陰裡，我們全家移居到美國夏威夷定居以後，仍很關心華人同事們對文化與心理衛生或心理治療方面的進修。我們除了邀請許多學者們先後在國內外各地參加國際會議，有機會與國外學者們做學術交流，或者共同進行研究工作以外，還屢次在各地舉辦有關心理治療的講習班，共同討論個案的治療。另外，也特地先後邀請若干同道們到夏威夷做短期進修。這些跟夏威夷有關的華人學者們，特別對心理治療有興趣的，被邀請提供他們過去治療過的實際臨床個案經驗，構成此本《心理治療──解析與策略》的基本資料。換句話說，這本書是依靠這些華人同道學者們以共同作者的身分而參與書寫，是個整體的、總結性的共同表現與成就。

　　從結構上說來，本書分為五部，就人生發展的程序而包括：孩童與少年、青少年、年輕人、成人，以及老人各部，整體性涵蓋所有人生階段裡可能遭遇的各種心理問題的治療。每章就一個個案進行書寫與闡述。每章分為三節，首先報告個案的病情與治療操作，接著解析病情與說明治療策略，然後探討理論並做學理上的說明。如此有連貫性、結構性地貫穿完成。通常由共同作者們提供第一節的資料，而由編著者撰寫第二、三節，如此合作而書寫全稿。

　　本書的目的，不僅是想包括人生裡可能遭遇的心理問題及其治療的要領，並且就這些案例來說明各種學說，企圖透過各章而盡量含括所有關於人的心理、病理，以及與治療有關的學理。因此是學說理論與實際運用並重的書籍，達到其特點與功效。本書最後附有「按類索引」，列出在不同章裡討論的各種學理性議題，方便讀者可以就索引選讀各自有興趣的章稿。

　　本人非常感謝這些擔任共同作者的華人同道學者們，不但提供他們寶貴的臨床經驗與資料，容許我們相互討論與學習，提高臨床上的水準，促進學術上的心得，並且能對華人心理治療的推展提供有力的貢獻！

　　最後，要感謝心理出版社林敬堯副總經理兼總編輯的遠見與熱心贊助，同意連續出版本人最近所著有關心理治療的幾本書，有系統地繼續提供有關心理治療的必讀書籍，促進心理治療水準的提高，推展我們社會的心理衛生。出版社的林汝穎執行編輯細心編輯這本書，以便能適合同道們與讀者的閱讀與運用，在此一併致謝。

曾文星

夏威夷 檀香山

2009 年 6 月 5 日

本書的結構與意圖

　　本書的結構是經由特意的思考而表現特別的性質，是配合心理治療上必需的三個要素而綜合書寫，並且透過實際的案例說明與解說，希望促成以有深度的眼光，運用學理而實踐有效治療的書。

　　心理治療的實施所需要的三個基本要素是：具備學理、了解病情、考慮技術。要施予適當的治療，首先要懂得如何採用合適的技巧；而要知道如何發揮其技巧，需要對病情有整體性的了解與把握，才能明白如何去進行治療的方向與模式；而要體會整體性的病情，要有可靠的學理與經驗為背景，才能很恰當地獲得病情的整體性了解。因此，如何具備所需的學理，如何了解病情，而如何操作並施予治療，是一連貫的三個基本關鍵，先後相互發生影響與作用，按層次而進行，融貫而達到其總體的最後效果。換句話說，有了學理的基礎，就能很快對病情做準確的了解，而對病情有所把握，就知道如何進行治療的操作。可是反過來，沒有適當及可靠的會談技巧與要領，也不知如何建立治療者與病人的適當關係，就得不到所需的臨床資料；而無法建立完整與確實的病情了解，也無法配用相關的學理根據而施予治療。因此，是先後以不同的角度與性質而發生左右相互的影響。總結說來，這三個條件要並行考慮與顧及，才能完整進行有策略性的治療工作。

　　可是，如何並行考慮並且同時把握這三個重要因素，是個學習上的課題與挑戰。最好的辦法與途徑就是根據實際的個案而相互探討、把握與同時學習。因此，這本書就是根據這樣的意圖與構想而設計書寫。每章都根據一個特意選擇的案例而編寫，而每章所採用的案例，基本上都分為三節來做先後的說明與討論。即：

◉ 第一節：個案報告與治療操作

　　由治療者根據實際施予輔導的病人而做詳細的報告，包括會談的細節、輔

導進行的過程，與治療上的操作，而在適當的地方由編著者（以督導者的角度與立場）提供評論與建議。

第二節：病情解析與治療策略

根據治療上所得的觀察結果、關係上的表現，以及透過會談所獲得的臨床資料而建立整體性的病情了解，可建立治療上的策略及進行輔導的依據。

第三節：理論探討與學理說明

就病例中所牽涉到而需要知曉的理論與學理做適當的解釋與說明，可幫助病情的深透了解，並且領悟到治療上的要領與輔導方向的指針。

為了保持全書的完整性，對個案的選擇有特別的考量，不但要考慮個案可用來說明有關心理治療中必須了解的各種各樣不同的學理，以便全書能揉合而包括整套性的學說背景，懂得如何適當採取與運用，還要包含社會裡可能遭遇的各種心理問題的種類，以及在不同人生發展中必須去面對的心理課題。因此，為了方便，本書按人生的發展階段而分章組織，並且採納有不同性質的心理問題，構成了解人生中可能遭遇到各種心理問題的教材。

本書刻意回避討論各種「精神疾病」的治療。譬如：精神病、神經症等各種精神疾病。一來，有關這樣特別關注精神疾病的心理治療書籍已經有許多；二來，本書強調要注重心理的問題，並以動態及分析性精神醫學的角度與立場，來了解與把握人生裡可能遭遇的各種心理挫折與心情上的困難，以及對這樣問題的治療與輔導。因此所選擇與探討的個案，大多是以心理問題為其重要焦點。同時，不從生物精神醫學的角度去討論各種心理問題可能有關的生物性病因因素，也少討論藥物治療或其他軀體性治療，可說是無形中在強調心理治療上很重要的取向與立場，並強調對普通人患常見心理問題時所需要施予的心理治療。

目 錄
CONTENTS

第 二 部
青少年的案例

心理治療
解析與策略

第 五 部

老人的案例

第一部

孩童與少年的案例

第 *1* 章 小時被幾個保姆帶大，現在還黏著小狗玩具的國中生

■ 嬰兒（口慾期）的喪失經驗與黏密問題

第一節　個案報告與操作評論（林紅）

個案報告

本個案名叫小其（化名），是十五歲的男孩，由媽媽及爸爸帶來就診。小其理應上國三，但一年多沒有上學了。小其一年多來無法上學，他自己描述不喜歡上學的原因是：得寫作文；學習壓力大，作業多，而自己是完美主義者，寫不好就擦，作業寫得慢，要寫到很晚；而且怕與同學關係不好。

小其的母親回顧小其小時候的情況。母親說，小其還是嬰兒的時候，顯得很「乖」，不哭不鬧。剛生下來的半年內基本上是由媽媽一個人帶，媽媽忙於給孩子洗尿布、做飯、餵孩子等雜事。由於小其不鬧，所以媽媽很少想起來抱孩子。小其即使大小便時都不哭，只是雙腳抬高表示大小便了。

當小其五個多月時，媽媽產假結束，準備回公司上班，於是找了第一個保姆。她是個十七歲的女孩，性格外向，看起來挺能幹，做事乾淨俐落。白天由保姆一個人帶，媽媽早上七點出門，晚上七點才能回來。媽媽回家後還要忙於做飯，沒有時間，也沒有想到要擁抱和撫慰孩子。

　　爸爸在小其出生後，就擔任了主管職務，比較忙，經常出差，幾乎沒有時間和小其在一起。小其一歲半時爸爸出國，在國外待了三年。當小其三歲時，由於保姆家裡有事，辭了職，不得已只好換了第二個保姆。第二個保姆十六歲，與第一個保姆性格完全不同，她個性內向，不愛說話，比較聰慧，會畫畫。小其在這個保姆來的第一天，就表現出很喜歡這個保姆。但媽媽認為這個保姆文化素質比較差，不懂禮貌（例如從來不主動稱呼別人），比較懶，也愛睡覺。當媽媽因為保姆做得不好而批評保姆時，小其會很著急地攔著媽媽，不讓媽媽指責保姆；媽媽很奇怪，但意識到不該當著孩子的面批評保姆，後來就盡量注意避免了。

　　第二個保姆來後不久，小其三歲多時，媽媽一個人短期到外國探親，跟父親會面。因為費用等原因，不能帶小其一起去。小其知道將被留在家裡由保姆照顧，就氣呼呼地不理媽媽。在媽媽離開的當天早上，五點多媽媽起床，還沒有出門，小其就起來了，嘟嘟囔囔說：「反正我不睡覺了」，但也沒有哭鬧著要和媽媽一起走。媽媽把小其留在家，心裡很難過，到了外國以後，馬上打國際電話回家，但小其硬是不接媽媽的電話。媽媽在外國期間，孩子主要由第二個保姆帶。媽媽想孩子，心裡難受，實在待不下去了，三個月後就回到家裡。見到小其後問他是否想媽媽了，小其不回答，第一句話反而問：「爸爸呢？」媽媽拿出爸爸和媽媽在國外合照的照片，小其拿在手中看著照片大哭，問：「為什麼爸爸不回來？」

　　小其四歲生日時，保姆買給小其一個漂亮的玩具小狗作為生日禮物。小狗特別可愛，毛長長的，紅紅的舌頭伸出來，是很高級的玩具。小其一直很喜歡，經常抱著、摟著玩。不久，爸爸從外國回國短期探親，看見這個絨毛玩具，怕毛吸到肺裡對孩子身體不好，沒跟小其說明，就自作主張把小狗扔到垃圾桶裡了。媽媽沒有攔住，但媽媽當時就擔心孩子會恨爸爸，怕孩子心理留下創傷，也擔心保姆會不高興，所以媽媽就悄悄把小狗撿起來藏到洗衣機裡。晚上吃飯時，小其一直尋找小狗，媽媽說小狗住院了。小其不吃不喝，大發脾氣，一直堅持要他的小狗玩具。媽媽實在沒有辦法，只好把小狗玩具洗乾淨後，又給小其了。

　　小其三歲多時，為了提高孩子的綜合素質，鍛鍊自理能力，父母安排小其上了一年日托幼稚園，每天早晚由保姆接送小其上幼稚園和回家。四歲之後，媽媽聽說一所幼稚園很不錯，帶小其去參加考試，小其表現很出色，考上了這所比較著名的寄宿制幼稚園。由於一個星期才需要接送孩子一次，這時，母親就讓阿姨（第二個保姆）走了。媽媽表示，並沒有發現小其對保姆的離開有特別的反應。

　　可是離家上寄宿幼稚園以後，小其開始有點不適應，不願意去幼稚園，而且經常感冒、發燒、咳嗽等，只能斷斷續續上幼稚園。想媽媽，開始不好好吃飯，但老師反映小其學東西比較快，聰明、自尊心強。比如，用英語說「謝謝」時因發音不正，所以小朋友們笑他，小其眼圈就紅了。因為吃飯動作慢，老師指責、嚇唬他，小其告訴媽媽他晚上睡不著覺，害怕，不想去幼稚園了。

　　當保姆走了之後，小其經常問媽媽：「阿姨去哪兒了？」媽媽告訴小其，阿姨要上班，還要念書，回家去了。小其睡覺經常抱著小狗，出門不敢帶小狗，怕小狗丟了；但放在家裡又擔心被人偷走了。當別人說小狗的壞話時（如毛洗禿了），小其會表現出很不高興的樣子。到現在，對於他喜歡的人或物等，如果別人（包括媽媽、爸爸）提出不同意見，他都會很生氣，與別人吵，彷彿別人沒有尊重他的意見，「我喜歡的人你為什麼那麼說他！」

　　小其對小狗備加愛護，經常給小狗洗澡。有一次，小狗的舌頭壞了，要外婆替他縫上。由於舌頭修不好了，又找不到一模一樣的舌頭來補上，小其為此還哭了，要求「必須跟我的小狗是一模一樣的」。父母因此還特地去買，但確實找不到第二個了。小其也不喜歡接受新的，其他玩具也喜歡舊的。

　　小其經常向小狗撒嬌，把玩著小狗，用嘴親，用臉親，使勁抱，聞它的味道。特別是生氣、不高興的時候，使勁摟著親來親去，拿它抹眼淚，使勁摟著它。小狗身上的眼淚味、鼻涕味，都是小其身上的味道，小其喜歡小狗身上的味道，小其現在也不讓家人替小狗洗澡，堅持不讓家人洗，說「一洗，就沒香味了」。

　　小狗的毛都洗掉了，很難看，但小其仍將它視若珍寶，誰都不能碰小狗。每次出門，都要把小狗保護好，唯恐小狗被人偷走了。與父母沒有衝突時，會

讓爸媽抱（他的）小狗。

在小其快五歲時，爸爸從外國回來。爸爸性格比較偏，對孩子不耐煩，容易發脾氣，特別是剛從國外回來時，對衛生要求太高，家裡髒一點就不高興。他父親非常武斷，看見不順眼的東西就扔，不高興就不客氣地說出來，不太理解孩子。

小其從小不願下地玩，老愛被人抱著。內向，不合群，不願與別的孩子玩，喜歡安靜，眼神中總是若有所思的感覺。老師反映他分析問題有深度，但對人不熱情。幼稚園時，老師也描述他個性強，性格不開朗。

小其的小學階段還過得去，可是上了國中，就比較顯出一些性格上的問題。他現在容易緊張、沒有自信，倔強，要求自己「不鳴則已，一鳴驚人」，敏感。小時候，他不愛叫人，曾問媽媽：「我要是叫人，人家會不會不高興？」經常有煩惱的事情，但認為「一般人不會主動把煩惱的事情告訴別人」，所以不告訴別人自己的煩惱，也不主動問別人的煩惱。小其說：「我喜歡自己一個人快樂，只要不說就可以了，否則人家會說『那有什麼好高興的』，反倒被潑一盆冷水。」

對老師不滿意，認為是「窮凶極惡」型老師。不擅表達，愛生悶氣。小其不滿意他的老師，說：「他們從來不問問我的感受，他們要怎麼做就怎麼做。」

第二節　病情解析與治療策略

這個個案的整體病情很清楚且容易了解。即：由於個案在年幼的時候，母親對他未能很親近地照顧，少擁抱他；而且為了平時上班工作或出國跟丈夫會合，曾經由保姆代為養育；還換過一次保姆，讓病人屢次經歷「喪失」養育者的心理創傷經驗。父親也在個案一歲半到四歲半這段時間不在家，到國外工作，也是另外的「喪失」創傷。

為了這些早期的屢次「喪失」養育者（父母及保姆）的創傷經歷，個案採取的適應方式之一就是「黏密作用」（attachment）。黏密到養育者代替性、象

徵性的「客體」（object）──即小狗玩具，發生黏密小狗玩具的行為現象，年歲到了少年期，仍黏密不放。換句話說，小孩得不到保護、照顧他的養育者，就找個替代對象，黏密到此代替性的客體。而作為父親的，不但不了解這個感情上的問題，設法彌補小孩缺少親近的經驗，還為了大人自己所考慮的理由（嫌不乾淨、不衛生），而把小孩所黏密的「客體」（即小狗玩具）丟掉，給孩子再一次「喪失」、「被割奪」的心理創傷。對於這樣被割奪的孩子，就越去黏密代替的物體，惡性循環增加其症狀性行為問題。

除了黏密物體以外，小其的另外反應方式就是變得孤單，不喜歡社交行為，性格形成為「內向，不合群，不願與別的孩子玩」。恐怕就是這些原因，續發性地發生人際關係上的困難，也就不喜歡上學。

為了治療這樣的個案，主要的策略就是要幫助父母能跟小其多多接近，有感情上的來往，彌補過去未曾「親近」、「親熱」、「要好」、「保護」、「安慰」等「口慾期」（oral stage）小孩從養育者希望能得到的富於感情的基本關係。對於「缺少」的東西，只有去「彌補」。等到適當地滿足可以依賴、被安撫的心理需要以後，小孩才會安穩下來，感到世界是可以信任的環境，開始去接觸外界（包括上學校、跟同學來往），而會逐漸放棄目前所黏密的代替物體。

看起來，小其的父親是個愛乾淨，喜歡事情有順序，比較講理智（而不懂、也不注重情感）的父親，比較不習慣跟自己的孩子保持情感親近的男人，需要治療者給予輔導與鼓勵改變。母親也是一樣，只顧燒飯、忙於做家事，不太懂得（或不習慣）如何去擁抱自己的小孩、跟孩子親熱的母親，也需要治療者的協助去注意自己的行為，而做適當的改變。當然，兒子已經是十五歲的青少年，母親不能再去擁抱他，跟他有過分軀體性的親近。要的是能跟兒子親近的談話，談比較溫暖的話題，談些孩子比較需要（或感到興趣）的話題。至於父親，可以更積極地帶自己的兒子去戶外做些青少年喜歡的活動，譬如，去動物園、看球賽，或者在家一起下棋、看電視，順便談談男孩子喜歡的話題等等，讓兒子覺得跟父親其實可以親近接觸。

父母要注意不要過分注意小其還黏密著小狗玩具的行為。越是去注意，孩

子越感到不安而越想去黏密著他的（感情上的）保鏢物體。重要的是，要彌補小孩過去被剝奪的親近、安全、可依賴的感覺，只要情感彌補得好，時間一過（可能要半年或一年以上），自然而然就會覺得不需要再黏密著小狗玩具了。要注重其本源而不要只關心其症狀性行為。

在治療過程，要避免讓父母覺得是「他們的過錯」而產生的問題，而要注重在當前要做什麼來「彌補」小孩內心裡所缺的感情。父母要了解，單靠講理是徒勞無功的。當然，可以向孩子解釋當時為什麼請保姆來照顧小其，為什麼經濟上沒有辦法帶小其一起到國外跟父親重聚等等這些道理，或許多少可以幫助小其在「認知」上的體會（與原諒），但是，「感情」上的事情還是要靠情感來彌補才有用。

從治療者的立場來說，我們要了解父母性格上的特點，而給父母施予諮詢工作。譬如，小其的父親顯然相當富於邏輯性思考，注重乾淨，講究衛生，要求整齊，是個帶有強迫型性格的人；不僅如此，也缺乏能力以小孩的角度去了解小孩所需、所思的心理境界。父親需要被輔導練習如何注重理智以外很重要的感情世界，也要練習恢復童心，了解孩子，跟孩子溝通。至於母親，也是同樣的，只知如何做安排，忙於工作，而少想到跟自己孩子需要有感情上的溝通，保持親近。可是，針對這樣的父母提供諮詢時，小心不要過分批評他們，只做些許的指點就好。最要緊的是，治療者要以身作則，如何跟小其保持富有情感的來往，給父母提供適當的榜樣可模仿與學習。

在治療過程裡，這樣的病人跟治療者建立了好的關係後，會經由「轉移關係」（transference）而黏密到治療者身上，猶如是他的「保姆」似的。假如小其跟治療者能建立黏密的關係，可以利用這樣的關係來提供照顧、安撫、親近的感情，進行所謂「情感矯正」（emotional correction）的治療（見下節），同時跟他一起商討如何處理不上學的問題。

小其已經長期輟學，雖然是屢次經歷喪失問題而形成的社會化困難的結果，是續發性人際關係上的困難而帶來的行為問題，可是要當作是另外的現實困難來處理。事實上，長期輟學是比較麻煩的問題，要想辦法盡早解決才好，拖延越久越難處理。對於不上學問題的輔導，基本上的方法就要跟孩子一起討

論如何是好，了解為什麼老師被形容是「窮凶極惡」型，有什麼辦法解決。最重要的是，要研究如何依靠獎勵的方式來鼓勵他恢復上學，跟喜歡的同學們接觸。

對本個案來說，由父親及母親帶他去見學校的老師，跟老師討論如何做恢復上學的準備，跟過去的同學接觸，週末請他們一起去玩，恢復要好的關係，都是心理上的準備工作。由父母幫助他一起準備功課（目的不在教如何做功課，而在如何能一起有趣地學習，增加跟父母在一起的天倫之樂），討論如何給予獎勵，鼓勵他回學校等等，都是可以考慮與嘗試的各種具體辦法。總之，關鍵不在催促他回學校念書，採用理智的教訓，更不能使用強迫性的壓力，而是透過這些準備工作，讓小其能在心情上感覺到父母對他（情感上）的關心、體貼，讓他能感到被照顧的感覺。這樣一石二鳥，彌補對喪失的創傷感情，也可以解決回學校、恢復社會化的問題，幫助他繼續成長。

第三節　理論探討與學理說明

早期喪失及與黏密有關的問題

根據精神分析學家佛洛伊德對人格的心性發展學說，認為嬰兒在出生到一歲的「口慾期」裡，最需要的是獲得安全感，能滿足吃、喝的生理需要，適當的排泄，能睡，能被養護者擁抱而感到舒適的感覺，因而得到滿足與安穩的心理，是人生成長中最基本的發展階段。除了經由口部吸奶而獲得滿足（因此被稱是口慾期）以外，經由皮膚的撫摸與擁抱而感到安全與舒適，也是很重要的。除了經由皮膚的接觸、撫摸而感到柔軟舒服以外，經由嗅覺而感到熟悉的嗅味，也會令人感到放心與可依賴。根據心理社會發展心理學家艾立克森（Erikson）的心理社會發展學說，口慾期也是獲得心理上可以「信賴」（trust）的階段。

假如在這個口慾期遭遇「創傷」（trauma），如母親生病或去世，而喪失（重要的）養育者，失去被撫養與親近照顧，就容易產生心理上的打擊。很早

期的嬰兒遭遇這樣的創傷與「挫折」（frustration），就發生遲慢不成長的狀態，被學者稱為「嬰兒（依賴）抑鬱症」（anaclitic depression）。再大些的嬰兒就會哭泣、找養育者，或者經由「替代作用」（displacement）找類似養育者的代替物（如人工餵奶時所使用的人工乳頭、毛巾、枕頭、玩具等），而發生「客體」黏密的現象。喜歡吸吮指頭、摸頭髮，也是這類行為。一些孩子成長以後，還喜歡跟像母親一樣的人（如保姆、姨媽、女老師、年紀大的老太太等）黏密，經由對「人物」的「轉移關係」而繼續其依賴的行為。

在早期的口慾期遭遇「喪失」，其影響結果比較嚴重，但是喪失經驗發生在日後的階段，也是影響不小。特別是一次又一次的連續性喪失挫折，其影響力會變得很大。譬如，此個案除了在口慾期（由於很乖、不哭）就少被母親擁抱、愛撫，沒有好好滿足口慾期（經由皮膚）而被接觸愛撫的需要以外，被第一個保姆開始代養時是半歲，父親出國離開是一歲半，第一個保姆辭職了以後更換為第二個保姆時是三歲，而母親又出國，把小其留給保姆照顧的時候是三歲多，四歲時又被送到知名的寄宿制幼稚園，再度離開家庭，可說是在口慾期以後的肛門期、性蕾期都連續性發生喪失的創傷經驗。再者，關鍵不僅是喪失了重要的養育者，還要看到底得到怎樣的代替養育者，被如何養育。意即是什麼樣的保姆、姨媽、養母等，而他們（彌補性的新的代替養育者）如何對待喪失主要養育者的孩子。也就是說，代替養育者的養育情況是否夠好，會左右喪失經驗的嚴重性程度與結果。

由於喪失而找代替對象，是常見的心理現象。小孩就找各種代替物體，最年幼時，就用自己的手指頭來代替母親的乳頭、以軟軟的毛巾來代替母親的乳房、以枕頭來代替可以擁抱的母親，或聞到熟悉的味道等，都是透過觸感、味感、嗅感等原本的感覺而接觸的「局部性替代物體」。等到年歲大些，就找個比較有形象的「整體性替代客體」，如玩具、小娃娃等。對此個案來說，小狗玩具是由第二個保姆送的禮物，還代表著保姆的人，有特別的意義。年紀大些，就找個整個「人物」來代替，如喜歡外觀相似的姨媽、性格很溫和的祖母，或者喜歡小孩的女老師等。到了成人，失戀以後，馬上就找個朋友，來彌補空虛的心情，是我們都熟悉的日常現象。

喪失創傷的彌補與輔導

假如遭遇喪失而心情空虛，找代替性物體、客體或人物時，拚命想要割奪或去除其代替性物體或人物，是無法解決其心情空虛的問題，而且會得到適得其反的結果。假如能就基本的問題而彌補其心情空虛，無形中就會感到不需要黏密於替代性的物體或人物，也就會自然而然地放棄。因此，治療的重心宜在如何彌補喪失的創傷，解除空虛的心情問題，而非擔心如何去除對代替物體或人物的黏密現象。

至於彌補喪失的情感問題，對較為幼小階段的小孩來說，只能依靠情感上的彌補，而且經由皮膚的接觸、口味的經驗、嗅覺的體驗，而可幫助他們獲得被愛、被關照的感覺。對幼小的小孩講道理無異是對牛彈琴，主要的理由是，幼小時的嬰孩還在所謂「言語前」（pre-language）的心理發展階段，小孩還未形成言語的觀念，沒有言語的工具來表達其感情的階段，只依靠觸覺、味覺、嗅覺等感覺器官的經驗，而體會被照顧與被愛；也就如此，經由感覺器官的經驗而銘印。因此，透過言語說話，靠講理來彌補情感，是沒有用的。可是到了年歲大些，開始學會言語，懂得經由言語而表達與體會心境的經歷，進入「言語」階段以後，就可以透過言語來表達安慰與說明道理。換句話說，年紀稍大些的孩童或青少年，就可以部分依靠認知的層次來處理過去喪失的創傷，即所謂的「情感矯正」（emotional correction）。即：經由治療者的協助，心理上重新去經歷其喪失的創傷事件，了解喪失的情況，體會自己可以用比較成熟的方式去對付與適應被遺棄或剝奪的痛苦經驗，這樣就可以減輕對喪失的痛苦程度，被稱為「情感矯正」的治療方法。

值得注意的是，不少病人即使到了成人，仍會以早期喪失的問題就診。其主要問題或症狀的表現是抑鬱症或人際來往關係上的困難。對於這樣的病人，治療者從開始就要注意跟治療者所發生的「轉移關係」，要適當地處理，並且利用「轉移關係」來處理與人際來往關係上的基本問題。同時也要注意如何提早準備面對治療的末期，如何結束治療，跟治療者離開，而不會發生喪失的重演問題。（請參閱第二十一章：「先後喪失父親、丈夫而抑鬱的女老師」）

　　總而言之，在個人心理發展的階段，最早期的口慾期有其特殊的心理課題，要感到被照顧與關懷，要與人親密而感到舒適，透過吃、喝，被餵、被擁抱、聞到熟悉的味道等感覺器官的體驗，而感到舒服與安全，對生存感到可信賴的基本心理。在這早期階段，失掉被親近照顧的養護者而沒有適當的彌補者，則可構成嚴重的心理創傷，而對喪失的挫折會發生各種防禦性的反應，包括找替代性的、局部性的客體，黏密而不放棄。最主要的治療策略就是去彌補所需的親近、黏密的具體體驗，使其間接地逐漸放棄對替代課題的轉移性黏密。

第 2 章　好哭鬧，脾氣變得「很強」的兩歲半小玲

■ 幼兒（肛門期）與第一反抗期的表現及應對

第一節　個案報告與治療操作（陳一心）

個案報告

這個患兒叫小玲（化名），是兩歲半的女孩子，因最近兩個月來特別好哭鬧，被父母帶來兒童心理衛生中心診治，看看是否有什麼精神上的毛病，或者是心理上的問題，如何治療。

根據小玲的母親敘述，他們的家是主幹家庭，即父母與外婆、外公同住在一起。最近兩個月來，小玲變得「很強」：要她喝牛奶，「不喝」，非喝外公的豆漿不可；吃飯慢，還不讓人餵，非「自己吃」不可，還把湯菜飯撒了一桌一地；要她換衣服，「不換」，只穿她自己喜歡的穿髒的衣服。總之，很不「聽話」，一說她就哭，她一哭外婆、外公就哄，依順她。因為不依不行，小玲非哭到贏為止，結果小玲越來越任性，父親急了就打，於是兩代人為如何管教孩子意見不合。

經由醫師仔細查問：關於家裡父母本身的個性、小玲出生後長大的大致情況，以及被養育的情況，而得到比較詳細的整體資料。原來，父母親兩個人都是急性子，做事情、想事情都比較講究理性，對自己的孩子要求嚴格。特別是

父親的性格比較刻板，對事情不太考慮通融，對孩子的養育也是如此。

母親懷小玲的孕期正常，沒有什麼特殊的毛病，到期生產，而且生產順利，沒有意外。小玲出生後，發育很好。起初喝母奶，六個月後斷奶，改喝牛奶。晚上跟父母睡（大床旁放張小床）。由於母親要出外工作，小玲白天就完全交給外婆照管。外婆本身也是急性子，愛整潔，能幹，是熱心人。

由於小玲大便常是乾的，有便祕的毛病，有時用藥通便；同時給她喝蜂蜜加牛奶，幫助通便。可是小玲不太想喝甜牛奶，淡牛奶也不喝，要勉強她喝，就常發生爭執。由於家裡外公喜歡喝淡豆漿，小玲就要學著外公喝他的豆漿。

小玲從小就很喜歡外公，外公的性格屬於中庸型，較溫和，順從外婆。因為外公會帶她出去玩，也較寵她。關於小玲實際的養育，外婆什麼都包辦，例如餵飯、洗臉、穿衣等等。小玲年紀小時還願意讓人洗澡、換衣服、餵飯，可是現在孩子什麼都要自己做，又做不好，外婆最急，要去幫她，孩子就鬧；父親就煩，要打孩子，母親也會訓斥孩子，於是外公與外婆就心疼。譬如：小玲吃飯時要自己夾菜，夾了滿滿一碗，又不吃，繼續夾給別人。外婆認為小玲在玩，飯菜會涼，所以要給她餵飯，小玲就會拒絕；外婆強餵，小玲就哭鬧，父母就會責備孩子不好好吃飯，鬧得沒「道理」。父親有時會動手打孩子，同時還說：「大家吃完就收碗，餓她幾次，自然會好好吃。越寵毛病越大。」父親把對老人（過分寵孫女）的不滿也發洩到孩子身上。一般來說，父母越凶，小玲就鬧得越厲害，外公、外婆就會數落：「就知道打孩子，平時也不管，不吃飯餓出病來怎麼辦？」大人一爭吵，沒了孩子的事。最終往往以父母退出「戰場」，任由老人去收拾殘局告終。

父親對岳父母的意見主要是老人家太寵孩子（孫女小玲），主張要讓孩子自己做些事，不能要什麼給什麼。其實，父親認為老人家能替他們管家和照看孩子，孩子身體健康也安全，這些讓他們放心。雖然父親不滿意岳父母對待小玲的養育方式，但又沒自己的房子可分開住，所以較委屈。母親也不同意她自己的父母寵慣孫女（小玲），同意丈夫意見，有時會對自己的父母發脾氣，叫他們不要太嬌縱，同時又過分管制或干涉小孩的行為，但覺沒用，沒辦法說服老人。至於老人他們有時會說：「要不你們自己帶，不要依靠我們」，而這父

母又辦不到。所以，兩代人會為如何管教孩子起爭執。

治療經過

　　向父母解釋兒童發展過程，將小玲好哭鬧、脾氣「很強」的問題，改釋為「自我」的發展階段中常見的心理現象，而對成人如何幫助兒童成長宏觀指導。父母明白了自己過去沒找到解決孩子問題的適當方法，一味怪罪老人，不但沒用，反而使問題更頑固。他們決定聽取專家意見，學習如何處理並管教正處於反抗期的女兒。

　　治療者向父母提出比較好的隔代撫養策略上的建議。比如：下班盡量自己帶孩子，管教責任自己承擔，常與老人溝通，解釋怎麼做比較好，對比跟孩子行為不同反應所產生的不同結果，相信老人有好辦法處理孩子問題的話，他們也會採納的。避免與老人用指責的交流意見方式，特別是用懲罰孩子來發洩對老人的不滿。也要避免要麼就睜隻眼，閉隻眼，要麼就全盤否定的交流模式。要接受老人好的立意，須協商的是什麼樣的管教方式是有效的。

　　日後不久，治療者也採取到家隨訪的措施，訪問在家的老人們，針對隨訪中出現的具體問題做具體諮詢指導。外公、外婆歡迎治療者的隨訪，他們反應是發覺最近父母接受諮詢以後，開始真正關心孩子，對孩子態度好多了，孩子也就不那麼擰，他們也放心讓父母去管孩子了。

操作評論

　　治療者對本個案的病情有很清楚的把握，能建立正確的臨床診斷，認定是（第一）反抗期的問題表現，進而對父母施予適當的諮詢與輔導工作，是首要的成功條件。對於父母能把孩子的問題說明是小孩在心理發展階段上常見的心理與行為問題，也是成功的次要因素。把諮詢與輔導的重心擺放在如何改變對待管教孩子的方法，而避開去追究是誰的過錯，不去怪老人的過寵問題，是家庭輔導上的成功要訣。不僅能跟來訪的父母做指導性的諮詢與輔導，還能日後到家隨訪，跟實際養育患兒的外婆與外公見面，提供輔導上的意見，是很對的措施。

第二節　病情解析與治療策略

心理診斷：肛門期的問題

　　小玲此個案有許多資料，可以幫助治療者做臨床上的心理診斷。最關鍵性的事情是，兩歲多的孩子過去沒有問題，是最近（幾個月來）才發生的新脾氣，變得「很強」，表示是跟發育有關的階段性困難。根據父母家長的形容報告：「小玲年紀小時還願意讓人洗澡、換衣服、餵飯（表示在早期的口慾期階段，可以接受被動性的照顧與關懷，而沒有問題），可是現在（進入肛門期的階段）孩子什麼都要自己做，又做不好。」目前小玲所表現的心理與行為問題是：「吃飯慢，還不讓人餵，非『自己吃』不可，把湯菜飯撒了一桌一地；要她換衣服，『不換』，只穿她自己喜歡的穿髒的衣服；非喝外公的豆漿不可。總之，很不『聽話』。」可見這些現象都指向一個趨勢，是（處於肛門期）小孩的「自我」在成長，什麼事情，一有機會，就要主張自己去練習操作，要求自我自主，不要別人替他做的心理階段。喜歡給別人夾菜（表示自己有其能力），但不願被人催吃飯（被形容是不講道理）；而且喜歡模仿他人，特別是自己喜歡的人，逐漸建立自己的性格，也是其中的一個特點。

肛門期階段與大便排泄的問題

　　關於肛門期，猶如其名稱所指，常伴隨發生與排泄有關的問題。家長還描述：「小玲大便常是乾的，有便祕的毛病，有時用藥通便；同時給她喝蜂蜜加牛奶，幫助通便。可是小玲不太想喝甜牛奶，淡牛奶也不喝，要勉強她喝，就常發生爭執。」其實外婆要知道，有少部分的小孩（由於缺少消化酶），不習慣喝牛奶。假如是為了通大便，小孩宜多吃點含有纖維的青菜與水果，不用勉強他們喝不能喝或不喜歡的牛奶。

　　肛門期的常見現象是牽涉到：「要你喝，但我不喝」的飲食上爭執，或者

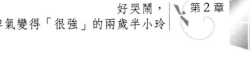
是：「要解（小便）但不解，要放（大便）但不要放」的排泄問題，表現控制的矛盾性困難。因此，學術上也就稱之為「肛門期」的問題。其特點是透過生理的飲食、排泄或括約肌運動系統上有關的行動，而表現「控制」的問題，常過分管制自己的慾望、行為（但有時卻完全失掉控制而突然爆發的情況），是日後形成所謂肛門性格（或強迫性性格趨勢）的階段。

父母的氣質與子女的脾氣

本個案尚且值得一提的是關於養育者性格上的傾向。臨床上所得的資料是：「小玲的父母親兩個人都是急性子，做事情、想事情都比較講究理性，對自己的孩子要求嚴格。父親的性格比較刻板，不太考慮通融，對孩子的養育也是如此。」顯然的，父母兩方都是屬於強迫性性格（也稱為肛門性格）傾向的大人。至於專門負責養育的外婆是「急性子，愛整潔，能幹，熱心人」，也是同樣屬於肛門性格的養育者。

父母和外婆一家人都有此肛門性格（只有外公例外），有兩個意義。其中會令人想到的是遺傳上的趨勢。父母都有肛門性格，孩子也就帶有肛門性格，而經過肛門期時，反抗期的表現比較厲害，變本加厲。另外的意思是，由於父母和外婆都有強迫性的性格趨勢，對於剛好處於肛門期階段的小孩，牽涉到控制問題時，就容易發生衝突，難於應付、對待並管訓這個階段的孩子。也就是說，問題不僅來自發育中的孩子，也是不懂或無法適當應付與管教的養育者本身的問題。假如父母的脾氣是屬於比較隨便，對孩子的行為是比較放鬆的，問題也就不會那麼嚴重。

父母與外婆的養育差距與矛盾

小玲的情況，還加上了另外一層的問題，就是白天實際養育小玲的外婆，跟小玲的父母之間有矛盾，對小孩的養育方式有顯著的差異，發生爭執，無形中把問題更嚴重化。

外婆對待、養育小玲（孫女）的情況是比較複雜，有三個不同的因素綜合發生。即：老人家的心理（喜歡寵愛孫女，不能打孫女）；老一代的養育方式

觀念（小孩要多吃，不能吃冷的，不吃飯會餓出毛病）；再加上自己的性格（急性子，愛整潔，能幹，是熱心人）。這樣的外婆照顧口慾期的嬰孩沒有問題，是很負責而關心的養育者，對被動性的嬰兒是可靠的「照顧者」。可是對到了肛門期，要擔任「管教者」，針對要自我獨立、什麼都想自己去做，結果把四周環境都弄得糟蹋（不乾淨），也不按時飲食（或大小便）的小玲，就無法應付；容易跟小玲發生你爭我奪的爭執性矛盾。

而看不慣情況的父親（及母親）就對外婆有所反應，於是產生摩擦與矛盾。「小玲一說她就哭，她一哭外婆、外公就哄，依順她；結果小玲越來越任性，父親急了就打，外公與外婆就心疼，於是兩代人為如何管教孩子意見不合。」

父親和外婆的矛盾關係，表面上是為了小玲的養育問題的摩擦，但是，是否他沒跟自己（男方）的父母一起住，而被迫跟妻子（女方）的父母（即岳父母）同居，而感到內疚與不滿的心理反應也說不定，值得探討。

● 父母（或養育者）對處於肛門期的小孩應對辦法

對於本個案只了解病情是不夠，只是向家人指出他們發生問題的癥結並不足，還得輔導他們實際上如何面對與對待處於肛門期的小孩，而免得整個家帶有火藥氣味，總是不得安寧。具體提供養育與對待肛門期的小孩的知識，是本個案的輔導策略與重心。

對於肛門期，面對（第一）反抗期的小孩，作為養育者，最重要的一件事情，就是要能避免對小孩過分管制，發生爭執，增加其矛盾性的問題。這個階段並不是父母（或其他養育者）要根據理性，講道理，發揮「我對你錯」的管教方法的時候。應是要懂得如何配合小孩的發展而隨和小孩的學習性行為，要遵從小孩的自我意志。

透過遊戲來誘導：通常來說，在此階段的小孩喜歡遊戲，要透過遊戲來誘導小孩的注意力與行為。譬如：小孩不想吃飯，或者討厭那些菜，不肯進口時，父母可以玩「你吃我吃」的遊戲，父母張開口，自己吃一口，讓小孩張開口，也吃一口。小孩自己喜歡吃什麼，就多少隨其意而讓他選擇性地吃。大人不要

（憑大人的理智）認為那些食物是對孩子好，有營養，要勉強小孩吃雞肉、蛋、菠菜、蘋果等等，而發生「你要我吃，我卻不吃」的爭執性反應。小孩自己的身體，生理與本能多少會選擇需要吃什麼的。今天不吃，明天或許就想吃；今天吃太多了，明天或許就不想吃了。

穿衣服、穿鞋也是一樣，好似在遊戲當中，替孩子穿衣服。譬如問小孩：「哪隻腳比較乖，我們給那隻腳先穿上襪子，穿上鞋」，在如同遊戲式的比賽過程裡，就穿上了襪子和鞋。還有，假如小孩想自己穿衣服，就讓他穿，大人只要從旁觀察並且適當協助就好，就算是稍微穿錯了也沒關係。

利用模仿的心理： 在這個階段的小孩喜歡模仿他人。因此，大人先做給小孩看，讓小孩看了，再模仿。譬如，父親刷牙給小孩看，然後叫小孩刷牙；母親用肥皂洗手，然後叫女兒洗手，經過模仿而學習新的行為。假如想教孩子穿襪子、穿鞋，大人先穿給小孩看，然後叫小孩自己去試試；假如小孩對左右的鞋分不清楚，就把左右兩腳擺在一起，讓他知道鞋有左與右的區別，慢慢學習，盡量不要催促、管制或處分。

鼓勵與嘉獎行為： 對於這個年紀的小孩，道理講少些（小孩不一定聽得懂大人所講的大道理），要講，就用很簡單而具體的形式說明，而盡量運用行為學的原則，多靠鼓勵與獎勵把適應性的行為「條件化」（促進行為的繼續發生）。比如，自己能上廁所，解了小便，就馬上給小孩稱讚；假如小孩尿床了，千萬不要處罰。假如小孩玩了玩具以後，能聽大人的吩咐，把玩具收拾起來，就稱讚他，鼓勵懂得收拾東西的習慣。萬一小孩把玩具往地下摔，就告訴小孩娃娃被摔到地上，感到疼，不太好，不要摔。

重新佈置家裡環境： 當家裡有了開始會到處走動的小孩時，就要考慮重新佈置與安排家裡的東西，包括各種家具、電器用品等等，盡量把尖銳的、危險的、怕被弄壞的東西，還有不要孩子碰的電腦或收音機等電器物，都收起來，擺在比較高的地方或者另外的房間等，這樣可以比較不用顧慮地容許這個階段的小孩自由活動，到處去碰。特別是會觸電的開關，要想辦法加上保護的裝置，免得觸電。這個階段的小孩，最喜歡用他們的小指頭到處去碰，到處去動開關（練習他們的小指頭運動，同時探索四周的各種東西與環境）。環境安排與佈

置得比較安全，就少讓大人緊張，也會少讓小孩出事。譬如，裝滿了水的大水桶就要特別小心，免得小孩把頭倒栽下去，發生溺水的意外。尖銳的鉛筆、小刀都要好好收拾，免得小孩刺到自己或別人的眼睛。可以吞下去的小東西，如玻璃球、花生米、有小籽的水果（如龍眼或荔枝等），包括有毒的物品或藥瓶等，都要小心收藏。比較講究的，家裡擺放這些危險物品的櫃子都要加上鎖，免得大人沒注意，小孩去打開櫃子，拿危險的東西來玩或吃。家裡的椅子是否很穩，不容易翻倒，櫃子是否穩固，不會被推倒，或者洗衣機和冰箱等家庭設備是否安全，小孩不會玩捉迷藏而躲進去（窒息而死）等等。總之，把家裡的環境重新佈置與安排，少發生危險的事情，大人也可以相對的減少掛慮。

　　選擇適當的玩具：玩具的選擇，除了考慮小孩的年紀、認知與知覺的發育水準與興趣而做選擇以外，還得考慮玩具的安全性。比如，娃娃的眼球是否容易被摳出來（被小孩吞下去）、是否有尖銳的地方（會刺傷小孩）、油漆是否容易脫落、是否含鉛（可避免中毒），這些與安全有關的問題，都是很重要的考慮因素。

　　容許嘗試，設定界限：為了配合小孩在這好動、好嘗試、好探索的階段，大人要容許小孩能到處去走動，去探索，去嘗試。除非是牽涉到很危險的事情，不要樣樣都不允許，都給予限制或管理，割奪小孩透過嘗試而學習並發展自動自發的心理與性格。可是這並非是毫無限制的，還是要有個程度與界限。假如可能使孩子發生危險的情況，都要嚴格限制，不准嘗試。譬如，要開瓦斯爐、要燒東西、要碰會觸電的開關、會打破貴重的東西、會傷害自己或大人的行為，都要很嚴厲地限制，並且盡量向孩子說明被禁止的原因。

　　父母不要太認真，要能通融：要應付這個年歲的小孩在這階段好動、好嘗試、好探索的情況，父母本身要做到一樣事情，就是要能不太認真，可以比較通融隨意。有了這樣的心態，就比較容易去面對與處理這個困難，應付好動不聽話，還喜歡跟你爭執的肛門期階段的小孩。

　　父母要能「退行」，跟小孩年歲配合：父母本身在心理上還得做到另一件事，就是要了解不要只靠父母（成人）的邏輯與道理，來思考、判斷、溝通、處理與應付這個階段的小孩。父母在心理上要能暫時性的「退行」，在跟小孩

接觸時，能退回到小孩思考與知覺的幼小程度，跟隨小孩的興趣而一起遊戲，一起玩；一起把東西亂翻，一起把東西收拾好；一起把東西弄髒，然後又一起洗乾淨的生活方式。這對帶有強迫性性格的大人有點困難（也是常發生問題的來源），但是盡量練習看看，如此就比較能跟這個階段的小孩，以這樣的水平相互溝通與接觸，少產生爭執與矛盾的問題。

準備度過階段：父母最後需要知道的一件事情是，這只是一、兩年的忍耐與適應，是一個過渡階段的應付。小孩到了四、五歲，這些情況就會逐漸減少，接著就變得比較能聽懂道理，可以講理，也可以適當控制自己的行動，減少危險行為的階段。照顧肛門期的小孩是很辛苦的，要時時很緊張、要非常注意、要跟著孩子跑，要保護小孩不發生危險，是令人很費神、頭疼的事情。假如父母能相互幫助，輪流照顧，就可減少頭疼，減輕心理負擔。假如有老人家可以幫助那最好，要多感謝他們的協助，分擔辛苦，而不要太去計較有什麼不同的養育方式。只要孩子能安全度過這個麻煩而多事的肛門期，就算是很不錯的事。假如父母彼此之間，或者跟老人家有顯著差異的養育作風與習慣，也要多溝通商討，彼此了解心意就好，可以採取比較一致性的養育。

第三節　理論探討與學理說明

肛門期的特徵與意義

「肛門期」（anal stage）這個名詞是精神分析學家所起的專業名稱，指的是小孩在其心性發展過程當中，經歷出生到一歲左右的口慾期以後，接著迎接的階段。即兩歲到三歲左右的發育期間，也是相當於一般社會裡，要小孩練習能自己上廁所大、小便的階段，因此，也就稱為肛門期。肛門期過後，接著就進入「性蕾期」，經歷三歲到四、五歲左右的另一發展階段，進行層層次次的先後發展程序。肛門期有幾個特點，讓我們分述如下：

生理與運動系統的發展：到了一歲左右的小孩，不但能坐，能走，還可以

使用小手到處去抓與摸。也就是說,小運動肌肉的發達,再加上平衡能力的增長,就喜歡到處跑、到處碰,是探險並嘗試四周環境的適應階段。可是,跟日後四、五歲的小孩比較起來,其動作還不靈活、不穩定,也比較不能做精細的動作,因此,常會推倒東西或打破東西。吃飯時,還不太會用筷子,只會用湯匙或叉子,而且動作不準,會把食物到處丟的階段。喜歡撿地上的小東西,抓路旁的草葉或小花,練習小指頭的動作。

從排泄系統上來說,還不太會控制大小便,需要用尿布的階段,是排泄系統的括約肌還沒很發達而能控制的階段。如何學習控制括約肌,是這個階段的另一課題。

是否可以隨便碰、隨便跑,或者是否需要好好控制大小便的這些課題,跟四周現實的環境及社會的要求有相關的關係。譬如:在都市居住公寓的環境裡,小孩不容許到處小便,一定要學會上廁所或蹲馬桶,也不能隨便按電梯的開關(這個階段的小孩會特別喜歡用他們的指頭去按這些開關);鄉下的環境就不同,可以到處跑,並且在家裡四周的草地小便也沒人罵他。只要知道不掉進坑裡,不被牛馬踩到,大人不會大驚小怪或管他,比較容易度過肛門期的發展階段;這跟社會與文化背景有關係。

攻擊慾望的表達:這個階段的小孩容易發脾氣、打破東西,喜歡摔東西,會咬人,很露骨地表現內心的攻擊性本能,還缺乏控制能力。看到小蟲就去踩死,抓到小魚就捏死,毫無憐惜。因此,如何適當控制自己的攻擊衝動,不打別人,不會因搶玩具而打別的小孩等,可說是這個階段的訓練課題。

認知上的發展:這個階段的小孩,在他們的腦子裡,對事情的了解還是在開始認識與做具體的區別。從認知的角度來說,還不知道活的跟沒有生命的差別,看到小蟲特別喜歡去抓,把小蟲捏死。只會開始具體地區別:對與不對、黑與白、好人與壞人的兩極區別。

自我的發展:從心理發展的立場而言,這個階段是自我開始發展的階段。知道自己要什麼、自己喜歡的東西,也知道什麼是自己不喜歡的。隨著言語的初步發達,開始學會說「不」字,否決自己不喜歡的事情。母親說:「寶寶,多吃點青菜」,小孩就懂得說「不要」來否決母親的提議。父親說:「乖乖

的，我帶你去洗澡」，小孩就說「不要」，表達不同意。可說是學會說「不」
的專家，時時使用否決權，像是喜歡反抗的個體，因此，這個階段也就被稱為
「反抗期」。由於到了青少年的階段，還會出現另外一種性質的反抗期，因此，
在肛門期的階段所表現的就稱為「第一反抗期」，跟後來的「第二反抗期」做
區別。

管制與對抗的爭執：處於口慾期的嬰兒，不喜歡喝或吃時，會把臉往一邊
轉，回避被餵或吃的東西，不喜歡換尿布，就大聲哭，加以拒絕，只靠哭或回
避來表示反對或拒絕。可是，到了肛門期的小孩卻開始學會講話，說「不要」
的字句來反對，再加上容易表現其牛脾氣，不同意你的要求或限制，會拚命說：
「不要、不要！」以反對大人。大人不知道這是小孩在操縱剛學會的言語，來
練習執行「自我」意見的階段，只覺得小孩「不聽話」（依文化上價值觀念的
影響，即小孩要聽大人的話）而想多多管教。因此，小孩跟大人間就容易發生
管制與對抗的爭執場面。

養育者的心理與肛門期小孩的處理：有些父母很會照顧口慾期的小孩，會
很細心體貼地給嬰兒餵、抱、哄、換尿布、洗澡等，服侍被動性的嬰兒，可說
是很好的保姆。可是這樣很會照顧「養育」嬰兒的保姆，對進入肛門期的小孩
童，就不見得會適當的「管教」，不會適當對待開始有自我表現的孩童，喜歡
到處碰、到處跑，表現積極性活動的小孩，面對不同性質的養育與管教的雙重
課題。假如父母在性格上比較屬於強迫性性格者，喜歡事情有規矩，要乾淨、
要整齊、要有道理，就比較不容易應對喜歡鬧、喜歡髒、喜歡亂動亂跑的小孩，
會感到很吃力。

換句話說，養育者的性格與孩子心理發展狀態發生了相配性的問題。因
此，作為父母要能懂得這一點，對自己要有所調節，去配合小孩成長的階段。
要體會口慾期與肛門期的養育課題與技術上的差異，要能隨著孩子的成長而做
適當的調整與適應，否則就容易發生困難。

第一反抗期與第二反抗期的比較

最後值得順便討論的是「第一反抗期」與「第二反抗期」的差別。第二反

抗期是出現在青春期，當青少年們的認知比較成熟以後，對事情有自己的看法，對父母上一輩的想法與觀念不見得同意，而表達他們自己的見解，反對或不贊成父母長輩的想法或意見。由於有些父母比較拘謹、刻板、嚴肅、注重權威，缺乏彈性或適應性，不會理會或支持孩子，就會覺得被子女反對，感到自尊心被攻擊，而跟子女爭吵或企圖壓抑，形成親子間的對抗心理現象。這是由於世代差距的理由而來的矛盾現象。

與此相較，第一反抗期的性質不同，是小孩想表達自己的慾望、自己的需要，而跟大人的管制發生衝突，是小孩在做自我的操作與練習的情況。假如沒有適當地讓這個階段的小孩能表達自己，心理上容易產生「疑惑」而沒有自我信心，行為上就容易發生不主動，變成被動而缺乏自主自律的個性。因此，如何適當地扶植其自我的形成，並發揮其功能，是很重要的養育課題。假如父母或老人家不知道如何管教這個階段的小孩，就需要適當地教導他們，學習如何適應並養育自我發展階段的小孩。

第 *3* 章　黏著母親，晚上也要跟媽媽睡而氣壞繼父的小男孩

■ 孩童（性蕾期）的親子三角情結問題

第一節　個案報告與治療操作

 個案報告

　　小念是四歲的男孩，被母親和繼父一起帶來兒童心理衛生中心就診，希望能改善小念總是很黏母親的問題。

　　根據母親的敘述，當小念還是一歲的時候，父親遭遇意外事故而不幸去世，由寡居的母親一個人帶大小念。小念從小身體就不太好，不是拉肚子就是咳嗽，常被母親帶去看醫師，吃藥，在家修養。特別是父親去世後，母親和兒子兩人相依為命，母親把她的全副精神都放在如何照顧小念。還好，母親的娘家家境還不錯，而且去世的丈夫還留下一些財產，母親不用到外工作，可以留在家照顧小念。母親日夜都很小心看顧小念，很少讓他離開母親到外面跟別的孩子接觸，唯恐被鄰居孩子傳染疾病。不僅如此，到了晚上也睡在一起，好注意小念晚上睡覺有好好蓋被，不會著涼。小念到了三歲，照例可以上幼稚園，可以跟別的孩子相處。可是小念不喜歡離開母親，一到幼稚園門口就哭泣，而心疼的母親捨不得看著害怕離開母親而哭泣的兒子，也就不勉強他，乾脆帶回家。因此，到目前為止，小念一直待在家，從沒有上過幼稚園。

　　身為寡婦的母親，自從丈夫去世以後，雖然心裡空虛，但也就依靠自己的

025 ▪

兒子而過活，兒子是她的唯一寄託。可是去年以來，她的父母總是勸她再嫁，經由介紹，認識現在的丈夫，終於半年前再婚了。

現在的丈夫，年紀比母親大十多歲，是中年的男性。他經營貿易，時時要到各地出差，事業很成功，經濟條件很不錯。他跟母親結婚後，對母親很好，每次到外面出差回來，常買些禮物送妻子。可是，卻有一點令他不滿意的，就是關於小念的事情。

原來自從再婚以後，照例小念該叫繼父為爸爸，可是小念就是不肯叫。還有，最讓繼父不高興的是，隨著過去習慣，小念每天到了晚上還是要跟母親睡在一起，不肯在自己的小臥室睡。每當繼父勉強把他拖回他自己的小臥室去睡，小念就哭泣，讓心軟的母親不放心，就把小念抱回來，在他們夫妻的臥床一起睡。繼父對此很不滿，說這樣他們夫婦無法親熱，妨礙他們的房事。最近，繼父說，母親對小念的態度不改變，總是那麼袒護兒子，要她考慮到底丈夫重要還是兒子比較重要；假如情況不改善，威脅要結束這段婚姻關係。結果讓母親很緊張，馬上帶小念來看兒童心理專家，看看有什麼辦法。

治療經過

◎ 第一次會談 ◎

小念的母親看來個子不大，嬌小玲瓏，外表很端正，舉止也很有修養，大約是三十多歲的年輕女性。繼父是個子很魁梧，講話粗聲的四十多歲男性，很有禮貌，顯出是有自己個性的男人。小念雖說是四歲多，但還是很害羞，躲躲藏藏，黏在母親身旁。三個人在一起，從外表與行為，就說明他們丈夫、妻子與兒子三個人的特殊關係。

繼父首先開口，他說，當他經由朋友介紹而認識目前的妻子時，一開始就很喜歡她，而且婚後夫婦兩人間彼此的感情很好，只是不高興小念的事情。他婚前就知道妻子跟前夫生了個兒子，認為沒有問題。心想，只要他對小念好就可以，將來還可以對待他如自己的兒子一般。可是他發現很難跟小念接近；小念總是很怕他，只跟母親接近。特別是他認為小念該像個大孩子，應該自己刷

牙、吃飯，幫忙做點家事；更應該像個男孩不要總是像女孩似的，黏在母親身旁。可是當他說小念，小念就更害怕，跑到母親身旁，而母親就很心疼地去保護小念，說他還小，不要對他太凶。就這樣夫妻兩個人為了小念這個孩子，搞得很不愉快。

母親接著開口說，她知道自己不該那麼寵壞與保護小念，但她說，從小念年幼時，就養成了跟小念這麼親近的習慣，特別是自己前夫去世後，小念就是她的心肝，養成了相依為命的習慣。她了解丈夫對小念不高興的理由，也不喜歡為了兒子而夫妻間總有個緊張的氣氛，但現在她不知如何改變。她表示很喜歡目前的丈夫，不希望失去丈夫，而結束婚姻關係。她希望治療者能提供她好的建議，她願意去嘗試。

治療者向他們表示，他們夫婦都是很好的人，很明理，而且基本上是彼此情感要好的夫妻；只是小念過分跟母親親近，插入夫妻之間，讓父親不高興而影響夫婦關係。治療者建議可以往幾個方向馬上去嘗試，治療者提供一些具體的提議：

關於晚上睡覺的事，不要由繼父把小念拖到他的小臥室去睡（形成負性的「條件反應」，讓小念更害怕，不肯自己睡），最好由母親帶小念到小臥室，陪他一陣子，講些故事、唱些安眠曲等，讓小念有睡意，睡著了以後，才離開小臥室（培養正性的「條件反應」）。然後，隔天早上起來時，就說好話誇獎小念，鼓勵他在自己小臥室睡覺的「好」行為。必要時，可以講條件，假如小念可以自己在自己的臥室連續睡三夜，就買個小玩具等獎品給他作為嘉獎。事實上，可以買個小熊玩具等陪小念睡覺（由母親「轉移」到小熊玩具）。

至於繼父，可以有時跟小念談談話，誇獎他，或者買些小禮物給小念，讓小念逐漸喜歡繼父。不要在這個階段勉強小念叫繼父為「爸爸」，順其自然就好。繼父暫時不要（當「壞人」）去管教小念（由母親負責管教的事情），繼父只要扮演「好人」，做個會讓小念高興的角色；因為目前最要緊的是讓繼父和小念能建立好的關係。只要小念和繼父關係逐漸好轉，就會間接地把小念從母親那裡拉開，不會總是躲在母親身旁。最好有機會時，能由母親與繼父兩個大人一起帶著小念，一家「三個人」一起到外面去玩，譬如，到商店去給小念

買他喜歡的玩具，去吃小念喜歡的霜淇淋等，或者到動物園或是小孩喜歡去的地方。這樣讓小念透過母親而跟繼父有逐漸接近的機會，漸漸讓小念心目中能建立起「好」繼父的形象，並且慢慢建立「父親與兒子」的關係，以逐漸拉開「母親與兒子」過於黏密的關係。

　　有機會的話，也帶小念到附近兒童遊玩的場所，讓小念有機會跟別的小孩接觸，甚至一起玩，建立社會化的習慣與經驗。也可以帶他到幼稚園去參觀，讓他習慣幼稚園的情形，好準備時機成熟時讓小念嘗試上幼稚園，開始宜有的社會經驗。

　　對於這些具體的建議，繼父和母親都了解其目的與原則，而且覺得可以嘗試。治療者吩咐他們不要太急於更改小念的行為，心裡要預定花費至少兩個月的期間，慢慢嘗試自己睡自己臥室的習慣。並且，未來三、四個月以後，等到小念和繼父的關係好了以後，可以嘗試由繼父一個人帶小念出外，一起去逛街買禮物或到動物園等地方去玩，讓小念這個男孩子有機會跟同性的繼父多接近，可以對繼父逐漸認同。治療者提醒他們，在這個時候，隨著年歲就要注意按孩子的性別而養育，也要開始多提供社會化的習慣。可是，這些都要一步一步去嘗試，總共起碼要花上半年的期間去達成。結果，他們知道只要採取適當的措施，可以逐漸改變小念黏密母親的行為問題，因而感到放心；也決定按治療者提供的時間表，循序更改他們的行為。

● 第二次會談 ●

　　兩週後，母親和小念一起來。繼父剛好到外地出差一個禮拜，不在家，也就沒來。母親報告說，繼父聽治療者的建議，在出差前，就給小念買了個很大的小熊玩具，小念很喜歡，就擺在他的小臥室床邊。母親也利用丈夫不在家的機會，每天晚上入睡前，都陪小念到他自己的小臥室，給他講些故事，並唱些她所熟悉的安眠曲，幫助小念入睡。而且隔日早晨起來，就稱讚他，還特別做小念喜歡吃的早餐，獎勵他昨夜自己在自己的小臥室睡了。母親說，經由這樣的嘗試，連續一個禮拜，看似有希望更改小念自己睡的習慣。

　　治療者也跟小念說，他能自己睡覺，變成了很棒、很乖的孩子，大家都會

更喜歡他。治療者還問他，他最想要的玩具是什麼，可以叫繼父下次買給他。小念說，不知道。治療者就趁機會跟小念說，下次請母親和繼父一起帶他到百貨公司的玩具部去看看，選擇一樣他喜歡的，請繼父買給他。可是小念要記得謝謝繼父。母親明白了治療者的意思，也就在旁插嘴說，再過幾天，等繼父出差回來以後，就全家三個人一起上街逛百貨公司買玩具，慶祝小念能自己在臥室睡覺的好表現。小念聽了很高興，也點點頭。

治療者跟母親談起，遲早要帶小念多去跟別的孩子接觸，練習跟同齡的孩子們一起玩，不會害怕別的小孩。母親說，由於小念小時候容易生病，就不敢帶他到外面跟別的孩子接近，怕被傳染而生病。治療者給母親解釋，情況相反，要多跟外面的孩子接觸才好。因為每個人的身體都有免疫系統，能抵抗外來的傳染；孩子需要跟外面的人接觸，才能建立好的免疫系統，形成好的抵抗力。母親聽了，半了解、半相信，但她說，她不放心自己唯一的心肝寶貝發生什麼毛病。治療者提醒她，為了保護自己重要的孩子，就更需要讓孩子多到外面去接觸，否則就變成是長在溫室裡的孩子，一輩子都無法到外界去適應與生存了。治療者說明，四歲以後的孩子，心理發展上來說，最需要的是開始社會化的經驗，不能為了母親自己的擔心，而妨礙了孩子心理發展的機會。母親聽了之後有點了解，說想嘗試看看。治療者還特別提醒，獨生子最好要趁早提供跟別的孩子一起成長的機會與經驗。為了這個原因，要開始考慮送小念上幼稚園的可能性。母親聽了，心裡若有所思的說要考慮看看。

◎ 第三次會談 ◎

兩週後，按約定的時間，母親跟繼父及小念三個人一起來。繼父開口就說，小念現在可以自己在自己的臥室睡覺，他們夫妻覺得很高興，好似可以開始夫婦的生活了。治療者問繼父，他有沒有誇獎小念的好行為？繼父馬上接著腔說：他答應給小念買卡通影片，可以用電視看卡通故事。在旁的母親也笑嘻嘻，叫小念馬上向爸爸說謝謝。小念很小聲地說句「謝謝」，繼父聽了很高興，說他是個好孩子，下次會帶他出去買小念喜歡的東西。小念臉上表現喜色，問媽媽是否也一起去。母親很懂事的向小念說：「是爸爸好意要帶你一起出去，

買東西給你；媽媽就待在家，準備做菜，晚上還可以一起吃個大餐，慶祝小念跟父親兩個男人一同出去上街買東西。」小念並沒有做聲表示異議。母親還誇獎小念說：「你是個大孩子了，可以常出去外面，跟別的朋友玩，媽媽會很高興。」用心鋪陳下一步的準備。

治療者讚許他們已經能往正確的方向去更改父母跟孩子的三角關係，幫助小念的成長，也對夫妻關係有所幫助，是開始進步的好象徵，以便逐漸建立新的家庭。

○ 第四次會談 ○

兩週後，母親和小念兩個人一起來，說繼父又到外地出差幾天，沒在家。治療師注意到小念並不像頭次會談那樣，黏在母親身旁。治療者特意請小念自己單獨坐在另外一張椅子上，並跟小念開始談話。治療者問小念：「爸爸有沒有給你買卡通的影片？」小念小聲地回答：「有。」治療者接著說：「那好極了，爸爸喜歡你，還給你買了卡通的影片，到底你看了什麼樣的卡通故事？」小念還是小聲地說：「看了白雪公主的故事。」治療者接著問：「那你還想看什麼故事呢？」這時，小念抬起頭來，比較大聲地說：「想看孫悟空的卡通故事。」

母親就插嘴說：「下次爸爸回來的時候，你可以向他要。」小念說：「我不敢，你替我要。」母親回答說：「爸爸喜歡會大膽開口要的男孩子，你跟他直接要，爸爸會喜歡的。」

治療者還問小念，他有沒有去看過幼稚園，看看小孩在那裡怎樣一起玩？母親插嘴說：「後天等爸爸回來了，我們一起帶你去看看附近的幼稚園，順便叫爸爸給你買孫悟空的卡通片。」小念聽了，就笑起來，答應說好。

治療者誇獎母親能舉一反三的，學著治療者所提的原則去教導小念，並改善小念與繼父的關係，是很好的。母親說，現在想來，覺得自己很傻，都沒自己想到這樣去做。經過治療者的提醒與解釋，她就懂得要領了。

◎ **第五次會談** ◎

　　兩週後，按事先約定的時間，母親跟繼父及小念三個人又一起來。繼父一進來就開口說，他已經跟小念兩人一起上街，給小念買了孫悟空的卡通片，小念很喜歡。繼父說，小念還想要別的卡通片，要更多點，問治療者該怎麼辦。治療者回答說，只要小念有很大的好表現，可以每次給他買個一樣禮物當作嘉賞，鼓勵繼續好轉。可是，禮物的大小或輕重，要看改善的行為大小，而且最好在好的行為表現以後，盡量即刻給嘉獎，不要拖過太久的時間，失去時間上發生「條件化」（conditioning）的作用。治療者問母親和繼父，他們目前最希望小念改善的行為是什麼。

　　母親說明並回答，她跟繼父曾經帶小念去參觀附近的一所幼稚園，並且，跟園裡的保姆說明與商量，要小念來幼稚園，開頭只待半小時，或頂多一個小時，讓小念習慣了，然後再慢慢增加時間。治療者同意這是個好辦法，並且提醒小念，假如能好好嘗試上幼稚園，也是向爸爸要求再買卡通影片的好機會。小念聽了，臉上表現出微笑的表情。母親在旁還插嘴說，每次到幼稚園，回來就可以吃個小念喜歡的點心。小念聽了就很高興，說要吃他喜歡的糖果。

◎ **第六次會談** ◎

　　兩週後，繼父跟母親以及小念一起來。小念笑嘻嘻地自己馬上開口說，他已經去上過幼稚園，媽媽每次接送他，回來就給他吃個糖果；爸爸週末也帶他去買了他喜歡的一部卡通片。治療者說這樣很好，問小念幼稚園的小朋友們好不好。小念說很好，保姆也對他好。媽媽在旁也笑嘻嘻的，很高興小念可以開始上幼稚園而放心。她說，根據保姆的看法，小念可以開始上半天班了。

　　治療者向母親和繼父說，目前看來很順利，他們對將來還有什麼事在考慮，是否有想要討論的。母親就開口說，假如事情進行得很順利，小念能開始天天上幼稚園，她是否可以考慮自己到外面上班工作。繼父說，從經濟上來說，母親不一定要外出工作，可是想到孩子長大以後，她總是一人待在家，這樣對她不好，為了長期著想，如果有機會，就考慮到外面上班，好跟外人多接觸，

不會一人悶在家。治療者回應說，這是他們夫妻自己要商討後再決定的事情，可是繼父的考量是有道理的。將來是否要懷孕，生育他們倆的孩子，也要考慮在內，對將來的遠處開始著想是對的。

會談後，繼父就把他帶來的一份禮物送給治療者，謝謝給予他們很好的幫助。經由治療者與他們商談後，就決定結束輔導工作，除非有特殊情況，可以不用再來看治療者了。

操作評論

這是一對再婚的夫妻，兩個人基本上都是心理上比較成熟的大人，只因為兒子過分黏密在母親身上，影響他們夫妻的親密關係。他們很有動機想改善問題，而經由治療者的原則上指點，就能有所體會，順理成章地改善他們對待兒子小念的關係。治療者特意強調事情要緩慢改善，不能急；把預料可以改善的日期往後拖遠些，這樣他們心理就有所準備。結果，靠他們積極的嘗試，還比推測預定的時間更快改善，這是技術上的要領。還有，不去分析與追究母親讓兒子過分依賴的心理原因，而只注重當前實際行為上的調整，特別運用「行為治療」（behavior therapy）的原則，去嘉獎正性的反應，使其條件化，是輔導上的要領。由於小孩年歲小，再加上是個內向而依賴母親的小孩，對小念來說，治療者是跟繼父一樣的「外人」，因此在治療的開頭，特意回避跟他直接談話，免得他緊張。但是，後來幾次會談裡，觀察到小念比較放心，治療者再開始跟小念直接談話，有相互對應，也是看情況而調節跟小孩接觸與輔導的時機。可是最主要的，還是透過對母親與繼父的諮詢與輔導，而進行治療工作。

第二節　病情解析與治療策略

母親與兒子相互的黏密

小念小時常生病，讓母親很緊張而擔心，特別費心照顧小念，而無形中小

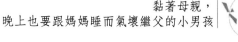

念就享受被母親格外照顧的情況，也很依賴母親。通常到了一歲以後，當小孩自己可以走路時，就開始可以到外面跟別的小孩接觸，開始社會化的經驗。雖然在一歲到兩歲這個階段，只會跟別的小孩進行「平行性的遊戲」，即：雖然跟別的小孩在一起，但各自玩自己的，還不會互動性地一起遊戲。可是，經由這樣初期的社會化體驗，看到別的小孩的存在，就想離開自己的養護者，學習如何跟別人相處。假如養護者不放心，不讓自己的孩子有機會跟別的小孩在一起，就讓小孩缺乏跟同輩小孩相處的體驗，對日後的社會化有顯著的影響。每個行為都有個好機會去學習並養成，錯過其機會，日後就比較不容易補償。比如，學習新的言語，養成跟別人的接觸，跟養育者黏密或分離，都有個特別的時期與機會，稱為「危機階段」（critical period）。跟這個相連的現象是「銘印作用」（imprinting），即對於跟哪些對象發生銘印，腦子裡發生很明顯的刻印性印象，並且產生特別的關係。譬如，小時對主要養育者的認識與刻印發生在嬰兒階段，開始可以區別自己的養育者與生人。到了幼兒階段，就開始銘印自己四周面對與接觸的伴侶朋友，是很重要的發展階段。

在小念開始成長的階段，很不幸的，自己的父親已去世。由於父親並非是主要的養育者，母親才是，父親的去世與喪失對小念的直接影響並不是很大。可是，由於母親突然喪失了自己的丈夫，心情悲傷，感到孤單，就把自己全副心力都投注到自己的兒子身上，也就間接加強了小念依賴母親的黏密情況。無形中繼續黏密，而沒鼓勵分離、自主、社會化的傾向。

由於小念跟母親常日夜相處，很少跟外人接觸，對於繼父的出現就有比較強烈的反應，越是跟自己的母親緊密黏在一起，終於引起繼父的心情反應。

再婚與繼父的出現

就一般情形來說，通常小孩都是隨著父母雙方的成人而長大；對自己的父親和母親都有熟悉的關係。可是，假如父母之一去世或離婚而喪失，而遺留下來的父母再婚後，隨之出現的繼父或繼母，對孩子來說，完全是個生人，對小孩威脅很大，不容易適應新的繼父或繼母。隨著小孩的年齡，對父母再婚的反應有所不同（請參閱第十三章：「重組家庭與出現性心理障礙的青少年男孩」）。

小念已經到了孩童的階段，除了需要繼續被養育與照顧以外，孩子開始會對不同性別的父母多少有特殊的感情，無形中產生偏心、祖護等問題，而跟不同性別的父母形成所謂「親子三角關係」上的問題。即，跟新的繼父產生恐懼、敵對、排斥的態度與反應，而對自己的母親更黏密。要跟母親睡在一起，不要繼父，無形中就排斥繼父，讓繼父很不高興，還威脅要跟母親離婚，不要婚姻關係，可說是把性蕾期的親子三角關係惡化了。

親子三角關係上的矛盾

針對親子三角關係來說，我們需要了解的是，對孩子來說，並沒有成人所感知的「性」的成分與味道，只是「黏密與親近」的成分多。可是，由於牽涉到男女性別不同的父母，就好似牽涉到跟不同性別的男女父母的三角性情感矛盾似的。

可是，對於小念這個新家庭來說，特別是從父母的角度來說，倒是孩子（小念）黏密母親的行為實際上影響他們夫妻的情感關係，也間接地影響他們夫妻間的性生活，產生了繼父的不滿意。

治療的策略

雖然說是小孩（小念）的問題，可是實際上也是母親本身有困難，無法讓自己的孩子分離而自主自立，因此，要以母親為焦點而進行輔導。可是，治療者並不需要如此宣稱與指點，只要幫助母親如何去對待自己的兒子，並且同時協助繼父如何去對待小念就可以。小孩被大人鼓勵，被允許分離而自主，就會自然開始跟母親脫離，嘗試跟他人接觸的經驗。特別是採用行為治療上「學習的原則」，給予適當的鼓勵與嘉獎，就會很順利地改善行為。

第三節　理論探討與學理說明

親子三角關係情結

根據精神分析學的觀點來說，在心性發展（psychosexual development）的階段裡，過了（初生到一歲的）嬰兒期、（一歲到兩歲多的）幼兒期以後，就進入（三歲到五歲左右的）孩童期，也稱是「性蕾期」（phallic stage）；而在這個階段的孩童，就要經歷並處理所謂的親子三角關係情結。由於認知上的發展，孩童到了這個階段，關於客體關係方面，會從「你與我」的客體對象關係裡，進展而認識「你、我、他」的三人對象關係；而且，開始逐漸體會男女的不同。比如，這個階段的孩童已經認識男孩要穿褲子，女孩穿裙子；男孩留短頭髮，女孩留長髮等，靠外觀與社會習俗上的穿著來認識辨別男和女。有的還會體會：男孩子有小陽具而可以站著小便；而女孩沒有，要蹲著小便等。

隨著這個對男女的識別，除了雙雙喜歡自己的父母以外，還對自己的同性與異性父母開始有比較特殊的感情。即男孩比較喜歡跟母親接近，而有時會排斥父親；而女孩就比較會向父親撒嬌，而討厭母親，發生所謂親子三角關係上的情結。此情結被精神分析家稱為「伊底帕斯情結」（Oedipus complex），是利用希臘神話裡關於伊底帕斯的故事來稱呼此三角情結。故事裡，伊底帕斯王子在不知道是自己親生父親的情況下而誤殺了自己的父王，也在錯誤中不知是自己的寡母而娶了她的故事。由於此故事的內容很極端地反映弒父娶母的不倫結果，被社會人士有所誤解與厭惡。其實，我們了解事情不是那麼嚴重，只是小孩對自己的父母發生了稍微偏袒一方的感情就可以。

可是我們要認識的是，這樣的親子三角矛盾關係，並不是孩子本身的心理發展所表現一過性的心情表現而已，而也是來自父母成人方面的影響因素，相互反應而形成。也就是說，假如作為父母的，對自己的孩子存有比較喜歡或討厭的心理時，會增加其親子間的矛盾現象，是父母和子女雙方匯合的結果，而

不單單是子女的心理發展上的問題與現象。

最後要提的是，這樣在性蕾期所呈現的親子三角矛盾關係是一過性的。經過兩、三年後，到了潛伏期（也稱同性期），孩子會改而跟同性的父母接近，而跟異性的父母保持距離。也就是說，女孩會跟母親接近並模仿與認同，而男孩跟父親要好，向父親學習與模仿，逐漸進入日後的青春期階段，準備開始接著而來的青年期，完成其心性上的發展階段。這可說是通常的心性發展。可是，有些人並沒有這樣順利成長，而停滯在某階段，難以達到最後的成熟階段，需要趁早補救與修正，否則日後還會繼續發生這種情結上的問題（請參閱第九章：「被母親大包大攬，而父親無法插手的青少年兒子」；第二十五章：「婚後仍無法解脫與婆婆及丈夫三角關係困擾的妻子」）。

親子間的黏密問題

所謂「黏密」（attachment）指的是，一個人跟另外一個對象發生很密切親近的關係。隨著心理階段與對象的不同，黏密的性質與強度會更改。當孩子初生時，需要「完全黏密」於養育者（即父母，而以母親為主），是嬰兒（口慾期）的心理特點，不但生理上需要完全依靠養育者來滿足與處理，心理上還得完全依靠養育者的照顧與滿足。到了幼兒（肛門期），就隨著其自主自立的心理慾望萌芽，希望自己到處跑、自己闖，而完全黏密於養育者的情況就逐漸減少，只有感到需要的時候（譬如：不高興、害怕、不舒服，或睏了想睡覺），才又黏密到養育者身上來，開始「片段性黏密」。到了孩童（性蕾期），除了保持其跟主要養育者的「片段性黏密」關係以外，還對異性的父母形成「特殊性黏密」。到了少年（潛伏或同性期），就改而逐漸跟同性的父母建立「特殊性黏密」。及至青少年（青春期），對主要養育者的「片段性黏密」關係就逐漸顯著減退，改而跟同輩朋友建立「同伴黏密」關係。一直到年輕階段（青年期）就更換為「異性黏密」關係。也就是說，隨著年歲的增長，心理發展階段的不同，其所表現「黏密」的情況、對象、程度都在逐漸更改與變化。

所謂心理上的「創傷」（trauma），指的是重大的心理層次的創傷，包括喪失、挫折、壓力，或困難，令本人難以應付的心理打擊。假如一個人在早期

階段曾經歷心理創傷，就會本能性地更黏密到養育者身上，受保護。而習慣於黏密與被保護的關係就比較容易一直延續，未能進入脫離的情況。因此，就形成「非適應性」（或者病態）的黏密關係，影響其心理上的適應性（正常）的發展。

　　小孩過分依賴並黏密主要養育者（母親）的情況，不止是孩子的心理上需要，還要考慮主要養育者（母親）本身的心理需要。特別是當主要養育者（母親）本身感到內心空虛，需要有個可以相互依賴為親的對象（自己的孩子）時，就會過分保持親近的關係，不會鼓勵孩子隨成長而逐漸分離，而繼續保持其黏密的趨向。

第 4 章

外祖父母、母親，和換了三個父親的小孩

■ 少年（潛伏期）的親子關係

第一節　個案報告與治療操作（林紅）

個案報告

問題的真相

本案例是由於九歲的小女孩小禾（化名），發生了心理問題，被父母帶來就診，而牽扯出外公和外婆的問題，也揭發了媽媽過去再婚，而小禾曾先後有過三個「爸爸」的情況。

小禾的媽媽介紹說，小禾（目前上四年級）最近一個月來訴說她渾身上下不舒服，這兒疼、那兒疼的，吃東西怕有蟲子，看到飯裡有小毛毛、小黑點，就不吃了，懷疑飯裡有頭髮等不乾淨的東西，所以食慾很差。情緒變得恐懼、易怒、自卑、多疑，不敢自己睡一間臥室。經常還說些莫名其妙的話，如：「床下有沒有屍體？我會不會死啊？」而且老想吐唾沫，沒吃東西就吐唾沫，老上廁所，說要尿尿。

原來，一個多月前，小禾的媽媽跟繼父結婚，新組建了家庭。新家就在小禾的媽媽一直居住的房子，是一個只有兩間臥室的房子，而且小禾的外婆和外公搬來與他們一起住，好照顧小禾。外婆和外公不放心自己的女兒跟新結婚的

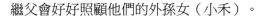

繼父會好好照顧他們的外孫女（小禾）。

過去，小禾與媽媽一起睡一個大床，但現在，小禾只能與外婆和外公住一個房間。正好趕上暑假，外婆回到自己的家了，但小禾還是不敢自己睡一間臥室，外公只好陪著她，沒回外公自己的家。外婆和外公認為，小禾的媽媽再結婚，新成家後，只顧自己新婚的第三任丈夫而忽略孩子（即小禾），對孩子關注少了，為此外婆和外公常與媽媽吵架。

小禾與繼父關係剛開始還過得去，但是，由於外婆和外公經常當著孩子的面，說他們不管孩子，而且說孩子的繼父有抽菸、喝酒等壞毛病，小禾與繼父的關係現在也就變得不好。有一次，繼父曾經看到小禾枕頭上面放著一個小人娃娃，小禾戳著這個小人，並且叫著繼父的名字，說「打死你」。因此，繼父對小禾也很有意見，關係日漸疏遠。

關於孩子的多疑趨勢，媽媽認為和小禾的外婆有關係，因為小禾的外婆也是這樣多疑。小禾也親口告訴治療者：「我就是不願意去醫院，醫院裡什麼東西都被坐過，如椅子什麼的，所以，我回家之後就要外婆把我的衣服都洗了。」當我問她為什麼這樣做時，她說：「小時候我有病，媽媽沒有時間帶我看病，外婆和外公帶我去看，回到家外婆就說醫院太髒，讓我把衣服全都脫下來洗了。」

母親的波折婚姻史

小禾的媽媽自己向治療者說明，並介紹了她本身的婚姻經歷和小禾的成長經歷，抱怨她的父母（即小禾的外婆和外公）對她干涉太多。原來，在小禾的媽媽第一次結婚懷孕期間，夫妻關係一直不好，由於雙方父母（原本）家庭間彼此的矛盾，而小禾的爸爸又不會處理與協調，反而極力維護他自己的母親和妹妹，導致小禾母親的不滿。在懷孕七個月時，夫妻衝突激化，處於分居的狀態。產後四個月，小禾的媽媽就上班了，小禾一直由外婆和外公帶著。在小禾不到兩歲時，小禾的父母辦理了離婚手續。

後來，小禾的媽媽找了一位男朋友，雖然沒有辦理結婚登記等手續，但在一起住了四年多。這位男朋友有一個女兒，與小禾年齡相仿，這個女孩叫小禾

的媽媽為「媽媽」，小禾也稱呼這位媽媽的男朋友是「爸爸」，當時能夠很自然地叫「爸爸」。小禾的媽媽和這位男友相處得非常好，很有感情，本來希望能夠共同生活下去，但是，小禾的外婆和外公不願意自己的女兒與這個離過婚的男人結婚。認為這個男人帶著他自己的孩子，而且對他自己的孩子比對小禾好。因此，他們經常在小禾和媽媽面前抱怨，導致小禾與「第二位爸爸」關係不好，小禾的媽媽最終也被迫選擇與這位男友分手。

八個月前，小禾的媽媽結交了新的男友，即小禾稱為「第三個爸爸」的男人。見到新爸爸，小禾剛開始挺喜歡新爸爸，因為他愛開玩笑，還帶她出去玩，小禾還曾親口告訴媽媽「最喜歡現在的爸爸」。因為在管教孩子的問題上，小禾的爸媽與小禾的外公外婆發生分歧，現在小禾的爸爸不敢管孩子，只能不吭聲。小禾也不肯當面叫「爸爸」，而是喊「叔叔」，媽媽和爸爸也沒有勉強她。但是，當同學問她時，她會說「是我爸爸」。

小孩自己的敘述

小禾向治療者自述：「煩惱就是媽媽給我找了三個爸爸了。我的爸爸怎麼老是換？能不能固定一個呀？我外婆、外公老覺得這個爸爸不好、那個爸爸也不好，就一個一個地換，我也不知道怎麼辦了。我不想讓媽媽和外婆、外公老吵架，不願意讓外婆、外公老說爸爸這個不好、那個不好。」

小禾一臉稚氣地向我（治療者）抱怨：「第一個爸爸，不願意要我；第二個爸爸，雖然比較勤勞，都買禮物給我，但反正對我不關心，對他的那個孩子好。」我問她為什麼這麼說，她說是外婆和外公說的。從她說到第二個爸爸時歡快的語氣和表情，我可以感受到，她對第二個爸爸還是很喜歡的。說到第三個爸爸，小禾說，外婆和外公說不好，說他不關心自己。我問：「你自己怎麼看呢？」結果小禾先是有點困惑地回答：「我看還可以吧。」但繼而抱怨說：「有一次我要禮物，他都不給我買。」原來，小禾向爸爸要一個玩具，因為市場上沒有，爸爸就一直沒買。慢慢地，小禾也忘記了禮物的事情。小禾接著說：「後來外婆問我，爸爸給我買玩具了嗎？我才想起來。問爸爸，他說沒有賣。」我引導小禾說：「沒有賣了，爸爸也沒有辦法啊。」小禾還是很不滿意地說：

「我外婆說了，雖然我要的禮物沒有，但可以買別的呀，也不能就不買給我了呀。」小禾還抱怨說，第三個爸爸老抽菸：「我不讓他抽，他也不聽。」我引導說，抽菸是個人的習慣，不那麼容易改掉。小禾理直氣壯地回答：「怎麼前兩個爸爸就能做到？」

治療經過

◎ 初次會談 ◎

　　會談時，外公和媽媽陪同小禾一起來。約定好下一次的治療時間時，小禾的外公總是非常認真地與我（治療者）核對清楚，並且用筆記下來，似乎唯恐記錯了時間。

　　因為小禾選擇單獨和治療者面談，媽媽先出去了，但外公在診室中遲遲不肯出去，抓緊時間向我反映小禾媽媽的問題：「她媽媽是教師，沒有耐心，職業性地對待自己的孩子，從來不會和和氣氣對孩子說話。職業病！對我們也不孝順，我和她媽媽都對她有意見。」當治療者問到，他們對女兒的期望時，小禾的外公回答：「希望母愛增加。」小禾的外公邊說邊向門口張望，聽到聲音就會停下來，似乎擔心女兒聽到。小禾的媽媽很快就開門來催小禾的外公出去：「孩子要自己單獨談，你在這兒幹什麼呀？」在小禾的媽媽毫不客氣地連續催促兩次之後，小禾的外公才戀戀不捨地走出診室。

　　第一次治療主要圍繞孩子的煩惱展開，會談結束前，治療者向外公及媽媽說明指出：孩子的症狀主要是對媽媽新組建家庭這樣一個事件的不適應而帶來的。在肯定外婆和外公付出的辛苦前提下，指出「媽媽和外婆、外公老吵架」是小禾目前最大的煩惱，而「固定下來一個爸爸」，是小禾、媽媽以及外婆和外公的共同願望，但是，需要全家人的共同努力。如果能夠做到的話，對小禾的健康成長、小禾媽媽的婚姻生活、小禾外婆和外公晚年的生活，都有著重要意義。小禾「不願意讓外婆、外公老說爸爸這個不好、那個不好」，孩子還小，這樣的壓力和矛盾是孩子難以承受的，也是造成她現在症狀的部分原因。提出治療的原則是從孩子環境的改變做起。

◎ 第二次會談 ◎

　　小禾的媽媽說，從上次會談以後，她的父母兩人都回自己家一段時間。他們夫婦自己帶孩子，雖然小禾仍是任性、愛大喊大叫耍脾氣，可是懷疑飯不乾淨等情況好些了，還能夠自動地幫忙做點家務，自理能力強一些了。但小禾的媽媽一臉無奈地說：「現在最大的障礙是外婆、外公不放手，不放心我們帶。我現在雖然是孩子的母親，但做不了主。我發現孩子人格上有缺陷，抗挫折能力差，玩牌只能贏，不能輸，自理能力差。我媽、我爸帶，肯定溺愛。等到孩子人格基本形成，改變起來更難。我發現孩子身上有很多問題，就是縱容的結果。只要孩子不好好吃飯，他們就要追著餵。比如衛生問題，我媽就這樣，總嫌這兒髒、那兒髒的。對孩子的爸爸不放心，根本不信任，說：『連保姆都不信任，何況他？』其實作為繼父，除非是極端的有問題，不然對孩子成長還是有利的。現在的老公對孩子是沒有耐心，是事業型的，他認為在帶孩子問題上要能放能收，而老人做不到這樣。上次治療之後這一週，趕上我放暑假，孩子的外公也走了，我們夫妻兩人帶得挺好的，但開學後外婆、外公還要來，不放心我們帶孩子，所以我們只能搬出去住。昨天我和他們談了，問他們帶孩子要帶多久？我看還不是一年半載，要到孩子至少上初中才可以，自己能明辨是非才行，但大了之後逆反心理會更強。對於我，他們（指小禾的外婆和外公）是做不了主的，只盯著孩子這一塊兒。眼界窄，只有孩子，關於孩子的所有事情都事必躬親。他們認為，他們帶孩子是為孩子好；但我們不這樣認為，孩子的成長是需要父母的。」

　　孩子無疑是要父母帶的，小禾的外婆和外公為什麼不放心？怎樣才能很好地解決這個家庭目前的矛盾？治療者告訴小禾的媽媽，有必要與外公好好談談。

　　外公進了診室，還沒有坐穩就開始傷心地抱怨：「我們只有這一個女兒，但是，她缺乏母愛和耐心。為了照顧孩子上學，我們才來到這裡（指來到女兒家裡，與女兒同住）。她新成家後，為了成全女兒和女婿，我們在這個暑假搬到郊區我們自己的房子去住。她媽媽住院了，打電話告訴他們，他們有車，也不急著開車去看看。過了好幾天，還是為了接孩子才順便去看了看，待了不到

半個小時就走了，對老人不孝順，就是親戚去看也得待會兒啊。」小禾的外公無奈地搖了搖頭，接著說：「一個多月前，女兒和女婿到外地去學習，他們走了沒幾天，孩子就出現這個毛病。告訴他們，但他們也沒有提前回來，以為我們在和他們開玩笑呢。女兒在某地學習完，因為女婿在別的地方，女兒又去了女婿在的地方。發簡訊、打電話都不急著回來，一直拖了二十多天才回來，說買不到火車票。孩子有病，這能拖嗎？買不到火車票，就坐飛機呀，這個時候還能考慮錢嗎？他們不著急，我和她媽又說了她一頓，她也生氣，但不說她行嗎？她希望我們開學後不來了，但這樣不可能。我和她外婆不了解小王（指小禾的繼父），他們認識才幾個月，她放心，但我們不放心。特別是把一個女孩交給他，我們不放心。放假期間，我們就都走了，因為女兒一直在家，孩子確實也好多了。但開學後，女兒工作地點離住處遠，每天早上一大早就得離家，晚上六、七點才能回來，我們能放心把孩子單獨交給他一個人嗎？晚上開著空調，他也抽菸，菸味兒都跑到我們和孩子的臥室了，一點兒都不注意。還懶惰，晚上不睡，早上不起，我們也看不慣。」對於外公的顧慮，我表示理解，我（治療者）關切地問他們準備帶小禾帶多久？外公深吸了一口氣，無奈地說：「估計要再帶一、兩年吧，帶到上國中。這也是個矛盾，我和她外婆身體也不好，如果是孩子的親生父親，我們肯定交給他們。但這種情況，孩子（小禾）不會交給小王，如果孩子出問題，怎麼辦？」

最後，請小禾的媽媽和外公共同在診室面談，商量解決的辦法。小禾的媽媽剛一進來，外公就指責媽媽：「以前她和孩子睡一個大床，領證後（指結婚證），突然不和孩子睡了，孩子半夜起來找媽媽，現在也不找了。」我認可了外公的話，看著媽媽說：「再婚前，確實需要做好充分的準備，給孩子一個適應的過程。」外公接著我的話說：「我們說孩子需要適應，她不聽我們的，說不用。」我（治療者）看著媽媽，給她一定的支持而說：「因為我是做兒童心理工作的，我們有這方面的專業知識。但是，現在沒有多少家長能夠意識到這方面的問題。你們能夠想到向專業人員尋求幫助，並且及時來到這裡，做得很不錯了。孩子也確實已經有了明顯的好轉，我願意繼續幫助咱們這個家庭。」媽媽是個急脾氣，馬上表態要自己帶孩子，快言快語地抱怨父母帶孩子的弊端。

媽媽說：「身上掉了點兒髒東西，自己不去拿紙巾，叫別人給她拿，我媽我爸就去給她拿。我說：『你有手有腳的，自己不去拿，留著幹什麼用？』」治療者肯定了媽媽要孩子學習獨立的良苦用心，但建議媽媽要學會表達，表達對孩子的要求和愛意，學習如何做母親，這樣外婆和外公才會更放心地把孩子交給媽媽。治療者的話彷彿說到了外公的心坎裡，外公說：「她就是這樣，從來不會和和氣氣和孩子說話，沒有耐心，說過她多少回了。我和她媽媽會不想把孩子交給他們嗎？等我們有病，帶不了了那天，不想交給他們不也得交嗎？」

我（治療者）就特意接著外公的話，向他們說：「您和外婆從小就帶著她，帶了這麼多年，夠辛苦的。孩子慢慢大了，您二老也要多為自己著想，好好享受晚年的生活。」小禾的媽媽插話說：「其實外婆、外公帶，我還省心呢。不過長期這樣對孩子沒有什麼好處。」我及時肯定了小禾的媽媽和外婆、外公都是出於孩子健康成長的良苦用心，接著說：「看來，現在外公和媽媽都認可孩子要逐漸放手，由媽媽帶，這一點已經達成了共識。交給父母帶孩子是必要的，也是必需的，對孩子有好處，對整個家庭都有好處。但現在最大的矛盾是外婆和外公有顧慮，不放心把孩子單獨交給新爸爸。這點也可以理解，因為畢竟孩子還小，而且是女孩子，新爸爸來的時間還不夠長，如果萬一出了問題，是無法彌補的。但是，問題總是有解決的辦法的。所以，我們要把著眼點放在解決問題上，雙方都要考慮對方的要求，創造性地想各種解決的辦法，而不是互相埋怨，要去交流、協商、想辦法。」

我（治療者）看著小禾的媽媽和外公一籌莫展，我就大膽地替他們提出一些建議：「最大的問題是媽媽早上出門得早，晚上回來得晚，這兩段時間外公不放心單獨把孩子交給爸爸。那麼，我們可以考慮找別人帶孩子；或者母親自己想辦法帶孩子，如換一個時間能有彈性的工作，或者把家搬到媽媽工作地點附近；也可以考慮把孩子送到寄宿制的學校。總之，有很多辦法，關鍵在於我們要去主動想各種辦法來解決問題，找到可行的，並且媽媽、外公和孩子都認可的辦法。」

臨出門前，小禾的外公面露輕鬆之色：「您提出的寄宿也是一個好辦法，這樣我們也就輕鬆了，現在太累了。」

操作評論

這是一個很有興趣但又很複雜的個案。會談時，外公和媽媽陪同小禾三個人一起來。照理，按普通情形，要對小孩的母親給予充分的時間，談論她所關心的女兒的問題，也要花點時間跟被認為有問題的小孩單獨談話，了解小孩自己的看法。可是看起來，外公很想跟治療者談話，抒發他對自己女兒（小禾的母親）所擔心的問題，因此，要把握時間照顧與應付這三位對象；並且要臨機應變地判斷是否是單獨會談，或者誰配誰談，或者三人都一起談話的技術上的事情。

就家族會談的一般要領，對此個案所牽涉的老人家（外公）和母親兩方成人都要平衡照顧，但也要讓彼此多知道自己的毛病所在，需要他們自己改善的地方，而不能只是批評對方的毛病。技術上，治療者採用了借「對方」而說出（治療者）想要提出的解決問題之道，是很好的措施。當然問題是關係到小孩，小孩最需要保護，因此，主要的考慮是小孩需要的是什麼，從小孩的心理衛生立場來說，需要改善什麼問題。

第二節　病情解析與治療策略

 病情解析

強迫性行為：遺傳或模仿？

根據家人提出的主訴，小禾有「渾身上下不舒服，這兒疼、那兒疼的」（心身症）似的軀體主訴以外，還有許多（強迫症）似的心理與行為症狀，即：「吃東西怕有蟲子，看到飯裡有小毛毛、小黑點，就不吃了，懷疑飯裡有頭髮等不乾淨的東西，所以食慾很差。」而且「老想吐唾沫，沒吃東西就吐唾沫，老上廁所，說要尿尿」，行為上還「不敢自己睡一間臥室」。結果情緒上「變

得恐懼、易怒、自卑、多疑」，經常還說些莫名其妙的話，如：「床下有沒有屍體？我會不會死啊？」呈現恐懼症的現象。

從臨床上可暫且診斷是患強迫症的小孩。由於其外婆也有過分怕髒的傾向，是否受了其遺傳上的影響，或者是心理上模仿的結果，不得而知。但是，要注意小禾所說的「床下有沒有屍體？我會不會死啊？」這些恐懼性言詞來做探討與分析，為何九歲小孩談起「床」與「死」的事情。

病情發生的心理因素

根據病情史看來，小禾的所有病情發生在最近一個月，即母親和繼父結婚，開始同住，而小禾非得跟母親離開，去跟外公一起睡。因此，這些家庭生活上與人際關係的變化，在時間上，很可能跟小禾發生情緒與行為障礙有明顯關係。這種心理上的打擊與挫折可能有幾種因素，同時綜合性地發生作用。

母親再婚的影響：毫無問題的，這是很重要的因素之一。家裡出現了一個陌生的男人（繼父），讓小禾要適應這個新的「爸爸」。不但如此，小禾還被趕出母親的臥室，不能跟母親一起睡，喪失了跟她很親近的母親。

婆婆離開的因素：正好遇到暑假，外婆回自己的家了，小禾喪失了平常照顧她的養育者，讓她感到不敢自己睡。

孫女跟外祖父同屋而睡的問題：一個九歲的女孩被安排跟男人（外公）同床一起睡，沒人考慮對小女孩心理上的影響，也沒人擔心是否會發生什麼樣的事情，因此大人們都覺得沒什麼，也就這樣做同屋而睡的安排。可是，對小禾的小心靈的影響如何，我們並不知，只能提問她潛意識境界的影響如何，才會對「床」的事情很關心。

母親跟繼父離開：母親再婚後，不久，有一段時間母親出外，結果小禾的心情惡化（被外公和外婆說是「生病」了），又是喪失母親的插曲事件，讓小禾心理發生了各種精神不穩定的症狀，還擔心「死」的問題。「死」在青少年的腦海裡，原本思維，就是代表「喪失、離別」的現象。所謂「原本思考程序」（primary thinking process）指的是在小孩早期的思考方式，以比較具體而且富於情感而象徵性地表達思念或慾望，跟日後長大以後，比較注重邏輯而抽象思

考的方式，即「續發思考程序」（secondary thinking process）有所區別。

母親自己對男人的關係，及因自己父母而影響婚姻

　　從小禾母親的角度來說，很清楚的，母親（此女性）對男人的選擇、交往一直有問題。第一任丈夫無法處理兩家間的矛盾，在妻子懷孕期間就離開而分居，撇下將生下的嬰孩不管。第二個男的是本身離過婚，有自己孩子的男人，和母親以男朋友的角色同居四年，但也沒結婚而離異。第三個男人會抽菸、懶惰，不管小孩，不得岳父母的信任。這些是母親自己做女人的問題，可是，也是受父母過分影響她婚姻的結果。或許，她沒有辦法擺脫父母的影響，來保護自己對男人的關係，而也讓自己的女兒先後換了三個爸爸。

女兒多次更換「父親」的心理影響

　　毫無問題的，這樣的結果，讓女兒先後有不同的三位父親，對小禾有顯著的心理上的影響。「第一個爸爸，不願意要我；第二個爸爸，對我不關心（只對他自己的那個孩子好）；而目前的第三個父親，又抽菸，又偷懶，也不給我買玩具。」在她心目中沒有過好的「爸爸」，而且一直在換。這樣的情況，不但無法建立跟父親的長久性親密與信賴的情感關係，對男人的印象都是負性的。小禾自己說：「我外婆、外公老覺得這個爸爸不好、那個爸爸也不好，就一個一個地換，我也不知道怎麼辦了。」不但混亂了她對父親的認識，也連帶性地影響她的心理，左右她的自信心，覺得自己沒有自己的、好的、固定的父親；同時，也會覺得母親是不太對的女人，沒有提供好的女性榜樣，讓小禾模仿與認同。

女兒與繼父的關係問題

　　母親離婚後再找新的男朋友或丈夫，是無可厚非的事情。可是要考慮的是，女兒的年歲與繼父的關係問題：即隨著不同的年紀，女兒對新來的「父親」的反應。此包括如何看、如何對待、如何建立關係，以及可能發生什麼困難的一連串問題。當孩子還小時（性蕾期前），只是對「生人」的反應。可是年歲

大了（到了性蕾期以後），就逐漸變成是對「男人」的反應；特別是將到青春期階段的女孩，更是要考慮這一點。如何接受與面對跟「母親的新丈夫」、「男性的繼父」開始接近、接受、容納、親近的一連串過程，跟幼小時的情況會有顯著的差異。

 ## 治療策略

對此個案的治療，值得提出幾點，讓我們簡單討論一下。

關鍵人物的治療：環繞著小禾這個女孩子，雖然會影響小禾的心理衛生問題的，有母親、繼父，和外公及外婆這些大人們，但治療上要把輔導的重心擺放在母親，幫助母親。母親需要幫忙如何跟新丈夫建立新的夫妻關係，如何適應自己的新丈夫以外，也要負責養育自己的女兒。還有，她還得學習如何對待與應付自己的父親與母親，得到他們的關照來養育自己的女兒，但同時不要受自己父母過多的批評與左右，而再度影響到自己的婚姻。所以，要把輔導的全部精力擺放在母親身上。最主要的理由是：母親是小禾的最主要養育者，是最長期需要照顧與影響小禾的人物。外婆與外公是一過性的代替養育者而已。

女性治療者的角色與治療功效：要幫助母親，要善用治療者剛好是女性的好條件，多幫助母親向女性治療者學習與模仿如何做妻子，同時也做個好媽媽。讓治療者代替或頂替會過分批評與管制母親的自己父母（即：外婆與外公），學習自己宜成長為比較獨立、成熟與可靠的女性。

對外婆、外公的輔導：至少在當前，外婆、外公對小禾與小禾的母親還會有相當的左右和影響。假如有足夠的時間與精力，治療者也可以跟他們會談，並且幫助他們。對他們要提醒兩件事，即：不要總是去批評自己的女兒、自己的女婿，影響他們夫妻的關係與對新婚姻的適應。而且最重要的，不要在小禾面前批評自己女婿的不好，說小禾的繼父如何有問題。可以向自己的女兒私自提出建議，盡到做父母的責任。可是，在孫女面前批評小禾的繼父，對小禾的心理健康不好，只會建立小禾對繼父的負性形象，影響她自己的心理發展。小禾說：「我外婆、外公老覺得這個爸爸不好、那個爸爸也不好，就一個一個地換，我也不知道怎麼辦了」，就充分表達做祖父母的，不宜在孫女面前批判自

己的女婿。把女婿說得很壞，對小禾並不好，只有壞處。他們做老人家的，特別要知道這個道理。

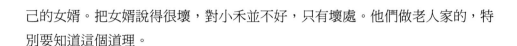

第三節　理論探討與學理說明：
　　　　　親子關係的情結與病理

「父母跟子女」及「子女跟父母」的關係與情結

　　作為父母的，如何養育並對待自己的子女，並不是很單純地基於愛護、喜愛的感情，而是更複雜的。在「父母跟子女」的關係裡，有些父母（自己的信心不足）就靠批評自己子女的不好，來滿足自己的優越感；靠貶低子女，來提高自己了不起的感覺。有的人不喜歡自己的孩子跟他們的異性對象好（仍是隱隱受到自己本身親子三角關係情結的問題），就特別貶低孩子結交的異性對象，讓他們的男女關係不能好（子女才會繼續成為父母擁有的子女）。有些父母性格很喜歡權威，連自己子女找對象、結婚都要管，彷彿沒有父母就不行似的；有些父母在心理上無法讓自己的孩子離開父母而獨立自主，把子女永遠當作是父母的所有品；有些父母害怕孤單，不喜歡過「空巢」的家庭生活（沒有子女作伴的家庭），就找各種理由，不讓自己的子女離開自己而生活，要黏在一起。當然，這些都是在潛意識境界裡可能有的（比較自私性的）原本性慾望，在表面上（或者在意識層次裡）只會想到，並說出冠冕堂皇的道理，而不會意識到自己內心裡的潛意識想法與慾望。治療者不一定要去分析，並指點這些內心裡的情結或動機（只會引來強烈的阻抗作用），但是在治療者自己的心裡要多少注意這些可能性。

　　與此相對的，便是「子女跟父母」的關係。有些子女儘管在表面上總是說：想離開父母而獨立，自己找對象，自己過婚姻的生活；可是內心裡還是離不開自己的父母，總是把自己的婚姻生活打破，又回到自己的家。至少知道，總有個父母的家，隨時可以回去「老巢」，而無形中就會很容易放棄自己建立

的新家,而回父母的家,依靠父母。有的人很習慣依賴自己的父母,也就不太努力自己負擔新家的責任,包括經濟或養育子女的工作,想依賴父母,而引起配偶的不滿。換句話說,從深層心理的層次來說,子女跟父母的關係也是很複雜的。因此,作為治療者,也要多多注意這些可能性。

子女與異性父母的關係與需要

每個子女最好都有同性的父母與異性的父母兩者,可以幫助自己的心理發展。同性和異性的父母都有各自的作用與功效。雖然在性蕾期,對同性的父母(即兒子跟父親,或女兒跟母親)會顯出排斥與競爭的階段性、過渡性的局勢,但是進入同性期以後,就很需要跟同性的父母接近,才能經由模仿與認同而促進心性方面的成長。

至於異性父母對子女也有很重要的作用。在性蕾期,對異性的父母(即兒子跟母親,或女兒跟父親)會顯出特別要好的親近關係,還會引起同性父母的嫉妒或排斥;但是,也就是這樣,經由跟異性父母的親密關係,開始學習如何對異性對象感到興趣,並且如何跟異性接觸與來往。雖然到了同性期(也稱潛伏期),好似對異性的父母及朋友失去興趣似的,只跟同性的父母與朋友接近,但是在暗地裡,對異性的興趣並沒有消失,只是暫時性的潛伏而已。在這段同性期,還是潛伏性地注意異性對他們的興趣與觀感如何,繼續其心性發展,因此也就被稱作是「潛伏期」(latent stage)。

對男孩子來說,在這潛伏期裡,自己的母親(或大姊)對自己的外觀、自己的姿態是否關心或喜歡,自己的行為動作是否受到父親的欣賞,內心裡還是很注意。透過母親對他的反應,而幫助他建立對自己的心性方面的信心。因此,母親(或大姊)的存在對男孩子很重要。

對女孩子來說,也是同樣的道理。在這潛伏期裡,自己的父親(或大哥)對自己的外貌、自己的姿態是否關心或喜歡,自己的行為是否能獲得父親的嘉許,還是很關心。透過父親對她的反應,而逐漸建立自己對心性方面的認同與關於性別方面的信心。因此,父親的存在對女孩子也很重要。

重複喪失父親對女兒目前與日後的心理影響

可是，假如母親常更換她的男朋友，或者由於離婚、再婚而換丈夫時，對於女兒有何心理上的影響，是值得注意的。特別是母親更換幾次的異性對象，而讓女兒有幾個「爸爸」時，其心理影響如何，需要特別考慮。

對短期的影響，我們比較清楚，即：難以適應家裡新來的「父親」，不知如何適當地跟這新的男人開始接觸、建立關係，並且建立何種「女兒與繼父」間的適當關係等等。我們已經談過，隨著不同的年歲，女兒對新來的繼父的反應與影響結果會有所不同。相對的，繼父也要學習如何跟女兒接觸，保持何種程度的親密關係，才是適當的問題。有些繼父跟年歲比較大而多少已經成熟的女兒發生不倫的關係，這類的意外事件並不少見（因此，外婆跟外公對抽菸、在家偷懶的女婿不放心，是有其道理的）。

對於長期的心理影響是：女兒對一般男人的看法、對婚姻的印象、對自己母親的形象的問題等等，這些都會間接影響她將來長大以後的心理狀態。也就是說，多少會缺乏比較正性的男女間關係的看法，對她自己找對象、結婚、建立夫妻關係，會比較沒有信心，多不能避免問題的發生。治療者只能期望心理輔導會有點效果，幫助母親跟新的丈夫的關係會穩定持久，讓小禾有個長久性的第三個「爸爸」，對她的將來有好處。

第 5 章

難與同齡小孩們結交、來往、社會化的男孩

■ 少年（潛伏期）人際關係的適應問題

第一節　個案報告與治療操作（林紅）

個案報告

小東（化名）是小學四年級十歲的男生，因為經常動手打同學，被學校停課，老師建議家長帶他來看心理醫生。

小東的父母雙雙一起來，陪他來看治療者。小東看來是個個子不高，瘦又小的男孩，一副很紳士的樣子。跟著父母進來診療室，臉上掛著歉意的微笑，好像不太好意思的樣子，推開門要進來，又要出去，猶豫不決；說起話來總是欲言又止，瞻前顧後，好似拿不定主意似的。

家長反映小東斤斤計較，總認為別人不友善，認為人家是故意的，成心難為他。愛衝動，一有事情就動手，與同學因為一個眼神就能發生衝突，把別人不小心的動作、碰撞等，都誤認為是對他自己的攻擊，隨即動手反擊，而且沒完沒了，不依不饒。雖然沒有傷過人，但是引起同學和家長的反感；連他本人都承認他對大多數人都反感。比如，上體育課時，同學們站在籃球架下面看比賽。站在小東後面的一個同學想把腿抬起來放柱子上，而小東認為「擋著我靠籃球架上」，所以，「我當時二話不說就動手了！」

小東的爸爸無奈地說：「帶他在外面玩，一有事情他就想動手。帶他去買

東西，人家比他小很多的小孩可能碰了他一下，他動手就打人家；有個小女孩，在排隊時擠到他前面去，他一下子就把她給拽到後面去了；與小朋友一起玩，特別容易發生爭執。他感興趣的東西如果人家不給，上來就搶。對於以前沒有喝過或者沒有見過的飲料、玩具等，他要看，人家不給，他搶過來就摔地上。」做事情沒有耐心，沒多會兒；只要做不好，就生氣，發脾氣，也不肯練習。到現在跳繩跳不了幾個，拍球也不行。學習成績倒是還不錯，都是「優」。學習不擔心，最擔心的是與別人動手，惹的麻煩也是這個。

治療者看小東個子不高，又瘦又小的，就好奇地問衝突的結果會怎樣？媽媽無奈地說，吃虧的永遠是他，他打不過別人，但他卻總是先動手。小東聽到這裡，急忙爭辯說：「有時戰成平手，有一次被老師拽住了，沒分出勝負。」而且小東還忿忿地說：「我一定要長高點，把他們都打敗！」看著又瘦又小的小東揮舞著乾巴巴的小拳頭，治療者能想像得到：吃虧的一定是他。

小東也很苦惱，他告訴治療者：「打人疼，我也疼，打完我就後悔，怎麼又打人了？老師又得讓我回家了。我不想打人，但是，我也不知道為什麼，就是那時候忍不住。我想改掉這個毛病。」小東說，打人之後挺影響他自己的情緒，肯定精神不好了。

關於小東年幼時候的情況，父母說明：小東從小睡眠少，易哭鬧，大便乾燥，由外婆和太祖帶著。爸爸說，在孩子小的時候，他打小東比較多，現在已經開始改變方法了，因為發現越打，孩子在外面越容易惹事。在家裡打完他，他在外面就容易打別人；而且打完他了，他的毛病還是繼續犯。

對媽媽和小東的關係，爸爸表示強烈的不滿，他說：「她對孩子沒有一點耐心，很容易起急，拒子千里之外。從小，小東往她身上爬時，她就不耐煩地往外推；碰她一下，就嗷嗷叫；對孩子說話特別生硬。」聽了爸爸的話，媽媽情緒很激動。媽媽承認自己對孩子確實沒有耐心，自控能力也很差，容易起急，但是認為這一切爸爸有不可推卸的責任。「我在公司煩，回家也得不到什麼溫暖。我說什麼，他都不理我，就像沒聽到一樣，你愛氣死就氣死。我倆吵不起來，我也得不到釋放，就跟孩子發洩。現在孩子也特別冷漠，我在屋裡要死要活的，叫他們爺倆，都裝聽不見。」媽媽嘆了口氣，「說實話，我現在覺得他

（指小東）是一個負擔，要是沒孩子多好啊。我真是不適合帶孩子，給帶得這麼糟。」爸爸媽媽都很不理解：「小東一直認為我們不愛他。別人給他一塊巧克力，或者哪怕多說一會兒話，在他看來就比我們還親。」

至於小東本人，他說：爸爸本來老打他，現在不怎麼打他了。爸爸現在不容易起急，媽媽還是容易起急。比如，上完廁所後，小東忘記沖廁所了，媽媽就會大聲訓斥小東：「回去！回去！沖廁所去！」小東說：「我有錯，但是媽媽起急，也有錯。」小東認為，爸爸和媽媽懲罰他的措施太嚴厲，「吃飯時下座位一次（離開桌子），就不給吃飯了。」

治療經過

小東已經接受過八次會談。開頭的五次會談是每週一次，之後就逐漸拉長距離為兩週到三週一次。主要由爸爸和媽媽陪小東一起來，但是因為媽媽的工作單位不容易請假，有時沒來，只由爸爸陪小東來（目前還在繼續治療中）。

◉ 第一次會談 ◉

從一開始，小東的治療動機就很明確，他說：「因為打人，不能上學，所以來治療。」由於小東已經被學校停課，小東的爸爸和媽媽說：「不得不重視這個問題，按照老師的要求一起陪著小東來治療。」但是，治療者馬上可以觀察出：小東父母之間的關係看起來非常緊張，一直在互相指責，整個治療室瀰漫著劍拔弩張的氣氛。治療者趕快對父母給予肯定，平靜他們的火氣，誇獎他們能一起帶小東來尋求幫助。治療者接著指出：父母對孩子的教養方式和父母之間的關係，對孩子的發展均有影響，父母自身的行為方式對孩子也有重要的影響。父母都表示，他們已經開始意識到這個問題了。由於治療者難以判斷父母之間的感情，以及各自所關心的問題，所以，建議小東本人和爸爸、媽媽分開個別與治療者面談。

治療者首先跟小東會談，主要想了解他動手打人的動機。結果，發現一般來說，他總是習慣把別人往壞處想。治療者引導小東換位思考，換一個思路想別人的動機，如果別人並不是他想像的那樣壞，他打了人家，人家會有什麼樣

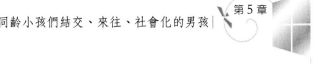

的感受？同時，引導小東將他打人的行為和後果聯繫起來，後果往往是他自己吃虧、生氣，還挨老師責備。小東表示，他非常願意改掉這個毛病。

接著跟小東的爸爸會談。爸爸說，他自己是專業技術師，媽媽也是在某單位裡工作。父親說：他和妻子間的關係，感情上並沒有大的問題。只是媽媽性格急躁點，單位的女同事比較多，回到家經常因為單位的小矛盾向丈夫抱怨、發牢騷，但爸爸覺得沒有什麼大不了的，都是些雞毛蒜皮的小事。而且，因為一直與丈母娘一家住在一起，認為妻子有什麼事情都願意對她自己的家人說，有她家人幫她就可以了，用不著自己，所以，就表現出妻子所說的那種「冷漠」。小東的爸爸說到這裡，臉上有點不好意思的笑，承認自己確實存在妻子所說的：「想出門拿起衣服就走，也不向家人打聲招呼；回到家也是這樣，見到家人也沒有一聲問候。」爸爸說，以前沒有想到過自己這樣的行為會對孩子有什麼影響；現在意識到了，孩子確實在很多方面模仿自己，包括小東動手打人。所以，爸爸表示今後要多注意改變自己。

跟小東媽媽會談時，治療者建議她學習如何向孩子表達感情，表示親近，拉近和孩子的距離。學習如何與孩子溝通，解決矛盾衝突，改變目前爸爸和媽媽習慣使用的「打」的方法。

最後跟小東、爸爸、媽媽三人一起會談結尾。治療者引導他們著眼於解決問題，想更多的辦法解決矛盾衝突。小東說：「打人是不對的，打不是好辦法，打人能解決問題嗎？」爸爸說：「只要打人就不對，我們（做父母的）打人也不對。」治療者引導他們尋找更好的辦法。小東就提議地說：（假如犯錯了）用多長時間不給好吃的，不讓他玩來懲罰（不再打他）。小東和爸爸、媽媽都同意小東的建議，並表示願意繼續來看治療者，接受幫助。

● 第二次會談 ●

一週後，小東由爸爸陪同來。這時，小東回到學校已經三天了，爸爸說，他又打了兩次同學。小東主動解釋說：「我老把同學往壞處想，所以，我老以為他是故意打我的。」小東能這樣認識關於打人的問題，治療者馬上對小東的進步表示誇獎。治療者含笑問小東，現在認為別人故意打他有多大可能性？小

東很仔細地想了一會兒，認真地說：「不是故意的占 55%，故意的占 45%。」治療者聽了，就故意誇張地說：「那看來有更大的可能是咱們打錯人了。」小東不好意思地笑了：「我犯完錯誤才想起來。」看著憨態可掬、誠心誠意要改掉錯誤的小東，治療者告訴他：治療者很喜歡和他一起交談，問他的感覺如何？小東說：「我也挺喜歡和您說的。」

　　小東要求讓爸爸到診室外面去，想要單獨和治療者談。治療者為小東的爸爸說話，說明：爸爸在場可以向治療者學習怎樣與小東溝通，對小東有好處。不過，治療者聲明最終的決定權還是在小東。小東最後還是不同意爸爸在場，也就請爸爸出去了。小東咬牙切齒地說明，這次他和同學打架起因是：由於他上去講台補黑板上擦掉的字，但是，一個男同學爭著上去和他搶，而老師同意讓這個男孩子寫。小東恨這個男生，說：「老師怎麼老向著他呀？」而且，以前這個男生也曾經招惹過小東，小東皺著眉頭、翻著眼睛，氣呼呼地說：「我就打了他一下，管他呢！」治療者反應著說：「老師讓他補，這是讓他受累呀。」小東說：「幫別人幹活，就是快樂的。是我不小心擦掉了黑板上的字，是我的責任，我應該補上，他過來管閒事。」小東補充解釋：原來，有一天中午，老師在班裡說：「都讓老師管啊，你們就不能多做點事，讓老師也輕鬆輕鬆；你們自動多做點事。」小東聽了，也想多做點事，幫幫老師，可是每次都不成。「比如中午吃飯時，我也想把盛飯的盆送回去，但每次我都沒吃完，所以送不了，開學後一直都沒有送過盆。」原來小東是這樣有責任感的孩子！在肯定了小東的責任感之後，治療者引導小東思考：「有沒有可能那個孩子和你搶著補黑板上的字，也不是為了和你作對，而是另有原因？」小東想了想，恍然大悟地說：「他有一個好朋友，叫小路。小路做什麼事，他都會跟著學，幫著做。他有可能跟著小路學著做，搶著補黑板上的字。」小東若有所思地說：「不過我當時沒有理解，沒有那麼想。」小東還滿意地對治療者說：「和你聊，挺有意思的，有一些意想不到的特別收穫。」

　　這時爸爸被請來會診室。雖然小東還想跟治療者談，但爸爸卻插嘴開口，反映小東最近的行為，說：「稍微好點。老師說今天和一個同學搶本子，發生爭執，別的同學抱著他，就好了。而以前打起來就沒完沒了，一定要還擊才

行。」小東這時伸出手指，點著爸爸的臉，氣憤地說：「為什麼我還沒講明白，還想跟她（治療者）講清楚一些時，你就開口講話？讓我先把話說清楚了，找找有沒有一些什麼解決辦法？」對於小東要爸爸聽他說完話的合理要求，治療者表示支持，特別是小東積極尋找解決問題的辦法，治療者給予充分的肯定。接著，治療者故意模仿小東過激的表達方式，讓小東談他的感受，小東看了就不好意思地笑了。爸爸表態：「今後不管對錯，會先聽你把事情的原委說清楚。」

◎ 第三次會談 ◎

這次會談是爸爸和媽媽一起陪小東來的。由於門診裡前一個會談的病人多用了一會兒時間，跟小東的會談稍微遲了一點。小東一進門，就嚴肅地指著自己的手錶說：「耽誤了我兩分鐘了。」治療者笑著說：「看來你還挺重視和我（治療者）的會談啊，我保證你的時間一分鐘也不少。」小東的臉一下子由陰轉晴。

小東堅持要單獨和我談，可是會談的中間媽媽進來過一次，被小東毫不客氣地趕出去了，說：「沒輪到你呢！」我說爸爸媽媽不在場，會進步得慢，小東笑著說：「進步得慢就慢點兒吧。」

小東說：「今天有一個同學他招惹我，我先踢了他一腳，他打了我一下，我沒還手。」對小東的進步，治療者有意誇張地表揚他。小東說，要是以前，他會不斷追，不斷跑。不過課間的時候，他還是打了這個同學一下，沒使勁打，是為了報仇。

後來治療者跟父母兩人會談時，請小東在外面等。爸爸說，老師向家長反映小東有進步，但沒有告訴小東，怕他驕傲；老師還要更加嚴格地要求小東，家長不知該如何是好。治療者建議家長最好與孩子分享他的進步，並給予一定的具體性獎勵，這樣幫助孩子看到自己的進步，並且得到家長的鼓勵，他才會有信心、有動力繼續努力。並且，請老師不要急於過高標準地要求小東，要給他時間改變，允許他慢慢進步。

當治療者和爸爸媽媽正在會談中，小東很生氣地跑進診室，揮舞著小拳

頭,「他再看我,我就打他,他憑什麼看我?!」原來,在門診的樓道裡,小東發現有個小朋友盯著他看。治療者好奇地問:「他看你有什麼不好嗎?」小東氣呼呼地,「他就那麼盯著我看,我覺得他的眼神不對!」爸爸和媽媽無奈地表示,小東平時就是這樣,老把別人往壞處想。他們生氣地指責小東:「你說別人盯著你,你為什麼盯著人家看?你說人家眼神不對,你是什麼眼神?」聽了爸爸媽媽的話,小東有點急了,在房間裡踱來踱去,振振有詞:「他的眼神就是不對,我反正不像他那樣表情。」治療者示意爸爸媽媽停下來,不要再責備他。孩子生氣的情緒感受是真實的,家長要能夠站在孩子的角度理解他的苦惱,弄清楚他為什麼苦惱。看著小東的眼睛,治療者真誠地對他說:「我能理解你,小東,你覺得他的眼神不對,你很生氣,是嗎?」小東彷彿遇到了知音一樣,頻頻點頭,他一直緊擰的眉頭一下子舒展開來,氣憤的表情化解了,也不再緊張地來回踱步,又浮現了他慣常有些歉意的表情,無助地望著我。治療者知道,此刻我(治療者)已經開始對小東有影響力了。治療者引導小東:「我們好好想想。這個小朋友看你的眼神怎麼不對了?你覺得他是不懷好意?是瞧不起你?還是別的什麼感覺?」小東歪著頭,轉著眼睛,很認真思考的樣子,想了一會兒,說:「我看不出來是什麼,就是覺得那眼神很彆扭,他肯定往壞處想呢。」治療者繼續引導他:「你說,你覺得他的眼神彆扭,你認為他肯定往壞處想呢,看來這只是你的『感覺』,實際情況又是怎樣呢?有沒有可能他並沒有惡意,而是你自己的感覺出了問題?」小東好像恍然大悟的樣子,不容分說,把爸爸媽媽推出房間,關好門。當房間裡只有我們兩個人時,小東湊到治療者跟前,有點緊張,又有點不好意思地說:「有時我有點害羞的可能性也比較大。」「為什麼害羞呢?」 治療者繼續追問,小東低下頭說:「我那麼醜,他看我幹嘛?所以有點害羞。」

聽了小東的話,治療者心裡真的很難過,也心疼他。小東一次次大動干戈,大打出手,其實是為了掩飾內心的不安全感。他彷彿是一隻貌似強大的紙老虎,在外表強悍的背後,他內心的苦與痛又有誰知道?望著小東端正的五官,治療者用欣賞的口氣對他說:「誰說你長得醜了?瞧這寬寬的額頭,大大的眼睛,筆直的鼻樑。我不僅不覺得你醜,在我眼中,你還很英俊呢。更關鍵的是,

你有智慧，善於思考，遇到困惑了，還願意尋求幫助。」小東笑了，這是他第一次笑得這麼輕鬆，這麼開心。

治療者引導小東繼續思考，遇到這樣的事情怎麼辦？有哪些可能的辦法？小東想出了三種辦法：第一，揍他一頓。小東說著自己就笑了，說這個辦法不好，沒有理由揍人家。第二，叫他別看我，跟他說：「你憑什麼看我？」但小東說這樣不禮貌。第三，不看他。但是小東擔心，「可他一直看我怎麼辦？」我說，他看你很可能是因為覺得你不錯呢，如果是你的話，你願意去看一個你認為特別醜陋或者你非常討厭的人嗎？你一定早早跑了，不敢看了。小東笑了，說我講的有道理。

治療者與小東的爸爸和媽媽分析了小東對於別人正常的眼神反應過於強烈的原因，指出小東缺乏安全感與父母養育方式的關係，建議父母抓住時機，加強培養小東的安全感，不僅對於他改變現在動手打人的行為有幫助，而且對小東的將來也很重要。

◉ 第四次會談 ◉

爸爸和媽媽都一起來。爸爸說：小東這一個星期都沒有打人。但是老師反映小東自己跟自己較勁，自己起急，表現為身體繃得緊緊的，情緒不好，但沒有打別人。小東在作業本子上寫著：「我今天沒起急，沒打人。」對於小東的表現，老師很擔心，要家長向治療者諮詢。治療者向父母解釋說：這是小東從習慣於抬手就打人到不打人的一個過渡階段。現在他在認知上明白了他不應該打人，但是，他卻經常難以控制自己的行為。所以，他會很矛盾，內心有衝突，表現出情緒不好、身體緊繃，和自己起急等。建議家長和老師一定要表達出對孩子的理解和支持，幫助他度過這個困難的階段。

小東說，恨班上七個同學，一一數著這些同學的名字，排列出第一恨到第七恨的順序。媽媽說，小東的腦子裡除了這個，也沒有學習，說了老半天，都是要打架的事，第二天還要和小成打一場呢。原來，小成正在哭時，小東說他「真不像話」，小成說要打小東，朝小東比劃一下。治療者問小東怎麼辦？小東說：「我也得比劃一下，免得吃虧呀。」可是小東馬上轉而氣憤地說：「後

來我跟他說對不起了，他沒理我，憑什麼不理我呀？」小東的爸爸和媽媽異口同聲問小東：「如果換成你，正傷心地哭時，有人這麼說你，你怎麼辦？」小東毫不猶豫地回答：「要是我，我肯定踹他一腳。」話剛說出口，小東就不好意思地笑了。小東的爸爸和媽媽真的成長了，無形中學會治療者的方法，幫助小東從不同的方向去考慮，發揮同理心。

在會談過程中，小東不時把玩爸爸的手機。爸爸說：「我問問你，你和我們談話時，如果我們老這樣玩東西，你什麼心情？」小東看了爸爸一眼，順從地放下了手機。小東的父母說，小東現在能稍微緩和一點矛盾。以前不依不饒，沒完沒了，非要爭一下，打一下；現在能解釋得通，與同學起爭執，老師解釋後，能原諒同學了。

◎ 第五次會談 ◎

小東表現得很平靜，他說：「原來別人碰我一下，我就很生氣，認為這人不對。碰我就不應該，為什麼不碰別人，偏要碰我呀？我就打他。現在，有同學碰我一下，我就想算了。別人碰我，我也不打別人了，我忍住了，記住別人碰我不能再打了。要求別人跟我說聲對不起，要不然就不理他了。」

◎ 第六次會談 ◎

兩週之後，第六次會談，父母共同陪小東一起來。兩天前，在做完操回教室的路上，小東的屁股被人戳了一下，小東沒有理會；緊接著第二次又被人戳了一下，小東覺得不太好，回頭看後面，只有一個同學，小東就動手和他打了一架。被其他同學看見，告訴了老師。經老師的詢問，這個男生說不知為什麼，小東轉過身來抬手就打他。因為小東先動手打架，老師批評了小東。小東說：「老師批評得冤枉，是他先動手戳我的。老師並沒有解決這個問題，讓我們自己解決，互相說對不起。」小東主動先和這個男生說對不起了。

治療者首先肯定小東能夠第一次不理會別人戳他，這是有進步的；另外，小東能夠主動先說對不起，也很不簡單，不斤斤計較了。治療者還引導小東思考，是否一定是這個男生戳他的？小東說：「我也不知道是不是他戳的，我沒

動腦子。當時，就看到他在後面，以為是他，就打起來了。」小東也認識到，可能並不是這個男生戳自己的，自己要換位思考，從多個角度考慮問題。

媽媽心疼地說：陪小東上課外英語班，發覺小東挺孤獨。大孩子他躲著人家，小孩子人家躲著他，沒人跟他一塊兒玩。有什麼碰撞，別人根本不當回事，他卻反應激烈。小東不會與大家在一起合作。他喜歡的東西，就自己把著不讓別人碰，不會與人交流和相處，遇到事情只會哇哇叫。

對家長關心的心情，治療者表示理解。治療者鼓勵家長持之以恆地幫助孩子，家長在家裡也要逐漸增多與孩子身體的接觸和情感的交流與溝通，增強安全感，幫助孩子學習正確地認識問題和解決問題。

◎ **第七次會談** ◎

三週之後，第七次會談。小東的爸爸說，前一段有很長的時間小東打人的毛病好多了，但是這兩週又開始打人了，幾乎每天招惹同學。上週因為打人、招惹同學，老師要求家長提前接走了小東。特別是小東老招惹一個女生，向人家要作業，不給的話，就動手奪，還用手指戳這個女生的頭髮，或者有事沒事伸手碰人家一下，結果這個女孩老向老師告狀。爸爸氣憤地說：「我就不明白為什麼？戳戳點點為什麼？」治療者問小東，小東聽了，轉轉眼珠，悄悄跑到治療者的身邊，靠近治療者的耳朵，略顯羞澀地小聲說：「我告訴你，你可別告訴他們（指爸爸）。我喜歡她。」治療者恍然大悟，問小東：「你心裡喜歡她，但不知道該怎麼表現出來，表現出的卻是招惹她，是嗎？」小東頻頻點頭。治療者繼續引導：「你這樣做有什麼不好的嗎？」小東看著我，委屈地說：「她跟老師告狀。那我怎麼辦啊？」輕拍著小東的肩，治療者說：「我能理解你的心情，喜歡一個人沒有錯，就是方法不合適。你可以好好表現自己，努力學習，又遵守紀律，幫助同學，成為大家都歡迎的好孩子；這樣的話，她才會對你有好印象。」小東的緊張逐漸消失了，點點頭，「以後我換一種方法吧。」

◎ **第八次會談** ◎

兩週之後爸爸陪他來，很高興地說，最近半個月還好，沒發生打人、發脾

氣等現象，沒出現以前那麼厲害的起急，在學校和家裡都這樣。不動手打人，輕輕拍人家，或者老招惹那個女孩。

爸爸說，這段時間沒打小東，父母都訓斥得少，提的要求沒做到，就說說他。一方面覺得小東沒犯什麼嚴重的錯誤，再說以前打他也沒用，現在父母有意識地控制不打他。小東在會談過程中不時拿抽屜裡的東西，爸爸嚴肅地看著小東：「我對你的行為很反感。」小東聽了，真的不再亂動了。我問小東為什麼不動了？小東平靜地說：「能接受爸爸的話，因為他說的有道理。」

小東還是不習慣父母對他的親近。晚上看電視的時候，媽媽有時會用手摟摟小東，但小東會推開媽媽。媽媽說：「我們喜歡你還不行嗎？」小東回答：「又不是照相。」

小東說，在來會談的前一天，他和一個男生吵起來了。「我回到教室，看到他在我的座位上看我的作文。他一定看了很長時間，我的作文也不太好啊，他幹嘛看我的作文?! 我過去推他，警告他，閃一邊去。我特會催，我催他十多遍都沒問題，直到他走為止。」對於小東的轉變，我給予讚賞：「從原來抬手就打，到現在動口不動手，你達到了更高的境界，不簡單啊。而且你能催十多遍都不煩，好厲害啊！怎麼做到的？」小東真誠地說：「我要改掉打人這個錯誤，能改成催就改成催，盡量改吧。我大聲催，一般人大聲催都會走的。」

如此透過八次會談，在三個月左右的光陰裡進行治療工作。最開始被老師停課在家，無法上學，抬手就打，整天張牙舞爪的小東，改變了過去以「打人」作為解決問題的唯一手段，想出新的辦法，「我特會催，我催他十多遍都沒問題」，而且悟出來「我大聲催，一般人大聲催都會走的」。小東的心理明顯成熟了。在開始的五次會談中，小東經常讓爸爸和媽媽離開診室，要求自己一個人單獨和治療者會談。後來，慢慢地，他不再介意在父母面前說他的心裡話了。

小東的父母各有自己的問題。父親不會表達感情，還說：「結婚這麼多年了，過平常的日子，還用表達什麼感情？她（指小東媽媽）公司有些勾心鬥角的小事，回來說我也不愛聽。」母親脾氣急躁，原本就不會表達對孩子的愛，又把對丈夫的抱怨也轉移到孩子身上，拿孩子發洩。可是很幸運的，父母都很熱心接受輔導，並且從治療者那裡學到對待小東的要領。小東的治療取得了明

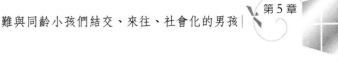
顯的效果，爸爸和媽媽成長的力量也是不容忽視的。

操作評論

治療者針對本個案的病情了解把握得很好，同時，對於治療方向決定得很正確，所採用的輔導技巧也很合適，可說滿足了心理輔導的基本三條件。我們可以指出，配合本個案的需要，治療者特別努力去嘗試幾個要領，而達到輔導效果。即：

建立好的關係：這是基本上很重要的輔導要點之一，對於此病人也不例外。治療者從頭就很注意跟此小病人建立起好的關係，讓小東喜歡上治療者，這樣才能進行所需的輔導工作。

譬如：「治療者看小東個子不高，又瘦又小的，就好奇地問衝突的結果會怎樣？」這表示治療者從開頭就能以同理心，站在病人本身的立場去考慮事情，關懷他打人後的結果如何，而並沒有想（如同父母或老師們似的）去責備小東的行為是不好。這是讓病人從頭就可以感受到治療者對他的關心態度與想幫助他的角色。

治療者首先跟小東會談，主要想了解他動手打人的動機（結果，發現一般來講，他總是習慣把別人往壞處想）。治療者引導小東「換位思考」，（換一個思路想別人的動機與感受），並幫助他體會打人的後果（往往是自己吃虧，還挨老師責備），提高對事情不同層次的看法（能看出自己行為的後果）。這樣的進行輔導，「小東（才）表示他非常願意改掉這個毛病」。

當小東主動解釋說：「我老把同學往壞處想，所以，我老以為他是故意打我的。」結果，治療者對於小東能這樣認識關於打人的問題，馬上表示誇獎（提供正性的條件化）。

還有，治療者含笑問別人故意打他有多大可能性？小東很仔細地想了一會兒，認真地說：「不是故意的占 55%，故意的占 45%。」治療者聽了，就故意誇張地說（把問題的癥結明顯化的指點）：「那看來有更大的可能是咱們打錯人了。」小東不好意思地笑了：「我犯完錯誤才想起來。」這是在輕鬆的狀態向病人點出問題關鍵的所在。

治療者內心裡「看著憨態可掬、誠心誠意要改掉錯誤的小東，治療者告訴他：治療者很喜歡和他一起交談」（表白治療者對病人的正性感覺）；結果小東應對而說：「我也挺喜歡和您說的。」這是靠情感上的結交表達而建立良好的治療關係。

容許談論內心事：當治療者跟病人能建立良好而可信任的關係以後，病人就容許治療者去了解他內心裡的痛苦心思。因此，（當房間裡只有治療者與小東兩個人時）小東湊到治療者跟前，有點緊張，又有點不好意思地說：「有時我有點害羞的可能性也比較大。」「為什麼害羞呢？」治療者繼續追問，小東低下頭說：「我那麼醜，他看我幹嘛？所以有點害羞。」

了解內心，同時能分析，也提供處理的辦法：關於小東老招惹一個女生，爸爸氣憤地說：「我就不明白為什麼？戳戳點點為什麼？」而治療者卻能（小聲）細問小東為什麼。小東聽了，轉轉眼珠，悄悄跑到治療者的身邊，靠近治療者的耳朵，略顯羞澀地小聲說：「我告訴你，你可別告訴他們（指爸爸）。我喜歡她。」治療者恍然大悟，問小東：「你心裡喜歡她，但不知道該怎麼表現出來，表現出的卻是招惹她，是嗎？」

接著，治療者說：「我能理解你的心情，喜歡一個人沒有錯，就是方法不合適。你可以（改變一個比較成熟的方式去）好好表現自己，努力學習，又遵守紀律，幫助同學，成為大家都歡迎的好孩子；這樣的話，她才會對你有好印象。」小東的緊張逐漸消失了，點點頭，「以後我換一種方法吧。」

治療者能適當地給病人提供不同的看法，結果小東還滿意地對治療者說：「和你聊，挺有意思的，有一些意想不到的特別收穫。」

提供獎賞，靠鼓勵條件化：對小東來說，由於他的行為問題，一直都在受（父母與老師）處罰，而很少受到鼓勵，而治療者能改變其情況，改而適當地時時提供獎賞（靠鼓勵進行正性條件化），是很重要的治療措施。譬如，對於小東的轉變，治療者給予了讚賞：「從原來抬手就打，到現在動口不動手，你達到了更高的境界，不簡單啊。」不但嘉獎，還指出改正的性質與方向，可以鼓勵病人繼續往這個方向求進步。

幫助與父母溝通，並給父母提供榜樣：當著父母面前，治療者引導小東繼

續思考，遇到事情怎麼辦？有哪些可能的辦法？結果，小東想出了三種辦法：第一，揍他一頓（小東說著自己就笑了，說這個辦法不好，沒有理由揍人家）。第二，叫他別看我（但小東說這樣不禮貌）。第三，不看他（但是小東擔心「可他一直看我怎麼辦？」）治療者向父母提供榜樣：如何跟少年階段的小東會談，幫助他往各種可能性去思考，而不要只針對一個理由（或可能錯誤的直覺），馬上採取行動化的反應。幫助父母學習如何跟青少年進行理智性的談話，超出只做管訓的階段。

治療者也向小東的爸爸和媽媽分析，小東對於別人正常的眼神反應過於強烈的原因（並非是喜歡做「壞」事），是由於他自己內心缺乏安全感所採取的心理防禦性反應。這樣，幫助父母從不同的角度與層次去了解成長中的少年，而不要只一味去體罰他。結果父母的管訓行為也就逐漸更改，「爸爸說這段時間沒打小東，父母都訓斥得少，提的要求（小東）沒做到，就說說他。」

由於治療者幫助父母改變對小東的管訓方式，提高了解的層次，間接地改善了他們之間的關係，並能溝通。就如治療者所指出：「在開始的五次會談中，小東經常讓爸爸和媽媽離開診室，要求自己一個人單獨和治療者會談。後來，慢慢地，他不再介意在父母面前說他的心裡話了」，表示也拉近孩子與父母的關係。

❖ 治療上的小建議：提醒適當的體膚接近

就如治療者所說的：治療者鼓勵家長持之以恆地幫助孩子，並且在家裡也要逐漸增多與孩子「身體的接觸」和「情感的交流與溝通」，增強安全感，幫助孩子學習正確地認識問題和解決問題，這是輔導上很對的建議。可是，結果卻得到母親的報告：晚上看電視的時候，媽媽有時會用手摟摟小東，但小東會推開媽媽。媽媽說：「我們喜歡你還不行嗎？」小東回答：「又不是照相。」我們要知道，到了少年階段的孩子，開始不喜歡跟自己的父母太接近，特別是跟異性父母過分親近而有體膚的接觸。特別是小東的母親，過去由於她自己本身不喜歡跟自己的小孩有親近的體膚接觸（從小，小東往她身上爬時，就不耐煩地往外推；碰她一下，就嗷嗷叫），現在突然鼓勵她跟小東親近，兩方都很

不習慣；而且，親近的方式與程度（對少年階段的小東說來）也不合適。因此，治療者宜向母親做具體性的建議，只做口頭上的「情感的交流與溝通」，而少做母子間過於親近的「身體的接觸」。這位母親向來不知如何跟自己的孩子接觸，要從頭提供仔細且具體的諮詢與提議（可以用手去碰，但不要去摟），否則只有原則性的提示是不夠，有時還會操之過急，得到不適當的效果。

第二節　病情解析與治療策略

各種病情與問題的表現

從會談中的觀察，以及家長的描述、病人自己的報告，我們發現小東的心理與行為表現有若干特點，可讓我們推敲臨床診斷上的問題。讓我們就所得的資料按類分析他的特點，如下：

小時生活缺乏規律週期性：小東從小睡眠少，易哭鬧（是「難養型」的嬰兒）。

多動性：小東在會談過程中不時拿抽屜裡的東西；在會談過程中，小東不時把玩爸爸的手機。小東有點急了，就在房間裡踱來踱去，自己振振有詞說話。

衝動性：愛衝動，一有事情就動手，隨即動手反擊；他感興趣的東西如果人家不給，上來就搶。

情感激烈性反應：對於以前沒有喝過或者沒有見過的飲料、玩具等，他要看，人家不給，他搶過來就摔地上。有什麼碰撞，別人根本不當回事，他卻反應激烈。

多疑、妄想性：總認為別人不友善，認為人家是故意的，成心難為他。把別人不注意的動作、碰撞等，都誤認為是對他自己的攻擊。覺得「別人就那麼盯著我看，我覺得對方的眼神不對！」

強迫、固執，但又有猶豫性：父母形容小東斤斤計較。在初次會談裡，治療者觀察到：小東推開門要進來，又要出去，猶豫不決；說起話來總是欲言又

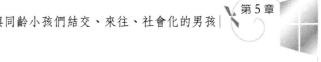
止，瞻前顧後，好似拿不定主意似的。

欠缺耐心：做事情沒有耐心；沒多久，只要做不好，就生氣，發脾氣，也不肯練習。到現在跳繩跳不了幾下，拍球也不行。

幼稚性：他喜歡的東西，就自己把著不讓別人碰，遇到事情只會哇哇叫。

社會化的困難：如母親所觀察與報告的：「大孩子他躲著人家，小孩子人家躲著他，沒人跟他一塊兒玩。小東不會與大家在一起合作；不會與人交流和相處。」

母親本身的問題：父親說，她（母親）對孩子沒有一點耐心，很「容易起急」，「拒子千里之外」。從小，小東往她身上爬時，就不耐煩地往外推；碰她一下，就嗷嗷叫；對孩子說話特別生硬，表示母親本身也有「容易起急」、「排斥他人的體膚接近」、「不善於口頭表露情感」這些氣質上的現象。

臨床上的診斷區別

根據以上所描述與摘要的徵候與資料，可以幫助我們去推測臨床上的幾個可能性：

輕度多動症：欠缺耐心（也可能缺乏注意力集中與持久）、多動，也衝動、容易哭鬧，都可令人考慮（輕度）多動症的可能性。或許嘗試藥物治療，可以幫助做鑑別診斷。

孩童強迫症：被形容為斤斤計較，有強迫、固執，也有猶豫性的表現，值得考慮是否有此毛病。父母管理嚴格，而且母親說話缺少感情（特別生硬），是否提示有其氣質上的遺傳影響。

孩童妄想症：很顯然的，常表示多疑、妄想，認為他人的動機是不善而總是防備。只是不清楚這是原本的問題，或者是內心自卑而續發性的結果與現象。

早期性格障礙：由於小東從小就表現是「難養」嬰兒（而非是「易養」嬰兒），而且長期就一直表現同樣的行為問題，特別是上小學，發生人際社交性來往後，其問題更明顯化。但是經由輔導，在短期內（不到三個月）就開始有改善的趨勢，表示是可塑造與變化的行為模式，而非結根的性格問題。

心理障礙：由於自己個子小，又常被體罰，平時就缺少信心，父母又無法

提供所需的心理支援，而發生行為上的衝動與暴虐行為，是病態性、補償性的行為問題。

幼小時父母的反應與對待

過分嚴格：小東認為，爸爸和媽媽懲罰他的措施太嚴厲，「吃飯時下座位一次（離開桌子），就不給吃飯了。」

體罰多：爸爸說，在孩子小的時候，他打小東比較多。

排斥接近：從小，小東往母親身上爬時，母親就不耐煩地往外推；碰她一下，母親就嗷嗷叫；對孩子說話特別生硬。

母親讓他擔「受氣包」，無故受氣：母親自己所述：「我在公司煩，回家（從丈夫那裡）也得不到什麼溫暖。我說什麼，他（丈夫）都不理我，就像沒聽到一樣，你愛氣死就氣死。我倆吵不起來，我也得不到釋放，就跟孩子（小東）發洩。」

父親缺乏溝通與感情來往：父親跟丈母娘一家住在一起。如他自己所說的：「想出門拿起衣服就走，也不向家人打聲招呼；回到家也是這樣，見到家人也沒有一聲問候。」父親跟自己的妻子、丈母娘是這樣，也可以推想跟自己的兒子也是一樣，即：較少跟自己成長中的兒子多接近，經由溝通表達感情與關心。

對長大的少年孩子沒有界限：小東堅持要單獨和我談，會談的中間，媽媽進來過一次，被小東毫不客氣地趕出去了，說：「沒輪到你呢！」

少獎勵：這可能也是個很大的問題。「爸爸說，老師向家長反映小東有進步，但沒有告訴小東，怕他驕傲。」從這個例子可以看出，父親和母親平時很少誇獎小東，爭取正性條件化，鼓勵往好的方向去改善並維持。小東在學校既然有好的改善，就值得趁機好好誇獎、慶祝，加強其繼續改善的傾向。

病情的解析：多數因素，相互惡性循環的加深問題

總結來說，此病人的病情要從不同的層次去考慮。本身生來（難養）的氣質，可能是輕度多動症的影響，常發生「不規矩」、「不聽話」等行為，而被

受不了（與不了解）的父母特別嚴格管教，常給予體罰，當受氣包，讓孩子更害怕、也沒自信心，唯恐被人欺負，就採取攻擊他人的防禦措施，模仿父親動手常打他的行動（「向強者認同」與模仿， 即 identification with the aggressor）。結果，產生惡性循環，更加深其問題。

治療上的若干建議

對老師提供輔導：治療者對病人本身與家長費很多精力提供心理輔導，但也可以向學校的老師提供諮詢，加強其效果。因為，畢竟病人的非適應性行為問題都是發生在學校的環境，很需要老師的協助及適當地處理與管教。從資料上看來，老師很需要心理上的諮詢。

有幾個例子顯示如此。譬如：當小東自動上去講台，試圖補黑板上擦掉的字，而另外一個男同學也爭著上去，想和小東搶表現；老師不但讓這個男孩子寫（就如小東所說的，「老師怎麼老向著他呀？」），而沒體會與表揚小東的好行為，即：「也想多做點事，幫幫老師。」

還有，當老師發現小東有進步（向家長反映），而老師還要更加嚴格地要求小東。老師需要學習如何適當地給學生（特別是有行為問題的小東）嘉獎與鼓勵，還得學會如何（了解學習的心理）按過程而期待孩子的逐漸改善，不得強求。

兒童心理治療者在職業上要習慣於跟孩子有密切影響的四周人隨時提供諮詢，包括學校的老師，這樣才能事半功倍，多收效果。打個電話，談幾分鐘，都會有很大的幫助。必要時，到學校去見老師，當面提供諮詢，彼此認識後，日後以電話繼續聯繫，並提供諮詢就可。

讓父母自己練習如何管教與溝通：到目前為止，治療者的工夫都投擲在如何幫助小孩（小東）本身的改善，也間接地向父母提供需要的諮詢與提議；但接下來的階段，就宜開始幫助父母本身在會談當場裡，練習如何改變跟病人小孩接觸溝通與管教的方法，透過會談的機會，讓父母去嘗試，而治療者在旁督導。還好，小東的父母有能力去學習（特別是父親），而且都肯願意學習，是很好的輔導嘗試。

譬如，小東說：「打人是不對的，打不是好辦法，打人能解決問題嗎？」爸爸說：「只要打人就不對，我們打人也不對。」父親能用口頭說明對打人的看法，經由理智性的溝通與會談企圖改善小東的行為，是可圈可點的適當管教行為，值得讓父親多多試用。

還有，小東在會談過程中不時拿抽屜裡的東西，爸爸嚴肅地看著小東：「我對你的行為很反感。」小東聽了，真的不再亂動了，而且說：「（我）能接受爸爸的話，因為他說的有道理。」還有，在會談過程中，小東不時把玩爸爸的手機。爸爸說：「我問問你，你和我們談話時，如果我們老這樣玩東西，你什麼心情？」小東看了爸爸一眼，順從地放下了手機。這些都是很好的反應插曲，表現比較成熟的親子間的互動來往，也是幫助小東學習控制自己行為的好榜樣，值得向父親提醒，鼓勵他多多採用。

小東的父母有一點值得學習，而還沒從治療者那裡學習與模仿的，就是要適當地鼓勵與誇獎孩子。這種正性條件化的辦法，一有機會，治療者可以讓父母去嘗試，讓他們具體且實在地學習他們過去少用的好辦法。

第三節　理論探討與學理說明

性格的形成：生物、心理、家庭因素的綜合性影響

大凡一個人的性格，受各種因素的綜合影響而形成。

先天（遺傳）的氣質：最近的研究顯示，剛生下來的嬰兒就開始表現不同的性格。有的比較乖、不太吵鬧，按時飲食與睡眠，讓父母或養育者容易養育，被稱「易養」嬰兒；相反的，有些嬰兒容易吵鬧，鬧情緒，而且飲食與睡眠不按週期，讓養育者感到養育很吃力與辛苦，被稱是「難養」嬰兒。而這些區別被認為是先天性的，一生下來就會有所表現，而且大致上保持日後的習性。

每個人都有其基本上的氣質與脾氣。譬如說有的喜歡跟外人接觸，善與人談話來往（被稱為外向）；或者比較喜歡自己一人單獨生活與行為，自己思考，

專心於自己喜歡的事情，不太願意跟別人社交（被稱為內向）。雖然這些基本的氣質日後多少會更改，但保持長久性質被認為是跟先天有關係。

生物性、器質性障礙：假如在胚胎時期，或者生產後，發生神經系統的、生物性的毛病，也會影響其性格。我們不完全知道多動症發生的原因，但知道，從小就會影響其行動與行為的方式；也會相對引導父母或養育者對小孩的養育與對待的反應及方法，不耐煩而甚至常過分體罰。患了癲癇症的病人，逐漸就表現比較固執性的脾氣，也是另外的例子。當然，假如腦部受傷，發生腦症，也容易表顯各種性格上的變化與障礙。

個人的心理發展：除了生物與遺傳性的因素以外，個人本身的心理發展經過，也會大大左右自己的性格，成人後就有不同性格的表現。譬如，早期沒得到養護者的保護與照顧，心理上就養成缺乏信心、依賴與滿足的感覺。假如從小總是被過分管制、被處罰、被體罰，就養成容易反抗，容易起急，衝動性的性格；假如總是被嬌慣或寵壞，就養成自私自利的習性，而這些是我們都不陌生的事情。

家人的影響：毫無疑問，家庭的環境對孩子的性格形成也有直接與間接的影響。如何管教、如何溝通情感與思維，是否提供安全感、所屬感，是否提供好的模仿而認同等等，都會很顯著地影響孩子的心理成長，進而塑造其性格的特徵。

環境的塑造：我們四周所處的環境，常常無形中影響我們的思考、態度、價值觀、人們來往的模式，影響我們的性格，以及待人處事的方法，是不容易察覺，但卻不可否認的影響因素。

由於這些因素的不同綜合關係，而對個人有不同的影響，也就形成個人性的性格，也培養家人共同的氣質、社會成員共用的群體性格。總之，事情不能只以單因素的想法來了解，要多方且綜合性地去把握。只是在治療上，要看哪些因素比較重要，而且可以透過輔導工作來處理與協助，多多盡力去施行輔導罷了。

適應的兩型：對外應對與對內處理

假如我們把一個人如何應對困難做個簡單的分類，可以區別兩種極端不同的適應模式。即：「對內塑造適應」與「對外塑造適應」。

對內塑造適應（autoplastic adaptation）：指一個人面對困難時，往往想辦法「向內」去處理，（有意識性地）改變內在精神的：自我感覺、自己的看法、思考的方式、對問題的態度，或者（無意識地）採用自我的防禦機制等，間接地處理對外環境裡所遭遇的挫折、壓力或困難等。極端時，跟現實脫離，透過妄想、幻覺、自閉等精神病狀態來應付外界；或者經由各種神經症的方式來面對困難，如：解離、幻想、退行，或者自我責備而發生抑鬱，過分擔心而焦慮等。 普通人也常採用這種內塑性的反應。譬如，我們從小說很熟悉的阿 Q 精神，即：被外人打了，就自己內心想，今天那麼倒楣給自己「兒子」打了，把自己抬高為對方的「父親」，而稍微自我安慰。至於能以同理心去體會對方的苦境或動機，而去原諒對方，減少對方的敵意等，可說是比較成熟的內塑型適應。

對外塑造適應（alloplastic adaptation）：反之，一個人面對問題時，就「往外」去處理，企圖改變外在的現實條件，包括衝動性地動手打人，把自己困難的情緒以行動表現〔「行動化」（acting out）〕，或者採取破壞性或犯罪性的行為來解除面對的困難。小東自己覺得：「我那麼醜，他看我幹嘛？所以有點害羞」，也就向他瞪回去，甚至動手打對方，就是靠對外的攻擊來處理內心自卑與害羞的例子。如何適當處理自己內外的壓力，不要採取過分或極端的內塑或外塑的適應模式，是很重要的。

第 *6* 章　　不知如何與同學相處的少年

■ 少年（同性期）社會化經驗與適應上的問題

第一節　個案報告與操作評論（林紅）

個案報告

　　小野是男孩，十二歲，小學六年級學生。因為在學校裡不知如何與同學和老師相處，給小野本身也帶來很多煩惱，由媽媽帶來看兒童精神醫學家，接受治療。

　　小野原來在外地一個比較小的城市上學，六年級轉學到北京，已經將近一年了。剛轉學來的時候，老師上課讓小野讀英語，「當時我緊張、害怕，認為自己發音不好，當時自己腦子裡非常空，但老師說我發音非常正確。當時有一點興奮，我感覺鬆了一口氣，但是不相信自己能那麼好，怎麼也高興不起來。」媽媽在一旁說：「這孩子不會抓機會。如果老師說自己發音好，能夠堅持回家讀英語，不就越來越好了。」

　　根據母親說明，小野經常問媽媽：「媽媽，我怎麼跟老師處關係呀？」思想負擔重，思慮過多。母親說，當老師一喊小野的名字，小野就呆了；若喊「小野，你的作業呢？」呆的時間更長；若喊「你怎麼了？」會呆上兩個小時一動也不動。其實孩子作業都寫完了，就是害怕。對於媽媽這樣的說法，小野不很

認同，認為沒有這麼嚴重。

小野的班導師是個年近四十的語文老師，脾氣比較暴躁，非常嚴厲，要求嚴格，經常著急發脾氣。小野原本語文成績就不太好，因為害怕老師，更加不願意學語文，結果語文成績越來越差，導致老師經常責備他，他就更怕老師。

小野剛來北京時，對友誼充滿了憧憬。他說：「剛來北京時，我見人就交，能多交一個算一個，盡量和他們搞好關係，當時覺得可能這些朋友會交到國中、高中，甚至大學，應該對朋友信任。所以多幫助同學，給他們帶東西吃，直到有朋友背叛了自己。有位朋友當時背叛自己的一瞬間所說的話的確都是真話，都有道理，不能全記住，但還是一直記著其中的一句話：『這個學校的朋友全部都是物質的朋友』，也就是只有給他們東西的一瞬間，他們才會對你好。」

小野說：「在春遊的時候，我帶的大部分食物都給朋友吃了。但我卻從來不要別人的東西，我給別人東西，只是為了表白我對他們的友好與信任，大部分東西都是他們跟我要。我認為是他們信任我才和我要，他們只要看見我帶好東西就跟我要。可是，我付出越多的朋友，就越快離開我，越是不知道我對他們好。當時沒有來得及去想哪些人值得交。來北京前，從電視裡認識的北京特別好；剛來北京的時候，還認為北京像童話裡一樣的美好。但是現在我很失望。」

小野繼續說：「現在我想到一個『以毒攻毒』的辦法。越是向我要東西的同學，我越不給他，現在我什麼東西也不帶到學校了。相反，我盡量讓他們給我，我是什麼也不給他們了。我選擇那些有可能給我東西，而且值得我要他們東西的同學交往。對於那些原來跟我要東西，現在翻臉的同學，我不跟他們要。我知道，就是我跟他們要，他們也不會給我，現在他們也不跟我要了。」

在小野與同學關係出現越來越尖銳矛盾的情況下，在學校裡發生的一件事令小野的處境更加艱難。班上一個同學借了小野的書，小野向他要了好幾次，但這個同學一直未歸還給小野。一天早上上課前，小野剛走進教室，走到他自己的座位旁，還沒有坐下，這個同學就走過來，把書扔在小野的書桌上說：「再也不看鬼的書了」，說完就揚長而去。小野氣得站在座位邊一直盯著那個孩子，

誰讓他坐下他也不肯坐，動也不動，就站在原地。第一節是數學課，數學老師叫不動，班導師、教導處主任誰也叫不動，耽誤同學上課，沒辦法，老師叫媽媽來學校。媽媽來到教室，看到老師在講課，學生們在聽課，而小野一個人孤零零地站在教室裡。媽媽很心疼小野，也很生小野的氣，但什麼也沒有說，把小野帶回家。到家後，媽媽說了小野：「這麼點小事你就鬧這麼大？我不要你了。」媽媽把小野推出家門，直到小野向媽媽承認了錯誤才被允許回家。小野也給老師寫了檢討書，之後才被學校允許再回去上課。小野無奈地說：「只要我在學校做錯一點，回家肯定挨罵，被家長趕出家門。」

　　小野來治療時，小學的畢業考試剛剛結束，小野很高興終於畢業了，可以擺脫小學時代的煩惱了，但接踵而來的是很擔心上中學的問題。因為和他在學校關係鬧得很僵的那個同學（即向他借書的那個同學）的媽媽，是小野即將升入的中學一年級的老師，小野擔心自己將來落到他的「死對頭」媽媽的班裡，因此覺得非常擔心和害怕。

治療經過

　　此個案在一週內連續兩次面談，均由小野的媽媽陪同小野一起來到診室，而小野要求媽媽在場一起與治療者談話。

　　在會談裡看得出，小野是個很老實厚道的孩子，也很有禮貌；但也可以察覺小野看待問題思路比較狹窄，處理問題方法也不夠靈活。

　　治療者首先想多知道小野在鄉下原來的學校表現如何？據小野描述說：「在原來的學校，就沒有人跟我玩，我跟他們玩不到一起。」媽媽說：「人家一追，小野就認為人家是打他，認為自己老是吃虧，自卑的感覺就出來了。小野心眼特別小，大家都圍著他轉還好，只要人家沒有一直和他說話，他就認為是否他自己哪句話說錯了，所以別人不願意理他了。」

　　至於小野為什麼形成這樣的個性特點呢？媽媽說明：小野出生後一直由媽媽帶他，沒有離開過媽媽。外婆曾經幫忙照顧小野一段時間，但是媽媽休產假七個月之後，因為外婆有事情不能照顧小野，媽媽只上了十五天班就不再上班而是回家了。媽媽親自在家照看小野，直到小野三歲上幼稚園。媽媽非常記得

當時小野哭著不願意上幼稚園。媽媽說小野從小愛哭，這點像她自己（媽媽）。媽媽形容她自己很愛乾淨，平時忙於在家收拾家務、洗衣服、做飯等；又因為家住的樓層比較高，小野的媽媽很少帶小野到樓下出去玩，因此，小野也很少有機會和小朋友相處。媽媽現在說起來有點後悔，當時沒有注意到多帶小野出去和小朋友玩，媽媽遺憾地說，如果能再有一個孩子多好，至少在家裡有個伴，小野也不至於像現在這樣以自我為中心、自私、心眼小，總是覺得自己委屈，不敢跟朋友們大方地來往。

媽媽說明：小野的爸爸事業有成，工作一直非常忙，經常出差，很少有時間和孩子在一起。按照媽媽的介紹，爸爸是在農村長大的，他自己有兄弟姊妹五個，沒人管慣了，所以，他認為自己的孩子也不用管，覺得孩子大了，自然就會勇敢、堅強了。爸爸本身喜歡小野，從來不打他，但是爸爸不會和孩子玩耍和遊戲，認為自己的孩子就應該懂事，不懂孩子的心理與需要。在家裡的時候，也不會親近孩子，而是自己看電視。

根據這些所得的過去史，治療者向母親解釋，說明問題發生的來源與性質。即：小野剛由一個比較小的城市轉學來到北京時，在小野的心目中北京像「童話裡一樣美好」；小野渴望與周遭人建立良好的關係，渴望能夠有機會表現自己。然而，小野沒有得到他所期望得到的那麼多來自老師的欣賞，也沒有得到他期望得到的來自同學的信任。當他覺得向他借書的同學欺負他或看不起他時很氣憤，但又不知如何適當反應，就採取「行動化」的方式處理問題，即發呆不動，結果，又受到學校和家長的先後懲罰。在這樣的情況下，小野會有煩惱就不足為奇了。小野和媽媽對治療者的分析與解釋都表示認同；治療者接著就向媽媽說明，並示範了應該如何理解孩子、幫助孩子的方法。

治療者還建議媽媽要多影響爸爸。因為對於男孩子來說，有機會向爸爸學習做個心胸寬廣、勇敢堅強的男子漢很重要。小野的媽媽說，爸爸有點大男人主義，在家裡基本不做家務。因為爸爸學歷高，事業也不錯，把一家人帶進了北京，媽媽感覺爸爸有點小看她自己，覺得自己連大學都沒上，爸爸不肯聽她的話，自己也沒資格向他提建議，擔心說多了也不好。但是小野媽媽自己卻也想出了個對策，就是多拉著爸爸和小野一起玩，慢慢來影響爸爸。

除了媽媽和爸爸雙方的改變之外，培養孩子的同理心以及對他人的包容，從多個角度看待問題，學習靈活地處理問題，也是小野本身面臨的重要課題。小野是個很正直的孩子，在治療者的幫助下，他也認識到了自己的問題。他還自己舉例說：「剛轉學來的時候，同學打籃球，我一直站在一旁看著他們玩，自己一個人沒有意思。現在感覺，他們不要我，是因為我的籃球技術實在太差了。」此外，輔導孩子如何認識友誼，學會正確地結交朋友和維持友誼的技巧，也是小野要學習和提高的。

小野的媽媽高興地談到，他們夫妻之間彼此包容，很少爭吵，給孩子創造了一個幸福的家庭環境。小野媽媽認為，如果孩子心理上的問題解決不了，那麼學習成績肯定上不去。她說：「所以，我寧可要一個考不上大學的孩子，也要一個健康的孩子。就是請假也要帶孩子看病，有問題早解決。」小野媽媽對孩子心理問題的正確認識，促使她能夠及時帶孩子來尋求專業人員的幫助。

小野媽媽表示，透過觀察治療者和孩子的談話，她也學習到了和孩子溝通的方法。她說：「我認識到作為媽媽，要多跟孩子溝通，及時解開他心裡的疙瘩，讓他能夠想開，其實這就跟求你們輔導一樣。您的方法更好、更正確，我們方法有些欠缺，還是要多請教你們。」

輔導結束後，相隔半年光陰，治療者打電話到小野家做追蹤訪問，這時，小野已經升上國中將近一個學期了。媽媽很高興地說，小野在中學「挺自然的」，不像小學六年級時那麼緊張了。現在的班導師是個年輕的數學老師，小野的數學原本就學得好，現在的老師也不像小學那麼厲害，不管得那麼緊了。況且，這個老師還喜歡帶著學生一起玩，所以小野很開心。學校裡發生的事情，小野回家以後，都會跟媽媽說，媽媽發現他不像原來那麼想不開了，他自己能夠看開很多事情，煩惱和擔心也少多了。

操作評論

本個案對病情了解很清楚，也能把握輔導的方向，治療結果很好。只進行兩次的會談，提供改善的方向與原則，就有顯著改善。透過半年後的追蹤，知道個案在學校的適應很好，跟母親也有良好的溝通了。

　　除了治療者很得體地提供輔導以外，個案的母親也發揮了她的潛力，能跟治療者學習，並且很快地體會改善的要點。媽媽能觀察治療者跟她的孩子談話的情況，而體會父母跟少年期的子女溝通的重要，也學習到跟孩子溝通的方法。她說：「您（治療者）的方法更好、更正確，我們方法有些欠缺，還是要多請教你們」，表示跟治療者有正性的關係上的建立，並且認同與學習，是輔導成功的一個重要因素。看來，父親不容易來見治療者，直接接受治療者的輔導與建議，母親也不容易說服父親，跟他溝通與要求，而促使對父親與兒子關係的改善；但是媽媽卻也想出了對策，就是（間接無形中）「多拉著爸爸和小野一起玩，慢慢來影響爸爸」，經由這樣實際的行為來改善父親與兒子的關係，是很好的建議。

第二節　病情解析與治療策略

　　這個個案的主要問題是「社會化」（socialization）的問題，小野不知如何跟同輩的同學或朋友來往，保持適當的社會性人際關係；跟比較嚴格的老師也有困難，容易害怕，而不知所措。究其原因，源於從幼兒期就缺乏適當的早期社會化經驗。雖然母親辭職，親自在家照看小野，直到小野三歲上幼稚園；但是，因為家住的是公寓，樓層比較高，小野的媽媽很少帶小野下樓出去玩，小野也就很少有機會和別的小朋友相處。也就是說，小野在幼兒期，早就缺乏早期社會化的經驗，只會跟母親黏密。因此，到了孩童初期，該上幼稚園的時候，小野哭著不願意上，表現「離別焦慮」（separation anxiety），害怕到外跟外人接觸，只要黏密著養育者，是幼兒期社會化問題最早的出現。

　　除了小野生性比較內向，也喜歡哭以外，影響社會化的成長，父親也有點關係。特別是對於孩童階段的男孩，父親的影響就變得比較重要。可是，「小野的爸爸事業有成，工作一直非常忙，經常出差，很少有時間和孩子在一起」，而且根據媽媽的說明：「爸爸是在農村長大的，自己有五個兄弟姊妹，同胞自己相互照顧，沒人管慣了；所以，爸爸認為自己的孩子也不用管，到孩子大了

自然就會勇敢、堅強」，但是，最要緊的是：「爸爸（本身）不會和孩子玩耍和遊戲，認為自己的孩子就應該懂事，不懂孩子的心理與需要。在家裡的時候，也不會親近孩子，而是（只顧）自己看電視。」

除了這些家庭與親子的關係與養育方式上的因素以外，小野的問題的顯著出現，和環境的更改很有直接關係。小野原來在外地一個比較小的城市上學，六年級轉學到北京。雖然他很憧憬新的環境，但也就無法適應都市裡不同次文化上的情況，跟同輩朋友的相處就顯出其問題。特別是害怕（嚴格）的老師，小野想獲得老師的關照，卻不知如何跟權威者相處，這跟在自己家和權威性的父親沒有來往關係有關，是「轉移關係」的表現（即把自己跟父親的關係「轉移」到跟老師的關係上）。因此，還得經常問媽媽：「我怎麼跟老師處關係呀？」思慮很多。

至於跟同學或朋友方面的交往，也是很有困難。小野剛來北京時，對友誼充滿了希望與期待。他說：「剛來北京時，我見人就交，能多交一個算一個，盡量和他們搞好關係」，「所以多幫助同學，給他們帶東西吃，直到有朋友背叛了自己」。結果很極端性地領悟：「『這個學校的朋友全部都是物質的朋友』，也就是只有給他們東西的一瞬間，他們才會對你好」的物質本性的人際關係觀念，而且很失望。

問題的高潮出現在跟班上一位同學借還書的事情。即：小野特別費心借某同學一本書，但是這位同學卻遲遲不還。經過好幾次要求這個同學歸還，結果這個同學就把書扔在小野的書桌上說：「再也不看鬼的書了」，說完就揚長而去。讓小野「氣得站在座位邊一直盯著那個孩子，誰讓他坐下他也不肯坐，動也不動，就站在原地」，幾乎發生呆僵的精神狀態；也隨著發生一連串的毛病，被學校處罰，而母親也氣得不知如何應付他，幾乎把他趕出家。還好，母親總算能及時把個案帶來，接受輔導。

我們可以了解，小野所氣的不是書的問題，而是自己那麼費心去討好朋友，把好的書借給朋友看，而結果朋友不領情，還被無禮地對待，是被「背叛」與「侮辱」了的氣憤。可是，感到被背叛與侮辱的氣憤很大，不知如何去處理（如哭泣、罵同學沒禮貌、向老師告狀、動手打對他不好的同學等），小野卻

採取很特殊（也很非適應性）的「行動化」（acting out）的反應，即發生僵直不動的動作反應，把氣憤轉化到自己的身體上。這樣的反應也跟「轉化作用」（conversion）的情況有點相似的機制，即把情感轉化到軀體上。

這個個案並沒有特別情感上的癥結問題，只是從小缺乏社會化經驗，到了少年（學齡）階段，進入學校而很需要社會化的適應階段，出現跟同學或朋友們如何相處的問題。對於這樣年紀的個案，除了對少年本身做支援性的輔導，提供改善的方向以外，最要緊的，還是對父母下工夫，提供諮詢，教導他們如何幫助自己的孩子改善人際關係，靠行為上的實際經驗來改進並補救社會化的問題，是需要長期間費心去改正的基本生活技能。

至於環境的改善，對個案也有很大的幫助。進入中學，換了新的同學，也換了老師，是比較不過分嚴格而能跟學生親近的老師，都對小野有很大的幫助。是可遇而不一定可求的環境變化，間接地幫助小野的進步。可是來路方長，如何經歷同性期，而去面對異性期，又是其他性質的社會化課題了。

第三節　理論探討與學理說明

社會化的定義與其重要性

所謂「社會化」，指的是一個人在社會性的環境裡，如何跟別人相處、來往、結交的情況。通常是幼小時，在家庭裡開始經驗，接著在學校等環境而逐漸學習與體驗，最後長大成人後，進入社會的現實環境裡，實際跟別人相處來往，發揮社會性技術、要領與經驗的綜合性現象，是生活中很重要的一環，也是一個人在成長過程裡，需要去經歷，並且養成的心理與行為課題。一個人在各種生活環境裡，都脫不了與人相處的情況，不僅是在家跟家人相處，還得到外面學習、工作、社交，處處都非得與人相處來往；因此，從小就需要好好學習。每個人生下來就有其天生的氣質，有些人比較外向，並且善於跟人談話、溝通、相處，表現其社交的能力；可是有的比較內向，不喜歡跟人交往，也不

善於與人周旋或交際。可是，後天的學習機會與經驗也有很大的影響作用；而且，是隨著年歲的增長而依循發展階段逐漸發展與發揮的。

社會化的發展過程

社會化的發展是從小就開始，隨著年歲的增長、心理階段的不同，而逐漸發展各種不同性質的社交能力與對象，可說是連串性的發展過程。

嬰孩階段：剛生下來一個月大的嬰兒尚不會認陌生人，對陌生人並沒有特別的反應。兩個月的嬰兒對逗弄聲開始有所反應；到了四個月，可被人逗笑，同時對不熟悉的陌生人會表現不安的反應；到了六個月，就會認得熟人的面孔，能與熟人嬉鬧玩樂，可說是社會化行為的開始。到了一歲，就會表現對人喜歡或不喜歡的情緒反應，開始選擇四周的對象。假如能被固定的養育者所養育，就能建立基本的信賴感，並且發展其心身；假如常更換養育者，就會缺乏信賴感，呈現不安，需要依賴在養護者身上，對離別很敏感。假如長期喪失養育者，沒有適當的替代養護者持續關照，嚴重時，會呈現「嬰孩（依賴）抑鬱症」（anaclitic depression），連心身發育都會遲慢。

幼兒階段：兩歲以後，就開始學自己穿衣服，知道自己的名字，對自己有所認識，與別人區別。跟別的小孩在一起時，會各自玩自己的，進行所謂「平行性遊戲」的活動，還不會互動性地一起遊戲。可是，經由這樣的經驗而體驗別的小孩的存在，開始意識到如何短暫離開自己的養護者，學習如何跟別人相處。假如缺乏和別的小孩在一起的機會，就缺乏如何跟同輩小孩相處的體驗，對早期性的社會化有所影響。假如只跟養育者過分親近而沒有與別人（包括同年齡的朋友）相處的機會，就不容易跟養護者離開，而一旦需要跟養育者分離（如上幼稚園），就發生「離別焦慮」的情況（小野就是在這個階段很少從高樓公寓下樓去多接觸外界的人，而上幼稚園就發生困難）。

孩童階段：到了四至五歲的孩童，可以自己洗臉刷牙，照顧自己，同時表現自己的喜好，可說開始表現自己的個性。跟別的孩子可以一起玩「互動性遊戲」，發生互動性的來往關係，包括比賽性的遊戲活動。能開始唱短歌，也開始能認識與區別男女的不同，但不分男女地一起玩。從跟別的孩子的相處，而

可以認識自己，學習自動自發的習性，並且體驗如何跟別人相處的心理，喜歡社交。否則，就容易孤僻膽怯，不習慣與他人相處來往。

在這個性蕾期階段，還得體驗與學習如何跟不同性別的父母相處，而且習慣於嚴父慈母的對待，對有權威性的大人能應對相處。將來進了學校，就可以比較習慣與各種不同的老師相處，也懂得如何對待及應對比較嚴格或慈祥的老師（小野從小就缺少跟父親接觸，父親也認為孩子自己就會長大，不用接近與相處；因此，小野等到日後開始上學，跟老師的關係也不是很好，特別是遇到嚴格的男老師，就只會害怕，而不知如何應對）。

少年階段：到了六歲以上至十一歲左右的學童，可以上學校，會聽老師的話，靜坐而聽，並學習如何遵守規則，與群體相處。喜歡跟自己同性的朋友相處，淡視異性朋友。並且開始有幾個比較要好的朋友，常相處，學習如何建立跟別人很密切的關係。否則就跟別人疏遠，缺少社交的經驗，不習於過群體的共同生活，而且因而缺少自信，變得比較自卑（小野在本來的學校就表現社會化的困難，覺得沒有人跟他玩，他跟同學們玩不到一起；人家一追，就認為人家是打他，認為自己老是吃虧，自卑的感覺就出來。而且不知如何交朋友，不會認識哪些是值得交的，只會拚命討好別人，送東西給別人，想求別人也對他好，結果就很吃虧，也交不到好的朋友，顯示缺乏社會化的技能）。

青春階段：從十二歲到十七歲左右的青春期，隨著生理的發育，第二性徵的出現，漸對異性朋友感興趣，而且跟父母開始疏遠，喜歡跟同輩朋友親近。這個階段是建立自我認識的重要階段，知道如何表達自己，同時如何聽取他人的意見，在群體的生活中扮演適當的角色，否則角色混亂（由於小野從小與自己的父親疏遠，缺少跟男性的父親模仿、學習與認同的機會；到了這個階段，對自己男性的信心會比較缺乏，會比較遲慢地建立男性的認識感）。

青年階段：到了十八歲左右，就開始進入青年期，跟自己的父母更保持疏遠與距離，而和自己的同輩朋友很親近。常與要好的朋友們親密結伴而行動，保持良好的好朋友關係。假如不會跟要好的朋友親密來往，就會感到孤單，被疏遠。這個階段也是開始結交異性朋友的階段，可是不同的社會有不同的準繩，要求跟異性對象如何遲早去結交、保持何種程度的親近等，逐漸進入結婚成家

的階段（我們可以推測，小野對一般朋友的來往都沒有很好的經驗，也沒有適當的社交能力與要領，將來跟異性對象接觸時，也可能發生困難。不是很害羞、懼怕跟異性朋友接觸，就是很依賴女性朋友，猶如幼小時很依賴母親似的情況）。

成人階段：結婚成家以後，要適應如何維持家裡的親密關係，同時在工作場合跟同事們保持相互工作而宜有的親近關係，並行發展。如何維持夫妻的親密關係，如何跟子女保持宜有的關心與親近，同時，如何跟同道們保持適當的接近與合作，都是成人要去注意與關心的社會化問題。許多事業都要依靠跟朋友或同事們的來往社交才能發展。在工作場合，常會跟異性同事接觸，如何保持適當的異性同事關係，而不涉入私人性關係，不影響自己的婚姻與家庭，是個就業男女都要注意處理的課題（我們可以推想小野在工作場合，將會比較習慣與女性同事接觸，猶如跟自己母親接觸一樣；而對男性同事不會如此適當地交往與親近，總是會保持距離與警戒心，如同跟自己的父親一樣。對男性的主管也是容易抱有懼怕的心理，不能輕易接近。至於自己的夫婦生活裡，由於沒有從父母那裡學習到一般夫妻關係的好榜樣，而只看到「爸爸的大男人主義，在家裡不做家務，小看妻子，不肯聽妻子的話」，因此，自己還得摸索，建立自己的夫妻關係）。

老人階段：隨年老的情況，過去的好朋友或同道們會逐漸疏遠或去世，需要面對社交範圍逐漸縮小與減少的情況。同時，遲早還得面對配偶去世的情況，適應喪偶的情形。自己如何照顧自己，同時還盡量保持社會活動，是年老時的心理與社會化的課題，以避免孤單、寂寞的情形（由於小野對女性的依賴性比較多，將來萬一妻子早去世，可推測對小野的打擊將會比較大，使他特別覺得孤單）。

　　總之，我們一個人的社會行為，是從很幼小的時候就開始，並且經過一個個階段隨著不同的課題而逐漸發展。假如在早期的階段裡，社會化遭遇挫折或困難，沒有適當地補救，就會連續性地影響下階段的社會化發展，如此左右日後一生。

社會化的影響因素

每個人對社會化的能力與要領有所不同，也有不同的技術與信心，而這些社會化的不同，是受許多因素的綜合影響。

生性性格：習不習慣社會化，容不容易跟別人相處，喜不喜歡跟朋友來往，都與天生的性格有顯著的影響關係。生來就有外向性氣質的人，會喜歡跟他人接觸，跟別人溝通交談，很容易建立社交關係；而本來就內向性格的，會比較害羞，不善於輕易跟他人開口聊天，建立社交的關係。性格比較拘謹，喜歡講道理，做事有規矩的，在社交場合就比較不熟練，過分嚴肅；而性格比較輕鬆，善於表達情感的，就對人際關係比較敏感，知道如何跟人家交談，也懂得別人的心理，善於社交。這些都是天生的性格與脾氣所帶來的影響因素。

早期養育：假如父母雙雙跟小孩接觸、接近、溝通，一起玩耍，一起遊樂，小孩就習慣於跟別人接觸的經驗，並建立適當的信心。假如從小就有機會跟別人接觸，有自己的兄弟姊妹、有鄰居的朋友，常接觸發生社會化的場合，就容易養成社交的能力，習慣與人來往，非常有幫助。從早期建立自我的信心，跟他人接觸的興趣，是很重要的因素（本個案就是顯著的例子，在早期發育過程裡，發生養育上的錯誤，就奠定日後社會化的困難）。

心理創傷：假如一個人在社交來往的過程裡，遭遇了挫折或困難，就會影響其社會化的順利發展。越是早期的創傷，越是嚴重的困難，就對日後的影響越多。譬如，喪失了主要的養育者，或者常更換，或者被人欺負、受威脅等等，都可以構成心理上的打擊或創傷，影響跟人交往與社交的情況。就算是到了青年階段，假如自己或自己的家裡有何不好的事情，而影響自己的認同與信心時，與別人的來往也會發生困難（請參閱第十六章：「一個不信自己的年輕女人」）。

環境因素：假如在自己熟悉的環境繼續長大，就比較容易逐漸建立社交的經驗；假如更換到新異不習慣的環境，就得重新適應。假如四周人對你友善，就容易社會化；假如別人對你歧視、不友好，就不容易社會化。很顯然，環境因素會影響社會化的結果。我們常說：「近朱者赤，近墨者黑」，就是表示環

境會如何影響我們的心理發展，也會影響我們所交往的朋友，而建立我們的社交關係，受彼此的相互影響。因此，才有「孟母三遷」的故事。

　　假如由於不同的社會階級、不同的信仰、不同的民族或種族而被歧視，也就不容易社會化，嚴重影響自己的信心及社會化的結果（請參閱第十九章：「**長期自卑、焦慮、缺乏信心的女老師**」）。

　　文化影響：人與人之間如何相處、如何來往，保持何種親近關係，這些社會化的本質與程度，都會受社會與文化因素的影響。有些社會很注重人際關係，跟鄰居、親戚、朋友、同事們要有接近的社交來往，對異性對象的結交也很鼓勵，對生異不認得的人也善於打招呼，是很注重社會化的社會。有的卻相反，不太注重跟鄰居打招呼，和親友也不太來往，對異性朋友的來往比較嚴謹，是不鼓勵社交的社會。因此，我們要配合生活圈裡的文化價值與社會習慣而進行社交行為，否則脫軌太多，也就不適當。還有，有些社會裡，對別的族群保持友善的關係，而有的卻保持敵視的態度，不容易相處，是社會與歷史背景所遺留下的社交關係上的情結（請參閱第二十章：「**罵白人、討厭日本人、不喜歡中國人的韓裔婦女**」）。

心理治療
解析與策略

第二部

青少年的案例

第 7 章　面對青春期風暴階段的青少女

■ 青少年（青春期）的心理特徵與風暴階段

第一節　個案報告與操作評論（林紅）

病情報告

　　小雨，十六歲，女性，高一學生，由媽媽帶來接受治療。主要原因是：最近在學校與同學起爭執，把同學打得耳朵受傷（鼓膜裂孔）。老師責備她，她覺得委屈，心裡不痛快，結果睡眠差，易醒，情緒波動大，常發脾氣，點火就著，心煩，總覺不公平，不願講話。自己也覺得不太好，要求看醫生。

　　小雨正義感強烈，看不慣「不厚道，為人自私」的同學。因為班上一位男生平時就讓小雨比較反感，而且小雨說：「我們同學平時都討厭他。」下課的時候，小雨急於上廁所，在往教室外跑的時候，因為這個男生正好站在教室門口，堵著門，小雨出門時撞到他身上了；這個男生罵了小雨，所以小雨從廁所回來後，打了他兩個耳光。湊巧的是，在小雨打了這個男生之後，班上又有幾名男生也因為某些其他的原因打了這個男生。之後，他出現耳朵鼓膜裂孔。事發後，老師不讓惹事的小雨上課；當時，小雨的父母又在外地，事發後兩、三天的時間都是小雨一個人扛著，精神壓力比較大。在追究責任的時候，因為小雨和這幾個男生都曾經打過該男生的臉，客觀上很難判斷責任究竟該誰承擔。但是，這名男生一口咬定是小雨打的，其他同學也不肯為小雨作證，結果小雨

獨自為此賠償了好多錢。

小雨很氣悶，想不通，她說：「一開始大家都說得好著呢，有事一起扛著，但到最後說話不算數。開始我沒有說出那幾個人，但後來發現他們不仁，我也不義，把他們也跟老師說了，我脾氣也不好。」小雨要求來看醫生，開始是想得到精神損失費的賠償，但已經認識到是徒勞，「他們（指這幾個男生）才不會管呢。」所以，小雨不再相信別人，只相信媽媽一個人。

個人發展史： 小雨在九歲之前有尿床的毛病，在幼稚園時，因為尿床受老師體罰，被老師關在廁所裡面，不允許睡午覺。但回家後，小雨也不敢告訴媽媽，怕媽媽去找老師，惹老師生氣，再加重懲罰自己。

小雨在整個幼稚園、小學期間和國中一年級時，一直非常乖，那時連罵人的話都聽不懂，更不要說自己罵人了。功課特別好，尤其擅長文科。小雨脾氣溫和，非常謙讓，經常挨同學欺負。到了國二，小雨心理開始發生變化，開始注重朋友的感情，認為朋友特別重要，多一個朋友比多一個敵人強。媽媽要求小雨交朋友要有所選擇，但小雨對主動結交自己的人「感情大於一切，奮不顧身，可以兩肋插刀」。在同學關係處理上，「好不容易有一個朋友對自己好了，所以為朋友掏心挖肝」。小雨對朋友百般容忍，不是自己的錯也主動向朋友認錯，只是為了能夠維護和朋友的關係。失掉了自己對朋友的選擇權，小雨被幾個有許多壞毛病的女生選上了，對於她們許多不好的習慣也很快全部接受，學會了罵人，無理取鬧，與家長頂嘴等壞毛病。當時由於對朋友的感情大於一切，對於媽媽的建議非常反感，也根本理解不了媽媽的意思，只是認為朋友特別重要，為此經常惹哭媽媽。小雨認為，自己雖然實心實意對待同學，卻經常得不到同學的真情，所以感到「痛不欲生」。整個國二的一年是小雨變化最大，也是小雨最痛苦和難熬的一年。

幸運的是，國三時學校重新分班，小雨與原來那幾個女生分開了，小雨這時才明白過來，這幾個女生並沒有真正把自己當作朋友，「當時人家就是拿自己不當人」，只是在利用自己而已，所以小雨認為「友誼都是利用，朋友就是互相利用的工具」。從此，小雨不再主動與同學交往，脾氣變得很急躁，經常容易發火，心煩，看什麼都不順眼，也不再挨同學欺負。

　　小雨還是個很聰明的孩子，國三後開始努力學習，最終考上了比較理想的高中。但是，小雨認為國三畢業後，自己好像鬆了一口氣，但又鬆大了，提不起來了，上高中後一直沒有進入學習的狀態，學習成績不理想。媽媽認為小雨還是逆反心理比較強，總喜歡推卸責任，善狡辯。文科好，理科不及格，補課也沒有效果，小雨認為自己在理科方面一竅不通。小雨有時會頭疼，不聽媽媽的管教，天天給同學發手機簡訊，放學回家的路上逛街，回家就玩電腦，念書的時間很有限。但是，媽媽認為，現在小雨能聽進去一些媽媽的話了，也有一些分析問題的能力了。

　　小雨自卑心理重，認為自己長得不好看。「媽媽長得那麼好看，有面子。同學都誇我媽長得好看。」

　　家庭背景：小雨的爸爸做生意，工作非常繁忙，小雨從小跟著媽媽長大。小學五年級後，小雨與母親從東北遷居到北京上學和生活。從此，小雨的媽媽做了全職母親，小雨的爸爸和媽媽長期兩地分居。

　　小雨對爸爸怨氣頗多。她說：「爸爸會在別人面前誇我，但當著我的面卻老是損我。和爸爸在一起沒有什麼感覺，我不願跟他談，跟他聊不到一塊兒。就像兩個電極一樣，同極相斥，每個人都覺得自己有理。我爸尤其不能面對現實，明明他錯了，也不承認。可煩人呢，沒什麼可跟他聊的。明明他自己不知道的事，還狡辯說他是在考你。我爸不地道，什麼責任都推到別人身上。沒誇過我，誰在他眼裡都沒有好的時候。說話從來不直白，兜一大圈兒。所以，我經常要猜測他的話，沒一句直話。我爸能把沒有的事情給虛構出來，而且還拿腦袋作證，『不是的話我把腦袋割下來。』他還喜歡邊走邊說，就不能說完再走。走到走廊還在說，想聽清，就得跟著他。所以，到現在我都聽不進去（他的話）了，我一聽我爸的話，身上就起刺兒，他給我們帶來了心靈上的創傷。我爸是用經濟對我好，不在乎對我的那點所謂的關心，而我媽從情感、思想和各方面對我都好。」

　　對媽媽，小雨感情很深。「媽媽是全職太太，我覺得媽媽在教育孩子上是挺有造詣的，很不錯，非常不錯。我媽從小注重培養我，給我買拼圖等動腦筋、益智的玩具。我記性好，記憶力超強。人和人不一樣，我英語學得好，上次期

中考試英語第一，數學不如別人。我文科方面有很深的體會，但理科方面一竅不通。小時候媽媽管我，我也曾經認為媽媽對我不好。後來長大了，特別是國三以後，和別的家長對比一下，我覺得媽媽還是很不錯的。我媽打我都不使勁，打我不疼。我媽比別的媽媽好多了，每天中午去學校給我送飯，我媽做的飯可好吃了。媽媽相當重視我，有時候管得太多了，不過也是為我好。她讓我學習，我不學，頂嘴，讓我下跪我也不跪，把我媽惹哭了。上高中以後好多了，國中時經常惹媽媽哭。她老不相信我，不過我倆有話就說，說完拉倒。」

小雨認為自己受爸爸的影響大，她說：「當爸爸胡攪蠻纏時，媽媽不做任何爭辯。所以，每次都是我和爸爸爭，我也和他學習胡攪蠻纏，現在我能爭過他了。爸爸不是就事論事，他說不過你，就會轉移話題，找出過去你丟人現眼的事，打擊你。」

媽媽說：「她出頭啊，既然想出頭，想表明自己的觀點，就讓她說去吧。家裡也沒有什麼原則的問題，只不過是觀點不一致。而孩子爸爸認為是自己對，她和她爸爸不斷爭辯，我就走了。他倆在一起沒有結論。她爸爸做事情沒有原則性，今天行，明天又不行了。順嘴胡說，任何言論都不負責任。像條泥鰍一樣，永遠抓不住他。」

小雨說：「熱臉貼冷屁股。我永遠在無私地奉獻，無盡地犧牲。我就是這樣，看不慣的人我一點都不能理，連維護表面上的關係我都不能做到。我比較執著，認為自己永遠都是對的，不肯接受別人的觀點。」

談到自己的未來，小雨說：「我堅信自己一定會成為偉人，就是75%的中國人認識我。像我這樣調皮搗蛋的，體驗生活和了解生活的人有更大的機率成為偉人，但我媽說是『孬人』。我認為自己不是自滿自負，最次也得像我爸那樣，我爸做生意很成功，影響也挺大的。」

媽媽認為小雨「做事經常吃虧，但是老師都喜歡她」。

 ## 治療經過

小雨是經一位同事轉診過來接受心理治療的。小雨因為在學校與同學發生爭執，動手打了同學，導致該同學鼓膜裂孔，小雨挨了老師的批評，並且賠償

了許多錢。很關鍵的一點是，小雨認為自己很冤枉，不應該承擔全部的責任，因為還有其他同學也打了這個學生，而且大家已經說好達成攻守同盟。小雨憤憤地說：「一開始大家都說得好著呢，有事一起扛著，但到最後說話不算數。」因此，小雨出現情緒波動大，心煩，總覺得不公平，常發脾氣，甚至影響到睡眠。小雨不再相信別人，只相信媽媽一個人。焦慮和抑鬱量表測試結果是中度焦慮症狀和中度抑鬱症狀，診斷為情緒障礙；在藥物治療的基礎上，建議合併心理治療，前前後後一共治療了五次。媽媽對治療的期望是改善小雨的情緒，希望她能理智一些，別那麼衝動和急於下結論，對學習能引起重視。

小雨髮型時尚，長相也很不錯，只是體型稍稍胖了一點。注重外表修飾，行為舉止得體。小雨承認自己不開心，心裡不舒服，易煩躁，無精打采，缺乏朝氣。

在治療中，治療者對小雨焦慮和抑鬱的情緒表示理解，對小雨強烈的正義感給予肯定，但是，建議小雨能夠換位思考，靈活地處理問題。小雨看待問題及處理問題比較極端，堅持認為自己打這個同學沒有錯，面對衝突和矛盾，崇尚武力解決問題。「他擋我道，還罵我，我就應該打他，而且我們同學平時都討厭他。」小雨缺乏同理心，認識問題和解決問題都有簡單、粗暴的特點，對後果缺乏考慮。有正義感，愛出頭，大家都討厭的人自己就要出頭去解決。小雨這樣處理問題的方式，與她的家庭背景是有關係的。在家裡，媽媽很少與胡攪蠻纏的爸爸爭辯，幾乎每次都是小雨替媽媽出頭與爸爸爭辯，也學會了爸爸的胡攪蠻纏，並且現在已經勝過了爸爸。

小雨缺乏來自家長和同伴的認同，導致小雨的自卑。小雨的媽媽長得非常漂亮，小雨長得也不錯，但是，在治療者當面誇獎小雨時，小雨突然變得很警覺和敏感，以為治療者是在諷刺她，不肯接受治療者真誠的讚美。小雨對她自己的看法是：「也笑，但不夠陽光，走路也不夠輕鬆」；「對自己哪兒都不滿意」。小雨認為自己長得不好看，因為爸爸經常說她長得像個醜八怪似的。小雨垂下頭說：「我爸覺得我笨，老損人。」媽媽在一旁說，爸爸當著小雨的面這麼說，但其實爸爸在別人面前總是誇獎自己的女兒長得漂亮。小雨很不相信的樣子，說爸爸在她面前沒誇過她，總是誇媽媽年輕、漂亮。治療者建議媽媽

和爸爸學習如何向孩子表達真誠的讚美，在整個治療過程中身體力行，小雨漸漸習慣了坦然接受治療者的讚美，也逐漸學會向治療者表達讚美之詞，「您挺健談的，其實您也挺溫柔的，面部表情也挺豐富，我喜歡和您談話」。治療者問她誇獎別人後有什麼感受，她說誇完自己也高興。

在國中二年級的時候，單純、幼稚的小雨處於青春期，極其渴望來自同伴的友誼，但她缺乏對友誼的正確認識，以及如何交朋友的技巧。在結交朋友和保持友誼方面，小雨遇到了很大的挫折，導致小雨對友誼產生錯誤的認識，認為「友誼都是利用，朋友就是互相利用的工具」。從此，小雨來了個大逆轉，由過去挨同學欺負，到現在脾氣急躁，容易發火，看什麼都不順眼，不再信任他人，甚至欺負別人，對男同學都能大打出手。因此，在治療過程裡，幫助小雨建立對友誼的正確認識，學習如何交朋友的技巧，是至關重要的。小雨雖然認識和處理問題有些偏激，但她渴望改變現狀，對治療者的建議又比較認同，所以比較容易接受治療者的建議。

在治療的第四次，治療者向小雨媽媽明確提出，希望爸爸能夠參與小雨的治療，爸爸的改變對小雨很重要。爸爸要學習如何與處於青春期第二反抗期的女兒相處，而且爸爸的誇獎對女兒自信心的培養很重要。在治療即將結束的時候，媽媽要求小雨出去，單獨和治療師談幾分鐘。小雨的媽媽很平靜地告訴我，在小雨的爸爸有了錢之後，他在外面有了別的女人，她和小雨的爸爸離婚已經五年了。開始沒有告訴小雨，但是，這兩年小雨多少還是知道了。離婚之後，媽媽辭去了工作，帶小雨來到北京，由小雨的爸爸負責出錢，媽媽陪小雨在北京讀書，照顧小雨的學習和生活。約定待小雨上大學後，媽媽也就完成了爸爸交付的任務，就要離開小雨。雖然兩個人辦理了離婚手續，但是，小雨的爸爸和媽媽有時還在一起住，有時爸爸來到北京看她們母女，有時媽媽回東北看爸爸。這兩年爸爸來的次數越來越少，錢也給得越來越少了。媽媽現在希望爸爸能辦理再婚手續，但是，爸爸已經習慣了這種沒有約束的單身自由生活，所以不肯再婚。媽媽很無奈地說，其實她自己更需要心理醫生。每天在小雨睡著之後，媽媽都躲在被子裡面偷偷地哭。爸爸經常在挑撥媽媽和孩子的關係，所以母女關係變得很微妙且複雜。小雨也很會利用媽媽和爸爸的關係達到自己的目

的，媽媽的話小雨也不肯聽。媽媽知道，她（小雨）隨時都可能「捲著鋪蓋走人」，只是小雨爸爸的一句話而已。

小雨媽媽的一番話相當出乎治療者的意料。她不僅容貌出眾，而且氣質不俗，舉止大方，認識問題和處理問題都很得體，治療者還指望她把爸爸帶起來，在爸爸和小雨之間起作用呢。媽媽表示，她和小雨都願意繼續接受治療者的治療，她也在努力按照治療者的建議做些調整，但是，希望治療者暫時先不要和小雨談到父母離婚的問題。

就在治療順利進行，並且初見成效的時候，第五次治療卻意想不到發生了較大的變故。當時適逢暑假，小雨即將升入高二，已經分到了文科班。小雨利用假期回東北探親時，爸爸剛剛給她買了一支價值八千多元的新手機。來就診的前一天，一個以前認識的女生朋友因為自己的手機被騙了，約小雨一起出來，和幾個小雨不認識的男生朋友一起商量怎麼辦。當時在一個小飯館裡面等著，其中一個小胖子說手機沒錢了，借小雨的手機打電話。小雨不捨得借，說自己的手機也沒有幾塊錢了，但這個小胖子說只打一通市內電話。小雨不好意思拒絕。小胖子拿著手機，邊打電話邊往門外走，一會兒工夫，渾身是土跑回來，說被人打了，手機被人搶跑了。小雨現在越想這事越荒唐，有朋友說可能是個圈套。小胖子說要去給她湊錢，但是，現在連小胖子人也找不到了。小雨在事發的當時，不敢給媽媽打電話，後來晚上了，怕媽媽著急，才告訴了媽媽。小雨說，媽媽覺得這部手機肯定找不回來了，但越是這樣說，小雨越想找回來。小雨痛苦地說：「否則我死不瞑目。」治療者引導小雨思考有可能阻止事態發展到這一步的每一個環節。小雨是個極有悟性的孩子，她脫口而說：「太多的環節了！最早最早就不應該認識這幫人，謹慎交友啊！不應該跟這個女朋友去（這女朋友說她自己的手機被騙了，約小雨一起出來，可能就是個騙局的一部分）；不應該把手機借這個小胖子；借可以，但要跟著他出去，看著他打電話；事情發生後，馬上給媽媽打電話，商量該怎麼辦？不能讓小胖子走，當時讓他打電話給家長，或讓他家長過來，直接帶小胖子去公安局……我就是特別容易相信別人，太善良。」

小雨的媽媽說，她已經和小雨的爸爸商量好了，決定帶小雨回東北讀書。

媽媽難過地說，這段時間發生的事情實在太多了，特別是這次丟手機的事情，小雨還打算動用一些社會上的人去找小胖子，解決這個問題。媽媽擔心小雨在這個問題上處理不好，會惹更大的麻煩。就要開學了，已經和學校打好招呼，這兩天就要回東北了。媽媽也表示，對於不能繼續治療感到很遺憾。治療者建議媽媽回去後，如果有可能，還是要繼續關注小雨和媽媽自身的心理，爭取能繼續接受專業人員的幫助，學習認識和處理問題的技巧和方法，對於她們的長遠發展很重要。

雖然她們就這樣匆匆而去，然而，治療者至今仍然在牽掛著這對善良、漂亮，但又充滿坎坷的母女，衷心祝願她們今後的人生能夠順利！

 操作評論

小雨這個個案是青春期進入所謂心情與行為容易發生暴風雨階段的例子，情感容易衝動性的表現，並且把心情「行動化」。在治療開始時，治療者能趕緊「對小雨焦慮和抑鬱的情緒表示理解，對小雨強烈的正義感給予了肯定」，充分表現同理心與支持，建立治療者與患者的好關係，是輔導青少年很重要的治療開始。但是，治療者又能以比較成熟有經驗的「長者」的身分對青少年患者友誼地「建議能夠換位思考，靈活地處理問題」，清楚提供需要改善的方向，具體指示輔導的目標，促進心理成熟的途徑，是很好的輔導上的措施。在人際關係方面，「幫助小雨能建立對友誼的正確認識，學習如何交朋友的技巧」，也是對青少年很需要輔導的課題。在整個治療過程中，「小雨漸漸習慣了坦然接受治療者的讚美，也逐漸學會向治療者表達讚美之詞」，表示患者喜歡治療者，同時能向治療者模仿與認同，是輔導青少年很要緊的關鍵。因此，在短短的五次會談與輔導，可以獲得良好的治療效果。

可是，輔導工作常常會遭遇意想不到的曲折，治療者心裡需要隨時準備迎接與面對。治療者能考慮到「爸爸的改變對小雨很重要」，而「向小雨媽媽提出希望爸爸能夠參與小雨的治療」，是很對的輔導上的策略。因為「爸爸要學習如何與處於青春期第二反抗期的女兒相處，而且（從異性父母的立場來）爸爸的誇獎對女兒自信心的培養」是很需要的。可是也就如此，卻從母親那裡發

現了過去「小雨的爸爸有了錢之後，他在外面有了別的女人」的事情，結果父親跟母親「已經離婚五年」的事實。小雨媽媽的一番話，相當出乎治療者的意料。可是我們可以去回想，當時「媽媽辭去了工作，帶小雨來到北京」，而且「小雨的爸爸和媽媽就長期兩地分居」，對這樣重大景況的改變與安排，在會談裡，母親並沒有說明令人可了解而又很清楚的背後理由，事後想來是值得安排跟母親單獨會談，而需要去探聽與了解的地方。

在輔導的過程裡，所遭遇到的事情會一個接一個而來，而每樣事情卻都是可以用來輔導的材料。小雨的爸爸剛剛給她買了一支價值八千多元的新手機，而小雨卻被她的壞朋友騙走了，令小雨很不甘心、又後悔。治療上，我們並不能去改變已經發生的過去的事情（手機被騙走的事實），但透過輔導而事後學習如何（比較成熟地）去應對，是可以提供的治療。治療者能「引導小雨思考有可能阻止事態發展到這一步的每一個環節」，就是在幫助病人能變為比較成熟的人的輔導操作，是很好的治療要領。

最後一個預料不到的波折是「小雨的媽媽（突然）說，她已經和小雨的爸爸商量好了，決定帶小雨回東北讀書」。可能母親希望這樣的安排可以增加夫妻再婚的機會，也讓小雨有機會跟父親多接觸些。「雖然她們就這樣匆匆而去，然而，治療者至今仍然在牽掛著這對善良、漂亮，但又充滿坎坷的母女」；治療者可以考慮母女遷移回老家以後，請她們用電話跟治療者繼續會談幾次，這樣延續下去持續支持她們，同時也可以得到追蹤的機會，看她們對新環境的適應如何。說不定還可以透過電話，給父親提供諮詢與輔導，幫助他們全家人日後的「人生能夠順利」！

第二節　病情解析與治療策略

「小雨的爸爸做生意，工作非常繁忙（少與小雨接觸與照顧），小雨從小跟著媽媽長大。小學五年級後，（十一歲的）小雨與母親從東北遷居到北京上學和生活。從此，小雨的媽媽在家做了全職母親，小雨的爸爸和媽媽長期兩地

分居」，這是小雨的家庭背景。即在沒有異性父母（父親）就近在旁日日親近、照顧下，只跟同性父母（母親）一起長大，度過青少年的成長階段。

不僅如此，小雨對爸爸怨氣頗多。她說：「爸爸會在別人面前誇我，但當著我的面卻老是損我。和爸爸在一起沒有什麼感覺，我不願跟他談，跟他聊不到一塊兒。就像兩個電極一樣，同極相斥，每個人都覺得自己有理」，可以說，心理上小雨從父親那裡得不到情感上的支持、心理上的鼓勵，還有許多怨氣。還好，小雨有個好媽媽，「每天中午去學校給我送飯……媽媽相當重視我，有時候管得太多了，不過也是為我好。她讓我學習，我不學，頂嘴，讓我下跪我也不跪，把我媽惹哭了……」這些都充分表現青少年跟父母的風暴性關係。

小雨在早期少年階段，即九歲之前，曾經有尿床的毛病，在幼稚園時「因為尿床受老師體罰，被老師關在廁所裡面，不允許睡午覺」。雖然這是小時曾經發生的事情，但讓我們可以談談兩件事情。第一件是幼稚園的老師不懂小孩尿床的原因，不知這是小孩在生理功能上排泄系統的控制還沒成熟而可能發生的毛病，而當作是小孩故意搗蛋的行為似的，給予處罰，是不太對與不合理的事情。另一件就是，這樣被無理處罰，對小雨的心理影響。可能就讓小雨養成反抗性的心理，也對不講道理地被對待的事情特別敏感，也容易強烈的發生反應（包括對討厭而惹她的壞同學的攻擊性行為）。

到了青春期以後，在家裡，在（單親）家庭環境裡，配合同性期的心理發展階段，小雨就把她的全副精神都投注在跟同輩朋友的關係上。「到了國二，小雨心理開始發生變化，開始注重朋友的感情，認為朋友特別重要，多一個朋友比多一個敵人強。」在這樣過分依賴朋友，從同輩朋友當中獲取情感上的支持與關照，小雨就失掉好好選擇適當朋友的考慮。也就因此，母親才會擔心，「要求小雨交朋友要有所選擇」。但是，小雨對結交的人「感情大於一切，奮不顧身，可以兩肋插刀」；並且在同學關係處理上，「好不容易有一個朋友對自己好了，所以為朋友掏心挖肝」。這樣對待朋友過分信賴的態度與投注情感的趨勢，就容易發生問題，並給小雨帶來麻煩，讓她吃虧。

青少年在心理發展上的特徵之一就是容易把情緒「行動化」，以行動表現其情感。動不動就透過行動來表達高興或不滿的情緒，比較缺少情緒上的穩定

操縱與適當的抑制，可說是「對外塑造適應」的表現。小雨最近在學校與同學鬧矛盾，把同學打得耳朵受傷，結果她的「朋友」都沒挺身來支持她，讓她獨自為此賠償了大額金錢，吃了個大虧；也學到完全靠朋友是不行的人生道理；而也因此發生「睡眠差，易醒，情緒波動大，常發脾氣，點火就著，心煩，總覺不公平，不願講話」的心情症狀。

小雨開始來看精神科醫生，本來是「想得到精神損失費的賠償」，但還好，「已經認識到是徒勞」，而「自己也覺得（自己的心情）不太好，要求看醫生（接受輔導）」。「小雨承認自己不開心，心裡不舒服，易煩躁，無精打采，缺乏朝氣」，這些病人本身的心情痛苦才是接受治療，並進行輔導的主動力。

至於輔導的方向，小雨的母親已經有了很好的描述與期待。即：「對治療的期望是改善小雨的情緒，希望她能理智一些，別那麼衝動和急於下結論，對學習能引起重視。」促進青少年的心理發展，趕快順利度過青春期的風暴階段，是對青少年輔導的基本策略。

第三節　理論探討與學理說明

青春期的心理與行為特徵

青春期是指年歲大致是十二到十七歲左右（相當於中學裡國中到高中年齡階段）的青少年們，開始結束孩童的階段而進入青年人的過渡階段。除了軀體有顯著的變化，出現第二性徵，開始性的生理以外，在心理上也急速發生變化，在行為上也有劇烈的變遷。特別是在社會化的過程裡，跟自己的父母、老師等權威者，以及同輩的同學或朋友，都常有許多波折，需要去面對與應付；因此，也稱之為心理上的「青春風暴階段」。在這個發展階段，有許多心理與行為上的特點，讓我們簡單分述：

情緒的不穩定與「行動化」的趨向：隨著年歲的增加，青少年的情緒反應

也比較強烈，而且不穩定，可以一下子很高興，嘻嘻哈哈的；但一碰到小挫折，就變得很緊張、生氣或焦慮；可是困難一解決，又可以笑嘻嘻，表現很快樂。跟著認知的發展，思維能力的增加，對事情的好壞有主觀性的判斷，看不慣不合道理的事情，喜歡開口批評。假如受到別人無理的對待，容易激烈反應，而且容易以行動來表達自己的感情，呈現所謂「行動化」的現象。通常要到比較成熟些的青年階段，才會學會如何開口講道理，透過社會比較容許的方式來應對挫折或被欺負的情況。

因此，小雨最近在學校與同學起爭執，看不順一位令她素來討厭的同學對待她不好，她就動手（行動化），把同學打得軀體（耳朵）受傷。結果不但對自己沒有好處（只發洩一下當時的不滿），卻事後還得向受傷害的同學賠償了大額的賠償費，自己吃了大虧。

同年齡同伴的重要：接著早期的潛伏期（也稱同性期），青少年們要跟自己的父母逐漸保持距離，而相對地跟自己同輩的朋友們很要好，企圖建立親密的感情，並且要彼此學習、模仿與影響，好似是分不開的人生伴侶。照理，在同性階段，主要跟同性的朋友要好，而排斥異性的朋友，即：祖護跟自己要好的同性同學或朋友，而討厭不同性別的朋友或同學。到了青春期，卻開始對異性感到興趣。但是隨著社會與文化上的習俗，在比較傳統的社會裡，還不會很積極地跟異性朋友接近，只是保持內心的興趣而已，基本上仍繼續延遲同性期的傾向，表面上還繼續表示不喜歡異性的對象。

小雨到了國二，心理開始發生變化，開始很注重朋友的感情，認為朋友特別重要，多一個朋友比多一個敵人強；結交自己的人「感情大於一切，奮不顧身，可以兩肋插刀」；在同學關係處理上，「好不容易有一個朋友對自己好了，所以為朋友掏心挖肝」，都是這個階段的特點。由於這樣的情感關係，有時不分皂白地跟壞朋友也很要好，並且相互認同，結黨行事，甚至做出社會不允許的行為，嚴重時還得面對社會的處罰。幸運的是，小雨在國三時，學校重新分班，跟原來那幾個女生分開了。這時小雨才明白過來，那幾個女生並沒有真正把自己當作朋友，「當時人家就是拿自己不當人」，只是在利用自己而已，所以小雨認為「友誼都是利用，朋友就是互相利用的工具」，變成是極端

相反的心理情況。因此，在這個階段如何就對象而結交不同程度的友情朋友，是需要學習與完成的社會化心理課題。

同性期與異性期的交接：一般來說，在這個青春期，青少年們要逐漸從過去的潛伏期（即同性期）而轉入異性期（也稱生殖期），不但對異性開始感到興趣，而且在社會規範許可範圍裡，逐漸跟異性朋友接觸。在比較傳統的社會裡，通常頂多允許在公開的場合跟群體異性接觸的機會，但不那麼快容許跟異性朋友單獨交往，需要到青年期才會被社會與家長逐漸允許。也就是說，如何進入異性期，開始跟異性對象結交，練習接觸，要受社會與文化因素的顯著影響，每個社會有不同的情況，要求青少年去遵守。

性慾望的處理：隨著生理上的逐漸成熟，第二性徵的出現，青少年們開始有性的慾望。青春發育的階段，隨個人而相異，而且也有性別上的若干差異。一般來說，女孩子的發育比男孩稍微早些。如何面對初潮的來臨、夢遺的開始、如何處理對異性的好奇、是否可以手淫等等，都是青少年要去面對的心理與生理上的課題。提早提供性教育是很需要的。

跟父母關係的變更：在青少年期，青少年們對自己父母的關係會發生顯著的變化。不像早期階段，完全依靠父母、聽從父母，跟父母很親近，到了青少年期，他們開始希望能跟自己的父母保持一些距離，特別是跟異性的父母。除了經濟、居住等現實上的需要以外，他們心理上要依賴大人的需要逐漸減少。再者，由於他們的認知能力大大發展，對事情的好壞開始有自己的看法與見解，對父母的思想或作為常表現不同意，甚至批評。嚴重時，常跟自己父母（或甚至老師）辯論。小雨的母親「認為小雨還是逆反心理比較強，善狡辯」，就是這個道理。

有一點要很注意，而不要忽略的事情是：跟異性父母的相互排斥的現象。雖然表面上是相互的批評、排斥，保持距離而不親近，可是，這可能是親子雙方防衛機制的表現。即：避免過分親近，是有保護作用。雖然父親內心裡很喜歡自己（亭亭玉立）長大的女兒，可是表面上卻不斷批評、說壞話，是潛意識在企圖防備與避免跟自己女兒過分親近（發生不倫的情感關係）。女兒不知其所在，而對父親的批評也就強烈反應，形成對抗的局勢，親近不了，發生保護

過於親近的情況。小雨說：「爸爸會在別人面前誇我，但當著我的面卻老是損我」，可能就是這個道理。結果他們倆就「像兩個電極一樣，同極相斥」。當然，已經成長的男孩，對自己的母親也會如此，表現討厭母親的行為，保持距離，不讓母親過於跟他親近（參閱第十七章：「厭煩母親，想親近而又懼怕的成年兒子」）。

跟自己同性的父母就沒有這樣的顧慮，可以盡情地接近，並且從中去學習、模仿與認同。兒子跟父親、女兒跟母親就是如此。因此，小雨可以放心地喜歡自己的母親，保持很親近的關係。小雨說：「我媽比別的媽媽好多了，每天中午去學校給我送飯，我媽做的飯可好吃了。媽媽相當重視我，有時候管得太多了，不過也是為我好。」同樣的，也可以跟女性治療者很親近，並表現很羨慕、要好的感情；對男性治療者，就不能如此輕易地接近與要好。

自我認識：在這個青春期階段，青少年們隨著自我能力的增長，對自我的認識感也增加。即：對於自己是怎樣的人，變得比較敏感與在乎，關心自己跟他人的界限、自己的自主性；並且，從他人對自己的反應而逐漸建立自己的信心。不用說，對自己的認識清楚，對自己有信心，不但心理健康，不易產生情緒不好的非適應狀態，還可以發揮自我的功能而執行工作，適應生活上的各種課題。否則，對自己、對人生會感到疑惑，缺乏自我信心，影響每天的心情（參閱第十六章：「一個不信自己的年輕女人」）。小雨爸爸（不管是什麼理由）經常說她長得像個醜八怪似的，結果她真的認為自己長得不好看。小雨會垂下頭向治療者說：「我爸覺得我笨，老損人」，就是這個道理，讓小雨對自己的信心有所影響，心情也不好。因此，治療者才費心去告訴她實在的情形，誇獎她的外貌與個性，企圖彌補父親的負性評論，鞏固小雨的自我認識與信心。

第二反抗期

所謂第二反抗期，是發生在青春期的心理現象，跟幼兒期的第一反抗期有所區別。早期的第一反抗期，其特點是一、兩歲的幼兒，其自我的功能剛開始，自主自立的願望很強，使用自己剛學會的言語和行動來向四周的人表示反對，不管事情是如何，對他好或壞，都說「不」，是讓父母跟養育者頭疼，需要特

別懂得如何去對待的心理階段（參閱第二章：「好哭鬧，脾氣變得『很強』的兩歲半小玲」）。至於後來在青春期所顯出的第二反抗期，其性質不同。主要是到了十幾歲的青少年，其認知能力快速發展，對思考與邏輯能力增加，對事情的是非很關心，並且少有通融，容易堅持自己的意見或價值觀的階段。假如對自己的長輩，特別是父母或師長的看法或價值觀不贊同，他們就表示反對；甚至當面堅持與抗辯。這對於注重權威、強調上下關係的長輩來說，往往不容易接受；特別是性格本來就較拘謹又嚴肅的父母或老師，便不容易跟這樣的年輕人相處，可能發生相互辯論或對抗的局面。

小雨對自己父親的描述與批評：「我爸尤其不能面對現實，明明他錯了，也不承認。可煩人呢，沒什麼可跟他聊的。明明他自己不知道的事，還狡辯說他是在考你。我爸不地道，什麼責任都推到別人身上。說話從來不直白，兜一大圈兒」，就是充分表現此反抗階段的心理現象。相對的，小雨對自己的描述：「我就是這樣，看不慣的人我一點都不能理，連維護表面上的關係我都不能做到。我比較執著，認為自己永遠都是對的，不肯接受別人的觀點」，也就是青少年第二反抗期的表現，也可說是青少年對自己個性形成的一個階段性現象。

輔導上的要領

針對處於這樣青春發育的青少年們，在輔導上有幾個要點可採納，即：提供支持，補助情感上的需要；發揮同理心，了解青少年的內心；建立關心，提供可模仿與認同的對象；引導比較成熟的想法與判斷；協助所需的適當社會化經驗；善用父母與老師們的關照，以便促進成長的過程。這些都是支持性輔導的基本原則，可運用在青少年的治療與輔導，通常來說，對自我還沒成熟與穩定的青少年來說，不需要、也不適合施以分析性的心理治療。是否向小雨分析與解釋，幫助她了解她對父親怨恨的心理根柢；或者，反過來：父親為何總是貶低她、說她不好的潛意識心理，要看小雨的自我接受能力，而決定嘗試與否，要很慎重。

可是，卻有一點值得進行的輔導工作，是關於母親和父親向小雨隱瞞父母長年已經離婚的事實。就如母親所猜測，小雨在兩年前已經多少知道這個情形。

十幾歲的小孩已經不是幼小的小孩,已經懂事,對父母已經離婚的事情,可以(也需要)公開化,不必彼此都假裝不知道。一個家裡最好不要對重要的事情總是企圖去保留祕密;最好能公開化,能正視其事實情況才好,否則會對小雨的心理有不好的結果(參閱第十六章:「一個不信自己的年輕女人」)。讓事情不公開、祕密化,無形中在傳遞一個資訊就是:被保密的事情是不好的事,反而讓子女覺得家裡有不好的、不能見人、不能說出來的壞事,對子女的心理健康不好。

第 8 章

跟母親無法相處的青少年女兒

■ 青少年親子關係的調節與適應問題

第一節　個案報告與操作評論（林紅）

個案報告

　　患者小池是十五歲的國三女學生，跟媽媽經常發生爭執，衝突嚴重，鬧情緒，一個多月不能上學，由姊姊帶來診治。小池本來和媽媽住在外地，姊姊一個人在北京工作。小池跟母親起衝突後，跑來北京找姊姊。小池喜歡姊姊，現在沒有上學，就和姊姊在一起。

　　根據小池的敘述：她在國一前，學習成績中等。國一下學期，爸爸因車禍突然去世。為了不讓媽媽操心，小池就下決心好好念書，一切聽從媽媽的安排，課餘時間都占滿了，學習成績拔尖。但是每往上爬一點，媽媽就會說：「你不行，某某比你還強，你得讓媽媽有面子。」但是，小池覺得媽媽的要求實在太高了，她根本達不到，所以小池心裡很難過，但她也沒有辦法向媽媽說。小池參加競賽拿了很多獎狀，媽媽會到處跟別人說、炫耀，小池覺得承受不了，怕以後做不好，無法繼續拿獎狀就很丟臉。

　　小池說明：媽媽一向說話蠻橫，板著臉，沒有表情。至於她自己，性格向來內向，不喜歡說話。她認為自己的性格本來就跟母親合不來。母親很強勢，凡事都要她說了算，所以身為小女兒的她在家裡什麼也不說，也沒辦法說。她

以前也曾嘗試與媽媽溝通，但通常是剛開口，媽媽就不耐煩地說：「哎呀，別吵了，太累了！」所以，小池也就沒有心情繼續和媽媽溝通了。

小池還說：「媽媽很在乎我的學業表現。我在學校有一點不適應，媽媽就給我轉學，媽媽給我轉了一個又一個學校，而且都轉進好的班級，我都厭倦了。媽媽每次託人時都會告訴人家『我的孩子有多麼多麼優秀』；我不願這樣，壓力太大，進好班考不進前十名，很難受。其實按正常分班就行了，何必託人呢？」

小池敘述她平時住校，夜晚自己洗完衣服就九點多了，但還要努力念書到凌晨兩點，這樣很累。但她的媽媽不理解，嘴上說知道知道，但母親其實根本不理解。母親怎麼說，都是刺耳的，還不如別說。小池說：在學校比較累，回到家裡，一放鬆，就容易睡覺。她正睡著，媽媽經常就突然把她拽起來，要她用功。但她心臟不好，猛地起來特別難受。小池說：「本來想回家以後好好學習。但是，媽媽也太著急了吧？下午三點多才到家，下午就給我找了個補習班，讓我去上課。那個老師講得一點兒也不好，就是照著書本念，好多人在課上睡覺。我告訴媽媽，要求換一個補習班，可是，她根本不聽我說的是什麼，讓我將就著聽。」

小池訴苦說：「我媽她永遠是對的，我抬頭一看見她，就扭頭瞅著電視，寧可閉著眼睛我也不願看見她。她總是告訴朋友們，為了我，她被折騰得身體都垮了。我不喜歡她的朋友對我說三道四，其實我的身體也被她折騰垮了。」

小池還埋怨地說，她很不喜歡媽媽干擾她的交友。她說：「母親只要我交成績好的朋友，學習成績不好的就不准我交！結果國二時，媽媽管得害我一個朋友也沒有了，在學校不交一個朋友。沒有朋友，媽媽又讓我交朋友；我交了又說不好，感覺很矛盾的。」

小池也很不滿意媽媽不信任她，家裡的事什麼也不跟她說。母親說：「你就適合學習，你還能幹什麼？你想吃什麼，我給你做。」小池說明：「我感覺我需要的不是這個，她不知道我需要什麼，好像我不是家裡人似的。我做什麼都沒有自由。父親去世後，我身體不好，我自己想鍛鍊身體，但是媽媽就是不肯，而是拿出一堆藥來非讓我吃，可是我根本不想吃藥。我每天就是上學、放

學和補課，太無聊了，媽媽不讓我參加一切活動。比如學校舉辦的大掃除、植樹等活動，媽媽給班導師打一個電話，我就只能一個下午在家裡念書。她總說書讀好就可以了，在家裡被子我沒疊過，襪子我沒洗過，她什麼也不讓我做，都是她做。我心裡挺難受的，我什麼也不做，學習也沒學好。」

 ## 治療經過

此個案經歷過兩次治療會談。初次主要跟病人會談；第二次跟病人的姊姊會談。

◎ 第一次會談 ◎

姊姊帶小池來會談。姊姊先敲門，在徵得治療者的允許後，姊姊招呼小池進來，小池才慢吞吞地走進診室。姊姊長得很漂亮，打扮也很時髦，看起來很幹練，說話和做事都很麻利的樣子，進來還沒有坐穩，就督促小池快交代她的問題。「為什麼不想上學了？快跟醫生說出來，解決了你的問題好早點回去上學。」姊姊一副咄咄逼人的樣子，而小池在一旁低著頭，不吭聲。與姊姊相比，小池顯得更文靜，好像還有點害怕，不願開口。看到這個樣子，治療者建議小池和姊姊分開談，先和小池談。姊姊臨出門還在叮囑小池，要把心裡的話說出來。

姊姊出去後，治療者看著仍然低著頭的小池，用理解的口氣告訴她，她不想上學，一定有自己的苦衷，治療者願意幫助她。小池彷彿一下子打開了話匣子，她用平靜的口氣，幾乎沒有容治療者插嘴，一口氣說出了她跟母親的關係。她說明得很詳細，讓她跟媽媽的關係生動地呈現在治療者面前。

小池還繼續說明：「我在外面網咖上網，媽媽總是不放心，到處找我。她一旦找不到我，就會到處給我的同學打電話，讓她們幫著找我。人家也在上補習班，或處於工作狀態，所以我心裡很過意不去，覺得耽誤了人家的時間，有時沒辦法，我就帶她一起去網咖。她經常到處去找我，不放心我，我原本答應好幾點之前回家，可是她卻不信任我。本來我已經離開網咖往回走了，看見她來找我，我一生氣轉身又回去玩了。我真想心疼她，但我就想跟她反著來。」

最主要的是，這半年來，小池很反感媽媽蠻橫的口氣，行為、語言都感覺不對。小池認為，自己的母親像半個精神病患者，很難應付。媽媽越威脅，自己越生氣，故意和她作對。感覺什麼事自己都不能作主，所以，我離家出走，住在二姨家。可是在二姨家沒什麼事可做，覺得很無聊，就跑到大姊家裡來。

那麼，小池與姊姊的關係又是怎樣的呢？小池說，姊姊比她大十歲，是她同母異父的姊姊。媽媽離婚後，帶著姊姊，與小池的爸爸結婚後生下了小池。小池和姊姊年齡相差較大，姊姊從小就非常懂事，凡事都讓著小池，並且對小池百般照顧；所以，小池和姊姊感情非常深。媽媽脾氣不好，經常衝她們發火，姊妹倆互相照顧，彼此能說說心裡話。家裡的很多事情，媽媽不肯告訴小池，很多都是姊姊告訴她的。小池知道姊姊對她好，所以，姊姊說她，她從來不生氣。姊姊從小功課好，上大學後就離開家，畢業後在北京工作，小池很少有時間和姊姊在一起，小池很想姊姊。小池知道姊姊現在很著急，擔心她耽誤了學業，所以，儘管姊姊態度很急，她一點也不生姊姊的氣。

就這樣，第一次的會談，治療者主要是了解情況，以傾聽為主，給小池適當的理解和支持，告訴小池她與母親的關係是青春期的女孩子比較容易遇到的，建議她站在媽媽的角度多想想。媽媽對小池期望過高，理解不夠，方式和方法確實存在一些問題，但是，不管怎麼樣，媽媽還是愛她的，這是毋庸置疑的。為什麼姊姊說她就不生氣？建議小池能夠這樣想，那麼她的情緒能好一些。最關鍵的是，引導小池認識到，她是在為自己學習。她是一個有智慧的孩子，堅持完成學業對她自己的未來至關重要。治療者也告訴小池，治療者希望透過姊姊的幫助，小池的媽媽也能有所改變，這樣對小池會有好處。約好兩週後第二次治療。

● 第二次會談 ●

出乎意外，是姊姊一個人來的。姊姊說，第一次治療後，小池就回家上學了。姊姊認為自己的心理問題也很多，藉這次機會也想談談。姊姊認為媽媽很有能力，但是太逞強，對她們姊妹管束得太過分，小池出現這樣的問題，媽媽有不可推卸的責任。

說起自己和媽媽的關係，姊姊眼淚流了下來。姊姊上大學後，媽媽就給很少的生活費，說是要鍛鍊她的自立能力。沒有辦法，姊姊上大學期間只好兼職打工，吃了不少苦。媽媽對姊姊男朋友的選擇也干涉頗多，大學期間交的一個男朋友，媽媽嫌經濟條件不好，不同意，軟硬兼施，逼迫姊姊分手。沒有辦法，姊姊被迫選擇了分手。大學畢業後，又交了一個男朋友，媽媽還是不同意。姊姊很困惑，不知該怎麼辦？姊姊覺得自己在處理和男朋友的關係上也很不成熟。另外，姊姊認為媽媽太看重金錢，每次她回家都向她要錢。姊姊一氣之下，盡量多給媽媽錢，想早日還清媽媽的情，以求得自己的內心清靜，但導致姊姊自己在外面經濟非常拮据，非常辛苦。因為現在剛畢業的頭兩年，賺錢本來就不多，需要花錢的地方又很多。姊姊說，她知道自己應該回報媽媽，對媽媽好，但是，又不理解媽媽為什麼這樣對待她？自己應該怎麼辦才好？

治療者建議她可以與媽媽多一點溝通，加強彼此的了解。鼓勵她按照自己的想法來安排自己的生活，不要過於受媽媽的影響。小池目前出現上學困難這樣的問題，以此為契機與媽媽溝通，會比較容易得到媽媽的重視，媽媽也更容易接受她有些方面需要改變的建議。姊姊表示由於經濟條件的限制，她沒有辦法繼續她自己的治療，但她很感謝治療者的幫助。

◉ 電話追蹤會談 ◉

為什麼小池只是談了一次就主動回學校了？小池回去以後會怎樣呢？她將如何重新開始她的生活？如何處理她與媽媽的關係？治療者一直在思考這些問題。八個月後，終於有機會透過電話與姊姊聯繫並隨訪，結果得知小池一直在堅持上學，學習成績不錯，母女關係還行。姊姊說，媽媽還是原來那樣，物質是第一位的，可能是窮怕了。姊姊說，她不能在媽媽身邊照顧她，能夠多給她一些錢，自己心裡也好受些，畢竟親人就剩媽媽和妹妹兩個人了。姊姊說自己心軟，比較善良，但在說話和處事上不會委婉，不夠成熟，在學習做人和涵養等方面缺乏引導，與治療者的談話，使她感覺心靈上找到了可以呼吸的地方。

 操作評論

對個案的輔導：在第一次的會談裡，治療者決定跟病人小池單獨會談是很對的。雖然姊姊對病人還好，病人也很喜歡大姊，可是姊姊進來還沒有坐穩，就督促小池快交代她的問題。「為什麼不想上學了？快跟醫生說出來，解決了你的問題，好早點回去上學。」（姊姊也有點像母親那樣容易逼人）因此，讓性格內向的病人能單獨而且慢慢地談述自己的問題與看法，是很正確的技術上決定。

除了傾聽了解情況，提供支持，還能即刻提供輔導上的意見也是很對的。除了說明小池與母親的關係，是青春期的女孩子比較容易遭遇到的問題（使其問題「通常化」以外），站在小池的立場去解釋與評論：小池的母親對女兒期望過高，理解不夠，方式和方法也存在一些問題，是很適當的輔導要點。這樣可以讓女兒了解自己所應對的，是個心理上有問題的母親，就會比較同情母親，而不會只氣恨母親的不講理，卻能以不同的角度去看問題的事實，好把問題的性質轉變，也改變自己的態度與應對的方式。可說是幫助病人以另外的層次，以比較客觀的角度來考慮，幫助小池能比較成熟些，並且脫離圈套的困難局勢。能引導小池自己認識到：「學習是為自己的將來而學習，而不是為了母親而學習」，也就無形中會幫助她體會自己宜如何去用功，並看輕淡視母親對她的過分期待。從學理上來說，就是幫助病人能脫離被夾在「非愛母親不可，但又不願意聽母親的話」的「雙重約束」（double bond）的困難與掙扎。

勸誘母親接受輔導：住在外地的母親，現實上可能有困難；且又是性格上有問題而沒有自我病情意識的母親，恐怕很難請她來接受輔導。可是，可以嘗試「以避免女兒逃家為理由」，引誘母親來接受輔導，或許還有可能性與希望。至於輔導的目的，不在於改善母親的性格，但可嘗試幫助母親去體會：「如何對待青春期的女兒，才可以讓女兒發揮其潛力，替母親爭光榮」，這樣或許可以滿足並啟發母親（自私性的）接受輔導的動機。即：在不傷害母親的尊嚴下，無形中幫助她改變對待成長中的女兒。

電話追蹤與支援輔導：關於病人小池，可以考慮是否經由電話而繼續提供

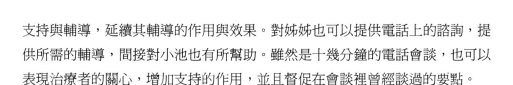

支持與輔導，延續其輔導的作用與效果。對姊姊也可以提供電話上的諮詢，提供所需的輔導，間接對小池也有所幫助。雖然是十幾分鐘的電話會談，也可以表現治療者的關心，增加支持的作用，並且督促在會談裡曾經談過的要點。

第二節　病情解析與治療策略

母親的個性與心理上的問題

「自我」的膨脹與自我中心：根據小池與姊姊的描述，我們可以很清楚地了解到，母親的確是個性很強，而且自愛傾向濃厚的人（難怪小池會說她是半個精神病的患者）。她只會想她要什麼，而不考慮對方（小池）的好壞影響，更談不上如何尊重他人的意願。

就如小池說的：「媽媽很在乎我的學業表現。我在學校有一點不適應，媽媽就給我轉學，媽媽給我轉了一個又一個學校，而且都轉進好的班級，我都厭倦了……」而且感到壓力太大，必須去符合媽媽告訴人家的：「我的孩子有多麼多麼優秀。」母親只會顧慮到自己的女兒要保持優秀、更優秀，而不會考慮到，對青春期的女兒來說，心理上需要的是什麼，毫無同理心。母親只會向別人申訴：「（作為母親的）她被折騰得身體都垮了」，但她就不會體會自己女兒的「身體也被她（母親）折磨垮了」。

靠他人（女兒）過自己的生活：我們不太知道母親自己過去是如何成長，有何心理上的遭遇，但我們卻很清楚地知道，母親是靠女兒的成就來滿足自己的心理需要，是透過女兒的生活來過她自己的生活。因此，「小池參加競賽拿了很多獎狀，媽媽會到處跟別人說、炫耀，小池覺得承受不了，怕以後做不好。」我們可以推測性地說明：母親是依靠他人（女兒）來滿足自己的需要與慾望。因此，女兒（小池）會說：「但是（我）每往上爬一點，媽媽就會說：『你不行，某某比你還強，你得讓媽媽有面子。』但是，我覺得媽媽的要求實在太高了，根本達不到」，所以小池心裡壓力大，很難過。

　　過於干涉女兒們的生活：母親自我的膨脹與自我中心的傾向，還延續到她跟女兒間的界限問題，不懂得如何尊重自己女兒的心理需要，也不體會與培養女兒本身的自信心，只會過分干預女兒們的生活。小池抱怨地說：「媽媽不讓我參加一切活動。比如學校舉辦的大掃除、植樹等活動，媽媽給班導師打一個電話，我就只能一個下午（待）在家裡念書。」

　　小池也抱怨地說：「我很不喜歡媽媽干擾我的交友。母親只要我交成績好的朋友，學習成績不好的就不能交朋友嗎？國二時，媽媽管得害我一個朋友也沒有了。」根據姊姊的申述：「媽媽對我（姊姊）的男朋友的選擇也干涉頗多，大學期間交的一個男朋友，媽媽嫌經濟條件不好，不同意，軟硬兼施，逼迫我分手。沒有辦法，我（姊姊）被迫選擇了分手。大學畢業後，又交了一個男朋友，媽媽還是不同意。我（姊姊）很困惑，不知該怎麼辦？」結果姊姊覺得自己在處理和男朋友的關係上也很不成熟（搞不清楚該交怎樣的男朋友）。

　　無法跟成長中青春期的女兒相處與對待：母親在性格與心理方面，有個毛病就是不知青少年的心理需要，如何跟青少年的女兒溝通，如何幫助青少年階段的女兒建立自己的心理發展。

　　就如小池所描述的：「母親很強勢，凡事都要她說了算，所以她（小池）在家裡什麼也不說。以前也曾嘗試與媽媽溝通，但通常是剛開口，媽媽就不耐煩地說：『哎呀，別吵了，太累了！』所以，她（小池）也就沒有心情繼續和媽媽溝通了。」作為母親的，並不想、也不會跟自己已經進入青春期的女兒談話，幫助青少年女兒心靈上的發展，是嚴重的養育上的問題。小池說：「媽媽不信任我，家裡的事什麼也不跟我說。媽媽說：『你就適合學習，你還能幹什麼？你想吃什麼，我給你做。』」結果讓小池感覺：「她（母親）不知道我需要什麼，好像我不是家裡人似的。」

　　父親去世後，小池覺得身體不好，自己想鍛鍊身體；但是媽媽就是不肯，而是拿出一堆藥來讓小池吃。母親對小池所要的是天天上學、放學和補課，把成績搞好，連運動都不需要，任何娛樂活動都不可以。難怪讓正在心身發展中的小池覺得生活「太無聊了」。

父親意外死亡對家人的影響

我們不太知道父親還在世的時候，他們家裡的情況如何。我們也不曉得丈夫突然遭遇車禍而死亡，對做妻子的母親有何心理上的影響，只能推測可能精神受了打擊，把全副精神都轉而投注到家裡唯一生活在一起的小池。我們倒是知道，爸爸因車禍突然去世後，「為了不讓媽媽操心，小池就下決心好好念書，一切聽從媽媽的安排，課餘時間都占滿了，學習成績拔尖」，這樣父親的死亡就逼迫小池需要更聽從母親的話去過分用功了。

母親的精力與焦點多投注到小女兒（病人）身上

大姊自己能脫離：姊姊比小池大十歲，是她同母異父的姊姊。可是大姊小時候還有繼父，可能情況好些。當姊姊還在家時，「媽媽脾氣不好，經常衝她們發火，姊妹倆互相照顧，彼此能說說心裡話」，因此，小池還有個姊姊可以幫著她去應對母親。可是姊姊大學畢業後（姊姊二十二歲時，即病人十二歲時），就離家到北京就職，離開被母親過分關切的環境，只留病人小池一人去挨母親的發火。

缺乏父親的緩衝作用：假如父親還在，或許對小池還有個保護與緩衝的作用，可是不幸的是，兩年前，當小池國一下（十三歲左右）時父親意外去世。家裡只剩下母親跟她，需要應對母親對她的影響。

母親對女兒的精神虐待：由於母親本身的個性與心理問題，可能加上丈夫意外去世的情形，而把自己的全副精神都轉移到自己的女兒身上，把一切希望與光榮都寄託在自己的小女兒，而「過分的期待」。為了滿心希望小女兒學業上很成功（而滿足自己的心理需要），就不顧女兒的心理需要，而加以「錯誤的對待」，讓小池無法應對。

治療策略

根據基本原則而保護病人：就像小兒科醫師為小孩看診時一樣，精神科醫師或兒童心理衛生的工作人員輔導小孩時，其最主要考慮與遵守的醫療與輔導

原則，就是要保護（心理發展上還沒成熟而精神懦弱的）小病人，基本上要為小孩病人著想。由於小孩自己不會好好申訴自己所受的痛苦，也不會保護自己，更不懂自己如何找醫師或輔導者求醫、求救，治療者要特別為這樣處於不利狀態的小病人進行保護。唯一要知道的是，父母或成人家屬把小孩帶來看病，也可以把他們帶走，不再帶小孩來看病，因此，不能得罪父母或其他家屬，希望他們能負擔醫療費，並且繼續帶他們的小病人來就診。讓小孩病人有機會申述他們的痛苦，表明他們希望獲得的關心與醫療，是很重要的步驟。

幫助能區別母親的「關心與愛」以及「過分的期待」與「錯誤的對待」：針對心理上被圈套在「雙重約束」的困難裡而不知所措的病人（小池），在心理輔導上可以做的主要工作就是，要幫助她如何脫離：「非愛母親不可，但又不願意聽母親的話」的約束性掙扎。也就是說，在她的腦子裡，能區別母親對她的「關心與愛」是一回事，而母親對她「過分的期待」與「錯誤的對待」又是另外一回事。母親對她關心與愛，就要感謝與孝順；但是被過分的期待，就並不見得要去符合並滿足（「母親」的）過分的期待，只要按「自己」的希望與期待去學習與發展。假如被母親錯誤地對待，譬如，不讓她參加學校裡的課外活動（比如學校的大掃除、植樹等活動），可向母親說明，參加這樣的課外活動，可以幫助年輕人發展情緒與社會經驗，對將來的成功有幫助，請母親不要打電話到學校要求不參加，割奪了她參加課外活動的機會。還有，交朋友要能交各種各樣的朋友，跟成績好壞沒有關係，因為將來到社會裡，要能學習跟各種各樣的人接觸與相處，才能成功；因此，可以請母親讓她交成績好的朋友，也要交成績不是那麼好的朋友。雖然母親不一定會聽孩子的話（恐怕要透過治療者或大姊的幫助與說明），可是這些想法至少可以幫助小池本人對事情的看法，而讓她知道，她對事情的看法是正確的，可以理所當然地去要求。這樣的看法與態度本身對小池將有很多幫助。

建立「心理屏障」而適應問題：針對個性很強、頑固，而對事情的看法與要求「錯誤」（或不合理）的大人（特別是非得日日生活在一起或接觸的自己的父母或老師們），可以幫助小病人採用另外一個適應的辦法（或機制），就是：在自己對這些影響力很大的成人對象建立個「心理屏障」，保持若干心情

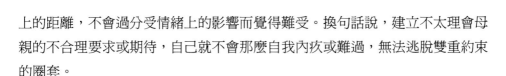

上的距離，不會過分受情緒上的影響而覺得難受。換句話說，建立不太理會母親的不合理要求或期待，自己就不會那麼自我內疚或難過，無法逃脫雙重約束的圈套。

嘗試輔導母親而減少非適合性的影響：雖然現實上不容易，但還是值得嘗試邀請母親來接受諮詢。其要求的理由是：預防小池重複逃家的行為，而且可以提高小池的潛力而更成功（可以榮耀母親），滿足母親的內心需要。雖然輔導的結果難以期待很高（很可能毫無幫助），但是，對母親提出接受輔導的要求本身，就已經發出個信號給母親與女兒，間接暗示母親有心理上的問題，連治療者都建議來接受輔導。單就這樣提出建議，對小池就有點幫助。

善用大姊的聯盟而獲得支持與協助：雖然大姊本身有她自己的心理困難，但她已經是個成人，是已經離開母親直接影響的人，自己的心理困難可以逐漸自己去克服與矯正。可是，她可以運用過去對自己小妹關心的情感繼續關懷小池，並且繼續保持已有的姊妹聯盟來支持小池，從遠距離（打電話探問）或偶爾回家，探視母親與妹妹，而提供小池所需的協助。

第三節　理論探討與學理說明

性格的問題與障礙

性格障礙的定義：每個人都有自己的性格，以別於他人。這種性格從小就具有，連嬰孩都會開始表現不同的氣質與脾氣（可區別為：比較安靜、遵循規律而容易養育的「易養嬰兒」，或好動脾氣大、不按規律，而不容易帶的「難養嬰兒」等）；而到了孩童階段，就可以看出比較內向、文靜的孩子，或喜歡跟人來往的外向孩子等；但要到青年階段以後，才逐漸成形、固定，且明顯化。因此，通常來說，當一個人還沒達到十八歲以前，就不談論其性格的特點。

假如一個人的性格比較特殊，而且影響自己生活上的適當適應，包括人際關係、工作的表現等等，呈現心理、行為與人際關係方面的障礙，就稱是性格

障礙。跟普通性格一樣，性格障礙的形成因素目前還不很清楚。學者們推測與先天的遺傳因素有關，但後天的影響也不能忽略。

不同的性格障礙：隨著性格上的特點，臨床上被區分為各種不同種類的性格障礙。譬如：習慣懷疑他人，喜歡跟人爭論而有固執性格的「偏執性格障礙」；只顧自己，缺少同理心，喜好榮耀，善於誇張的「自戀性格障礙」；情緒容易激動，容易被暗示，情緒與行為富於戲劇性的「戲劇性性格障礙」；過於內向，少與人往來，喜歡自己孤獨生活的「孤獨性格障礙」；或者跟現實的接觸與判斷不好，自我界限有問題，情緒不穩定，容易採取劇烈性情緒與行為反應的「邊緣性性格障礙」等等。可是，實際上，有性格障礙的人並不那麼容易被歸納於某種特殊的性格障礙的診斷性類別。

性格障礙的治療性：按定義，由於一個人的性格有某特殊的模式，而且形成適應困難的程度，而被稱為性格障礙，照理，不容易經由心理治療等外來的干預而改變其行為模式。就算要改變，也需要長時期的努力與練習，而能表現若干程度的變化。

從心理治療的立場來說，把表面上的精神症狀治療消除以後，出現的往往是底層的「普通性」性格問題；需要經由比較長期的治療，再加上病人的努力，配合強大的動機，才能做某種程度的性格上的改善。同樣的，有「障礙性」的性格問題，就非花費很多的精力與努力才可以得到若干的改善效果。

⦿ 親子關係的階段性發展

父母和子女的關係是隨著子女年歲的增加，再配合父母的養育課題，而會隨著發展階段而時時做改變。

嬰兒（口慾）期：出生到一歲左右的子女完全依賴父母的養育，跟父母保持黏密的關係，跟父母幾乎密不可分，沒有自我界限的成立，而且沒有父母就無法生存。父母只要提供保護與「養育」就可，不太牽涉到管教的課題。

幼兒（肛門）期：兩歲到三歲左右的幼兒，除了繼續還要依賴父母的養育，仍是黏密著父母以外，逐漸表現自主自律的習慣，建立自我的界限，並且表現（第一）反抗期，表達自己的慾望，跟父母偶爾作對。作為父母的，除了

繼續養育幼兒以外，還得開始「管教」的課題，教孩子宜如何行動，遵守若干規律。

孩童（性蕾）期：四歲到五歲左右的孩童，雖然還得相當依靠父母的養育，但開始練習自動自發的行為與習慣，可以離開家庭到外界與外人接觸。對自己不同性別的父母表現偏愛的傾向，呈現所謂的親子三角情結。父母除了繼續養育與「管教」孩童外，要開始教導如何適應外界的生活，準備社會化的行為。

少年（同性）期：六歲到十一歲的學童，開始上學，接受父母以外成人（老師）的管訓。在家開始稍微跟自己父母保持距離，但跟同性父母模仿與認同。父母仍繼續提供「管訓」，但要能跟子女溝通，經由認知的途徑來說服子女，並且以身作則，讓子女模仿學習。

青少年（青春）期：十二歲到十七歲左右的青少年，開始表現與父母逐漸保持距離的願望，跟自己同輩朋友接近。由於認知能力的發展，有自己的見解，容易對父母的看法表示不同意，表現所謂（第二）反抗期。父母要開始以「督導」方式誘導青少年，要能尊重子女的隱私需要，督促性格的發展及面對青春的到來。

青年（異性）期：十八歲以後的青年，開始表現自己的性格，並且渴望自我的獨立。雖然繼續跟自己父母模仿與認同，但也從外界各種人事學習知識與待人接物的社會經驗。父母要注意能尊重青年子女的自我意見，間接地「善誘」青年子女。

成人期：逐漸開始親子間的平行相處。到了中老年歲以後，逐漸開始轉換角色，向子女提供人生經驗，但同時聽取成人子女的意見，適應逐漸老化的人生階段。

老人期：盡可能繼續保持自主的獨立生活，但必要時，要能接受子女的照顧。

總之，我們可以說，因為每個發展階段的親子關係性質不同，有些父母與子女在某階段可以好好適應與相處，但是到了另外一個階段，就可能有所不同，可能會發生階段性的適應困難。通常來說，由於父母性格上的因素（比較固執

而呆板），有些父母無法對待肛門期的幼兒；但有的為了夫妻關係的不穩定關係，難以應付性蕾期的孩童。至於講究權威的父母，就比較難以對待同性期的少年或青春期的青少年，不懂如何跟他們溝通，並且逐漸保持平行性的親子關係。

孩子逃家的行為與心理

到了少年或青少年階段的孩子，有時會衝動性地離開家到外面，出現逃家的行為。這種非適應性的行為可能來自於不同的理由，譬如：

受到外界的誘惑：有些孩子受到外面各種誘惑性的事情，譬如：到外面網咖上網、玩遊戲機等，而家長不許外出遊玩，就乾脆逃出家去玩，但害怕被處罰，就不敢回家等。

受壞朋友的影響：結交一群壞的朋友，依靠群體朋友的相互支持，並一起做些壞的事情而為樂，比如：喝酒、抽菸、偷東西等，成群結黨的玩樂，不肯回家，是犯罪前的行為表現。

害怕父母的處罰：在家犯了什麼過錯，包括成績結果很差，害怕會被家長發現而嚴重處罰，也就逃離家，避免受處罰，但又不敢回家。

躲避父母的虐待：父母或其他大人心身虐待孩子，孩子無法回避，也就逃離家，免受被虐待，是自我保護的唯一辦法。

回避親子不倫關係：由於父母對自己的子女有性擾亂或性虐待的不倫企圖行為，子女為了防避其發生而逃離家，也是保護自己的方法。

總之，孩子逃離家有各種理由，而且隨年歲有各種不同性質的逃家行為。一般來說，假如重複發生，就形成習慣性，需要趁早發覺其理由，就原因而去除，免得再發生，是很重要的心理衛生預防工作。

第 *9* 章　被母親大包大攬，而父親無法插手的青少年兒子

■ 延續到青少年期的親子三角關係問題

第一節　個案報告與治療操作（林紅）

 開頭的會談

小湧（化名），是十六歲的男性青少年，半年前，由媽媽及爸爸帶來就診。當時小湧剛上國三下半學期（現在上高一），來看過三次，是媽媽要求來的。當時，小湧和爸爸在家中曾發生一次激烈的正面衝突，媽媽非常緊張和害怕，而來求助。衝突的起因是小湧不服媽媽的管教，和媽媽發生爭執，爸爸看不過去，也參與進來責備小湧；小湧急了，語帶髒字，爸爸動手打小湧，小湧去廚房拿出了菜刀。在媽媽的勸阻下，父子雙方都冷靜下來了，但是媽媽非常擔心父子出問題。媽媽還說小湧不服管教，說道理不聽。此外，媽媽發現小湧有早戀的問題，很擔心，但小湧不承認。

小湧看起來是個很帥氣的男孩，個子高高的，對治療者表現得很有禮貌，也很明事理的樣子。可是，對媽媽和爸爸一肚子的抱怨，說：「他們一說大道理我就煩，總說我沒有抓緊時間學習。他們看的不是效率，而是學習的時間，連一點看課外書的時間也沒有。本來有些作業可以在學校做完，但為了完成在家裡的學習時間，我把作業留在家裡做，而在學校睡覺。他們老看著我念書，老過來檢查我，三不五時在他們房裡喊一聲，怕我睡著。我媽特別嘮叨，每天

都說『晚上寫完作業好好複習』，我都聽煩了。一管我，我更煩，不知道為什麼，特別生氣。媽媽一嘮叨，我頭就大。跟複讀機似的：老催我，催我作業，並寫快點，但是太快就不能保證質量了。我媽不信任我，我怎麼做都不行。（從我的房間）出來拿水果、喝水，嫌我老出來；在自己屋裡不出來，又怕我在屋裡幹什麼呢。我看我媽有心理疾病，說我不聽話？按她的想法根本達不成。」

媽媽很急躁、緊張的樣子，話比較多。爸爸是高級職員，一臉嚴肅，對小湧很看不慣的樣子，沒有好臉色，對孩子說起話來也總是夾雜著挖苦和打擊。

 ## 日後的父母會談

因為小湧要準備中考（即進入高等中學的升學考試），時間很緊，看診了三次後中斷了。半年後，高一剛開學，媽媽就急於又帶孩子來繼續治療。對於此個案，治療者覺得家長問題比較多，除了個別看小湧以外，建議爸爸和媽媽一起來，好跟父母雙雙會診，討論做父母的如何改變，並如何應對小湧。

就父母所說，跟半年前比較起來，他們跟小湧的情況變得更不好。媽媽以很焦慮的表情說：「我現在被小湧搞得頭昏腦脹，變得說話語無倫次。不知道怎麼回事，小湧說不高興就不高興。最近不愛理他爸，忧他爸，我感覺家裡氣氛特別緊張，隨時要爆炸的感覺。小湧中考之前與爸爸有說有笑，可是最近與爸爸疏遠。小湧說：『我不就是中考沒考好嗎？我爸爸幹嘛對我鼻子不鼻子，臉不臉的，對我不好。』小湧把我折磨得都想死了，不管對還是不對的事，他動不動就生氣。開學前學校軍訓，不可以帶手機，他也不聽，偷偷帶。爸爸一說他，就擺臉色，背後還罵髒話，髒話連篇。他現在不學好，不往好處學，對我都破口大罵。」說到這裡，媽媽眼眶有點紅。

母親繼續說：「這次中考沒考好，給他轉到一所公立高中。新轉入的學校要收費，原來的學校保留學籍也要交費，花了好多錢哪，可他一點兒不領情。好貴的籃球鞋，說好一年買一雙，剛穿了半年，又要買新的，理由就是『我就是特別喜歡』。現在慾望特別高，奶奶、姑姑加上我，一個假期給了一些錢，還不夠花。求我，我這人心特別軟，磨得我沒有辦法，委曲求全給他買了遊戲機，又給了一筆錢，現在零配件還在不斷增加。買了遊戲機，賣了，換成手機，

就這麼買了賣，賣了買。」

母親說：「小湧和我因為一句話就生氣。原來一發生衝突，他就去奶奶家；我還不放心，所以我還得去他奶奶家找他；哄他，因為要中考了，老怕影響他學習。前一段時間和奶奶鬧了一頓，罵奶奶了。現在也不去奶奶家了，一點小事就生氣，一生氣就不回家，動不動就離家出走。有三次了。」

治療者詢問在奶奶家發生的事情。母親解釋說：「在奶奶家，奶奶一次次端著水，讓小湧喝水。小湧幾次說喝了喝了，有點煩。奶奶又端過西瓜要小湧吃，小湧一下子急了，嘴裡不乾不淨地說奶奶。奶奶氣得不理他了，說小湧罵她了。小湧回家後給奶奶打電話，奶奶把電話給掛斷了。奶奶說：『我還擔心他給我殺了呢，別來了。』」媽媽抱怨奶奶也太過分了，孩子是錯了，但是過後也知道自己錯了，給奶奶打電話承認錯誤，奶奶還竟然把電話掛了，結果現在小湧也生氣了，不再去奶奶家了。

至於小湧和媽媽生氣時，都是媽媽主動哄小湧，小湧還不理媽媽。媽媽繼續說：「他是一塊冰做的，永遠化不了。我是一步步妥協。他現在還早戀，人家女孩兒有話會和媽媽說，他死不承認。說急了，『我就是早戀，怎麼樣。』」

治療者引導媽媽思考，為什麼一定要小湧承認早戀呢？小湧承認了又能如何呢？身為家長的要做的是引導和幫助孩子學習如何正確處理感情上的問題，這也是孩子所困惑的。家長只有站在這樣的角度和立場，孩子才心甘情願打開心門，我們也才能夠提供孩子真正需要的幫助。

可是母親還是繼續述怨，說：「小湧老接觸不三不四的人，手機不斷地發簡訊，我打電話給他從來不理你，打幾十遍都不接，也不回。不給他帶手機，肯定不幹。」母親透露她內心裡的感覺：「孩子與我倆越來越疏遠，特別陰森。我害怕，特忧他，特怕他，他倒把我給制住了。比如那雙籃球鞋，本來說好不買了，但他磨著說把下一年的先買了。花錢如流水，不知父母掙錢不容易。為了他，上中學以來光選擇進好的學校就花費了不少費用。」母親繼續說：「這孩子不知道怎麼了，什麼都敢說敢想。假期出去玩時，看到人家養馬，他說他也要買馬養，他爸爸說他什麼都想養，當時就和爸爸爭執起來了。我現在不敢再激他，說話特別大，像個地痞流氓頭目似的。折磨得我活的勁頭都沒有了。

小湧說不高興就不高興，想買什麼就買什麼，磨你的時候像個三孫子似的說『我媽長得最好看了』。等東西磨到手轉身就走，理也不理你了。」

成長經過與父母的關係

治療者請父母一起回顧小湧的成長經歷。母親說：小湧四個月大時，媽媽休完產假上班，只上半天班，請保姆帶半天。將近兩歲半送幼稚園，媽媽說爸爸基本上不管孩子。

聽到這裡，爸爸不滿地斜著眼睛看了媽媽一眼，說：「誰不管?! 她不讓我管。孩子命比她重要，我在家根本沒有地位。」媽媽說，從小爸爸就經常打孩子。大概三、四歲時，有一次在外婆家，記不清為什麼，孩子淘氣，爸爸管，媽媽不讓他管，爸爸就掐孩子脖子，差點掐死。爸爸說：「她不讓我管，我一管，老怕我掐死他。我那是掐給你看的。我能掐死他嗎？」爸爸有點得意地說，「他從小就怕我」。

媽媽介紹說，小湧從一出生就自己睡小床，三歲後就自己睡一間房。從小體弱，基本沒怎麼上過幼稚園，三天兩頭生病。小湧和爸爸媽媽三口人一直和爺爺奶奶一起住到國二，他們才有房子搬出去單獨住。三代單傳這一個男孩，爺爺奶奶非常嬌慣。一直到三年級，小湧每次到樓下玩，都是大人陪著，是爺爺奶奶要求的。小湧從小膽子小，和小朋友玩，都要家長穿線（即家長幫他聯繫小朋友）。國中老師反映他不合群，沒有朋友。後來愛打籃球，現在朋友可多了。

小湧的爺爺是受了高等教育，而身分很高的工作人員；奶奶是中學老師。上小學後，奶奶管數學，爺爺管語文和英語，不讓父母管。小學時上學還行，孩子一到假期，爺爺奶奶就在家給他補課，孩子很煩，不願意補，沒有玩的時間，很少跟別的朋友接觸。媽媽也覺得孩子太累了，也不願意讓孩子補，但是，又說服不了熱心想培養孫子的爺爺奶奶。爺爺靠其特別身分，假期時經常有機會帶孩子到外地去療養。因此，雖然過假期，小湧也就少跟他自己的朋友玩。

在這樣爺爺和奶奶過分補課之下，小湧開始表現反作用。到小學四年級下半學期開始出現厭學，平時的考試成績不及格，不寫學校作業。這時不聽爺爺

奶奶的話了，爺爺奶奶也就放棄；後來主要由媽媽陪著補課。小湧一回到家，就倒在床上不起來，媽媽好不容易拽他起來了，又耍賴倒下去，媽媽要一遍遍地哄著他。媽媽說：那時候小，孩子還聽管。有時候媽媽煩了，生氣了，也打孩子，還管得住。媽媽現在生氣了，還說：「要是過去，我早動手給他賞個大嘴巴子了。」就這樣，儘管小湧平時成績不行，但是，一到期中和期末考試時，家裡盯得緊點兒，成績還不錯。媽媽怕小湧小學畢不了業，媽媽天天陪著念書，結果門門功課全優。

爸爸對媽媽「陪孩子」的做法卻表達了他自己的看法。他說：「我說（母親）別總是陪著他，可她根本不聽，天天陪著。明明是孩子去學畫畫兒，結果孩子的畫她畫一半兒。孩子拿鉛筆，她拿橡皮；把著孩子的手畫，教『應該這麼畫』。哪兒是孩子畫的，都是她畫的。寫作業也是這樣。」媽媽不好意思地笑了，沒有否認。

小學升中學的考試，小湧考得不好，躺在床上哭，自己想進某所好中學。一個孩子，家長擔心，想給孩子找好中學。所以託關係、花錢上了小湧想上的中學。小湧上中學後住校，與父母疏遠，經常不高興，不喜歡住校。本來學校規定每週允許回家一次，但小湧要求每週中間再接一次，即每週三也讓家長接。住了一年多之後，在國二的時候，發展到不願住宿，由家長每天送上下學。

媽媽說到這裡，有一個細節很有意思。媽媽說「每天我接送」，聽到這裡爸爸不高興了，說：「『每天我接送？』那我幹什麼去了？那天你兒子也問我：『爸，我上中學那時候每天我媽接送我，你幹嘛去了？』我說：『每天我送你媽接，誰說你媽天天接送了？』你想想是這樣沒錯吧。」媽媽在一旁笑了，「反正我兒子小時候他爸爸出差機會多。」爸爸仍然不依不饒，「只要我不出差，在家，就都是我送他上學。」

小湧上中學後住校，在住校期間，不是發燒就是磕了、碰了的，這事、那事不斷，功課也不好，那時五門功課加起來才得一百多分（滿分應該是五百分）；沒辦法，小湧又重讀了一年國二。

國三時，媽媽發現小湧有早戀傾向。媽媽認為，早戀嚴重影響了他的學習成績。在媽媽看來，對小湧中考的學習成績很不滿意，但是，經治療者分析，

媽媽也同意,小湧中考的成績比起國二時的成績,以及模擬考試時的成績,都是有所提高的。原來沒交(女)朋友時一放學就回家,現在一耗就是一、兩個小時,回家很晚,到家也是不停地發簡訊,心思根本不在學習上。現在媽媽一點也管不住孩子。

媽媽焦慮地說:「我老跟他講學習很重要,講學習方面的事。我跟他好好說話,但他就火了,還罵罵咧咧的罵我。因為理髮,罵了我好幾次,就愛理毛刺兒的新髮型。」我(治療者)說孩子的髮型挺不錯的,「我沒有覺得有多出格啊」。爸爸在一旁氣哼哼地說:「跟那毛栗子似的(表示看不慣小湧喜歡的髮型)。看我帶他理的,敢跟我詐刺兒反對。」看來小湧還真聽爸爸的。不過,說到這裡,爸爸自己也忍不住笑了,「再也不跟我去(理髮)了。」

媽媽說:「小湧從內心挺怕他爸的。」爸爸神氣地說:「他不怕我行嗎?我真抽他(即打孩子的意思)。」說到這裡,爸爸又斜著眼睛看了媽媽一眼:「說我打他,還不是因為你。」看著我(治療者)不解的神情,爸爸解釋說:「她告狀啊。」原來,在孩子小的時候,孩子惹媽媽生氣了,爸爸回家之後,媽媽就向爸爸告孩子的狀。很多時候,孩子正睡著呢,爸爸馬上過去,揪起來孩子就打。小湧經常說媽媽:「你不就會告你老公嗎?讓他打我呀。」爸爸聽著媽媽明顯埋怨他的陳述,很不平地說:「我是替你去的,去修理他。我做惡人,你在幕後。」爸爸話鋒一轉,頗自得地說:「不管怎麼樣,他也不敢當著我的面罵。人家(小湧)罵完你,你(母親)還對人越來越好,帶人出去吃好吃的去,下三濫似的(意指媽媽沒有原則地盡力巴結孩子)。」媽媽無助地說:「現在他一說走,我就害怕。」爸爸很不屑地看了媽媽一眼,對治療者說:「不讓我管,她不許我管(小湧)。要是我,他(小湧)敢走,走了,想回來也沒那麼容易。她(妻子)也就是管我(丈夫),就是我聽她的。那天怕我打她兒子,攔著我,結果差點兒把我弄一個跟頭(指媽媽攔著爸爸,擔心爸爸上去動手打兒子)。」很有意思,在爸爸看來,兒子只是媽媽的。

媽媽緊張地說:「他倆不說話,我覺得好像不好;但他倆一說話,我就緊張,怕他倆打起來。」爸爸說:「你就是瞎操心。上次你(母親)到別地去旅行的時候,還每天給我們打電話,說要提前回來,怕我倆打起來。你走了十天,

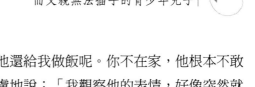

我（父子）倆一次沒打過，好著呢，他還給我做飯呢。你不在家，他根本不敢跟我鬥，一點也不敢。」媽媽仍然焦慮地說：「我觀察他的表情，好像突然就不高興了。還動不動要和別人打架的樣子，憤憤地說：『哼！某某想找人打我！』我怕他在外邊學壞。」媽媽掩飾不住一臉的憂慮。

治療者問爸爸怎麼看待這個問題。爸爸說：「（我自己）小時候打我的人多著呢；男孩子打個架挺正常的。」媽媽還是放不下心來，「動不動就生氣，什麼時候才能熬出頭啊。」媽媽轉而又很開心地說：「特會拍馬屁，想利用我的時候就誇我。為了要買遊戲機，說『我媽穿什麼都好看』。我不答應，說他假期花錢太多了。他不承認，嘴還挺硬，『那你算算我花了多少錢了。』他姑姑找出筆來，我倆在大街上就一筆一筆地算，結果一算出來他就急了，『算什麼算？』」治療者好奇地問媽媽，最後給小湧買了嗎？爸爸好像早已看透似的，「他只要一鬧，他的目的準能達到。你讓他去鬧好了，怎麼鬧也不能讓他達到。」媽媽說：「我哥也說我慣孩子。從小和爺爺奶奶一起住，孩子一鬧，就哄孩子，答應他的條件。」

媽媽說，奶奶是中學教師，比較武斷。因為孩子，媽媽與爺爺、奶奶經常發生衝突。有一次，小湧在奶奶面前抖了一下塑膠袋，奶奶就生氣了，說小湧對她不禮貌，不依不饒，跟孩子較勁。媽媽勸過奶奶也勸小湧，勸誰誰都不聽。最後，因為孩子，奶奶跟媽媽反而吵起來了。媽媽說，因為孩子的事，她和小湧爸爸也吵架。爸爸不滿地說：「你都大包大攬了，誰能插進去啊？他（小湧）要怎麼著，非得達到目的，不達目的就不成。現在是你能夠做到的，可是他的胃口越來越大，以後你達不到的，怎麼辦？」媽媽憂慮地說：「其實我特別希望他們父子有交流。」爸爸說：「你不就是讓我像你一樣去求他嗎？我沒這個習慣，願意鬧自己鬧。」爸爸看著媽媽說：「她兒子威脅她，她威脅我，說不想活了，想自殺。我說，你死了，你兒子立馬兒就得掃地出門了，要是不想你兒子掃地出門，你就湊合活著吧。」爸爸心疼地看了媽媽一眼，對治療者說：「她失去了自己，只為她兒子活著呢。」

 跟母親的會談

在接下來的一次會談治療中，由於爸爸工作脫不開身，媽媽一個人來的。媽媽痛苦地告訴治療者，父子的關係成了她的心病。她說：「我不是不讓他爸爸管，但這孩子現在不吃這套。背後我沒少做他爸爸的工作，我一不理這孩子，他爸也不理。他不期待見那孩子，從小犯相，就跟『我帶來的孩子』似的。孩子的好多事我都得瞞著他爸爸，知道了（爸爸還）跟我鬧。他爸爸還不知道剛買了新球鞋，他偷著穿。我特別想要撤出，你們倆不過得挺好嗎？我找個地方，讓他們父子倆增加點感情。其實孩子像他爸爸一樣有主意。他爸爸十幾年前就要買攝影機、買音響。當時我不讓他買，他也不聽我的，終究買了。可是他買了以後，他聽（音響）嗎？（用攝影機）錄嗎？」

媽媽說，她這些年確實遇到好多事情。五年前喪父，四年前喪母，之後丈夫的工作又遇到了很大的挫折。所以，媽媽非常怕孩子再出現任何差錯。「孩子這裡，無論怎麼說，都不聽我的，我特鬱悶。我膽子特別小，他只要一不在家，一離開我的視線，我就不往好處想，怕他出事。怕他因為錢的事兒犯錯誤，每年壓歲錢他一分錢也不給我，他還說要攢錢買摩托車，我說他根本不理你。現在恨得我到這種程度，撞死他我才解脫呢。」說到這裡，媽媽眼眶紅了。「現在我的情緒和孩子特別有關係。孩子一有事，我就覺得活著真沒勁，什麼時候能熬出頭來？現在他每說一句話，我都認為是假話，根本不信任他。我現在不多說話，懶得理他。這回上高一，課業也沒有那麼緊，我也不下三濫哄他了。昨天從學校回來，我就看著錶。他一直上網，查沒用的東西。最後可回到自己房間看書去了，不到一個小時就出來了，說作業寫完了。我們就看你期中考試成績，你說這樣學習行，如果考不好，就不行。」

媽媽說小湧經常威脅自己，「你找茬（故意挑釁）跟我打架吧，要不我晚上不回來了。」開學後連續三天去打球，這次又說要出去。媽媽勸他別去了，剛一開口，他摔門就走，媽媽無奈地說：「我根本管不住了。現在他學不學習我都不在乎了，每天回來書包都是空的，我說你就是裝樣子學也得裝裝呀。」小湧也經常抱怨：「我都這麼大了，你還管我。」假期去家教中心補課，媽媽

說要遲到了，但小湧非要等著吃山東大煎餅，那麼多人排隊，媽媽著急得不得了，小湧則不理媽媽，遲到也要等，結果遲到了二十多分鐘。小湧花了許多錢買了一輛舊摩托車，每天騎著上下學。媽媽擔心他撞了別人，或者被別人撞了，不讓小湧騎，可是小湧根本不肯聽。沒有更好的辦法，媽媽想的辦法就是跟著孩子認認這個摩托車，悄悄偷走得了，讓他找不到，以免騎車出事。爸爸說不讓媽媽管，他要採取毀車的辦法，如給油箱灌水、拔掉線路等方法，讓小湧最後沒錢修車，來解決這個問題。

 ## 父母本身的個人史

小湧的爸爸在家排行老大，下面有一個妹妹。當治療者問到小湧爸爸與他自己父親之間的親子關係時，小湧的媽媽搶著說：小湧爺爺和小湧爸爸的關係，與小湧爸爸和小湧的關係一樣不好。原來，小湧的爺爺是職位比較高的官員，工作非常繁忙，不是出國開會，就是在國內出差，很少有時間在家。直到孫子小湧出生之後，爺爺還經常出國，老不在家。小湧的爸爸說，他自己很少和父母一起聊天、說話，「我不用他們管，我那會兒什麼都懂，自立性特別強，從小幹家務活，什麼都能做，什麼苦都能受。根本不用他們教育，自己的問題自己就解決了。」小湧的媽媽揭短說：小湧爸爸小學畢業差點兒沒考上國中，國中畢業後，小湧的奶奶讓兒子離開家去當兵，也是怕他氣壞他爸爸。治療者疑惑：在兒子的學習上，小湧的爺爺是什麼態度，還讓小湧爸爸差點兒沒考上國中？小湧的爸爸辯解說：在當時由於環境因素不用學習。原來，小湧的爺爺曾經到國外留學，也由於這個原因，在「文化大革命」中被下放到農村。由於他自己的遭遇，加上那個年代的特點，所以，對於兒子學習的問題並沒有太高的要求。小湧的爸爸與他自己父母之間很少溝通，即使到現在也還保持著原來的習慣，回到家就各回各的房間，都關上房門。即使看電視，父子也不能聊聊。聽著小湧媽媽的話，看著我不解的目光，小湧爸爸在一旁無奈地說：「政見不統一，一聊就掐起來了（互相爭吵的意思）。」

小湧的媽媽雖然在家排行老三，但是，她娘家的事情都是她張羅做主，有了自己的家庭之後，也都是她說了算。小湧的爸爸基本上家裡的事情什麼都不

管,而且他工作非常忙,經常出差,也確實沒有時間。小湧的媽媽為什麼形成了這樣的性格呢?媽媽說,與自己的家庭和成長經歷有關,「我父母從小根本不管我們,每天就是出去串門子,好像我們不存在一樣。我媽不像樣子,不像個女人樣,不收拾屋子、不洗衣服、不做飯。我從小就看不慣他們,不像個家長樣兒。那個時候我就想,將來我可不能像他們一樣,孩子進門就應該有熱騰騰的飯,家就應該乾乾淨淨。我可能走另一個極端了,容不得一點不乾淨,愛做家務,到哪兒都先收拾,在公司也這樣,甚至到餐館都幫人收拾桌子。我幹活特別利索,說話也直爽,看不慣別人幹的活。」治療者好奇地問:「在家裡爸爸和小湧都不做事嗎?」小湧爸爸笑了:「做了白幹,做了還得挨罵,嫌我們做得不好。不幹活不挨罵,一幹活準挨罵。」

 ## 治療經過

半年前,即小湧上國三下半學期時,因為小湧與爸爸發生激烈的衝突,在媽媽的要求下,小湧與爸爸和媽媽一起來會談過三次。小湧認為媽媽才有心理疾病,對他管束太多,要求太高,「一管我,我更煩,不知道為什麼,特別生氣。」「說我不聽話?按她的想法根本達不成。」因此,要求治療者多與媽媽會談。我向父母介紹了處於青春期孩子的特點,建議家長多理解和包容孩子。隨著孩子的長大,家長要改變與孩子相處的方式,給孩子適當的空間,讓孩子有機會學習自己管理自己。建議小湧也要學習站在爸爸和媽媽的角度看待問題,理解父母的良苦用心,學習與父母相處的方式。要求小湧和爸爸媽媽共同努力,改變親子溝通的方式,學習解決衝突的技巧。

經過接下來的兩次會談治療,小湧說,媽媽有了一些變化,不再緊盯著他的一舉一動,小湧認為自己的學習效率反而提高了,心情也好了一些。在治療有了一點效果的情況下,媽媽說,由於小湧課業太緊,沒有時間,中斷了治療。

半年後,高一剛開學,媽媽就急於又帶孩子來繼續治療。第一次是媽媽帶小湧來的,剛進門,媽媽就讓小湧說他的問題,但小湧說沒什麼可說的。媽媽一聽,就急於開口了。當著小湧的面,向治療者提出他「早戀」的問題。小湧一下子急了,站起來就衝出了診室,媽媽攔也沒攔住。媽媽出去看了,小湧就

坐在樓道裡。

　　媽媽很難過又很無助地表示，小湧現在就是這樣，因為一點小事兒就和媽媽生氣，不理媽媽，媽媽不知道怎麼辦才好。治療者建議媽媽盡量不要和孩子發生正面衝突，理解青春期孩子情緒的多變，以及多以行動化表現的特點。指出這是孩子成長過程中必經的一個階段，建議媽媽先放鬆自己的心情，調整好情緒，改變與孩子相處的方式，從自身的改變做起。比如，今天當著治療者的面毫不留情地提出小湧「早戀」的問題，就不夠妥當，沒有考慮到孩子的接受能力，沒有照顧孩子的感受。治療者向媽媽指出，在治療者看來，小湧的問題並不很嚴重，而且小湧的課業時間非常緊，治療者建議從媽媽和爸爸的改變做起。需要了解小湧的成長經歷，以及爸爸和媽媽各自對小湧的看法，希望下一次會談媽媽和爸爸能一起過來。

　　第二次會談，媽媽和爸爸依約而至。治療者表揚爸爸能夠有這樣的意識參與孩子的治療，爸爸的參與很重要。爸爸說，是媽媽非要他來的，沒有辦法。這次會談，了解了小湧的成長經歷，治療者向爸爸和媽媽說明小湧的心理變化歷程，指出處於青春期的男孩子更需要爸爸的引導，爸爸要學習如何與孩子多溝通。建議媽媽要逐漸放手，允許孩子長大。爸爸和媽媽要逐漸保持一致，形成聯盟，共同面對孩子。夫妻要共同多做一些活動，特別是媽媽，要有自己的生活圈子，享受自己的生活，把生活的重心從孩子身上轉移開，多去做自己喜歡的事情。

　　此個案就這樣先後會談了十次，開始時每一、二週一次，逐漸拉長距離，到後來每個月一次。會談也取得了比較明顯的效果。以下從母子關係、父子關係、學習情況、早戀的問題四個方面的變化，做逐一的說明。

　　母子關係：母子關係的改變是治療的第一步。在治療的開始階段，治療者對媽媽過於焦慮的情緒表示理解和接納，但是引導媽媽認識到，她這種負面情緒對其自身健康和對孩子的不良影響，幫助媽媽逐漸走出情緒的困擾；媽媽的情緒狀態明顯好轉，到第三次會談時已經不再情緒化，而能比較客觀和冷靜了。媽媽不好意思地說，前一段時間感覺活著受罪，看不到希望，看到誰都想說孩子的事。每次約好下一次會談的時間，總是一天天盼望著會談時間的到來，現

在好多了。

在此基礎上，治療者幫助媽媽認識到，隨著孩子的長大，媽媽要改變過去管理孩子的方式，不要管得過細，而是要給孩子一定的空間，讓孩子有一定的餘地自己做主，這樣孩子才會有比較好的情緒，也才會願意聽從媽媽的管理，否則只會引起孩子的反抗。小湧說媽媽「我知道你是為我好，但也不是全為我好」。爸爸也認同治療者的建議，「每次經過孩子的房間門口，她就不能不說話，總得提醒他。而我根本不說他，不理他。」媽媽說：「孩子要在家，我就不敢出去。我們在家，他還能幹點正經事。」對於爸爸和媽媽分別處於兩個極端的情況，治療者建議他們各自都要改變。媽媽少管一些，而爸爸要多管一些，改變過去根本不說、不理的狀況。鼓勵媽媽和爸爸形成聯盟，保持一致，共同面對孩子。建議爸爸和媽媽共同做些事，特別鼓勵媽媽出去做自己喜歡做的事情。媽媽還是很努力，確實做到對孩子的關注少了一些。

可是爸爸又來訴苦了，「她（指媽媽）抑鬱了，而我沒抑鬱就精神分裂了。晚上看電視的時候，她就像那配音似的，我看著電視畫面，她在我耳邊沒完沒了地嘮叨，最後（我）電視也沒看明白，也不知道她說的是什麼。」治療者指出媽媽的進步來之不易，要爸爸看到媽媽的變化，在這個艱難的時刻給予媽媽支持和鼓勵。建議媽媽還可以走出家庭的圈子，去享受自己的生活，這一點媽媽一直沒有做到，孩子和家庭是媽媽生活的全部。

指導媽媽學習如何與孩子溝通，對於母子關係的改變也很重要。媽媽的嘮叨和強制要求都已經無濟於事，治療者建議媽媽嘗試改變她的溝通方式，向孩子表達出自己真實的感受，對孩子才會有震撼力。一開始小湧每天晚上八點多才回家，媽媽很無奈，「現在沒辦法，攔你一天是一天。」後來，媽媽改變了策略，盡量壓抑自己要發作的脾氣，盡量好好和孩子說。

在中秋節的晚上，媽媽一把鼻涕一把淚地對小湧說：「你知道媽媽多擔心嗎？每天晚上都看著錶，媽媽的心在淌血呀。」媽媽要小湧保證六點前到家，小湧答應保證七點之前回家。媽媽欣慰地說：「現在如果稍微晚點回家，也肯提前打電話告訴我。」關於騎摩托車的事情，媽媽問我，她和爸爸想到的辦法（如偷車、毀車等）是否可行？治療者建議媽媽表達出她對孩子的擔心，幫助

孩子學習換位思考，自己做出決定。媽媽和小湧談了，「你騎摩托車，如果萬一出了什麼意外，你撞了人，或者被人撞了，媽媽承受得了嗎？你想想媽媽的心。」小湧答應賣了摩托車。治療者鼓勵媽媽可以採用多種溝通的方式，媽媽給小湧寫過兩封信，表達她的心情，感覺效果還不錯。

當孩子向媽媽提出要求時，媽媽總是不知如何應對，經常處於被動。媽媽很痛苦，「我叫他吃飯，不理我；他爸爸叫，沒五分鐘就過來吃飯了，高高興興地。為什麼他老欺負我呀？為什麼不敢欺負他爸呀？他爸說是我怕他。我老怕生事，老是捂著，結果最後總有捂不住的時候。」而爸爸也不滿意地說：「他（指小湧）有錢，他媽淨給他錢。他媽就卡我錢卡得緊，連飯錢都不給。什麼叫狗仗人勢，在小湧身上體現得完完美美。」治療者建議媽媽主動滿足孩子的合理要求，同時敢於拒絕孩子的不合理要求，並且要堅持住，不被孩子牽著走，化被動為主動。在這點上，媽媽也有了很大的進步。以前一聽孩子說有事，媽媽就緊張、害怕，怕與孩子發生衝突。現在媽媽不再害怕衝突了，敢於拒絕孩子的不合理要求。原來媽媽說話特別容易激動，現在和治療者說話語氣很平和，媽媽說和孩子說話也是這樣的語氣，沒有指責的話。媽媽高興地告訴治療者，她現在不那麼痛苦了，不像過去那樣孩子要幹什麼就幹什麼。媽媽覺得自己有件事情就做得特別好。一天，小湧要媽媽買手機儲值卡，媽媽不答應。小湧自己要起來了，「愛買不買，我也不是沒錢。」媽媽說，要是往常，她早急了，為小湧考慮得特別多，唯恐影響他的學習，就會被迫勉強自己滿足孩子的要求。現在媽媽也不怕了，反正他學習也是這樣。出乎媽媽意料的是，「我不怕他，他也沒怎麼著。我等他『啪』地摔門出去，結果也沒這樣。」現在心裡平和多了，與孩子不怎麼生氣了。媽媽充分感受到了自己成長的力量。與孩子溝通多了，孩子也更加信任父母，小湧說：「媽媽，這年頭騙子太多，只有父母對我是好的。」

父子關係：爸爸對小湧看不慣，冷嘲熱諷，沒有好臉色。「我基本不怎麼說話，懶得搭理他，一點兒不愛理他，吃虧受罪是他的事，我能做的都做了。說自己有經營頭腦，高價買了，低價賣，別給我弄這事，要是這也叫經營頭腦，我也有。我都想把他轟出去，讓他看看怎麼活；我都想找人揍他一頓，要不是

她（指媽媽）攔著，我早打扁他！她不敢管，總怕他跑。跑哇？要真跑，那是真男人。他不敢跑，他受得了那份罪嗎?!」

治療者建議爸爸學習如何與孩子溝通，指出處於青春期的男孩子更需要爸爸的引導，建議爸爸多與小湧接觸，給孩子向爸爸學習做男子漢的機會。媽媽很認同，「我現在要求他（指爸爸）和孩子必須有語言溝通，不管說什麼話。兒子與爸爸很少說話，老讓我傳話，現在我成心不傳，『你問他呀，又不是後爹！』在他爸面前哄著，嬉皮笑臉，一到我面前小臉一變。」爸爸對小湧也有更大的影響力，媽媽說：「他爸爸說完他之後能有所改進，我說十句不如他爸爸說一句，但是爸爸的方式方法得改。」經過會談，爸爸也在盡力與孩子溝通，盡量影響孩子，但是爸爸對媽媽有很大的意見，「她（媽媽）讓我找他（小湧）談話，她還要掌控局面。我在這兒正談著呢，她在旁邊又是手勢，又是動作。剛談一會兒，又要拉我上超市，說怕我倆打起來。我怎麼談啊？沒法談。沒談幾句，還沒到正題呢，把我推屋裡隔離了，根本沒有走火的機會。」

然而，爸爸和媽媽的努力還是有成效的，媽媽說：「最近與爸爸關係還行，有說有笑的。但是需要花錢時還是背著爸爸，向我要。」小湧也高興地對同學說，他和爸爸關係好了。

學習的問題：小湧讀高一了，關於學習的問題一直是媽媽的心病，媽媽希望能夠看到小湧每時每刻都在按照她的思路學習。不僅是學習成績，用爸爸的話說，甚至是學習的順序問題，先學什麼，再學什麼，媽媽都要小湧按照她的想法做。以至於最後的結果是，媽媽完全失去了控制，媽媽無奈地說：「我根本管不住了，每天晚上八、九點鐘才回來。現在他學不學習我都不在乎了，每天回來書包都是空的，我說你就是裝樣子學也得裝裝呀。」小湧也經常抱怨：「我都這麼大了，你還管我。我學習不行，不學習也不行。」既然已經完全失控了，管也管不了了，治療者就建議媽媽索性放手不干涉孩子的學習，試試結果會怎樣。小湧已經上高中了，在學習的安排上也應該給他自主的空間了。媽媽很無奈地放手了，結果，媽媽欣慰地說：「小湧現在能按時回家，吃飯能規律，起碼像個家，吃完飯去看書。原來回到家，什麼也不看，現在好多了。」但是，孩子能按時回到家之後，媽媽又提出了新的要求。小湧回家吃完飯，說

去打會兒籃球；媽媽說剛吃完飯，先念一會兒書，再去打球。小湧不高興了，對媽媽發脾氣：「你說話老不算數，說讓我回來，想打籃球就打籃球，現在，又不讓我打。」小湧摔門又走了。爸爸語重心長對媽媽說：「別要求太高，別老和好的孩子比。他不回來的時候你希望他能回來，回來了又不斷地提過高的要求，搞不好又把他逼得不回來了。怕孩子學習不好將來沒法兒活了，其實走哪兒都能活。」

小湧真像媽媽想像的那麼差嗎？治療者建議媽媽與小湧的老師加強聯繫，了解小湧在學校的表現，這是更客觀的，而小湧的媽媽只是看到自己的孩子，而且是以她自己的眼光，並且攙雜了她過高的期望，未免有失偏頗。出乎媽媽意料的是，老師反映小湧特別懂事，人際關係好。學習成績中等，體育好，美術好，上課聽講也好，也沒有不寫作業，老師對小湧特別有信心。老師的評價與治療者的判斷是一致的，小湧真是一個不錯的孩子。治療者說到這裡，媽媽忍不住說：「如果他能在家再複習複習功課，能比現在還好。」治療者和小湧的爸爸都指出媽媽期望過高，媽媽說，小湧也曾說媽媽：「你就是不知足。我是三百多分進去的，人家都四百多分，我原來是墊底兒的，現在學習中等，這樣還不知足。」

早戀的問題：小湧從國三下半學期交了一位女朋友，現在還在同一所學校。媽媽一直擔心早戀影響小湧的學習成績，怕他處理不好與女孩子的關係，女孩子懷孕了怎麼辦？媽媽的做法是要小湧承認早戀了，但是小湧一直否認，媽媽不知道該怎麼辦。治療者建議媽媽要理解孩子的心情，孩子也有很多困惑，孩子也渴望有父母的引導。孩子是否承認「早戀」並非問題的關鍵，父母要學習如何指導孩子處理與女孩子的關係，如何保護好自己。而要想能夠幫助和引導孩子，如何使孩子願意與家長分享他的感受，是至關重要的前提。治療者指導家長要理解孩子的心情，對孩子的話感興趣，主動幫助孩子。小湧的媽媽很有意思，她說：「我假裝對他的話感興趣，其實我哪兒感興趣啊？像您說的，我感興趣了，他對我說了很多，告訴我這個女孩家裡的很多情況。」小湧不認為自己是「早戀」，有一次問媽媽：「你知道什麼叫早戀嗎？大家都做的事就不早，現在百分之九十的同學都是這樣。」媽媽說早戀影響了小湧的學習，「他

其實要不早戀，學習能挺好的。」但是，事實上，小湧國一和國二時並沒有這個問題，他的學習成績其實更糟糕。治療者和爸爸都引導媽媽正確認識早戀和學習的關係。

媽媽對小湧交的女孩有所排斥，她心疼兒子每天去接送女孩上下學好辛苦，說兒子累得覺都不夠睡，能不累倒嗎？

 操作評論

治療者認為，此個案的主要問題在父母對待他們孩子（小湧）的情況很需要幫助，也就多花費時間給父母做會談，並提供諮詢性的建議，希望父母能有所改善，這是很對的措施。

相信治療者也針對小湧本人進行單獨會談，幫助他如何練習自己要照顧自己，並且如何跟自己父母相處的道理。

第二節　病情解析與治療策略

要了解此個案的複雜病情，要從他四周家人對待他的情況，再配合個案的心理發展階段的角度，才能比較有個綜合性的了解。特別是要從祖父、祖母、母親、父親這些主要家庭人物跟個案的「個別關係」開始，去了解個案在全家所扮演的角色，再加上父母親跟他所形成的「三角關係」去分析，然後配合個案的心理發展各個階段，即：早期（被過分寵愛、關心、保護的）孩童階段、（對被過分黏密與投注而開始表現厭倦的）少年期，再到（開始呈現反作用，表現反抗、要求獨立自主，並且時時靠行動化處理的）青春期的各種演變，按階段發展與蛻變而去體會與把握。最重要的，還是依據母親跟他的「母子關係」為主軸，來透視問題的性質與發生，讓我們一一做解析。

家庭關係的透視

祖父母、父母四個大人搶著要的「三代單傳男孩」

個案被一家人認為是「三代單傳男孩」，這是這個個案發生問題的背景，也是問題產生的根源。發生了一方面情緒上被過分寵愛與保護，但另一方面，學習上被過早、過多地投注與要求的情況。

過分的保護：小湧和爸爸、媽媽三口人一直和爺爺、奶奶一起住到國二，等到他們有了自己的房子才搬出去單獨住。可是，在這段孩童與少年期間（一直到小湧三年級，快到九歲），「小湧每次到樓下玩，都是大人陪著，是爺爺、奶奶要求的」，況且「小湧從小膽子小，和小朋友玩，都要家長穿線（即家長幫他聯繫小朋友）」。由於爺爺的特別身分，一到假期，爺爺經常帶孩子到外地「療養」，沒有趁假期鼓勵跟朋友們接觸。在這樣缺少自主自立以及適當的社會化經驗結果，「國中老師反映他不合群，沒有朋友」。只是後來到了高中，（因為個子高，適合打籃球）開始喜歡打籃球，一反情況，朋友變得可多了。

過分的投注：由於個案是「三代單傳男孩」，在一方面過分保護下，另一方面大家就特別關心他的將來，特別是有教育水平的祖父母花費精神，為了學習，把時間投注在孫子（個案）身上。「上小學後，奶奶管數學，爺爺管語文和英語」（爺爺、奶奶熱心得還不讓父母管）。小學時，「孩子一到假期，爺爺、奶奶就在家給他補課，沒有玩的時間，孩子很煩，不願意補」，立下日後很討厭被督促念書的反作用心理。

被母親黏密的兒子

好似「迷戀」兒子似的：每個做母親的對自己的兒子都很關心，也有特別的感情，可是對小湧的母親來說，是超過其普通的情況。可能小湧從小體弱，三天兩頭生病，基本沒怎麼上過幼稚園（在家療養），母親就特別關照。由於爺爺、奶奶搶著要教育他們的孫子，母親只好等到搬家，三口一家獨住後，才

能全權照顧她的兒子，彌補過去被祖父母阻擋、不能自己親自教養的機會。況且，母親在五年前喪父，接著四年前喪母，失掉了自己的親生父母，可能也就把自己的情感都依託到自己的兒子身上。

從母親自己口頭描述的語句，我們可以看出母親對小湧情感上的投注。譬如：「他（小湧）不管對還是不對的事兒，動不動就生氣，把我折磨得都想死了」，「孩子與我倆越來越疏遠，特別陰森。我害怕，特忧他，特怕他，他倒把我給制住了」，「折磨得我活的勁頭都沒有了」。

母親不但被兒子折磨，還很容易被玩弄。當小湧想從母親那裡要錢，小湧懂得手法，向母親說句：「我媽長得最好看了」、「媽穿哪件衣服都很好看」，就如母親自己所說的：「小湧磨你的時候像個三孫子似的；等東西磨到手轉身就走，理也不理你了；我這人心特別軟，被（玩弄）磨得我沒有辦法。」父親也說過母親：「孩子命比她重要。」

母親對孩子不但容易被折磨與玩弄，還很怕會失去兒子。就母親說：「丈夫的工作遇到了很大的挫折，所以，（我）非常怕孩子再出現任何差錯」；「孩子一有事，我就覺得活著真沒勁」；「我膽子特別小，他只要一不在家，一離開我的視線，我就不往好處想，怕他出事」。

最妙的是，在中秋節的晚上，媽媽一把鼻涕一把淚地對小湧說：「你知道媽媽多擔心嗎？（晚上小湧晚點回來）每天晚上都看著錶，媽媽的心在淌血呀。」

假如我們把母親所描述的對象（從她的兒子）換成為一位男性，而去聽母親所描述的內心情感，特別是用她自己所使用的詞句（譬如：被（玩弄）磨得我沒有辦法；把我折磨得都想死了；我活的勁頭都沒有了」），我們還會認為母親是跟此（男人）對象「戀愛」了。換句話說，母親口頭上所說，以及腦子裡所思而使用的詞句，通常都是男女間情感上受折磨而說的話，充分表現母親對自己的兒子（小湧）過分投注情感的情況。

沒有界限的投注：母親不但對自己的兒子（小湧）有過分情感上的投注，隨著表現的是：跟自己的兒子（小湧）沒有個人間的界限區別的情況。父親看得很清楚媽媽「陪孩子」的做法，也描述得很好。即：「我說（母親）別總是

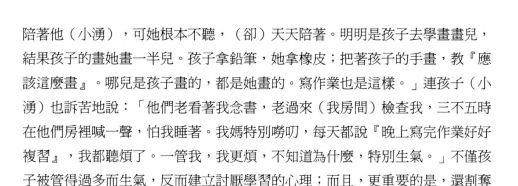

陪著他（小湧），可她根本不聽，（卻）天天陪著。明明是孩子去學畫畫兒，結果孩子的畫她畫一半兒。孩子拿鉛筆，她拿橡皮；把著孩子的手畫，教『應該這麼畫』。哪兒是孩子畫的，都是她畫的。寫作業也是這樣。」連孩子（小湧）也訴苦地說：「他們老看著我念書，老過來（我房間）檢查我，三不五時在他們房裡喊一聲，怕我睡著。我媽特別嘮叨，每天都說『晚上寫完作業好好複習』，我都聽煩了。一管我，我更煩，不知道為什麼，特別生氣。」不僅孩子被管得過多而生氣，反而建立討厭學習的心理；而且，更重要的是，還割奪了孩子自主自動去學習的心理與習慣，對日後有長久性的非適應性影響。

我們要思考的是：表面上父母關心兒子的學習，為的是小孩的將來；可是我們進一步去想，父母「望子成龍」的心理動機，到底是為了「兒子」的將來，或者是為了「父母本身」的心理需要？是否是父母想透過自己子女的（成就）而滿足「自己」的願望？父母有沒有考慮到這樣過分「望子成龍」的實際結果，對孩子本身有何（非適應性的不良）影響？是好或是壞的結果？或者是父母自己跟子女間無法分別：「你是你，我是我」的區別與界限的表現與結果？

最糟糕的是，母親不但那麼把心情投注於自己的兒子，還不讓他人管她的兒子（包括自己的丈夫）。因此，無形中把父親對兒子可以管訓的影響消除或抵消掉，對小孩產生加倍的不良效果。

母親不讓父親介入管教的三角關係

母親不讓父親加入一起管教的陣容，很早就開始。雖然在將近兩歲半開始送幼稚園的階段，媽媽說，爸爸基本不管孩子；但在（性蕾期）孩童階段，孩子淘氣，爸爸管，媽媽不讓他管，結果爸爸就掐孩子脖子（說是掐給媽媽看的），表現三角關係上的衝突性矛盾與情結。在會談裡，爸爸（「斜著眼睛看了媽媽一眼」）不滿地說：「誰不管?! 她不讓我管。孩子命比她重要，我在家根本沒有地位」，充分說明了父親、母親跟兒子在家的三角關係上的問題與性質。

爸爸（很不屑地看了媽媽一眼）對治療者說：「不讓我管，她不許我管（小湧）。要是我，他（小湧）敢走，走了，想回來也沒那麼容易。她（妻子）

也就是管我（丈夫），就是我聽她的。那天差點兒把我弄一個跟頭（指媽媽攔著爸爸，擔心爸爸上去動手打兒子），怕我打她兒子。」很有意思，在爸爸看來，兒子只是媽媽的。

媽媽緊張地說：「他倆不說話，我覺得好像不好；但他倆一說話，我就緊張，怕他倆打起來。」爸爸回應著說：「你就是瞎操心。上次你旅行外出的時候，還每天給我們打電話，說要提前回來，怕我倆打起來。你走了十天，我倆一次沒打過，好著呢，他還給我做飯呢。你不在家，他根本不敢來勁，一點也不敢。」充分說明母親對三角關係上的過分誤解與反應。

爸爸的消極反抗與嘲笑性反應

至於父親，看出問題，但管不了，也就放棄不管，只會嘲笑。他怨嘆「孩子命比她重要，我在家根本沒有地位」。關於接送孩子上學的事，還很計較，父親還說：「每天我送你媽接，誰說你媽天天接送了？」爸爸只會神氣地說：「他不怕我行嗎？我真抽他（即打孩子的意思）。」從治療者的觀察看來，爸爸一臉嚴肅，對小湧很看不慣的樣子，沒有好臉色，對孩子說起話來也總是夾雜著挖苦和打擊。

父母對孩子管訓的不協調與不妥當

其實，這對父母對孩子的管訓方式，不僅是不協調或合作，而且也不妥當。就如父親所透露而描述的：「說我打他，還不是因為你。」還向治療者解釋說：「她告狀啊。」原來在孩子小的時候，孩子惹媽媽生氣了，爸爸回家之後，媽媽就向爸爸告孩子的狀。很多時候，孩子正睡著呢，爸爸馬上過去，揪起來孩子就打。好像父親一找到機會，就趕緊打孩子似的，一點都不考慮是否對孩子的管訓有沒有用處。

爸爸聽著媽媽明顯埋怨他的陳述，很不平地說：「我是替你去的，去修理他。我做惡人，你在幕後。」爸爸話鋒一轉，頗自得地說：「不管怎麼樣，他也不敢當著我的面罵。人家（小湧）罵完你，你還對人越來越好，帶人出去吃好吃的去，下三濫似的。」

　　媽媽說：「爸爸不期待見那孩子，從小犯相，就跟『我帶來的孩子』似的。孩子的好多事我（母親）都得瞞著他爸爸，知道了（爸爸會）跟我鬧。他爸爸還不知道剛買了新球鞋，他偷著穿。」母親就在背後袒護兒子，寵壞兒子，而瞞著父親。

　　最妙的是：小湧花一千多元錢買了一輛舊摩托車，媽媽想跟著孩子認認這個摩托車，偷走算了。爸爸說，要採取毀車的辦法，如給油箱灌水、拔掉線路等方法，讓小湧最後沒錢修車。這對父母對自己長到青少年的兒子沒有辦法管訓，還居然想出異想天開的怪辦法來應對。

發展階段的分析

　　除了從父母家人如何對待小湧這個孩子以外，還得配合小湧本身的心理發展各個階段來了解，才能全盤性、綜合性地了解這個個案的整體病情。

孩童階段的養育

　　小時和爺爺、奶奶一起住，祖父母對這個「三代單傳男孩」特別寵，孩子一鬧就哄孩子，答應他的條件。爸爸好像早已看透了似的，「他只要一鬧，他的目的準能達到」。雖然爸爸有他的見解，即：「你讓他鬧去吧，怎麼鬧也不能讓他達到」，可是爸爸不是不管，就是沒法插手管。媽媽說：「我哥也說我慣孩子」，更加入縱容孩子的陣容。

少年期問題的發生

　　到小學四年級下半學期開始出現厭學，平時的考試成績不及格，不寫學校作業。這時不聽爺爺、奶奶的話了，後來主要由媽媽陪著補課。回到家倒在床上不起來，媽媽好不容易拽他起來了，又耍賴倒下去，媽媽要一遍一遍地哄著他。那時候小，孩子還管得動。有時候媽媽煩了、生氣了，也打孩子，還管得住。儘管小湧平時成績不行，但是，一到期中和期末考試時，家裡抓得緊點兒，成績還不錯。媽媽怕小湧小學畢不了業，媽媽天天陪著學習，結果門門功課全優。

到了青少年期而無法收拾

雖然小湧小時比較內向，少跟朋友來往，可是進入青少年階段以後，隨著軀體的發育，開始社會化，會跟朋友們來往；而且，隨同伴開始學時髦，要花錢，變成是個不同於前的青少年。 隨著青少年期的來臨，跟父母（特別是母親）的態度與應對方式也顯著改變。

懂得玩弄母親的弱點：最妙的，隨著認知能力的發展、頭腦的聰明，再加上過去累積的經驗，小湧學會如何哄母親，攻母親的弱點，向母親要他自己要的東西。為了「我就是特別喜歡」，便又買新的籃球鞋。現在慾望特別高，奶奶、姑姑加上母親這些人給的錢還不夠花，還下工夫向母親要更多。而母親「心特別軟」，小湧說些嘴甜的話，就被磨得沒有辦法，成全了小湧的特別要求。也就是說，被寵壞的層次逐漸升等，而要的東西越多，包括學校的大額花費（光為了擇校，就花了許多金錢），而小湧並沒學到金錢的可貴，也沒有對別人（包括父母）表現感謝的心理。

開始正面表現對母親的反抗：被母親過分管而煩惱，媽媽一嘮叨，頭就大。他自己也說：「（母親）一管我，我更煩，不知道為什麼，特別生氣。」害得媽媽很焦慮，連說話也語無倫次，不知道怎麼回事。而且，由於小湧說不高興就不高興，說得過多，就動手要打（甚至要拿刀子來威脅），讓母親感覺家裡氣氛特別緊張，隨時要爆炸似的。可以說，是青春期孩子軀體大了（情緒還沒跟著長大）的階段裡，對過分接近而有又過多嘮叨的（異性）母親會表現的（男青少年）反抗行為。

開始交異性朋友，更讓母親擔心：小湧開始「早戀」，在外交上了女朋友，晚上也晚回來，一回來，就打手機（但不回母親打的手機）。讓母親更加不高興，也不放心（擔心自己的寶貝兒子將被別的女人搶走了）。由於小湧不跟母親坦白他交女朋友的事，更讓母親有所反應。結果，母親說：「人家女孩兒有話和媽媽說，他死不承認。說急了，『我就是早戀，怎麼樣』」讓母親不知如何才好。

早就放棄了的婆婆：不久前，小湧到奶奶家，「奶奶一次次端著水，讓小

湧喝水。小湧幾次說喝了喝了，有點煩。奶奶又端過西瓜要小湧吃，小湧一下子急了，嘴裡不乾不淨地說奶奶。奶奶氣得不理他了，說小湧罵她。奶奶說：「我還擔心他給我殺了呢，別來了。」」雖然小湧過後知道自己錯了，打電話給奶奶承認錯誤，奶奶還把電話掛了，結果現在小湧也生氣了，不再去奶奶家了。

看好戲的父親：到了少年階段，進入所謂潛伏期（同性期）以後，同性父母對子女變得很重要。可是小湧的父親照樣袖手旁觀，不插入關係，不參與管訓的陣容，更談不上提供讓兒子接近、學習、認同父親的角色。父親只會繼續埋怨說：「孩子命比她重要，我在家根本沒有地位。」母親說：父親把小湧看成是「母親帶來的兒子」，並不熱心想幫助他們倆的兒子。

從養育子女的層次來說，我們可以說父親不太成熟，還帶著幼稚性。不是有機會就狠狠地動手打，否則就是完全打退堂鼓，只會嘲笑或扮演看好戲的角色，沒有做丈夫與父親的魄力，來改善家裡對待孩子的非適應性局勢。

青少年犯罪（前）行為

由於小湧逐漸長大，年紀已經快到年輕人的階段，他的行為問題將逐漸牽涉到犯罪性的行為，令人擔憂。目前，他已經有許多「犯罪前」的青少年行為問題的表現。譬如：「學校軍訓，不讓學生帶手機，他也不聽，偷偷帶。爸爸一說他，就擺臉色，背後還罵髒話，髒話連篇。」跟母親一句話就生氣，過去一發生衝突就去奶奶家；自從跟奶奶鬧了一頓，現在不去奶奶家了，一生氣就不回家，動不動就離家出走，已經有三次了。假如不好好治療，小湧的問題繼續擴大，將來不堪設想，不是靠母親的焦慮和父親的袖手旁觀就會解決的。

 ## 治療上的策略

從治療的角度來說，此個案的輔導策略可就幾個要點來考慮：

讓母親能轉移自己的生活重心，擺放到別人（丈夫）身上：很顯然，這個個案的母親在情感與關係上，完全投注在自己兒子身上。這是兒子在青少年期發生心理與行為問題的主要根源之一。因此，治療的方向就是要輔導與幫助母

親能跟自己的兒子逐漸拉開關係，減除過分的感情上的投注。可是為了達到其目的與情況，就得幫助母親能把她自己的生活重心擺放到自己及別人身上，特別是把重心擺放到自己的丈夫身上，注重如何過夫妻生活。否則，失去了情感投注的兒子（可說幾乎是「迷戀」的兒子），母親的心情就會空虛，失掉生活的重心，（猶如「失戀」似的）而呈現抑鬱的現象。事實上，經由輔導，母親開始嘗試跟兒子保持距離以後，也已經出現了抑鬱的傾向。照理，父親在這個階段，要特別照顧母親，跟母親拉近夫妻的關係，可是對於父親還得特別提醒他與鼓勵他去拉住母親。如同父親所訴苦的：「她（指媽媽）抑鬱了，而我沒抑鬱就精神分裂了。晚上看電視的時候，她就像那配音似的，我看著電視畫面，她在我耳邊沒完沒了地嘮叨，最後（我）電視也沒看明白，也不知道她說的是什麼。」父親只注意被妻子耳邊嘮叨，自己無法看電視，精神快分裂了，可是沒注意應努力趁此緊要關頭，跟自己的妻子多談話，聽她的嘮叨，給予關心與支持，趕緊拉近自己跟妻子情感上的關係。

　　讓母親能跟父親聯盟對待孩子，步調一致管訓孩子：這對父母對兒子不但有不同的情感上的投注，還有不同的管教與對待方法；而且最重要的毛病是：夫妻不聯盟對待他們的孩子，還相互批評、阻擋，甚至相互扯後腿。因此，除了幫助他們重新建立夫妻間的情感關係以外，還得著手去輔導他們，如何能以一同步調管訓孩子，不要相鬥而相補。同時，也要學習如何對待已經是青少年階段的兒子，不能還當他是孩童似的，只一味地「管教」，而要學習如何改變為「誘導」、「講解」、「說明」與「尊敬個人」的管訓方式。

　　讓母親逐漸退堂，讓父親代替接近兒子：到了同性期的少年以後，同性父母的角色變得很重要，父親對兒子要多提供能相互討論，讓兒子向父親學習、親近、模仿的機會。目前，此個案已經到了青少年階段，更是很需要父親的支持與了解的時候。不要只是罵或打，要建立關係，提供同性親子親近與模仿的機會。也就是說，要幫助母親逐漸退堂，而讓父親代替接近兒子，幫助兒子度過青少年的階段，好準備接著進入青年的階段。在此母親漸退而父親接替的過渡時期，不要讓母親感到自己被排除了，而要了解與練習如何從母親的角度，幫忙即將結束青少年階段而進入青年期的兒子；同時，練習如何補助性地支持

自己的丈夫，去對待他們（「我們」夫妻兩人）的兒子（而不是競爭而搶著「你」的，或者是「我」的兒子）。換句話說，要就「家庭結構」（family structure）的眼光，幫助更改此家庭裡父親、母親、兒子間的相互關係。即：讓母親從母子關係中逐漸保持距離而疏遠（改善過分親近依靠的趨勢），改而讓父親跟兒子接近，同時，父親能拉住母親，彌補母親脫離兒子後的心理空虛；同時父母彼此要能建立夫妻間的「聯盟」，以同步應對他們的兒子。可說是運用「家庭結構治療」（family structure therapy）的眼光，去進行這個家庭結構上的毛病。

幫助兒子能考慮自己的問題：除了多花費時間與精力輔導父母以外，也得隨時跟病人本身接觸與輔導。因為任何人際關係都是相互的反應而產生，是遵循「系統」（system）的原則而發生相互的影響關係。即：一個人變動，就連帶性地帶動四周人的關係，在其全體的系統裡發生相互作用的變化（或改變，包括改善）。家裡成員間的關係特別是如此，不能單靠父母的改善，還得鼓勵子女如何跟隨著相互的應對而更改。對此兒子施予個人輔導的主要目標：除了練習如何適當地對待父母以外，還得提升自我的能力，能面對現實，練習自己負責。如何回避變成犯罪前的行為問題，是很重要的。如何跟女朋友保持適當的關係，發展自己的異性往來，也是需要關心與輔導的課題之一。青少年階段的年輕人不習慣跟自己的父母談這些異性關係的事情時，輔導者可以發生很大的作用，提供了解與建議。

第三節　理論探討與學理說明

親子三角關係的持續衝突

雖然父母與子女所發生的親子三角關係上的情結，主要在性蕾期開始，但是在整個人生發展階段裡，以不同的性質與形式而繼續存在與表現，而且需要各個去解除與處理這個家人間的重要情結。

性蕾期：親子三角關係的萌芽、情結的開始，需要隨階段而處理並度過。主要的是不要造成父母間的過分嫉妒或競爭，爭取異性子女的特別感情；而能扶植孩子對雙方父母都保持平衡而相互的良好關係，減輕三角性質的矛盾與衝突。

潛伏期：親子三角關係的情結與矛盾照理逐漸解除，進入跟同性親子親密、模仿與認同的階段。即：兒子跟母親逐漸離開親密的關係，轉而跟父親親近與要好；而女兒與父親保持適當心理上的距離，跟母親比較接近，並從母親那裡學習如何長大，擔任女性的角色。

青春期：親子三角關係情結的重複出現，需要再度面對、處理與解決。開始對自己同年紀的異性朋友逐漸感到興趣，父母不要過分擔心，甚至嫉妒，而要提供所需的了解與支持，幫助對異性的興趣，並逐漸學習如何跟異性朋友建立適當的來往關係，避免不適當或非適應的相處關係（請參閱第五章：「**難與同齡小孩們結交、來往、社會化的男孩**」）。

青年期：有的年輕人開始結交異性朋友，而父母要保持了解、支持與接受的態度，必要時提供適當的建議，但不要對子女的異性對象發生排斥、嫉妒等反應，產生新異的（母親、兒子、女朋友；或父親、女兒、男朋友）男女三角關係上的情結。有些父母不管對自己在子女結交好或壞的異性對象，都無緣無故地反對或排斥，表現自己三角關係上的問題重現。

成人期：自己的子女結婚成家後，跟子女的配偶（即女婿或媳婦）如何保持適當而又良好的關係，是很重要的。要避免「本人、配偶與父母」間的三角關係情結問題的矛盾，可說是需要繼續處理親子三角關係情結的階段，否則會影響夫妻間的關係（請參閱第二十五章：「**婚後仍無法解脫與婆婆及丈夫三角關係困擾的妻子**」）。可以說，仍是親子三角關係的情結，只是換了三角的對象，變成是成人子女、配偶與父母親的三角關係上的問題。

母子情結的分析

雖然母親和兒子很接近是一般常有的現象，而且在講究孝的社會裡，容易被接受，但是有時是過分的接近，幾乎是非適應性的；而母親和兒子過分接近

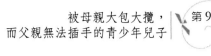

的心理原因很多，可舉出若干可能性來說明與討論。

　　黏密的對象：有些母親本身從小經歷喪失的創傷，需要繼續黏密的替代對象（請參閱第一章：「小時被幾個保姆帶大，現在還黏著小狗玩具的國中生」）。成人結婚後，假如黏密不到自己的丈夫，或其他人，也就黏到自己的子女。此病人的母親自己描述說：「我膽子特別小，他（兒子）只要一不在家，一離開我的視線，我就不往好處想，怕他出事」，表示恐懼失去黏密對象的心理，是（已經是大人的）母親患著並呈現「離別焦慮」的現象。

　　陽具羨慕的代理客體：有些女性在心性發展的過程裡，有些問題，對自己的女性角色不滿意，而只喜歡當男性，保持有陽具羨慕的情結（請參閱第二十二章：「小時很羨慕男孩的陽具而自卑，年老還回想起的婦女」）。因此，（潛意識地）想透過自己的兒子來滿足表達男人的幻想與希望。因此，對自己的兒子特別黏密，並有特別高的期望，也透過兒子來滿足她。就如父親指出的：「明明是孩子去學畫畫兒，結果孩子的畫她畫一半兒。孩子拿鉛筆，她拿橡皮；好把著孩子的手畫，教『應該這麼畫』。哪兒是孩子畫的，都是她畫的。」母親自己沒有特別的表現，就想靠自己的兒子而達到成就的表現。也就是說，透過自己的兒子，在過自己的活，要孩子很成功（好讓她驕傲與滿足）。

　　三角競爭的對象：母親對自己早期性蕾期的情結沒有處理好，成人後仍繼續陷於親子三角關係上的矛盾關係，潛意識地想從自己的婆婆或丈夫手裡，搶自己的兒子，據為己有。現在聽到自己的兒子早戀，有女朋友，就很緊張，要兒子趕快當面承認（好似認罪似的），唯恐自己的兒子被別的女人搶去了。

　　事實上，這樣被自己母親那麼黏密著的兒子，不但會表現想跟自己母親反抗與脫離的企圖，還會很早去迷戀別的異性對象，找個可以代替而不用讓人難受的異性朋友。就算是將來成人結婚後，自己的妻子和母親間的矛盾與競爭關係是免不了的。因此，要盡早開始輔導，準備將來可能發生而遭遇的三角性的關係問題。

第 *10* 章　暗戀班上女同學而影響上學的國中生

■ 青少年心性發展與障礙

第一節　個案報告與治療操作（陳一心）

個案報告

　　這個案是十五歲的男孩，國三學生，名叫小兵（化名）。由於他近來常感到心慌，也怕看人，如此已經有兩個月，自己要求父母帶他來做心理諮詢。父親不懂心理諮詢是做什麼的，所以託人找「最好的醫生」，被提議來兒童心理衛生中心求治。父母就帶孩子來訪診治。

　　根據小兵自己敘說：起因是最近喜歡上同班一位女生，總想看她，又覺得國中階段不該想「那事」，應該好好學習，故壓抑自己，盡量不去看那女生。可是又很想去看，眼角餘光看到對方時，就自責、心慌，臉發熱。由於知道自己有這樣害羞的反應，結果逐漸不敢看人，走路時不敢抬頭，怕別人看到他害羞的表情，低頭走路，最後連學校都怕上。

　　從小兵的父親得知他們的家庭背景：父親雖然只受中學的教育，但靠自己的努力，成為高級的技術人員，承包許多工程，收入高，是家庭經濟支撐。他平時工作很忙，應酬多，少與自己的兒子小兵接觸。他的本性特點是話不多，表情嚴肅，給人不易親近感。

　　至於母親，國中教育程度，有職業。她為人賢慧、溫和、傳統，基本上說

來：「丈夫怎麼說，她就怎麼做」，是很順從的人。母親對小兵的生活照顧周到，關心孩子學習，但不多過問，因為孩子學習一向自動自發。母親跟小兵溝通不多，認為孩子沒時間和她說話。父親自己形容他基本上非常喜歡兒子，看重學習成績，強調在家聽母親的話，在外也不惹事。工作再忙，孩子學校的家長會基本都會去參加，對孩子學習和行為要求嚴格。父親對孩子經濟要求基本滿足就可，他認為孩子也很節儉，沒提什麼太高要求，最多是名牌運動鞋、手機費。但母親說兒子怕父親，父子之間少有親密的來往與溝通。小兵有奶奶及爺爺，他們住在農村。到了過年的時候，全家回老家看望老人，老人家很喜歡他們的孫子。

小兵是第一胎，足月順產，由母乳餵養。小時的發展階段：動作語言發育正常。小兵出生後，奶奶從鄉下來跟父母共同居住，到小兵三歲為止，跟母親一起共同照管。小兵三歲後就上幼稚園，奶奶便回老家。小兵平時在自己的一間房睡覺。

小兵向來的性格就是偏內向，話少，聽話懂事，孝順。與同學沒衝突，但跟朋友交往也不多。成績維持班上前十名。小兵到了國二，開始青春發育，遺精。至於手淫，自己說偶爾為之。小兵平時愛看書，知識面廣，所以知道有問題時，可尋求專家提供心理上的幫助。

小兵喜歡的這位班上女學生成績好，文靜。小兵對她的評論是：「不是特別漂亮，但人很好。」小兵從來沒敢和這位女生單獨說過話，因為緊張，怕女生看出自己的心思。從病人的敘述，治療者了解小兵喜歡這位女生，是因為她有很溫順的好個性。

小兵的父親不知道兒子喜歡上班上女生的事，小兵也不願爸知道，所以諮詢時，小兵不要父親參加。母親只知道小兵在學校的成績退步，他自己要看心理諮詢師。接診時，治療師直覺到父親和小兵彼此不是很親近，缺乏眼睛對視交流，身體距離也遠，談話很理性。但父親很關心兒子，著急，兒子要他出去會診室，不聽我們談話，父親就很順從出去了。結束後，問治療師小兵的問題是什麼？治療師回答：「成長問題」，父親也就沒多問。

 治療經過

　　首先，向小兵解釋青少年期性心理發展特點，將患者喜歡班上女同學的事情「正常」化，安慰不用害臊、自責，也不用擔心會被人笑，不用低頭走路。小兵聽了，安靜聽，表情慢慢放鬆，但回話不多，最多答「嗯」一個字。

　　由於小兵想到女同學時，會緊張、心慌，不知怎麼辦。治療者就運用行為治療的原則，教小兵練習呼吸調節「放鬆法」，幫助他如何減低自己緊張、心慌的情況。

　　為了幫助患者能對異性朋友有自信地來往，建立對自己的信心，治療者就採取進行「角色扮演」的治療，練習如何能與女性交往，並提高自己的信心。即利用「借空椅技術」，讓患者小兵想像他喜歡的女同學坐在對面的空椅子上，而對女同學開口說：「你是我的同學，我很喜歡你……這些特點，很欣賞你……姿態，這些美好我將存放在心中一個特別的地方。我自己有強壯的體格和優秀的成績，這些是我值得驕傲的地方，相信你也會欣賞我。」經由這樣的角色扮演，讓小兵能有信心地向（坐在空椅子上的）女同學說些自己的內心話；同時，去「傾聽」女同學（由治療者扮演）可能會怎樣回答。等到小兵聽到女生表達：「是的」肯定回答，然後誘導小兵繼續對女生說：「謝謝你對我的肯定，我會繼續好好學習，保持成績，爭取考上重點高中。」讓小兵看女生反應，讓他「看到」女生點頭微笑。最後指導小兵對女生說：「你是我同學，我是你同學。」並想像許多彩色絲帶將他與包括那女生在內的全班同學連在一起。

　　透過會談，治療者可以感覺小兵有求助願望，但跟（女性）治療者始終保持距離。由於小兵不希望自己的父母知道自己目前的問題，即暗戀女生的事情，因此，治療者也就尊重其意見，沒有跟父親直接說明小兵的問題何在，也就沒對父母做什麼諮詢工作。

　　倒是一週後，治療者去家裡隨訪，父親說基本上小孩正常了。至於小兵本身說：「自己能搞定。」因此，治療者也就放心了。

操作評論

　　本個案的病情很清楚，是青少年對性興趣的來臨發生心理上如何去面對的困難。是因為個性比較內向的緣故，以及父母平時沒有提供情感上足夠支持的關係而形成的，並沒有很特殊的病態性情結的問題。

　　關於治療方面，為了適合此病人的個性（很內向、少開口講話、跟女性治療師不易親近）、認知程度（習慣於比較具體性的說明，行動上的實際嘗試），以及個案所牽涉的主要問題是屬於（與性有關的）敏感性課題，於是採用行為治療的模式進行，可見治療者的費心。

　　有一點值得提醒的是，雖然經由角色扮演，「讓小兵能有信心地向（坐在空椅子上的）女同學說些自己的內心話，同時去傾聽女同學（由女性治療者扮演）可能會怎樣回答」，表面上看來，是幫助小兵如何應付班上他喜歡的女同學，但在某層次來說，透過跟女性治療者和他的談話與互動性的關係，而在間接地幫助小兵對異性對象過分害羞的問題，也提供如何跟異性朋友能經由開口談話而顯現大膽有信心的態度。可以說是善用治療者剛好是女性的條件，而進行對異性關係的行為治療。換句話說，就是利用跟女性治療者的接觸與談話，而練習如何跟異性來往，建立信心與經驗，無形中在治療小兵的主要問題。

　　為了尊重小兵個人的意見（即：不要把喜歡女學生而煩惱的事情告訴父親），治療者跟小兵單獨會談結束後，父親進來問治療師，到底他的兒子小兵的問題是什麼？治療師很簡單地回答：「成長問題」，而父親也就沒多問。關於這一點，在輔導的原則上，需要替病人本身「保密」（confidentiality）是很對的措施。可是，從輔導的技術上，有些治療者或許會利用這個機會，跟小兵說，他的問題是很「普通」的問題，沒什麼需要對別人隱瞞的，特別跟自己的父親說一說，可以得到父親的支持與幫助，可趁機得到額外的結果。即：鼓勵（並獲得同意）把事情告訴父親，把小兵對此事情的害羞性、過敏性減化；同時，還可以趁機幫助兒子跟父親建立溝通與商討的習慣。當然，要看小兵的心情與態度如何，是否願意去嘗試；也要看父親是否能比較懂道理，知道情況以後，不但不去訓誡自己的兒子，還鼓勵他去接受這樣屬於「正常」的對異性感

到興趣的情況。這是個冒險性的措施,可是假如能順利達到,對將來將有很大
的幫助。

第二節　病情解析與治療策略

青少年的個人性格影響心性發展

雖然每個人都要從小經歷心性的發展而逐漸成熟,進入異性期,可是隨著
個人的性格而其發展會有不同的進展過程。通常來說,比較內向、容易害羞、
缺乏自信的青少年,就比較容易出現困難。「小兵向來的性格就是偏內向,話
少,聽話懂事」,到了青春階段,開始對異性發生性的興趣時,就比較不容易
去面對。因此,小兵就覺得「不該想『那事』,不該對女學生感到興趣,而應
該壓抑自己,盡量不去看那女生,好好專心學習」。可是,事實上又很想去看
女生,而「看了,就自責、心慌,臉發熱」。也就因為這樣的害羞結果,把害
羞的反應擴大,「不敢看人,走路時不敢抬頭,怕別人看到他害羞的表情,低
頭走路」;到最後甚至連學校都怕去上,產生社會恐懼症的病情。

從分析性的人格構造的觀點來說,小兵的「自我」缺乏堅強的能力,無法
處理「原我」的慾望,而同時也受「超我」的過分批判,認為自己很不該如此,
受責備而害羞。

同性與異性父母對子女心性發展上的影響與貢獻

對於子女的心性發展,特別到了青春期階段,就需要父母雙雙的幫助,從
兩方得到不同性質的協助,才能好好進行準備如何進入異性期的階段。

跟「同性」父母模仿與學習如何對待異性:對小兵(男孩)來說,就需要
跟自己的父親親近,並學習如何模仿父親而成為男人,可是小兵卻缺少這方面
的支持與幫助。「父親靠自己的努力,成為高級的技術人員,承包許多工程,
收入高,是家庭經濟支撐。他平時工作很忙,應酬多,少與自己的兒子小兵接

觸。」不但如此，父親的「本性特點是話不多，表情嚴肅，給人不易親近感」，顯示：小兵不容易跟他親近溝通而學習與模仿。雖然母親說：「父親即使工作再忙，孩子學校的家長會基本都會去參加」，是對孩子的學習與成就關心（但不關心情感上的需要），而且「對孩子學習和行為要求嚴格」，因此小兵就更難與父親接近。目前「小兵的父親不知道兒子喜歡上了班上女生的事，小兵也不願爸知道，所以諮詢時，小兵不要父親參加」，可見他們父子間有情感上的隔閡，沒有親近的親子關係可以幫助小兵在心理與情感上的成長。

跟「異性」父母接近與學習練習如何跟異性接觸：對小兵（男孩）來說，也很需要跟自己的（異性）母親親近，並經由溝通而學習女人的心理以及如何跟女性接觸的要領。可是，「母親跟小兵溝通不多，認為孩子沒時間和她說話」。也是另一方面的缺少。由於缺少跟母親的親近，轉而對女性同學迷惑也說不定，是代替性的黏密。

🌑 輔導上的策略

針對小兵這樣的問題，其輔導的途徑有兩個基本的方向，可並行採取：

由治療者提供所缺少的父母角色：即透過個人輔導，由治療者提供父親和母親對小兵未能足夠提供的功能，一方面幫助小兵了解女人的心理，如何對待女性（補充母親的功能）；另一方面，協助小兵能建立對自己的信心，堅強自己的「自我」功能，去接受通常「原我」對性的慾望，而減少「超我」過分的責備自己，做「人格構造」這個層次的改造與修正。最重要的是，利用治療者是女性，讓小兵透過和女性治療者接觸的機會，而養成如何跟異性接觸與溝通的機會，經由其對異性關係的正常化，而減除其對異性的過分迷惑與糾纏性的困擾。唯一要小心的是，女性治療者要保持相當的距離，不要過分親近，讓小兵產生對治療者帶有性的感覺而懼怕離開。

幫助父母改變，提供所需的功能：即採取父母的諮詢工作，幫助父母認識他們需要提供兒子協助的地方。譬如，對父親來說，不僅要參加學校的家長會，關心兒子的學習，還得平時就跟孩子多接觸，並且帶孩子到外面參加些活動，幫助兒子能有機會跟父親接近與學習。至於母親，要她認識，能跟兒子多溝通

是好的，比學習更重要，並沒有什麼「沒有時間的」理由而怕去打擾兒子。由於治療者是女性，向父親提供建議時要小心些，不要讓父親覺得他是個大男人，還得受女性（治療者）的指點，而不高興接受輔導。

第三節　理論探討與學理說明

青少年青春期的性發育

每個年輕人經歷青春期的階段，都要多少面對風暴性的心理過程，而這種風暴性的階段，隨社會與家庭的不同而有所不同。

社會與家庭的態度：最主要的是我們社會裡，包括家庭的父母，對性的一般態度如何的問題，對年輕人結交異性朋友的看法如何的問題。有些社會很開放，隨年輕人自己去經歷青春發育的階段，對異性對象的結交不但不限制，反而鼓勵他們有適當的機會學習如何跟異性結交。譬如，在學校裡，舉辦社交性跳舞的課，讓年輕學生們練習透過公開的課程，如何跟異性談話與結交。雖然不是很贊成過早的戀愛，但可提供如何公開跟異性社會化的學習機會。家裡的父母趁小孩還很年輕時，就協助孩子在家舉辦生日派對（慶生會），邀請男女同學與朋友相聚，一起遊戲，一起享用生日蛋糕，在家長監督下，從小就跟不同性別的同學與朋友有親近接觸的機會，學習包括異性的社會化行為。可是比較傳統與保守的社會與家庭就不同，會盡量限制孩子跟異性的同學或朋友接近，對中學同學談戀愛的態度基本不支持，而且很反對。家長多數認為青年人跟異性接觸，會影響學習，智商的重視忽略了情商方面的培養。

父母與子女的關係：父母如何能很輕鬆地跟子女談論有關異性的事情，包括性的話題，對年輕人很重要，會幫助年輕人如何度過青春發育的階段。可是有些家長認為，這是敏感的話題，或者是很髒的話，都不敢開口談論，結果孩子們就得到一個印象，即：好像性是不好、是髒的事情，而自己對性發生了興趣，就猶如很不對或犯了什麼過錯的樣子。換句話說，父母對性的看法與態度，

就會傳染到子女對性的想法與態度。

性教育的提供

對於年輕人如何提供性的教育，隨著社會有不同的看法與處理方式。比較開放的社會裡，贊成由學校提供正式的性教育，透過教材，運用電視設備，而提供性的知識，包括與性有關的生理衛生，像是如何避免性病的傳染、避孕的知識等等。性教育的需要，是目前比較發達的社會裡大家都比較重視的教育。其主要的問題，並非是否提供性的教育，而是如何配合年齡與心理的發展，而提供適當的教育內容與方案，以及經過何種方式來提供性教育比較妥當的問題。否則年輕人只好經由黃色小書或朋友們的七嘴八舌，而學習一些不正確的性知識。

針對其需要，如何對年輕人提供性知識，改正對性的態度，如何結交異性朋友，都是輔導的課題。對父母如何提供諮詢，讓父母對子女有健康的看法與態度，協助他們對心性的發展，也是常需要面對的輔導課題。

第11章 女兒「戀」女老師問題

■ 青少年性對象的問題（同性戀）

第一節　個案報告與治療操作（陳一心）

個案報告

　　本個案是十三歲的女孩，名叫小麗（化名），是國一的學生。在學校因與自己的班導師女教師「關係過密」，被擔心的父母強迫帶來兒童心理衛生中心求診。

　　小麗的父母雙雙都是知識份子。母親的身材苗條，而且個子很高，工作好強，漂亮時尚，但不太關心家人，跟小麗不很親近。小麗從小與父親關係好。

　　小麗的家是主幹家庭，父母跟祖父母同住。根據父母敘述，小麗出生後由母親餵母乳，三個月大時，由於母親上班就斷奶，改泡奶粉，白天由奶奶餵。小麗小時經常由奶奶給她洗澡與照顧。晚上奶奶帶睡，直到小學四年級。換句話說，小麗的生活主要是由祖父母照管，課業與思想基本由父親管，母親跟小麗相對疏遠些。用小麗的話說：「（媽媽）不會關心人，上街只買她自己的東西，也從不替爸爸買東西。」但父親認為（自己的）太太工作忙，家務有老人家做，太太管家少些可以理解，認為太太其實也關心孩子的學習和生活，比如了解學習情況，買衣服給孩子；只是對孩子比較嚴肅，說話不太溫柔。在小麗的心目中，看不起父親對母親唯唯諾諾的樣子，認為母親不像女人。可是，父母他們自己彼此卻認為夫妻感情好。

　　小麗在學校適應得還好。可是不知何故，從小總是對身材嬌小、漂亮的女班導有特別好感，每換一次班導師，都會傷心好久。對此母親向來有點疑慮，直到這一次班導師交的男朋友被自己的女兒（小麗）潑一身水後，母親認定女兒有「同性戀」，而逼她來接受心理治療。小麗女班導的男朋友也是同校老師。小麗給他潑水的理由是：「不喜歡他，要他離她（她的班導師）遠點。」

　　小麗的母親為了求診，還特意影印女兒日記，帶來給醫師看。目前的社會裡，有些父母親還會看孩子的日記，但是知道不應該的，所以是偷看。小麗的母親偷偷印下小麗的日記，帶來給醫師看，以證明他們的判斷，證明女兒對班導師是「戀情」，並且擔心自己女兒是同性戀。小麗的日記寫了她是如何愛班導師，看不見時如何思念，看班導師與那個男老師在一起如何讓她感到「難受」、「嫉妒」和「恨那男人」。由於日記上這些字句，母親就認定是「同性戀」。

　　在會談當中，經由治療者跟小麗單獨談論她的日記內容所書寫的字句，並請小麗給予解釋。結果小麗解釋說：「難受」，是覺得她自己的班導師怎麼能找這麼個人；「嫉妒」，是因為覺得他（男老師）可以天天和她（小麗自己所喜歡的女班導師）在一起，因此「恨那男人」騙取女老師感情。

治療經過

　　治療的方式為主要藉著認知行為治療的模式，跟小孩單獨談話；另外給父母提供諮詢輔導。

跟患兒單獨會談

　　跟小麗單獨會談時，治療者主要是注重跟患兒建立好的關係，並且讓小麗弄清楚：治療師不會像她母親那樣，非讓她承認什麼是對或不對，或做什麼；在治療時間，她自己想談什麼都行。反正她母親付了費，（我們）只要完成規定的治療時間就行，藉此解除其被動感與被迫感。同時，也向小麗說明會談內容會「保密」，不經由同意，不會向母親報告。

　　接著，引導小麗談了對自己的認識，對感情的認識，對父母的認識，對女

老師的認識，女老師與母親的異同處，對女教師是一份什麼感情，日記是「編故事」，還是有感情而發生這類問題。小麗澄清她對班導師只是喜愛的感情，並沒有性的幻想。小麗說明平時與男女生關係都挺好，但沒有特別關係深的（男女）朋友，小麗的解釋是：「沒覺得有值得深交的。」父母認為女兒成績好，比較高傲。對成年男性沒有親近或躲的特別表現，只是對父親關心，但也沒過分表現。根據這些了解，治療師認為，小麗對女性班導師的親密感情可能是「渴望與思念母親的替代人物」，是「替代作用」（displacement）的表現，而並非是母親所想像的同性戀問題。

小麗向治療師說明，她認為自己一切「正常」。她說：「我不是他們（父母）想像的那樣（有毛病），我只是喜歡我們班導師。你懂什麼是文學想像嗎？我（日記上所）寫的不代表我就是那樣的，我知道自己是正常的。」

治療師向小麗表示可以了解她的心境，並且同意她是正常，只是表現青少女有時會經歷與表現的心理而已。可是提醒她思考並注意：愛是一種美好的情感，應該有幸福感而不是痛苦，而現在這種「痛苦的愛」並不是她所求，也讓父母擔心，需要小心。而且想像（或幻想）要能跟現實區分，去向男老師潑水，是現實的行動，超越了想像的境界。

給父母提供諮詢

除了跟患兒會談以外，治療者也跟父母一起會談，提供諮詢。主要的是，向父母解釋青少年的心理現象，並且說明是女孩通常需要母親的親愛感情，假如得不到，可能就在別的地方找替代人物，或者經由幻想而滿足自己的情感需要。治療師向母親解釋，並希望母親不要把注意力過多放在蒐集證明孩子是「同性戀」的證據上，甚至把自己的判斷強加並傳給孩子，企圖說服她，結果這會適得其反，破壞母女情感上的關係。建議母親多關心孩子並且情感上跟孩子接近，不要計較孩子對她（母親）的態度。要理解小麗指責母親「不關心爸爸」、「不像女人」這句話的背後，實際上是希望母親能更溫柔地關心她、愛她。父親同意治療者的觀點，覺得母親與女兒接觸是太少、太理性。母親開始時似乎不能一下子完全接受治療者的分析與解釋，但答應試試；後來孩子有轉變了，

她又覺得治療者說的有道理，她以前從沒想過，自己對丈夫和女兒的態度有什麼不妥，丈夫也沒向她提起過。

這對夫妻從外貌上給治療師的印象還相配，有知識份子氣質，但關係上覺得是女強男弱，男的略現壓抑，女的有些高傲，坐在一起很理性，不是很親近。跟媽媽談話讓治療者覺得「冷」，與爸爸談話讓治療者感到「拒」，似乎他對別人表現防禦很多，不給人往下探的機會。他們自己解釋說，平時有事相互商量，沒吵過架；女兒說，那都是因為「爸爸總讓著媽媽」，「媽媽從來不知爸爸需要什麼」；而爸爸說不是這樣的，他覺得太太挺好的，只是工作太忙。

 ## 治療結果

如此進行了三次會談，可是日後就沒繼續按約定來會談。治療者有點困惑，不知是什麼緣故。治療師曾跟母親聯繫，母親說女兒不想來了，沒說理由。母親只是說，小麗已經表現基本正常了，不再令父母擔心，所以就不逼她來了。治療者不知自己所做什麼治療而讓她（小麗）「表現正常」起來了，也許是母親對女兒主動關心了？

一年後，偶然有機會得到追蹤性的資料，即：聽說母女感情好，小麗學習好，與同學老師關係好，沒發生問題。

 ## 操作評論

治療師對本個案的病情了解與心理診斷做得很好，不跟隨母親的推測而馬上考慮是「同性戀」，而如此去對待患兒（小麗）施予治療，能以得不到母親的溫情而轉向學校女班導師投注感情的病情解析來進行輔導，是很對的策略。

治療者通常根據所得的臨床資料而進行「病理解析」（case formulation），以決定治療的方向，選擇輔導的技術。隨著輔導的進展，所得的臨床資料（包括病人或家屬所提供的，及治療者所觀察與體會的）會逐漸增加，而隨情況需要加以更改或修訂既定的病情解析，這是臨床上常見的情況。還有，治療者內心所形成而採用（或推測）的病情解析，不一定如何一五一十照樣向病人本身與家屬做解釋、說明或「指點」（interpretation）（指出潛意識的動機或情結，

使其意識化），而要判斷如何適當解析或指點，是臨床上的判斷與技術。通常要考慮病人的自我成長與堅強程度，斟酌病情的輕重，也好思考解析與解釋對病人本身或家屬會有什麼作用、是否符合治療的目的等等，而且隨輔導的過程與階段隨時調節。給病人或家屬提供恰好的說明與解釋，能幫助病情的化解與改善，是最重要的要領。

本個案除了為患兒進行個人治療以外，還針對患兒的父母（特別是母親）提供諮詢與建議，是很對的治療措施。

至於治療者所提的疑問，即輔導看來進行得很好，方向也很對，但是為何他們卻沒有按治療者的建議而繼續按約來會診的事情。首先要說明的，這種情況在心理輔導的工作中，是常會遇到的事情，治療者難以完全把握與了解，只能作各種推測與解釋。

我們首先要考慮的是小孩本身的阻抗現象。所謂「阻抗作用」（resistance），嚴格上來說，根據精神分析的說法是：一個人把潛意識的慾望或情結被分析者指點而意識化時，會感到尷尬或難受，就發生阻抗的現象。可是，目前阻抗作用被廣泛使用，指病人對治療所發生的阻礙現象。

對本個案來說，病人可能擔心治療者會逐漸了解到她內心裡的實際情況，把同性戀的祕密揭開，會很尷尬，因而趕緊退卻，拒絕繼續來接受會談。通常，病人在治療過程發生阻抗作用，會以各種方式來表現與處理（包括否認或拒絕治療者的解釋、對治療採取不合作、病情惡化等），而拒絕繼續會談是其中之一，以行動化的反應來保護自己遭遇尷尬的可能性。針對這樣的可能性，只能把輔導的速度放慢。假如病人是成人，還可以事先做口頭上的解釋，透過認知的層次來預防並處理阻抗現象的來臨。可是對小孩來說，就比較難以這樣做口頭上的解釋，只能靠直覺的判斷來放慢分析與指點的工作。

對這個小孩來說，還有另外一個很可能的理由是：小麗對跟她很溫柔且親切的女性治療者發生了好感（猶如喜歡自己的女性班導師一樣）。基於這個原因，也就趕緊打退堂鼓，避免過分接近，是「轉移性關係」上的問題。假如事先感到有其可能性，可以事先嘗試跟小麗說明，小孩（病人）喜歡上治療師是常見的事情，不用掛意。

還有一些事情沒想到的是，原因來自母親。就如治療者所描述的，患兒的母親本身不僅是知識份子，態度有些高傲，表現很理性，但跟她談話會讓人覺「冷」的母親。治療者不但沒贊成母親自己下的原本判斷（即同性戀），還指出母親對自己的女兒缺少溫情，女兒才會發生問題，即：替代性地去喜歡學校女班導師的道理。因此，母親心裡大概會覺得尷尬，這樣被治療者指點，而丈夫還贊成，並且他還站在（女性）治療師同一邊共同指出她的毛病。因此，我們可以推測患兒沒再繼續來診治的可能原因之一，除了患兒的行為真的很快改善，家人和患兒都覺得不用再來接受輔導之外，還另有個可能性是：母親本身不願意再來接受輔導與諮詢，是母親對指點的阻抗現象的表現。母親只是利用女兒已經表現正常起來作為理由，不肯讓女兒繼續接受輔導。

一般來說，對於具有這樣性格的母親，要施予指點，恐怕要比較緩慢地指點她的問題，而且要比較有技巧地說明，盡量減少阻抗作用。換句話說，指點的內容是很正確，可是對母親來說是難受不容易接受的指點。

通常，父母（家長）不僅受了高等教育，而且有時是從事老師、法官或醫師等工作，平時是教導或管訓別人，或者是公司幹部或擔任領導的職位、有權威的重要人物，被治療者指點自己的問題時，會比較敏感。假如病人碰巧是治療者所認識的朋友或親戚，或者被特別介紹來的病人時，基於特殊關係，要指點他們的問題時，要加倍小心。通常，輔導有特殊地位的病人或家屬，其治療反應通常會比較複雜，難以預測結果。因為不僅不方便執行職業性、客觀性的指點，還得考慮相互的私人關係等因素。

可是從好的方面來說，小麗跟母親不再來的理由是很正性的。由於小麗很聰明，被治療者指點並說明問題的本質與改善的方向以後，就有所了解，之後就可以自己去控制自己的行為與情感表現。至於母親，被治療者指點可能心裡難受（發生了強烈的阻抗作用，停止了繼續輔導），可是算是被點到其要點，被建議需要改善的要點以後，自己心裡有所領悟，可能事後就費心去改善自己的行為與母女間的關係。因此，雖然輔導過程停斷（沒有按治療者的期望，而繼續來接受較多次的會談），但我們可以推測：由於其正確的「指點」，而發生了事後的效果，督促母親的改善。

第二節　病情解析與治療策略

對少年或青少年階段的同性戀之定義與表現

從心性發展的角度來說，小孩到了進入小學的年齡（大致六歲以後），就脫離「性蕾期」而進入「潛伏期」，直到小學結束（十二歲多）的階段為止。在這個階段，其特點就是在性蕾期萌芽對異性的興趣放棄，改而只對同性的對象要好親近，並排斥異性的對象，因此也被稱是「同性期」。通常要到進入國中的階段（大約十二歲以後），才逐漸進入「青春期」，又回頭對異性感到興趣，準備進入接著而來的青年的異性期（也稱生殖期）。這些階段的演變，隨著個人的因素與環境，多少有遲早的變異，年歲上並非很嚴格的劃分。

根據此學理上的觀念，每個少年們在同性期會對自己同性的同學、朋友、師長（包括父母）很要好，而跟異性的同學、朋友、師長（包括父母）表現排斥的傾向。因此，在廣義的定義下，每個少年們在發育過程都會經歷「同性戀」的階段，而這種同性戀是發育性、階段性的；年歲再增大些，就自然而然地進入青春期，開始經歷「異性戀」。因此，是不用大驚小怪的心理發展現象。

可是問題是，有些有同性戀傾向的人，經過同性期以後，還繼續保持其喜好同性對象的趨向，進入青春期以後，不會轉變而變成是喜歡異性的對象，形成所謂真正的同性戀者。可是在少年階段，甚至青春期的早期，是很難跟普通階段性的同性戀趨向者做區別，要到青春期後期，才能比較肯定判斷。

這種難以早期判斷的理由是，小孩在早期對性的興趣，以及對性對象的選擇與表現，只是在心情性的「情感」層次，還沒有生物性的「性慾望」層次加入。要到青春期後期，才能根據是否對同性對象發生感情，還有性慾望的現象才能區分。換句話說，在青春期前，還沒有性慾望的表現時，不能單靠其感情而做判斷。一個小孩或少年對一位同性的大人有很濃厚的情感，可以有許多其他的因素，包括需要有大人的情感與照顧的關係。

假如一個女孩子對女老師很有感情，我們首先要考慮，她在自己的個人生活裡，特別是在家裡，有沒有得到女性養育者感情上的照顧與支持的問題。要考慮女孩子對母親以外的成人女性表現鍾情，是否是對「母親代替人物」的表現，而要探討母親對自己女兒的情感關係上的情況。

母親的性格與情感上的表現問題

從個案所得的資料，我們知道小麗的母親是：「工作好強，漂亮時尚，但不太關心家人，跟小麗不很親近。小麗從小與父親關係好」；「小麗的生活主要是由祖父母照管，課業與思想基本由父親管，母親跟小麗相對疏遠些」。而且父親也表述：「對孩子比較嚴肅，說話不太溫柔。」在治療者的觀察而得到的印象也是：「跟媽媽談話讓治療者覺得『冷』」。這些資料都指出，小麗的母親比較不會表露情感，跟自己的女兒不會保持溫暖的關係。就丈夫所說的：「太太其實也關心孩子的學習和生活，比如了解學習情況，買衣服給孩子」，說明母親並不是壞，像後母似地虐待女兒，或忽略女兒的養育。只是她的性格上比較屬於理智性，會管，但不親而已。可是，這就是小麗所缺少的成分。

情感替代人物的需要

當一個人從某人得不到所需要的感情或東西時，便轉而向別的人去要取，補償性地獲得所需的，是常見的心理現象。特別是年歲幼小的時候，得不到養育者的關心與照顧，轉而黏密代替性的客體，如：乳頭、枕頭、玩具等，是常見的現象（請參閱第一章：「小時被幾個保姆帶大，現在還黏著小狗玩具的國中生」）。到了年歲大些，就找整個的人物對象，如姨媽、護士、女性醫師等，來彌補代替性的母親人物。有些人喪失了自己親密的異性父母，就潛意識地找類似的異性朋友或配偶，也是可理解的。就小麗的情況，重複性的黏密與迷戀自己喜歡的班導師，可以從這個角度去理解。

青春期的心理幻想與情感的表現問題

青春期青少年們的心理特點之一，就是習於幻想，透過幻想來滿足自己的

心理需要。小孩喜歡看卡通片，少年喜歡充滿魔術性、幻想性的兒童故事，適合他們的認知發展，也容易滿足他們習慣的幻想。他們對現實的處理能力還不強，不容易跟現實很實在接觸，而同時透過幻想的境界來處理與滿足心理所需。這種靠幻想來處理現實的情況，從心理發展的角度看來是很平常的事情。就如小麗所辯解的，她並不是「真正的」跟女的班導師很要好，而只是在幻想當中想像跟班導師要好。她日記裡所記載的，是她的幻想成果，並不是馬上代表真正的情況。不過不太了解小孩心理、過分理性的母親把這些記載當成是診斷的事實根據，而提高其警戒心。

可是從臨床上要注意的一點是，小麗還居然採取行動，向班導師的男朋友（也是學校的男老師）潑水，是超出幻想的境界，是對實在的現實失去了判斷的感覺。因此，可以推測對班導師的情感是相當強烈，嫉妒心很大的表現，超越只是幻想的層次，需要繼續注意觀察。

親子間的隔閡與隱蔽的考慮

有一點值得提的是，小麗的母親沒經過小麗的同意而去翻看小麗的日記一事。母親這個行為表現兩點事情。一則是，作為父母的，沒有跟自己快進入青春期的子女保持適當的心理距離，尊重個人的界限與保密、「隱私」的權利。當然，這種事情還得視一般社會的看法與習慣。對於講究權威，認為父母是高高在上的傳統性社會裡，父母會認為即使是成人的子女，身為父母的，有權利查看子女的任何東西；而在注重人權、講究民主的社會裡，即使是父母，也要注重子女的私人隱私權利，不能隨便偷看已經進入青春期子女的私人日記。可是，這也表示小麗的母親只注重理性，缺少心理與情感上的考慮，才會理所當然地查看自己女兒的日記，還拷貝當「證據」，帶來給醫師看。

另外一點就是，小麗的母親缺少能體會青少年子女的心理狀態，不太懂青少年們喜歡幻想的精神狀態，對子女的心理情況缺少了解，還用成人的眼光與角度來品審小孩的思維，而沒有足夠的同理心來體會年輕女孩子感情上的所需。

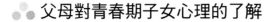 父母對青春期子女心理的了解

有些做父母的，由於其本身的性格、思維形式，以及人際關係上的經驗，再加上是否性格帶有彈性，能否隨自己子女的年歲成長而適當地「退行」，學會如何應對不同年歲的孩子。譬如說：有的父母性格上很負責，喜歡且愛護很小（口慾期階段）的嬰兒，但是無法應付與處理（肛門期階段）喜歡爭執與固執的幼兒（請參閱第二章：「好哭鬧，脾氣變得『很強』的兩歲半小玲」）；或者，不在乎對待會操御與擺弄大人的（性蕾期）孩童（請參閱第三章：「黏著母親，晚上也要跟媽媽睡而氣壞繼父的小男孩」），但卻不懂如何適當地了解與應付心身急速變化與認知能力快速成長中（青春期）的青少年們。

作為父母的，要了解青春期前後的青少年們有他們的思考模式（喜歡講理，但仍習慣於幻想）；喜歡採取動作（採用行動化的劇烈表現），但情感仍是脆弱；很喜歡表現獨立，但還是很依賴；看來已經很成熟，但有時還很幼稚的複雜矛盾狀態。作為父母的，要能有伸縮的態度，富於理解的方式，平等地對待他們，而暗中輔助他們才可以。因此，有許多父母需要專業人員的輔導，幫助他們執行父母的功能；治療者要提供所需的諮詢式教導與輔導補助。

第三節　理論探討與學理說明

同性戀的鑑別診斷

隨著本個案的情況，我們需要討論的是，如何區別並了解不同種類與程度的同性戀趨向與狀況。讓我們一一簡單敘述並做解釋。

發育性階段的同性戀：這在上述已經說明過，是跟心性發展有關的階段性現象。即：小孩到了少年時，進入潛伏期，其特點就是在性蕾期裡剛萌芽對異性的興趣放棄，改而只對同性的對象要好親近，並排斥異性的對象。在此同性期裡，會對自己同性的同學、朋友、師長（包括父母）很要好，而對異性的同

學、朋友、師長（包括父母）表現排斥的傾向。因此，每個少年們在發育過程裡，都會經歷此廣義定義下的「同性戀」階段。這種同性戀是發育性、階段性的，是日後進入青春期，開始經歷「異性戀」的前段現象，是一過性的。這時對自己同性的對象很親近、要好，可是只牽涉到情感的層次，因為生理上的青春發育還沒開始，並未牽涉到生物性質的性慾望。

替補性的同性戀：這是對自己的同性養育父母得不到感情，轉而對替代性的人物迷戀，是感情層次的親密，沒有牽涉到性的慾望（小麗的情況可能目前就是屬於這類情形）。

環境性的同性戀：這是本來異性戀的人，處於特殊的環境（如海船上、監獄裡、長期被隔離的地方），沒有異性對象時，跟同性對象發生性的關係，主要是生物性性慾望的發洩，少牽涉到感情的層次。可是環境一旦改變，有了異性對象，就又恢復異性戀的狀態。因此是一過性，跟環境有關的暫時性現象。

心因性同性戀：這是由於某種心理上的挫折或困難，無法隨心性發展而順利從同性期進入異性期，仍停滯於同性期的情況，不會或不敢與異性對象發生親密的關係，只跟同性對象保持親近的關係。譬如，女性在幼小時被男人強暴，受過心理上的創傷，日後害怕男人；或者被父母灌輸錯誤的觀念，認為男人是壞的，會占女人的便宜，加害女人，因此不敢與男人接近，只跟女的朋友要好。或者男性從小跟母親過分接近，向母親認同，缺乏男人的氣概，跟異性對象的交往沒有自信，就放棄進入異性期的階段；或者小時候跟男性發生性的愛撫，就保留跟同性對象接近的習慣。

雙性戀：基本上，對異性對象或同性對象都會發生性的興趣與慾望，可以隨情況或對象而更改，沒有固定的情形。

固定性的同性戀：這是比較狹義的同性戀，只對同性對象發生性的興趣與慾望，而對異性對象則否。過了青春發育以後，才會明顯化，是長期性的、比較終生不變的情況。其原因不明，可能是先天的因素。過去精神醫學界把這樣的情況認為是一種心性病態，可是最近的看法改變，只看成是一種心性方面的「變異」，猶如有些人生下來就是慣用左手，不用右手似的，並不能說是「疾病」。臨床經驗表示，對這樣的同性戀者，並沒有什麼有效方法可以去改變其

性對象的問題。假如本人接受自己變異的情況，自我可以容納與接受，並可以適應自己的生活，就沒有臨床上的問題。這種情況，精神醫學上就稱為「自我容納性」（ego-syntonic）的同性戀，跟「自我非容納性」（ego-dysyntonic）的同性戀做臨床上的區別。這類因心理因素而無法進入異性期，跟異性對象來往與親近的，透過心理上的輔導，有時可以有所幫助。

「自我非容納性」同性戀：雖然自己是同性戀者，可是自己在心理上無法面對與接受其情況，而發生厭棄、害羞、自卑、悲傷等，呈現心情或行為上的困苦時，就特別被認定是自我無法接受與容納，覺得跟自己的心理狀態不相配。這種情況可能需要心理上的輔導，幫助其心理上的適應，處理其害羞或自卑的心情問題。

潛伏性同性戀：就如其名稱所指，表示有同性戀的趨向，可是別人不知曉，有時連本人也沒意識到，並不表露其同性戀的趨勢。有的甚至還結婚、生育孩子，可是跟自己的配偶（異性對象）的性生活不美滿。過去傳統的社會裡，要求人人都要結婚成家，在這樣的社會制度與環境下，有同性戀傾向的被迫結婚，跟異性對象過著親密的生活關係，只是在性生活方面就有所阻礙。

總之，「同性戀」此名詞被隨便使用，但實際上，卻包含很廣泛且各種不同的情形，需要有適當的區別與對待。

社會人士及家長對同性戀的看法與態度

隨著同性戀的情況而需要討論的是，社會對這樣的情況所保持的看法與態度的問題。在世界各地的社會裡，對同性戀抱持有不同的態度。許多比較保守的社會，將這樣的情形看成是令人唾棄的「不好現象」，並不歡迎；或者是很不對的情況，還加以懲罰。可是有些社會倒是比較開放，公開接受同性戀者，沒有歧視或虐待。隨著社會的一般態度，有同性戀傾向的人就遭遇不同的對待，左右他們不同的人生結果。一般來說，我們宜採取比較寬容的態度，去接受心性上有變異的人（就好比我們對待天生就是習慣用左手的人一樣），不該歧視，更不要處罰。作為家長，要特別表示關懷與支持，而不要過分驚訝，宜平心靜氣地接受並對待有這樣傾向的子女，提供所需的協助。

▲ 可輔導的同性戀情況

假如是比較狹義的、天生的、固定性的同性戀者，目前沒有什麼好的心理治療辦法來更改他們對性對象的選擇，不宜勉強施以治療。可是，假如是替補性的同性戀者（如小麗的情況），經由跟自己母親的關係改善以後，需要代替性人物的需要減少時，或許問題就間接地消失。若是心因性同性戀，就值得嘗試施以輔導，幫助去除對異性對象無法親近的心理因素，或許可以幫助逐漸進入異性戀的情況（請參閱第十八章：「怕性騷擾的年輕女病人」）。

第 *12* 章　在大家庭裡代際界限不清楚而鬧「蓋世太妹」的青少女

■ 青少年行為問題與家庭人際關係

第一節　個案報告與治療經過（陳一心）

小娟，十四歲女孩，國二學生。小學成績中上，入國中後成績下降，漸厭學而蹺課，偷家中的錢玩遊戲機，反抗父母，結交社會無業青年，著奇裝異服，同學稱她「蓋世太妹」。父母因不知如何管教，帶來門診。

根據小娟自述：「我原來成績就不是最好的。入國中後，數學考不好，爸媽就說我是心思沒用在學習上，老想著打扮，不學好，我就跟他們吵。有時要買小禮品送同學過生日，他們不給錢，還說我學習不好亂花錢，我也跟他們吵。放學晚一點回家，就要查跟誰在一起。後來煩了就不想回家，跟外面的朋友玩遊戲機，也沒幹壞事，可是爸媽非說她們不是好人，把我帶壞了，還罵我、打我。所以我不想上學了，想離開家遠遠的。」

治療師認為，是小娟沒掌握國中數學學習方法，成績不佳，受挫，父母不能正確理解，給予幫助，反而採用指責、打罵的教育方式，激起了小娟青春期的叛逆行為。建議跟父母一起來參加家庭會談，接受輔導。

 大家庭的會談

很意外的，舉行初次家庭會談，來參加的有：外祖母、大姨、小姨、父親、母親，跟患兒小娟共六人，即一個小孩和三代五個大人。治療師問為什麼那麼多人都來了，方知小娟母親的原生家庭中，原來由父親（即小娟的外祖父）作主，一切由父親說了算。小娟母親結婚前，父去世，將把家管好的責任交給大姊（即小娟的大姨）。大姊已工作，之後家中一切由大姊說了算；大姊能幹又有錢，自認為「應該為母分憂，承擔父親交代遺願」。所以，三代大家庭中無論誰有大事，大姊（小娟大姨）必到場幫助處理，這次大妹（即小娟母親）家有事，她（大姨）自然要到場。患兒小娟怕大姨，可是與小姨關係好，認為小姨較理解她，平時相對聽小姨的話，所以也被小娟母親邀來參加治療。外婆身為大家長更是主動要求參加治療會談。因為平時大姊做什麼，都是由外婆在後面撐腰的。而小娟母親結婚後，大事小事都向母親彙報，聽母親拿主意，母親又讓大姊出面幫助解決問題。因此，患兒小娟的父親除交薪水外，似乎並不覺得老婆還需要他幹什麼。小娟發生問題後，母親曾責怪父親不管孩子，父親急了就將女兒打一頓，父女衝突大，最後父親藉口「女兒不聽我的，不與我說話」，就再也不過問女兒的事。

小娟從小要零用錢，找外婆（母不給），學校有事找大姨（母拿不定主意），母親只是管她生活起居方面的事。由於小學成績過得去，父母覺得她很乖，不用他們操心。直到成績下降，小娟厭學，逃課問題開始出現，父母才覺得管不住女兒了，而且越管越叛逆，問題越嚴重，大姨、小姨、外婆統統來幫忙都無效，經學校老師指點而來門診。

 治療目標

透過家族會談，進行家庭治療，達到若干治療上的目標如下：

1. 劃清大家庭裡的代際界限，建立基本家庭本身的界限與功能，各盡其責。
2. 幫助家庭成員溝通，讓患兒與父母相互明白問題產生的主要原因，澄清

各自的責任和努力目標。

3. 將目前被擠出而「邊緣化」的父親拉回家中，恢復父親的角色與功能，學習與配偶共同商量，建立夫妻聯盟，共同合作執行父母的功能，計畫解決家庭問題。

4. 幫助患兒表達自己的願望，改善父母對青少年的管教方式，讓青少年能自己獨立自主，照顧自己的問題。

 ## 治療過程

對此個案共舉行三次家庭治療。根據現場記錄，片段摘錄會談的經過情形。

◎ 第一次會談 ◎

首先，大致了解了小娟的大家庭關係與結構後，就探問他們大家庭的情況，並著手輔導：

諮詢師（問小姨與患兒母親）：你們說明了大家都一起來的理由，可是，你們倆真的還需要牽著媽媽和大姊的手走路嗎？

小　姨：我從小就煩父母管我，所以我現在理解這個孩子。一到星期天，大家一定要到我媽媽家團圓，這是我爸去世後，大姊定下的規矩。在那大家就開始說她（指患兒小娟）這個不好，那個不對，煩不煩呀，她當然不想回家。我自己小時，在國中的時候就喜歡到同學家玩，不喜歡待在家裡。現在我媽一個人住在家，每週就回家看看她。其實現在我們都有工作了，也都成家了，不需要她再操心，她可以享福了。大姊工作挺忙的，有時週末沒時間可以不回家（指娘家），有我們回家幫媽媽做些事就行了。

大　姨：我要不回家我媽就著急，現在大妹（小娟母親）的孩子又不肯上學，大家都急，我能不管嗎？

諮詢師：你是不是認為（你的）兩個妹妹都還不會自己走路，一定要有人幫才行？

大　姨：那倒不是，小妹妹也挺能幹的，但大妹從小老實，嫁個老公又是
　　　　個老實人，他們拿孩子沒辦法。這個孩子（小娟）從小就怕我，
　　　　聽我的，現在連我的話也不聽了。

諮詢師：你是說，這個孩子從小就被你管著，你倒像她（小娟）的媽媽？

大　姨：是的，（可是）又有什麼辦法。

諮詢師：聽口氣，你並不想管那麼多？

大　姨：是的，我有工作，我有家，自己的事夠忙的了。

諮詢師：可你這麼管下去，你大妹還能當好孩子她媽嗎？

大　姨：我知道你的意思，我也不想管，可我要不管，我媽著急，大妹也
　　　　找不到人幫她。

諮詢師（問患兒母親）：你姊說你還得要人幫著才行，是這樣的嗎？

母　親：那倒也不是，生活上的事，我都行，就是這孩子她不聽我的，實
　　　　在沒辦法。

諮詢師：除了大姊和你媽，身邊還有誰能幫你管孩子？

母　親：還有誰呢？

諮詢師（問患兒父親）：你幫她找找還有誰願意幫她。

父　親：我願意，但她不愛聽我的，服大姊的話。

諮詢師：那你想怎麼幫夫人管孩子？

父　親：孩子大了，打不能解決問題，罵也沒用，逼她上學也難，現在第
　　　　一步只要她不跟那些小混混在一起，女孩子不出事，不走斜道就
　　　　行了。

患　兒（插嘴）：你怎麼知道我一定會走斜道，我一定出事？

父　親：我只是擔心。

諮詢師（對患兒）：噢，聽起來，你對自己還有些把握？

患　兒：我又不傻。我煩他們（父母）老要我學習學習；梳個頭要管，買
　　　　件衣服要管，總不能都像他們那樣老古董吧？

諮詢師：嗯，中學生喜歡穿有個性的衣服。你是煩他們管你，還是就喜歡
　　　　跟剛才所說的那些混混在一起？

患　兒：不上學，沒人跟我玩，他們在家罵我，我只好出去玩，我也沒喜
　　　　歡一定要跟誰在一起。

諮詢師：我好像感到你內心有一份孤獨感，覺得沒人理解你。

（患兒沉默，流淚，全體安靜，看著患兒。）

諮詢師：告訴我，你希望父母怎麼做，你會好些？

患　兒：不要老罵我，不要老逼我學習，我也想要一百分，但我有這水平
　　　　嗎？

小　姨：孩子大了要鼓勵，平時穿校服，休息天穿件時裝，只要不過分沒
　　　　有什麼要緊。成績不好，罵沒用，不是非要考大學的。

母　親：我們也沒要她考一百分，只要努力就行了。

患　兒：什麼叫努力呀，老把我跟別人比，比不過就說我不用功。

大　姨：這是你們不對，老把她跟我兒子比，我說請家教，我來出錢，你
　　　　們又不同意。

母　親：那我們以後不說比的話了，你只要好好的不讓我們擔心就行。

諮詢師：你明白你媽「好好的」是什麼意思嗎？

患　兒：上學！

母　親：不是的，像你爸講，不出去跟那些人一起混，我們就放心。當然
　　　　能上學最好，要不將來你怎麼辦？

諮詢師：媽媽你的意思是，現在允許女兒自己思考上學問題、前途問題
　　　　啦？

母　親：是的，我們知道逼也沒用了。

諮詢師（對患兒）：你喜歡這麼一大家人管你嗎？

患　兒：不喜歡！

諮詢師：可大姨說你不聽父母的，所以她只好幫忙管你。

患　兒：我現在也不聽她的。我喜歡小姨，她理解我，我媽媽太嘮叨了。

諮詢師：那麼大姨是否可以從你家退休了，讓小姨教你媽怎麼理解你，關
　　　　心你？

患　兒：我住小姨家去。

小　姨：我可不要你來，我三班倒（即工作輪三班制），管不了你。但有
　　　　什麼不開心，可以來跟小姨說說。你整天不回家，小姨也著急，
　　　　不喜歡你這樣。

諮詢師：你願意教媽媽爸爸怎麼做你的好媽媽、好爸爸嗎？

患　兒：怎麼教呀？

諮詢師（對患兒父母）：你們願意讓大姊放手，自己學會與孩子直接交流
　　　　嗎？

父　母：好的。

諮詢師（對患兒外婆）：奶奶，您作為長輩，在這都聽到了他們的談話，
　　　　你們這個家很溫暖，他們都很孝順你，現在她們都說自己長大
　　　　了，不用你太操心了。你願意看到她們學會自己把日子過好嗎？
　　　　你願意讓大姊把擔子減輕些嗎？

外　婆：她們是很孝順，只是我對她們不放心，又沒力氣管，所以讓大的
　　　　幫我跑跑腿。那麼多人管這個孩子，說她不好，是夠煩的，以後
　　　　我們不說了，讓她媽媽自己管。

大　姨：對囉，以後我們回家幫你幹點活，有事你聽著，她們要我幫什麼
　　　　事，我會去做的，你就別管了，一家有一家的事，我們管多了，
　　　　反而添亂。我也到年齡了，公司的工作負擔也很重，煩不了許多
　　　　事了。

諮詢師（對患兒）：有那麼多人關心你，都盼你快快樂樂地生活，沒想到
　　　　把你管煩了，現在他們都願意鬆手，讓你與父母靜下心來考慮下
　　　　面該怎麼過。作為父母和親人，很難看著孩子去冒險而袖手旁
　　　　觀，而你想過什麼樣的人生，選擇權完全在你手上。讀書是成長
　　　　的一條路，儘管你考不上一百分，但也不是沒學習能力的人，今
　　　　天我就聽到你有自己的思維能力，如果目前你能找到比讀書更好
　　　　的路走，跟父母溝通，相信他們不會逼你只有混混一條路可走。
　　　　（患兒沉默）

諮詢師（對患兒父母）：我聽到你們還是能有一個統一的想法去管教孩

子，也明白了硬逼沒用，聽到了孩子是嫌在家太煩，上學有難，沒人理解她，才出去玩，交上那些朋友的。但她不想與他們同流合污。你們想跟孩子交流，就需要聽聽孩子的想法。她上國中後遇到什麼困難？為什麼成績上不去？為什麼厭學？現在她希望得到你們什麼理解和幫助？（父親點頭）

諮詢師（對大家）：我看到爸爸已轉過身來，跟我們一起討論孩子的事了，他也說願意與媽媽一起幫助孩子，相信他們與孩子相處了十幾年，是了解孩子的，可以攜手做孩子的爸爸媽媽。我也相信大家今後還會關心他們、幫助他們，但會有什麼不同呢？所以下次來，我想請大家告訴我：這個家發生了什麼可喜的變化。

◎ 第二次會談（一個半月後）◎

只有小姨陪小娟和小娟父母一家三口參加治療會談，大姨說「忙來不了」，外婆說「累不來了」，而小姨正輪休，所以來了。

小　姨（首先報告）：週末大家庭聚會，小娟仍不去，可是沒人覺得不妥了。二姊往娘家跑也少了；大姊現在對小娟也不直接管了。週末聚會時，大家會關心問問孩子的事，給她父母出出主意，主要是讓他們別管太多，許多事讓孩子自己去處理。二姊夫現在話也多了些，家裡的事能主動關心點了。

父　母（反映）：小娟晚上基本上不出去了，白天睡懶覺看電視、上網聊天、逛街，有時會頂撞父母。有事找小姨說，小姨再找小娟母親溝通；母親總想勸女兒在家看看書，但一說女兒就不愛聽。

患　兒（回答）：父母親現在不太逼我上學了。父親也不像以前媽媽一說管不了她，就出手打她。所以，現在晚上願意在家不出去，省得聽父母嘮叨。至於今後怎麼辦，沒想好，上學因為脫課太多跟不上了。

諮詢師（問患兒）：你是說，學習真有困難，所以怕上學？

患　兒：是的，我原來成績就不是最好的，上國中後，數學老考不好，他

們（指父母）就說我是心思沒用在學習上，老想著打扮，不學好，我就跟他們吵。有時要買小禮品送同學過生日，他們不給錢，說我書讀不好亂花錢，我也跟他們吵。放學晚一點回家，就要查跟誰在一起，後來煩了就不想回家。那些朋友只是不喜歡念書，但心眼不壞，對我挺好的，請我吃、請我玩，跟他們在一起挺開心的，也沒幹什麼壞事。父母看他們穿衣服不順眼，就認定不是好人，把我帶壞了，其實我穿的也不跟他們一樣，比他們好多了。父母常罵我，還打我，所以我沒心思上學，就想離開家，最好走遠一點。

諮詢師：你為啥沒離家出走呢？誰會比父母對你更真心？哪裡會比家更安全？

患　兒：沒想好，我沒錢，也沒膽，我知道我要走了，父母會急死的。

諮詢師：你仍然是很在意父母的。

患　兒：我知道他們為我好，但我就是學不下去了。

父　親：能聽你這樣說，知道我們為你好，滿高興的。學不下去沒關係，其實你就是數學差，語文英語還說得過去，要是那時候我們不說你，請個家教幫你就好了。

媽　媽：大姨說，你不喜歡這學校，她找人幫你換個學校。

患　兒：我要再讀不好呢？

媽　媽：我們肯定不罵你了。你還小，整天在家也無聊，在學校總能學點知識，也有同學跟你玩。

小　姨：你不是喜歡設計時裝嗎？國中畢業上個技校，學學時裝設計不挺好玩的嗎？

（患兒沉默不語）

諮詢師：她可能需要時間考慮你們提出的問題。我有個問題，為什麼她喜歡找小姨談事呢？

小　姨：我從來不罵她，只是讓她想好後果再做。還有我比較跟潮流，小姑娘愛美沒什麼不好，還像學生樣就行。其實這孩子也懂好壞，

只是我姊姊小時太慣她，任性了點，出格的事暫時她還沒膽做。所以我不像我姊她們，對她不放心。晚一分鐘到家都不行，她們管她太死了，所以這段時間我會跟我姊說什麼該管，什麼該放。

媽　　媽：是的，我們對女兒擔心太過了，越管越糟，現在孩子不跟那些混混在一起了，我和她爸安心多了。她爸也勸我，孩子大了，有些事讓她自己做，少管點，少嘮叨。

諮詢師：聽起來，現在你們夫妻之間交流多起來了。

媽　　媽：是的，好多了。小娟在家還能幫我做點家務，我輕鬆多了。

爸　　爸：以前是她嫌我，那我乾脆什麼都不說，什麼也不幹。

諮詢師：很高興，看到你們家庭有了變化，也看到孩子開始思考下一步的打算，相信她會做出對自己負責任的決定。儘管今天外婆與大姨沒有來，但從你們的談話裡，我能感受到她們的變化，她們還在關心你們，但用的是與以前不一樣的方法。

● 第三次會談（一個月後）●

父親、母親與小娟一家三口依約來訪，臉上有了輕鬆的笑容，因為患兒決定換個學校重讀國二，國中畢業學服裝設計，今後自己開時裝店。而家長認為孩子的想法會變的，能重返學校就是進步，親子間開始有些交流了。換學校的事由大姨找熟人幫忙，大家仍然定期到外婆家相聚，但都不再提（關於小娟）過去的事。本次的治療重點是，親子間如何交流，彼此才感到心情舒暢。

● 第四次會談 ●

母親來電話說，孩子已上學，不便請假來治療了。母親還說，女兒與社會無業青年基本上也不來往了，頂多偶爾通電話，他們做父母的也不著急、也不干涉，親子間溝通也多了。有時一家三口還會一起逛街買東西。

 治療結果

　　小娟回校重讀國二，父母開始分工管理家庭，在小姨的幫助下，他們父母學習理解現代青少年的心理，學習與青少年階段的女兒溝通；小娟也學習用適當的方式與父母談自己的想法與要求。他們仍定期到外婆家相聚，大家庭親情交流。

 操作評論

　　治療師對此個案的病情了解得很透澈，而且輔導得很好，有了相當成功的效果。在輔導操作上有幾點令人注意的，可以提出來。

善用家庭治療會談

　　開頭能隨機順情況，讓大家參與會談，舉行大家族會談。這樣不但能滿足所有各個家人的關心，同時能現場觀察他們的人際關係，作為家庭關係上與問題方面的診斷，並同時做治療工作。

　　進行家庭會談，技術上做得非常好，有經驗、有技巧地調整大家庭裡（非功能性）的關係。治療者不但幫助家人間能相互溝通，表達彼此的意見，透過協商，取得處理問題的原則與方向。在小心不引起阻抗的情況下，不知不覺當中去改變家庭結構與關係，有技術性地對各個成員進行輔導性的建議。

　　針對大姨：讓大姨撤退，不要插手。 諮詢師（順機會而建議性地）說：「那麼大姨是否可以從（小娟）你家退休了，讓小姨教你媽怎麼理解你，關心你」，同時針對患兒父母提醒說：「你們願意讓大姊放手，自己學會與孩子直接交流嗎？」

　　針對外婆：治療者很客氣而婉轉地說：「奶奶，您作為長輩，在這都聽到了他們的談話。你們這個家很溫暖，他們都很孝順你，現在她們都說自己長大了，不用你太操心了，你願意看到她們學會自己把日子過好嗎？你願意讓大姊把擔子減輕些嗎？」治療者能先恭維，指出正性的一面，但同時對外婆很有外交性地提議。結果，外婆就回應說：「她們是很孝順，只是我對她們不放心，

又沒力氣管，所以讓大的幫我跑跑腿。那麼多人管這個孩子，說她不好，是夠煩的，以後我們不說了，讓她媽媽自己管。」

針對父親：治療師根據自己的治療策略，特意鼓勵父親行為上的更改而說：「我看到爸爸已轉過身來，跟我們一起討論孩子的事了，他也說願意與媽媽一起幫助孩子，相信他們與孩子相處了十幾年，是了解孩子的，可以攜手做孩子的爸爸媽媽。」

針對母親：治療師採取激將法，向患兒母親問：「你姊說你（做母親的）還得要人幫著才行，是這樣的嗎？」結果母親就趕緊回答：「那倒也不是。生活上的事，我都行，就是這孩子她不聽我的，實在沒辦法。」這樣，就把父親的角色扶正，拉進來執行父親管教的角色。同時，幫助母親知道自己管教方法上需要修正的地方。母親就說：「那我們以後不說比的話了，你只要好好的不讓我們擔心就行。」同時也明白：「我們知道逼也沒用了。」母親能體會到要已經青少年期的小娟自己去學習如何擔心她自己的事情，不要總是罵、監督、批評、過分管教了。

認識並善用（家人裡的）共同治療者（小姨）

在家族治療時，治療者要能觀察哪個家庭成員比較成熟，能輔助別的成員，而利用此成員（好似「共同治療者」）來幫忙大家。

譬如，小姨能說：「孩子大了要鼓勵，平時穿校服，休息天穿件時裝，只要不過分，沒有什麼要緊。成績不好，罵沒用，不是非要考大學的」，我們就可以知道小姨是可以無形中擔任「共同治療者」，可以好好利用的成員。這位小姨不但能建立健康（功能性）的界限，也能提供所需的支持。因此，小姨（在小娟提議到她家去住的時候）會說：「我可不要你來，我三班倒，管不了你。但有什麼不開心，可以來跟小姨說說。你整天不回家，小姨也著急，不喜歡你這樣。」

在第二次會談裡，大姨說忙來不了，外婆說累不來了，表示她們已經能領會治療師的提議，而逐漸退出過分干涉的情況，只有小姨還來。小姨還能報告說：「大姊現在對小娟也不直接管了。週末聚會時，大家會關心問問孩子的事，

給她父母出出主意，主要是讓他們別管太多，許多事讓孩子自己去處理。二姊夫現在話也多了些，家裡的事能主動關心點了。」可見小姨能看出他們大家庭的問題、他們需要更改的方向，也能觀察改變的情形，是個好的共同治療者，可善用，是可仰賴的成員。

治療者（間接地）幫助小孩說話，表達小孩的心願與提議

兒童心理治療者的基本職責是對弱小的患者提供支持與輔導。治療者能採用「顛倒角色」的技術，讓（青少年）孩子提供意見，間接地去教導父母，是很好的技術。諮詢師說：「你願意教媽媽爸爸怎麼做你的好媽媽、好爸爸嗎？」這樣既不直接得罪父母，也能讓父母從小孩的口中學習他們做父母的，宜如何適當地管教青少年階段的女兒。

對於整個輔導的進行，只有個小意見。即：（不知治療者有何特別理由）每隔一個月期間才做一次家庭會談，有點過長。通常，最好在輔導的開頭階段，至少每兩週來一次，功效會比較好。等情況好轉後，再拉長日期，減少會談的頻次，比較妥當。

第二節　病情解析與治療策略

大家庭代際不清楚的問題

很清楚的，這個個案的問題是母親管教自己的女兒不適當，過分要求，過分限制，又無法讓女兒聽從；而父親被擠出父親的角色，失掉管教女兒的情況，而女兒發生行為上的障礙。可是，這些問題的背景中，還牽涉到母親自己原本家庭的問題，是大家庭裡三代間的角色與職務上的分配混亂，世代間的劃分不清楚的關係。在這個大家庭裡，外祖父去世後，外祖母是全家的中心；外祖母一個人的操心，就左右了三代的關係，混亂了各個成員本身的功能。因此，需要從這個問題著手處理，恢復個案本身的基本家庭組織與功能。

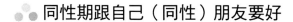
同性期跟自己（同性）朋友要好

到了同性期的青少年們，他們會逐漸跟自己的父母保持距離，減少他們的干涉或管教，代之跟自己同樣年輩的朋友要好、接近、作伴，是心理發展上的通常現象。可是，有些父母無法了解此現象，不放心跟不好的朋友來往，於是加以干涉與管理，因而加強子女的不滿，和父母拉遠距離，形成惡性循環。

第二反抗期，反對父母的作風

在這個同性期階段，正好要學習獨立自主的青少年們，往往會出現跟自己父母不贊同的態度，反對他們的看法、價值觀，甚至當面批評與反抗，被稱是第二反抗期的表現，跟幼兒（肛門期）的第一反抗期有所區別。因為幼兒的反抗是自我功能剛開始，學習自我的能力，無論父母或他人表達意見，都加以反對，是練習否決他人的階段。可是到了青少年的階段，由於他們的認知能力進步，對人對事開始有他們的看法與見解，而不跟父母相同時，就給予批評與反對，是認知上的反對、是選擇性的反抗。假如父母無法了解青少年們的心理與思維，而又過分管制時，其反抗的情況就更變本加厲。

小娟說：「上國中後，數學老考不好，他們就說我是心思沒用在學習上，老想著打扮，不學好，我就跟他們吵。有時要買小禮品送同學過生日，他們不給錢，還說我書讀不好亂花錢，我也跟他們吵。放學晚一點回家，就要查跟誰在一起，後來煩了就不想回家，跟外面的朋友玩遊戲機，也沒幹什麼壞事，可是爸媽非說她們不是好人，把我帶壞了，還常罵我、打我。所以我不想上學了，想離開家遠遠的。」這些話就是很清楚說明小娟跟父母間發生的問題的核心，即：「父母不了解我，只讓我反抗。」小娟繼續說：「我煩他們老要我學習學習；梳個頭要管，買件衣服要管，總不能都像他們那樣老古董吧？」更是說明反抗期裡發生的親子衝突的本質。

小娟說：「不要老罵我，不要老逼我學習，我也想要一百分，但我有這水平嗎？」青少年所要求的是，父母了解他們，不要總以權威者的身分過分管他們、逼他們去符合父母的要求，而要去體會，孩子有孩子的困難，有他們的道理。

輔導的方向與要領

所有的父母本身都經歷過青少年的階段，希望爸媽如何對待青少年的他們；可是，當他們長大成為父母以後，卻忘掉如何對待下一代的子女，協助子女如何度過青春期的階段。只有像小姨那樣的人才會懂得：「我從小就煩父母管我，所以我現在理解這個孩子。」因此，治療者的任務是提供父母他們需要的諮詢，幫助他們能察覺他們如何對待青少年子女們的方式，做必要的改正。這是輔導者的主要目的與課題。

可是，在技術上要注意的是，治療者不能過分、直接地批判、指點父母的過錯，特別是在他們子女面前如此批評他們，讓他們失掉做家長的自尊。因此，要有技巧且小心地提供意見，朝正性的方向做建議。否則，有些好權威、要面子的父母，就會發生強烈的阻抗現象，跟治療者採取反抗的行為了。

第三節　理論探討與學理說明

家庭的結構與功能

隨著本個案的情形，我們可以順便討論家庭有關的心理知識。凡是對一個家庭做心理上的審查與診斷，要從幾個角度來進行，好判斷他們的功能正常與否。

溝通與聯繫：一個家庭裡的成員，是否能使用言語溝通、傳達彼此的想法與感覺，促進彼此的了解，增加彼此的感情，共同協商如何處理面對的困難。

感情的培養：對彼此家庭成員是否關心，是否會照顧，促進彼此的感情，不傷害情感。

權力的分配：如何決定由誰來領導，誰來輔助與聽從，弄清楚權力的分配情況，達到執行的效果，面對問題。

聯盟的形成：各個成員（包括夫妻、子女間），是否能建立適當的聯盟關係，相互合作，補助工作，執行任務。

　　界限的建立：跟上下代或對外是否能建立清楚的界限而不混亂，好彼此執行全家的功能。

　　全家群體認同：是否能對自己的家樹立群體感，共同認同，共進共退，保護全家的利益。

　　問題處理模式：即採用何種方式來處理面對的困難，是否適當、是否是功能性。

　　針對本個案來說，他們的大家庭裡，溝通聯繫以及感情的培養還可以，可是最主要的問題是權力的分配，即過分集中，以祖母為主，由大姨掌大權；而小娟的父母，特別是父親，在家裡幾乎沒有發言權似的，被擠到邊緣。全家有強烈的認同感，要求三代裡每週都要相聚，可是三代間的界限劃分不明確，發生超越世代的干涉情況。至於處理問題的方式，他們喜歡動員全家，表示支持與關心，但缺少鼓勵成員自己自主性地處理自己所面對的困難。

男人與女人對家的職責、角色與貢獻

　　男人與女人如何隨自己的性別而在家裡發揮各自的功能，表現何種角色，將會隨社會與文化系統的不同而有不同的期待與差異。一般來說，在傳統的社會裡，主張男外女內，分工合作，而且男優女低的習俗，保持上下的階級關係。可是，在比較主張現代化、注重民主的社會，男女間差距就比較少，盡量保持夫妻平等的觀念。

　　對本個案來說，從外祖父去世以後，主要權利都被外祖母、大姨、小娟的母親，以及小姨所掌握，而姨丈們都沒有什麼講話的地位，可說是女性占優勢的大家庭。至少，在小娟的基本家庭裡，就小娟的管教方面來說，原來父親幾乎變得不干涉，也不願意理會；變成是外祖母、大姨和小姨（都以關心的理由）來插手，把小娟跟自己父母的關係弄淡，影響父母如何建立聯盟，以一致的步伐來共同管教小娟的情形。因此，治療的方向也就擺放在如何更正此大家庭的結構與關係，能樹立比較正常的（小娟的）基本家庭。由於家庭結構與關係的糾正以後，再加上父母學習到如何對青少年溝通與管教的要領，小娟的行為問題也就迎刃而解了。

第13章　重組家庭與出現性心理障礙的青少年男孩

■ 青少年對父母再婚以及和新手足的反應與影響

第一節　個案報告與治療操作（陳一心）

 個案報告

小林（化名）是十四歲的男孩，國中學生。因自訴頭暈發呆，而且在學校的成績最近顯著下降，被父親帶來兒童心理衛生中心就診。

小林的家庭目前是重組家庭。小林的父親過去有酗酒的問題，喝醉了，在家發生暴行，常打妻子；結果小林八歲時，母親離異，小林只好隨父生活，面對單親家庭的情況。小林常招來父親打罵。

四年後，即小林十二歲時，父親再婚，妻子帶來一個十一歲的女兒，名字叫小美（化名）。據小林自己說：繼母跟新的妹妹（即小美）對小林自己很好，即：「後媽對我和對她女兒一樣，小妹也喊我哥哥，都對我不錯；但我不愛理她們。」小林不願搭理她們的理由是：「不想接受她們（為媽媽與妹妹），想（自己的）媽媽。」

小林十三歲青春期發育，開始遺精。不久，小林開始偷妹妹（小美）的內衣褲，用來刺激自己而手淫。後來放學後，小林在田野上對遠處女生暴陽（顯自己的陽具）。最後，甚至發展到在學校廁所用鏡子窺陰，偷看女孩子（學校

廁所只有男女一牆之隔，大便的排泄溝是通的，所以用鏡子放在男廁排泄溝裡，能透過反射看到女廁所情況）。每次偷看後緊張害怕，認為早晚會被發現，一切就完了；但又很想看，不能停止偷偷窺視的行為。由於這個緣故，小林患上長久的心理矛盾、失眠、頭暈、常發呆，而且學校的成績也下降，被父親帶來就診。

根據小林父親的描述，他原來的妻子（即小林的生母）脾氣強，好與丈夫頂嘴，父親基本是酗酒後打人。父親好喝酒，脾氣暴，嘴拙不會表達。父親出身農民，農閒時外出打短工，比如搬運工作。父親說窮又找不到工作，與妻子吵架是喝悶酒的原因。

根據小林父親的報告，小林是第一胎，第一產，足月順產，發育正常；母乳餵養，母親帶大。小林說：「我媽對我好。」但父親打母親後，母親有時會逃回娘家，小林就要隨父親飢一頓、飽一頓地過幾天，直到父親把母親接回家。小林覺得「從小沒人愛我」，內心感到孤獨和壓抑。父母離婚後，依「兒子隨父親，女兒隨母親」的一般習慣，小林就隨父親。小林說，他父親「不開心就喝酒，然後就打人」。雖然平時父親喜歡兒子，但因為有時打兒子，所以兒子不理他。小林認為父親打他沒特別理由，是喝酒後找茬，例如叫小林做事，小林反應慢了點；小林家務活做得令他不滿意；小林沒經父親同意，自己去看媽媽。父親認為是自己脾氣壞。至於繼母，小林說她人還好，但「她什麼都聽我爸的」。至於小妹（小美），小林沒說什麼，只有父親說她「乖巧，成績好」。小林在家自己單獨睡一房，小美也睡她自己的臥室，父親和繼母睡他們夫妻的臥室。

 ## 治療經過

治療者從父親那裡獲得基本的家庭背景資料以後，就跟小林進行單獨的會談。和小林談青春期生理、心理變化，將小林對性的興趣「正常化」；重點放在肯定他對女性與性的興趣，在青春期是正常的，但他的行為方式是錯誤的，小林同意。

治療者進而向小林分析與討論他的早年經歷對其與異性建立正常關係的影

響。治療者特意將偷妹妹的內衣改釋為想與妹妹建立關係。治療者並且說明：母親經常拋下他逃回娘家，使他沒安全感和歸屬感；家境貧窮、父親的行為使他自卑；同時缺少與父親的認同感，不知如何在女孩面前表現自己，孤獨、渴望女性關愛，又怕與女性接近後被拒絕、受傷害。繼母與小美對他關心，他覺得溫暖，又怕對她們好是背叛生母，所以矛盾。於是，用偷小美的內衣滿足想與她親近些的願望。小林同意，並承認他內心是喜歡妹妹的。同時，小林說自己做了這些事後又自責，認為自己是流氓，越壓抑越衝動，想與性相關的事，然後就有了之後系列性心理障礙的行為。

接著，治療者就採用家庭治療，企圖改善父子關係，釋放壓抑的情感需要。主要做了兩樣工作。首先跟小林單獨會談，讓小林明白他與父親關係沒正常化，是他情感壓抑、扭曲的關鍵。父親書讀得不多，不知如何表達情感，但他是愛小林和前妻的，否則（過去）不會一次次地接小林的母親回家，不會拚命想掙錢供小林上學；如果生母脾氣溫和些，也許是另外一種結果，所以不能只認為是父親導致離婚。離異後，父親既當爸又當媽很不容易，他也需要理解和發洩壓抑，需要兒子的愛。分析到此時，小林開始流淚，同意與父親交流和好。

然後，請父親進來參加會談。父親進入治療室說：「兒子不理老子，使他心情更易煩躁，動怒；兒子不接受繼母也使他傷心；兒子成績下降，他著急又不知能做什麼。」他說：「我心裡很愛他，兒子就是我的命，但兒子不愛我，我也沒辦法。」然後就淚流滿面。這時治療者趁機問他們父子兩人：「既然你們彼此愛對方，那誰願意第一個把手伸向對方呢？」父親站起來，上前抱住兒子的肩，兒子握住了父親的手，兩人就這麼開始和好，並且彼此開口溝通。父親問兒子發生什麼事成績下降，兒子說：「你別管了，我明白了，會好的。」小林不想讓父親知道他自己（對性有關）的行為問題，所以治療者也就沒多說，只希望他們回去後多看對方的好處，每天能在一起說說話。父子倆表情輕鬆地離開治療室。

一月後隨訪，發現小林的學習正常，家庭關係改善。父親反映：原本父子基本上不說話，治療溝通後，父子相互關心；小林慢慢接受繼母，願意喊她媽

了，也與小美正常說話了，家庭氣氛融洽許多。父親認為兒子學習有進步，不再發呆了。

 操作評論

　　本個案的輔導很順利，對病情的了解很好，能抓住問題的重心，並且難能可貴的，對小林能給予正性的解釋，幫助他面對自己和性有關的行為問題，也督促他對父親、繼母與小美關係上的改善。最後能讓父子一起會談，督促他們能透過實際的行為來打破彼此的僵局，改善父親與兒子鬧僵的關係。結果，日後他們就能更改對彼此的感覺，相互地溝通改善此再婚家庭的人際關係。接著，小林與性有關的行為，也就間接跟著消失了。

第二節　病情解析與治療策略

　　這個個案的關鍵就是，父親和母親離婚四年後（當患兒小林十二歲，快開始青春期前），父親再婚，家裡突然增加了「媽媽」（繼母）及新的「妹妹」（比小林只小一歲，幾乎是同齡女孩）；而心理上，小林拒絕去接納這個重組家庭的新成員。雖然繼母和新的妹妹對小林都很好，可是小林還想自己媽媽，不想接受她們（新的媽媽與新妹妹）；是對自己母親的忠實感，讓他阻抗不去接受新的媽媽與妹妹。可是，除了這樣的情感矛盾情結而影響新家庭形成，並建立新的關係以外，由於繼母與新妹妹（女性）的突然出現，又天天日夜地親近住在一起，對小林的另外一個心理影響，就是對性的刺激、誘惑，以及對女人的好奇。

　　通常，假如是對自己的母親和妹妹，從小以家人身分而住在一起且長大，即使她們是女性，跟她們日夜很接近，情感也很親密，但比較不會產生性的刺激與誘惑（被「潛抑」下去，不會有不倫的想法與慾望）。可是，從外面新來的（幾乎是陌生人的）繼母和新妹妹，情況就不同，對她們會發生性方面的反應，而沒有受潛抑作用（repression）的功效而潛抑下來，只有性的刺激與誘

惑。我們要記得，當父親還沒再婚前，家裡只有父親和他，過著兩個男人而沒有女性的家庭生活。

現在突然受到過早（而很強）的性的刺激與誘惑，對剛進入青春期的少年來說，就會產生幾種相關性質的反應與行為，即：偷小妹的內褲（做手淫），到外面去跟別的女孩子露陰（暴陽），顯出自己男人的生殖器給女生看（靠嚇女生而獲得自己是男孩的信心），或者想辦法偷視女人（滿足對女性的好奇）。這是對性的好奇、被性刺激與誘惑，同時需要保證自己男性的各種複雜心理而產生的綜合性結果，也是所謂比較幼稚的性行為。

小林所以會發生這些幼稚的對性的反應，跟他自己的心性成長也有關係。即：他向來跟父親少有親近的關係，缺乏跟父親的認同，因而缺少男孩的信心；結果一受女孩的心理威脅與刺激，就發生這些幾乎是接近性異常的行為。然而，還好這些性行為是屬於環境性、一過性的問題，是成長階段可能發生而見到的通常情況，並非生性的異常。因此，時間一過，基本的問題一解決，就會消失。

從治療上來說，要把自己跟繼母及新妹妹的關係盡早形成有感情的、親人般平常的「家庭關係」，而不是「外來（有誘惑性的）女性對象」，無形中促進對「家人異性對象」的潛抑作用，把性的刺激與誘惑的成分減少。為了如此，就得首先趕緊補救小林和自己父親的關係，接著開始跟繼母及新妹妹的一般「家人」關係。按這樣的策略來進行治療，可以就根本問題而解決，相對就解除了與性有關的好奇行為，及過分被誘惑的結果。

第三節　理論探討與學理說明

重組家庭對子女的一般性心理影響

目前的社會裡，隨著離婚率的增加，再婚的情況也逐漸增加。過去是配偶死亡後，丈夫再娶，或者寡婦再嫁；但是，目前夫妻再婚，是婚姻失敗後再度結婚的情況多。再婚對重組家庭的夫婦本身來說是彼此重新開始夫婦生活，需

要許多心理與情感上的適應。假如再婚的夫妻一方有孩子，或者兩方都有孩子（如本個案），還會牽涉到子女（們）如何跟繼父母相處與適應的問題。我們在此主要討論父母再婚時，對他們的子女會有何種心理上的影響。讓我們先說明與討論一般性的事項，然後接著分析特殊的相關關係。

如何稱呼新的父母：父母再婚後，他們的子女如何稱呼新加入家庭的繼父或繼母，是很重要的事情，因為言語上的稱呼，直接關係到心理上的涵義，左右心理適應的結果。如何稱呼繼父或繼母，隨東西方不同的社會與文化，而有不同的規矩、期待或習慣。在比較傳統而重視家庭系統的（東方）社會裡，通常要求子女稱呼繼父母猶如自己的父母，即叫「爸爸」或「媽媽」。假如子女心甘情願，那沒有問題；可是，假如子女還很忠於自己的生父母，就容易產生問題，常會發生阻抗。就算被父母強迫要求，子女內心裡不甘心或不習慣，反而造成困難。一些比較不那麼強調傳統或家庭制度的西方社會，有些父母就順用他們言語上的方便，讓子女稱呼他們新的父母為叔叔（即跟父親同輩的男人）或阿姨（跟母親同輩的女人），猶如是親戚的長輩，這樣他們還保留對他們親生父母為父親或母親的稱呼，不用更改。名稱不只是名稱，還連帶性地帶著心理上的象徵性意義，也關係到實際的人際關係，因此不能勉強。頂多當面向子女解釋父母這位結婚對象即將成為孩子新的父親或母親，弄清楚新的家人關係，不要勉強子女一定要馬上面對直稱。最好隨著時間讓其自然發展為宜，注重情感與關係的培養與樹立，而不應勉強要求子女要依從社會的習俗與規定而當面稱呼。

跟原來父母與繼父母的雙重心理約束：跟如何稱呼新的父母一樣，作為子女的，內心裡還得處理對自己原來父母的舊情感與關係，同時還得應付對繼父母新的情感與關心，新與舊如何並存，而不讓他們相互牴觸、發生矛盾，是很微妙的事情。有不少子女限於其雙重性的心理與關係，矛盾而難以面對，很需要父母的協助，緩慢適應，度過轉換的階段。

如何容納繼父母而建立新親子關係：跟自己親生父母的關係是從小逐漸建立的，有歷史、有經歷，是逐漸演變的結果。跟繼父母卻不相同，沒有過去的歷史根源，是突然發生的新關係。對於新來的繼父母，難免產生有「生人」闖

入家裡的感覺。作為繼父母的，要注意這一點，小心緩慢地跟小孩逐漸接近，想辦法建立新的關係。最好，首先保持友好的關係，建立正性的情感，不要勉強稱呼的問題。除非很緊急、很需要，剛開始先少去執行管教的事情，讓原來的生父母執行這種不討好的管教工作。也就是說，由生父母繼續保持原來的方式，而執行管教與訓練的職責；等情感建立有點基礎以後，繼父母再逐漸加入。繼父母還得考慮自己的性別與孩子性別上的因素。假如是異性的（即：繼父跟女兒，或繼母跟兒子），再加上還得留意孩子的年齡因素，避免過分親近，發生跟性有關的事情；就如本個案，牽涉到性的刺激與誘惑而把關係弄得更複雜。

父母再婚與子女年歲的相關關係

當父母再婚，重組家庭時，隨著各種因素，父母的再婚對孩子有各種不同的影響。最主要的因素是，父母再婚時孩子本身的年歲的問題。因為隨著心理發展的階段，孩子有不同的心理狀態，會有不同的影響與反應。

幼兒期：在剛出生不久，一歲不到的嬰兒，或一歲到兩歲左右的幼兒階段，他們最主要的需要就是要有固定的養護者來照顧他們，並且關切他們。假如是同樣的母親，只是母親嫁給了繼父，其影響性比較少，只要新來的繼父會加入母親來照顧幼兒就可以。但是，假如是父親娶了繼母（或後母），就要看繼母（後母）對待幼兒的情況，而決定其過渡情形如何。當然，假如新的配偶有各自雙方的小孩，就容易產生嫉妒，相互競爭想獲得父母關心的情況。可是關鍵還只是：是否得到關照、喜愛的基本要件。時間一久，多少能適應新的父母。頂多的問題是父母之間的養育與管教方法不同或變更時，需要小孩去適應，有時會發生問題而已。

值得一提的是，雖然不是再婚，但是假如父母之一長期離開家庭以後（如出國進修），由留著的父母猶如單親似地跟孩子生活在一起，而突然父母回來（特別是父親），也會發生母親再嫁給繼父類似的情況與問題，父親跟孩子間建立彌補性的親密有點困難，而且孩子對父母新異不同的養育方式會有所反應（請參閱第一章：「小時被幾個保姆帶大，現在還黏著小狗玩具的國中生」）。

孩童期：到了三到五歲左右的孩童，情況就開始不一樣。除了需要繼續被

養育與照顧以外，孩子開始會對不同性別的父母多少有特殊的感情，無形中產生偏心、袒護等問題，而跟不同性別的父母形成所謂三角關係上的問題，發生不同性質的情況。譬如，男孩跟母親很接近且黏密，但是母親再嫁後，這個男孩子會更與母親黏密，間接就會排斥繼父，讓繼父不高興擔任新的父親的角色（請參閱第三章：「黏著母親，晚上也要跟媽媽睡而氣壞繼父的小男孩」）。假如女孩跟父親很接近，而父親再婚，娶了新妻子，這時，女孩跟繼母間可能會發生小矛盾，跟父親湊在一起，鬧三角關係上的衝突。也就是說，孩子的性別，再加上新來的繼父母的性別，將是左右情況與局勢的因素。

少年期：小孩在六到十一歲左右的學童階段，是所謂同性期的階段，假如父母再婚的話，會有此階段需要適應的課題。由於少年的認知能力大大增長，對於新父母的來臨，除了要在情感層次以外，還得在認知層次消化與接受。譬如，如何跟自己的朋友解釋繼父母的來臨，如何稱呼新的爸爸或媽媽等，都變成比較複雜與困難的心理課題，需要比較多點時間才能慢慢接受新父母的來臨（與闖入）。

由於從心性發展的角度來說，這是屬於同性期的階段，對同性對象比較容易接近，對異性對象要保持點距離。因此，照理兒子跟（同性的）繼父相較而言較容易建立新的關係，跟（異性的）繼母就比較難些；而同樣的道理，女兒跟繼母就比較容易，而跟繼父就比較複雜些。

青春期：到了十二到十七歲的青少年，已經青春期發育，除了軀體快速長大，生理上有所轉變，帶有性的層次以後，他們對父母再婚的反應就更複雜。他們對自己的父親和繼母（或者母親跟繼父）之間，由於再婚而開始經營的男女親近關係，會猶如自己的父母在發生「婚外情」似的看法而對待與反應，需要一段時間才能逐漸轉換為是自己的「父母」在親近的關係。因此，有青春期階段子女的父母，當他們再婚時，在青少年子女面前如何表現親暱的行為，要有所考慮，不能過於親暱，讓青春期的子女有受不了的反應。

先前已經提過，即使不是再婚，而是父親長期離家到外地（如出國進修等），突然回來，也會發生母親再嫁給「繼父」類似的情況與問題，父親要跟孩子間建立彌補性的親密有點困難，父親不容易恢復樹立父親的權威；加上由

於父母雙方對青少年的管訓方式可能不同，而造成管教方面的問題。

青年期：當子女到了青年期，已經是將近二十歲以上的年輕人而父母想再婚時，會面對這個階段的各種特殊問題。這時候，想再婚的父母本身已經四十多歲，是中年的父母。而對中年想再婚的父母，他們已經成長的子女對父母將再婚的事情，或者對父母想再婚的異性對象（即將來的新配偶），都可能會有他們的強烈意見與特別的看法，無形中會影響與左右父母的再婚問題。這是父母對年輕子女選擇對象而結婚的情況施加壓力與影響的相反情況，而是子女影響他們中年父母（再）結婚的事情。他們可能贊成，希望自己的父母有配偶而快樂；或者不贊成，甚至大力反對。不贊成的理由或許有很多，譬如：對於父母想結婚的對象不喜歡而不贊同；（假如父母很富裕）需要考慮父母再婚後，將來遺產的分配問題；對於對方已有的年輕子女（即新的兄弟姊妹）喜歡不喜歡的問題，都可變成是需要考慮的問題。

一般來說，在社會上，到了中年的女性，很少跟比自己年輕很多的男性結婚；但是，中年以後的男性，跟比自己年歲小很多的女性結婚的情況不少。特別是經濟情況很富裕而又有勢力的中年或中老人（甚至是很老的）男性，不乏很年輕的女性會想跟這樣的男性結婚。萬一父親想再婚的對象，是比較年輕的女性，跟父親自己本身的年輕子女年紀很接近時，會產生特別的問題。即年輕子女將會有個跟他們年紀幾乎相同（猶如姊姊）的新「媽媽」時，他們對這新母親的關係上的問題，將是會很複雜的。

繼父跟女兒（或繼母跟兒子）的特殊關係

上面已經提到，繼父母和子女的年歲再加上性別因素，會構成不同的繼父母和子女的關係，形成特別而又複雜的關係上的問題。讓我們就兩種不同的（異性）親子相配情況而分別做討論。

繼父和女兒：這是一開始就比較需要去注意，並好好處理的新的親子關係。由於大人是男人，小孩是女兒，除了新的兩個生人關係、新的親子關係以外，還會加上男的（大人）跟（年輕）女的關係；特別是女兒的年歲不小，已經超過青春發育的階段，是亭亭玉立的情況，更要小心。他們日夜生活在一起，

要避免發生父女間的不倫關係。社會上，繼父對女兒施以性擾亂或虐待的事情時有所聞。特別是母親不注意，未加以必要的處理與預防，而繼父失去控制（如喝醉）而發生性問題的事情，其情況不少。作為父母的，包括祖父母都要提高警覺，避免這些事情的發生（請參閱第四章：「外祖父母、母親，和換了三個父親的小孩」）。

繼母和兒子：這也是異性親子相配的情況，可是成人是女性，小孩是男性，直接發生問題的情形比較少。可是，繼母對兒子發生性的刺激，也是要注意與避免的事情；特別是兒子已經快到青春期，或者已經青春期發育後，就要特別注意。不要過分暴露女性的身體、女人的內衣褲，也不要過分的軀體接觸，免得對年輕的男孩引起過早的性的刺激與誘惑，是繼母本身要注意，而父親也可以幫助提醒的事情。

新手足的加入

由於再婚的父母雙方都有自己的孩子，再婚後，的確需要重新組成新的家庭的話，基本上會更複雜些。牽涉到兩方子女的年歲與年齡相差的程度，再加上性別上的差異，就容易發生意想不到的各種情況。除了競爭獲得父母的關心與寵愛、父母是否偏心等一般性問題以外，隨著性別的不同，也會增加其複雜性。就如本個案的情況，異性手足間的性刺激，從好奇到誘惑都可能發生；極端時，甚至還會發生手足間的不倫關係。因此，作為父母的，從一開始就得注意這些事情發生的可能性，而提早做預防工作。

總之，再婚是新的適應，重組家庭是特別的挑戰，要特別費心去適應。再婚者要注意，當發生了困難，要提早接受輔導；而輔導者要對這樣的情況有仔細的了解，並且能提供所需的適當輔導，協助新的家人能開始經營他們重組的新家庭。

第 14 章

「我不知道我是誰」

■ 突然失去記憶和自我身分的男青年

第一節 個案資料與治療操作（叢中）

個案簡報

這是一位十七歲的小男生，姓名「魏紀」（化名），個頭不高，身材顯瘦，很精練的樣子，由爸爸（繼父）、媽媽陪伴，進入診室。根據母親的申訴，魏紀在一個半月前，早晨突然發生精神上的變化，失去對過去的記憶，也不知道自己是誰，如此數天，日後慢慢恢復。由於父母及病人本身不知是怎麼一回事，曾帶他去接受催眠治療，但沒效，目前轉來心理衛生中心，尋求精神科醫師的診治。

會談經過

（首次診斷性會診，父母在座，整個會談時間大約四十分鐘。會談記錄裡，有些地方注有(1)、(2)、(3)之編號，是作為後面「治療操作：編著者加評」中討論之用。）

治療師：你好。遇到什麼問題了，你說說看。

病　人：今年一月二十八號，我突然失憶了，我現在的記憶是從一月二十八號開始的。周圍人的所有情況、我自己的事情，都不記得了，這些都是別人重新告訴我的。這段時間有一些好轉，想起了一些

過去的片段。兩週前我曾有過「幻視」和「幻聽」。朋友告訴我，我原來也曾經有過失憶。有時候想起一些事，很不舒服，會呼吸急促、心臟難受(1)。

治療師：你說很多事是朋友告訴你的，那些朋友是你一月二十八號後認識的，還是過去的老朋友？

病　人：都是以前的。在我失憶後，他們跟我介紹他們是誰、是誰，原來跟我是什麼關係。

治療師：是他們這樣說，你才認識他們的；如果他們不這樣介紹，還認識他們嗎？

病　人：不認識啊。失憶後，我爸、我媽都是經過他們自己介紹，我才認識他們的。

治療師：一月二十八號那天，具體發生了什麼事情？怎麼就能把你變成這個樣子了呢？

病　人：就是不知道當時發生了什麼事啊。我只是記得，凌晨，大概是一點多鐘，我一醒來，就不知道自己是誰了，也不知道自己住在哪兒。然後，我看到了手機，在通訊錄中找了一個電話號碼，打電話和她聯繫。她讓我去找她，她知道我的身分。去了之後，她告訴我，她是誰，我是誰，又把我送回家。

治療師：這時候你又恢復記憶了？

病　人：沒有。朋友把我送回家的時候，當時從我家樓下走過……

治療師：走過樓下，你能看出來那環境很熟悉嗎？

病　人：我沒有在那個環境中生活過的印象，但是我知道那個環境。比如說吧，周圍有一家我以前常去的飯館，我不記得我以前去過，但是我知道那裡邊有什麼好吃的、知道飯菜的味道、知道是多少價錢，但是沒有在那兒吃過飯的記憶。好像我是對我認識的人和我經歷過的事全部忘記了。

治療師：自從一月二十八號，到現在，一個半月了，你明白了多少了？

病　人：我能夠回憶起了一些過去生活中的小事，比如說想起了誰、誰、

　　　　誰叫什麼名字，誰跟我去哪兒玩過等。

治療師：那你能夠認出那位是老朋友了？能夠回憶起過去她和你的關係了
　　　　嗎？

病　人：沒有，只是像我剛才說的那樣，能夠回憶起一些小事。

治療師：現在你知道自己是誰了嗎？能夠記得一月二十八號之前你做過的
　　　　事情了嗎？

病　人：還沒有。我不知道我是誰，這些也都是透過別人告訴我的。

治療師：現在，你是誰，你代表著誰？是誰正在跟我說話？這些想法是誰
　　　　的想法？

病　人：是我自己的想法。我知道我是誰。我知道我叫「魏紀」；還有那
　　　　天早上，我發現錢包裡邊有乘車卡，上面有我的照片和名字「魏
　　　　紀」，所以，我知道我是誰，但是沒有關於我小時候的成長記憶
　　　　了。

治療師：那當你知道這個人就是你自己的時候，高興還是不高興？

病　人：沒什麼感覺。

治療師：你現在的心情呢？

病　人：我現在感覺挺好的，因為現在雖然所有的人我都不認識他們，但
　　　　是他們都對我很好，他們知道我得病了，他們都照顧我。爸爸、
　　　　媽媽帶我去看病，還讓所有的朋友都來找我玩，跟我說說笑笑，
　　　　幫我回憶。所以我現在感覺挺好的。

治療師：從一月二十八號到現在的事情，你都記得嗎？

病　人：對。

治療師：像這樣的「失憶」，你過去也發生過嗎？

病　人：（病人轉身問媽媽）過去發生過嗎？

媽　媽：沒有。

治療師：剛才你說，聽朋友跟你講，你過去曾經發生過這樣的事。

病　人：他們說我有過心臟疼和幻聽、幻視。

治療師：你現在呢，幻聽、幻視還有嗎？

病　　人：前幾個星期有過兩次，是在鏡子裡看見自己；還有，作夢時夢見過。這算不算幻聽、幻視呢？

治療師：夢中的不算。

病　　人：但是，夢和鏡子裡看到的東西是一樣的。我在鏡子裡看見自己，就是和我長得一模一樣的一個「魏紀」，他和我對話。在夢裡也是這樣。但是，他跟我說的是，他是原來的魏紀，也就是一月二十八號以前的魏紀。在夢裡的時候，他會給我講一些「魏紀」原來的事情，也就是他自己的事情。

治療師：你曾經做過催眠治療嗎？

病　　人：做過，做了六次。我覺得沒有用。

媽　　媽：後來他不想做了，就沒再繼續做催眠治療。

治療師：你現在是怎麼打算的？

病　　人：我是覺得我自己能調整好。我覺得這些事沒什麼大不了的。

治療師：著急嗎？

病　　人：是爸爸、媽媽要帶我來看病，我自己覺得，經過我自己的調整，應該沒問題。

治療師：現在你每天都做什麼事情呢？怎麼生活的？

病　　人：看書、玩電腦、出去找朋友們玩，還有彈鋼琴等事情。

治療師：失去記憶的問題，會影響你看書嗎？書上的文字，你還能記得嗎？看書能理解嗎？

病　　人：哦，認得文字。我不但認字，我原來會彈吉他，我現在也都會彈。

治療師：你自己覺得你有多大年齡了？憑你自己感覺來說。

病　　人：照鏡子的時候，看到自己的長相，覺得自己也就十六、七歲，但是自己心裡感覺我遠遠不只這些，感到自己都已經快有三十歲了

吧。

治療師：你的哪些方面讓你覺得自己像三十歲？

病　人：我所了解的一些事情，可能媽媽、爸爸都不了解；我所明白的一些道理、看透的一些事物，是別人都看不見的；我能想到的好多事，是別人都想不到的。

治療師：是哪些事，你能看見，別人看不見？舉個例子吧？

病　人：你一下子讓我舉這個例子，我還不太好舉。

治療師：請你慢慢想一想。

爸　爸（插嘴說）：比如說，你昨天跟我說的，你看書能看到作品的內涵，別人所看不到的。

治療師：是這意思嗎？還是別的意思？

病　人：好像就這意思。比如，那天朋友給我看我原來畫的一張畫，然後我就看到了很多東西。這是一張很抽象的畫，有一個貌似骷髏的東西在裡邊，外面是紅色的油彩，油彩的裡邊是黑色的，紅色油彩上面都用指甲什麼的劃的劃痕，我就是能看到很多東西，感受到很多東西。

治療師：關於恢復記憶，我們現在有兩個辦法，一個是暫時先不用管這事，也許過一段時間記憶會慢慢恢復一些。還有一個治療的辦法，就是使用鎮靜藥物，讓你睡幾天，然後再重新睡醒一次，等你重新睡醒之後，或許你就能回到從前了，就能夠回憶起過去的事情了。

病　人（對媽媽說）：好像你的意思不是想讓我恢復記憶，是嗎？

媽　媽：不是，我完全不懂，尊重大夫和你。

病　人：大夫，我問你，你說你剛才跟我聊的時候，你發覺我有抑鬱嗎？

治療師：抑鬱？你沒跟我說有抑鬱的心情啊。你剛還說心情挺好的呢。

病　人：對，現在是挺好的。我覺得我的記憶喪失並沒影響到我的行為

能力。我認識字，我會吃飯睡覺，我甚至會去學東西、會去工作，這些都可以。

治療師：你的智力受影響了嗎？比如算帳吧，100-7=？

病　人：朋友給我算過好多次了。93，86，然後79，72，65……

治療師：你過去學過那個中國古代的「三大發明」嗎？

病　人：是「四大發明」吧？

治療師：哦，對。

病　人：火藥、印刷術、造紙術、指南針？對嗎？

治療師：完全正確。看來，你的這些能力都沒有喪失。喪失的只是關於人物的記憶，不認識爸爸、媽媽，不認識朋友，不知道自己是誰；再就是不認識熟悉的環境，自己生存的環境，無法回憶自己幼年的生活經歷。而跟這些方面沒有關係的事情，比如說認字啊、計算力等，你都沒有喪失。

病　人：還有一點我想問您，就是幻視、幻聽之類的，我覺得好像是自己的想像出來的。我不知道為什麼，有時候心裡不舒服，這時，就會呼吸急促，很難受。

治療師：這些想像出來的「幻視」、「幻聽」屬於正常範圍。當你難受的時候，心裡有沒有著急、心煩呢？

病　人：是的。

治療師：你遺忘了很多事情，就連自己是誰，都找不到了。好在你現在還有心情不好的時候，在你心情不好的時候，你就能找回你自己了，可以這麼說嗎？

病　人：嗯。

治療師：就像你說的「我心煩的時候心就難受」，哎，這會兒你的身體像是想要說話似的。而當你不難受的時候呢，身體好像就都能不說話了。

病　人：好像是我身體裡邊還有一個自己，就是那個在鏡子裡和我說話、

在夢裡和我說話、一月二十八號以前的那個「魏紀」。在夢裡我們倆面對面坐著，他跟我聊天，他跟我說話，他跟我講述以前的事情，我們倆有時還會吵架、爭吵(2)。

治療師：什麼時候他會出來和你說話？

病　人：當我遇到煩惱和問題，我自己不知道該怎麼辦的時候，就會夢到他，向他詢問，讓他給我指路。

治療師：他真好，懂很多知識，也很樂於助人的。你覺得是那個「魏紀」好呢，還是現在這個「魏紀」好？你更喜歡哪一個「魏紀」？

病　人：我不喜歡原來那一個，我就是我，他是他。

治療師：你跟他是一個人，還是兩個人？

病　人：我們是一個人吧。所以我不明白了。

治療師：他跟你說話的時候，都具體說哪些話？

病　人：比如有一天我遇到一個人，他說他原來認識我的，是我的朋友，可是我不記得他、不認識他。到了晚上睡覺的時候，我就會跟原來的那個自己（魏紀）討論，讓原來的魏紀告訴我，白天遇到的那個人是誰，和我是什麼關係。

治療師：這挺好的啊，是吧？原來的那個魏紀都成了你的一本活字典了，是吧？任何時候當你遇到你不懂的事情，你就去請教他，像查字典一樣的去查詢。

病　人：但是，他告訴我的內容，也像是別人告訴我的一樣，只有片段的一些內容，我還沒有發自內心地把全部內容都回想起來。

治療師：你心中的原來那個魏紀，會不會在夢裡會跟你說：「其實我挺難受的，挺憋悶的，自從一月二十八號以來，都這麼多天了，我很少有說話的機會啊。瞧你，你多好啊，你每天有那麼多人跟你玩，而我呢，只能在夢裡跟你一個人說話。」他有沒有跟你這樣講？

病　人：沒有。

治療師：他會跟你講一講他的煩心事嗎？

病　人：講過的，他說他現在等同於已經死了，他說過一句話：「等於昨天已經過去了，今天是重新開始。」他說：「你就是你，我就是我。」他也說過：「我已經死了，剩下的就是你的了，你重新開始生活吧！」這樣的話。

治療師：他有沒有說：「我要吃飯，我得上廁所」？

病　人：沒有。

治療師：他有沒有提過這樣的要求：「我要找女朋友」？

病　人：沒有。不過，他給過我一些建議，也就是我現在的一些朋友的建議。

治療師：什麼建議？

病　人：比如說，某某人是個什麼樣的人，你對他要保持警惕啊。還有某某人是真正對我好的人，對他可以全身心地付出等。

治療師：你心中的這個魏紀，到底死了還是沒死呀？

病　人：我理解他的意思應該是他不用這個身體了，讓給我用了。

治療師：他把身體轉讓給你了。可是，他現在在哪裡呢？

病　人：我知道這都是我自己的幻想出來的，我不是想說：「一些抑鬱中的病人覺得有另一個自己，覺得目前這些都是真實的，覺得我可以依賴他什麼的。」我知道這些都是我幻想出來的。

治療師：哪一部分算是幻想？

病　人：這不只是失憶了，可能是傷心了，或者是遇到什麼事情，遇到挫折了吧，讓我刻意對記憶進行封閉、遺忘。但是可能因為自己看電視啊、看書啊，所獲取的一些知識，讓我覺得自己疑神疑鬼的，覺得還有另外一個魏紀似的。可能那只是自己對自己的一種心理暗示，我知道這只是一種幻想。他會出來和我說話，這就證明我是記得所有經歷過的事情的。他就是我，我就是他，他所說的事兒都是我對以前的記憶，都是我經歷過的事。既然他會跟我說這些，就證明我自己有記憶，只是這些記憶在腦子裡是封閉的、是遮蓋著的。

治療師：太好了，這是非常好的一個說法，我非常贊成！你的意思是說，並不是真的存在另外一個魏紀，而這個所謂的「原來的魏紀」，也只是你自己心中一些記憶和幻想的成分吧？

病　人：嗯。

治療師：其實，每個人心中都裝著一些記憶儲存的東西，每個人心中都有一些感受，當這些記憶的東西一下子回憶不起來的時候，就好像是別人的事了。當一些傷心的事，我們不想讓它冒出來的時候，就好像我們從來都沒有經歷過這事似的。

病　人：我覺得自己變成現在的樣子，是有一定的原因的，因為朋友給我講了我以前的事之後，以現在的「我」的想法來看，我不太欣賞原來的自己。原來的自己，怎麼說呢，就是我不欣賞的那麼一個人，做了很多事，是很不正確的(3)。

治療師：看起來，你現在的願望像是要「脫胎換骨，重新做人」，是吧？

病　人：可能也是因為，自己對過去做的一些事感到很不對，然後就刻意讓自己去遺忘了(4)。

治療師：那你怎麼看待過去那個魏紀？

病　人：我覺得也挺可憐的吧。他很小就做了一些大人才能做的事。

治療師：什麼事呢？

病　人：性，這是朋友告訴我的(5)。

治療師：是跟哪些女孩呢？

病　人：很多，朋友說的。

治療師：大概有幾個？一位數還是兩位數？

病　人：朋友告訴我說，是兩位數吧。一月二十八號我醒來的時候，當時我以為我是一個三好學生的，因為我感覺自己好像很聰明似的，我以為我自己是一個愛好廣泛、學習很好、準備考大學的那樣一個孩子。可是，朋友跟我講了我和女孩子們的事情，說我原來很放縱自己，還說我更早一些的時候，十五、六歲的時候吧，認識很多社會上的不良青年，老愛打架之類的。這讓我有點感覺不可

思議。然後他們說我後來變了，說我後來要好好學習、考大學。現在我感到自己懂事了，成熟一些了，知道自己該幹嘛了，知道人生的路應該怎麼走了。我覺得原來的自己就是受了一些傷害，讓自己沒有辦法去承受、去面對吧。

治療師：是啊。你曾經受到過哪些傷害呢？

病　人：第一個心裡的結，是因為小時候，親生父親，我沒有見過他，是親生父親拋棄了媽媽和我，然後走了，我很恨他。我最好的一個哥兒們，他告訴我的；我原來曾跟他說過的，如果我在大街上碰上他（親生父親），我就會殺了他！還有一個很大的結，就是我很放縱的那一段生活。

我過去認識一個女孩，她有些抑鬱，有「自閉症」，不願跟別人說話，但她對我特別好，我們倆在一起，後來她就移民去英國了。她們家是屬於很有錢的那種，父母只顧事業的那種。她跟我在一起總共有兩年的時間，她走了之後，我非常傷心，也很後悔，覺得自己不珍惜她之類的。

她走了之後，過了半年，我又認識了一個新的女孩，就是那天晚上，接我電話的那個，她是我現在的女朋友。她告訴我，那些朋友說，我認識了她之後就對她特別依賴。因為我原來都是愛瞎玩瞎鬧，就沒認真對待過一個人，再加上之前剛好那個女孩移民去英國了，所以就造成了我很大的傷害，所以遇到現在這個女朋友之後我就很依賴。

治療師：當朋友跟你講這些事情的時候，你能模模糊糊地說：「嗯，好像是有這麼一回事哎？！」

病　人：很少。有那麼一點……

治療師：只要有那麼一點兒，可以算是過去的生活經歷所留下的記憶的痕跡吧，儘管不是很清晰。

病　人：會有，會有。記憶中會有那個移民英國的女孩，我對她會有一

些。睡覺一醒來，看到一些畫面，都是跟她有關的。

治療師：看來這些生活經歷都已經儲存在你記憶當中了，是吧？

病　人：然後就是現在的那個女孩，因為我非常依賴她吧⋯⋯

治療師：現在，你的願望是做原來那個魏紀？還是做現在的你？

病　人：還是做現在的我吧。

治療師：這個願望很強烈嗎？

病　人：強烈，因為朋友們告訴我，他們都不希望我想起來原來的那些事兒。

治療師：那是別人的願望，現在請說出你自己的願望呢？

病　人：反正聽他們的話之後，我還是有些害怕，我怕恢復記憶之後，就又變成原來那個很壓抑的我了。

治療師：那你的意思是，做現在的你，看上去就比較好了。做現在的你，做一個很好的魏紀，你內心會有力量嗎？會開心嗎？

病　人：開心？說實話，從失憶到現在，我都沒開心過。即使是比較開心的時候，我可以笑出來，可那是為了別人笑的。我不知道為什麼就是開心不起來，即使遇到開心的事兒。

治療師：而原來那個魏紀，像你說的，那個做過很多壞事的魏紀，他開心嗎，當時？

病　人：你是說我看見他的時候？他就是表現出一種很無所謂的樣子。

治療師：那你就慢慢變吧，我覺得藉著這個機會，你也能有機會變得和過去不一樣，對吧？就像一月二十八號凌晨猛然醒來的時候，覺得自己好像是三好學生了，是吧？這樣你就可以做很多原來沒做過的事情，特別是你認為是比較好的事情。但是這種狀態也有缺點，會有些不開心，即使笑，也只會是笑在臉上，而不是笑在心裡。我這麼說可以嗎？表面上是在笑，彈琴啊、打撲克，好像是很高興的，可總覺得你這笑也有點兒⋯⋯

病　人：就感覺像心裡缺點兒東西似的。

治療師：是啊，笑得有些不由衷，笑得有點兒假的那種笑，是吧？好像是笑給別人看的那種笑，而不是一個人發自內心的竊喜的那種感覺，偷著樂的那種笑。現在的笑都好像是外表的，我這麼說，你覺得符合你的心情嗎？

病　人：嗯。

治療師：所以我就會覺得，現在的這個魏紀好像是有點兒假。儘管你說原來那個魏紀不夠好，現在這個雖然表現得好了，可又有點兒假了，有點兒不那麼高興、開心，不是發自內心的笑。無論幹什麼事，動力好像是來自於外面，而不是受內心的推動。

病　人：對。

治療師：那你將來試試看，琢磨琢磨，能不能把現在這個魏紀和過去的那個魏紀捏到一塊兒，行嗎？把這個好的魏紀和你怕成為的過去的那個魏紀協調起來，捏在一起，看結果會怎麼樣。我的說法是「給魔鬼穿上天使的服裝」，這樣行嗎？讓魔鬼臥底在天使的衣服裡邊，呵呵。你能理解我說的這意思是什麼？

病　人：能理解。意思就是，我現在是天使，原來是魔鬼。這大概就是我失憶的原因，我對我原來做的一些事感到不滿意、不高興，所以排斥原來的魏紀。

治療師：現在我們要慢慢接納他，接納原來的那個魏紀，只要我們現在努力做得好一點，當然就可以讓原來那個魏紀也保留下來，因為他對你很有幫助，而不是把他扔掉，你看這樣行嗎？

病　人：嗯。

治療師：好的。那你就按照這個辦法去生活，過一、兩個月之後，我們再見面會談吧。

病　人：好的，謝謝大夫。

 ## 治療操作：治療者回顧分析

在接待病人的過程中，治療師首先詢問了病人所謂「失憶」的基本臨床特徵，並特別注意詢問了最初發生失憶時的場景，這樣的詢問有利於治療師幫助病人去尋找發生失憶的心理誘因。但是，病人並不記得他最初是遇到什麼事情之後，開始出現失憶的，只說是突然就變成這樣了，突然變成了一個不知道自己是誰的這樣一個人。

在了解了病人的臨床基本特徵之後，治療師對病人的臨床表現，比如「幻視」、「幻聽」、情緒體驗、知識的記憶力、計算能力等，進行了了解，這有利於排除抑鬱症、精神分裂症，及其他可能的腦器質性病變。

在詢問病人的心情時，病人說，在他得病之後，爸爸媽媽對他更關心了，帶他去看病，還讓朋友來跟病人聊天，他的心情挺好的。讓治療師注意到了病人的「繼發性獲益」，還猜想到病人原來可能存在一些痛苦的情緒，而他現在的好心情，其實是他對痛苦情緒的壓抑與隔離（isolation）。

當病人主動提到他有「幻視」和「幻聽」的時候，治療師注意去了解這些幻覺的具體表現，以便與精神分裂症相鑑別。同時，治療師發現，病人所謂的「幻覺」，是他在夢中或照鏡子的時候出現的，而且當時是自己跟自己在對話，這使得治療會談進入到了一個新的階段，治療師注意到了病人人格內部的兩個不同的人格成分，即兩個不同的個人身分。這對於後面如何發現病人的內心衝突，具有一定的線索作用。治療師可以抓住這樣的線索，使治療會談走向深入，去探索病人深層的內心世界。

治療師詢問了病人對待「失憶」的個人態度，由病人的表現可以看出，病人對於恢復他的記憶，顯得並不著急，或者說是有一些漠不關心，甚至可能是排斥。

在會談中，不僅幫助病人回憶起他的一些心理創傷，比如，幼年失去親生父親、曾經失去了一個女朋友等；還注意與病人一起討論他的願望，啟發病人，使他認識到，他失去記憶不僅是由於這些記憶太痛苦，更是他有一個「重新做人」的願望在其中作用。在此基礎上，治療師注意用形象的說法，幫助病人對

他的兩個自己進行心理上的整合，比如，跟病人說：「給魔鬼穿上天使的衣服」，這樣的說法具有一定的整合作用，而且病人是能夠理解和接受的。幫助病人去發現原來的自己的一些優點，使病人逐漸能夠接受原來的自己，減少壓抑與排斥。

在會談中，治療師注意調動病人的內在動力，啟發他講述他的心情，幫助他回憶過去的事情，包括他對待過去和現在兩個不同的自己的態度和評價、願望等。採取這樣的方式，有利於克服治療會談中的阻抗。

如果治療中注意詢問病人的「心臟疼」的話，或許也同樣可以發現他的一些心理創傷經歷。比如，治療師可以詢問「什麼情況下，你就會感到心臟疼呢？」「是什麼事情會讓你這樣的心痛？」這樣的詢問，不僅可以幫助病人回憶起他所經歷過的痛苦事件，還可以讓病人理解他的「心臟疼」所代表的心理象徵意義，這會有助於幫助病人表達他壓抑的情緒，減輕軀體化症狀。

由於時間關係，在治療會談中，沒有注意讓繼父和母親參與會談中，特別是沒有跟他們討論，他們對病人是否恢復記憶力的觀點、態度等。這是該次治療會談的一個缺憾或不足。

治療操作：編著者加評

治療者對此個案的會談進行得很好，有技巧，能得到很好的（描述性的）臨床上的（疾病）診斷，也大致能（動態性地）把握到此病人發生分離症的本質。即：不願意接受他「過去的自己」，就把過去的自己遺忘了，從頭開始「新的自己」。可是，從心理診斷的角度來說，為了心理治療，有個基本的問題還是在懸空狀態，尚未得到比較清楚的回答的是：為何病人在某日（即一月二十八日）凌晨忽然發生分離症，失去記憶、也不認識自己的情況，到底有哪些特別的直接原因，受了什麼（時間上）即刻性的打擊或挫折。因為了解到病人所遭遇到的直接而時間性的衝擊或挫折，才好進行針對其衝突或矛盾而進行心理治療。

所需臨床資料：為了探討病人所面對的心理問題，了解其病情，很希望能得到較多的資料，特別是包括他的家裡背景。比如：病人從小就失去生父，而

母親是何時跟繼父再婚的（是病人很幼小的時候，或者長大以後的事情）？母親是怎樣的人？跟病人向來的關係如何（是否很寵愛或袒護）？繼父是怎樣的人？跟病人的關係如何（是否友善或者不是）？母親跟繼父最近有沒有跟病人發生何種衝突，特別是病人發生分離症的前一夜？（譬如，批評病人的「壞」的行為等。）

還有，病人交了女朋友，他們的關係如何？除了依賴那女朋友以外，最近是否有何矛盾或衝突沒有？（譬如，跟女朋友發生誤會，吵了架，而被女朋友提議分開等。）特別是最近發病前一、兩天的情況，是否遭遇哪些刺激？父母知道他們的男女關係嗎？對他們的交往有什麼意見沒有？是否反對等等，有了這些四周發生的事情，就比較容易幫助治療者去推想病人所受的挫傷的性質，以便容易進行對受到打擊的補救工作。

照理說，對於患了分離症的病人，即使直接詢問：「生病前到底具體發生了什麼事情？」病人總是會回答不知道的，病人不會直接地說明他所面對的心理困難或挫折是什麼（否則就不用分離狀態來「否定」或「潛抑」挫折或困難了）。技巧上來說，要間接性地探討才好。另外的方法就是向四周人（包括父母）去探討，他們或許可以提供資料，至少可以提供推測性的原因。因此，值得向父母探問：病人發生「問題」前，曾遭遇過哪些特別（創傷性）事情？

會談中繼父和母親在場的意義及影響：雖然父母或家屬可以提供他們的觀察，或對直接誘因的推測，很值得跟他們會談與詢問，但必須跟病人分開會談。至於跟病人本身會談時，最好叫家屬避開不在座，這樣才能在比較隱私的狀態，可以幫助病人去揭露自己內心的挫折或困難，以了解病人發生分離時的直接誘因何在。跟病人單獨會談，了解病因以後，再跟家屬一起會合會談，針對病人與家屬一起做個解釋與交代，並提議日後需要注意的事情；如此對家屬與病人當面進行適當的（治療性的）交代，是比較妥當的措施。患分離症的病人，本身就是不容易透露自己內心的煩惱，而在自己父母面前，就更加困難去揭露了。

臨床診斷上的要點：治療者對此病人曾花費許多時間做會談，想確定病症的臨床（疾病）診斷，除去器質性腦症而發生記憶力障礙，或因精神病而發生自我身分混亂的問題。這是臨床上很正確的措施，否則太草率地決定是心因性

的分離症而做心理治療，有時會犯臨床上的過錯。對此，治療者已經做精銳的疾病診斷性分析。就臨床診斷的立場，我們還可以指出幾點疑問，並做補充性的說明。

病人自己描述：「凌晨，大概是一點多鐘，我一醒來，就不知道自己是誰了，也不知道自己住在哪兒」，顯示病情的發生是急性的、是半夜發生的。除了是血管性、器質性的腦症以外，如此突然發生，往往是心理性的發作為多。可是唯一不太清楚的是，為何發生在半夜，而且是從睡眠當中醒過來，而突然發生。除非在半夜裡經驗到什麼特別的事情（譬如，聽到母親跟繼父的聲音，或者夢到可怕的事情等），不太容易了解。

治療者已經很清楚地指出，病人的記憶喪失是選擇性而且是心理性的。不但如此，跟器質性的（神經性）記憶障礙有本質上的不同。比如，病人說：「我爸、我媽都是經過他們自己介紹，我才認識他們的。」因為我們知道，通常，一個人要失去「定向力」（orientation），首先發生障礙的是地方的定向（不知道自己所處的地方是什麼、是醫院或那裡等），然後是時間的定向（不知道是上午或下午、大概是幾點等），最後才是人的定向（不知道旁邊的人是醫師或護士等）。而關於人的定向，從比較不熟悉的人開始發生困難，然後逐漸牽涉到熟悉的人；而連自己（應該最熟悉）的父母都不認得，是很嚴重的定向障礙情況。可是，病人當時還能「在通訊錄中找了一個電話號碼，打電話和她聯繫」，並且（自己）到她家裡去，表示頭腦的意識與功能還很好，不該有嚴重的定向力的混亂與障礙。也就是說，此病人的各種障礙的輕重程度不成比例，不配合神經系統的生理情況，不是器質性的障礙，而是心因性的選擇性記憶障礙。還有，從女朋友家回來的路途上經過：「周圍有一家我以前常去的飯館，我不記得我以前去過，但是我知道那裡邊有什麼好吃的、知道飯菜的味道、知道是多少價錢，但是沒有在那兒吃過飯的記憶」，連價錢都知道，表示當時的腦功能是很高等，毫無患腦症的可能性。

治療者也已經指出，病人對自己的病狀的態度問題。治療者問病人：「那當你知道這個人（舊的魏紀）就是你自己的時候，高興還是不高興？」而病人的回答是：「沒什麼感覺」，證實病人採用隔離作用，把自己的情感隔離掉，

對自己討厭的過去的自己都毫無「討厭」的感情表現，是分離症的另一證明。

　　從動態性角度探討病因：診斷性的會談隨著病人的情況與治療者的目的與技術，而可以往各種方向與途徑進行。想要探討病人內心裡是感到痛苦而企圖回避與潛抑的精神材料，特別要考慮病人的阻抗現象而進行會談。可是，為了了解病人所遭遇的心理痛苦是什麼，治療者也可以利用會談中的機會，順著話題而去探試。在此病人的會談裡，就有幾個機會可以嘗試看看。比如（就會談記錄裡所標記的號碼順序而言）：

⑴病人在會談開頭，曾經自己提起：「有時候想起一些事，很不舒服，會呼吸急促、心臟難受」，治療者可以就其機會而探問：「哪類事情會讓你覺得那麼難過，連呼吸都急促、心臟都難受？」因為病人自己提出內心裡想起某些「事情」，會讓他發生心身性的反應，是很好的機會去探問什麼事情讓他內心不舒服的。

⑵當病人談起：「在夢裡我們倆面對面坐著，他（舊的魏紀）跟我（目前新的魏紀）聊天，他跟我說話，他跟我講述以前的事情，我們倆有時還會吵架、爭吵」，這也是很好的機會去探問：「你跟他吵什麼事情？你不喜歡他哪類事情？」可以探討到底舊的他做了哪類的事情，而目前的他無法接受。也就是說，他需要脫離舊的自己的理由是什麼。

⑶還有，同樣的，當病人自己談起：「以現在的『我』的想法來看，我不太欣賞原來的自己。原來的自己，怎麼說呢，就是我不欣賞的那麼一個人，做了很多事，是很不正確的」。這也是很好的機會可以詢問：「你現在變得好人，就不喜歡原來的自己；到底，原來的自己做了哪些很不正確的事情，讓你現在的自己不欣賞的呢？」

⑷同樣的，當病人自述說：「可能也是因為，自己對過去做的一些事感到很不對，然後就刻意讓自己去遺忘了」，也是個好機會，可以順機會探問哪些是「不對」的事情，而讓他想去遺忘。

⑸當治療師問他：「那你怎麼看待過去那個魏紀？」而病人回答：「我覺得也挺可憐的吧。他很小就做了一些大人才能做的事。」而治療師接著問：「什麼事呢？」病人回答：「性，這是朋友告訴我的。」這時，是

最好的機會，可以直接探問是關於性的哪些事情，舊的魏紀做了，而很後悔，讓目前的魏紀很可憐他。

總之，會談裡所發生的機會，可以順理成章地去利用而進行需要探討的事情。一般來說，直接性的詢問得不到結果，而間接性的、籠統性的問，病人可以自己做斟酌而決定要給你透露多少，按他自己的阻抗強度而給你可以回答的問題。至於治療者要隨時觀察病人的反應，判斷其阻抗力的強度，而嘗試適當的探問。

關於此病人，我們可以指出，他並不是處於剛發病的急性階段，而是經過一個多月的時間，病情已有好轉（對當初所遭遇的挫折已經逐漸可應付與面對），心理上可說是已準備恢復原來的記憶及身分狀況，在會談上也表示了自己對病情的認識，即有：「病識能力」（insight），是很好進行分析性心理治療的成熟時機。在會談裡病人自己分析而談：「這不只是失憶了，可能是傷心了，或者是遇到什麼事情，遇到挫折了吧，讓我刻意對記憶進行封閉、遺忘。但是可能因為自己看電視啊、看書啊……讓我覺得自己疑神疑鬼的，覺得還有另外一個魏紀似的。可能那只是自己對自己的一種心理暗示，我知道這只是一種幻想。他會出來和我說話，這就證明我是記得所有經歷過的事情的。他就是我，我就是他，他所說的事兒都是我對以前的記憶，都是我經歷過的事。既然他會跟我說這些，就證明我自己有記憶，只是這些記憶在腦子裡是封閉的、是遮蓋著的」，就是證實病人已經表示自己的病識，而且內心裡已經想恢復的情況。

對於這樣患分離症（或者轉化症）的病人，把其心理壓力或創傷「潛抑」（repression）時，其心理治療的性質猶如是病人跟治療者之間在玩「捉迷藏」的遊戲，他躲一下，露一下，讓你去找，去猜，心裡想躲，但也希望你找出來（分析出來），這樣的玩捉迷藏的遊戲；而治療者要體會這種「遊戲」，要看好機會去找出來想躲而又已經想被找出來的病人。對此病人，已經屢次表示他已準備去尋找被遺忘的創傷，而去面對與接受，是治療上很好的時刻，可以比較大膽地去幫助病人「分析」他發病當時所面對的挫折或打擊。基於此，除非有何現實上的因素，治療者可以建議病人每週連續性來接受輔導幾次，而不用等到一、兩個月以後再來就診。

第二節　病情解析與治療策略

治療者自我解析

　　病人得病時突然失去了他的記憶，包括不認識他的朋友、爸爸媽媽，也不知道他自己是誰了。他現在的個人身分都是朋友告訴他的，也有一部分是他透過看自己的乘車卡照片和名字，才知道自己的身分。在他突然失去記憶的時候，他感到他是突然醒來，當時覺得自己好像是三好學生，一個全新的自我身分出現了，從一月二十八號失去記憶開始，到現在，他一直用他現在這個新的身分生活著。對於病人來說，他體會到的是「失憶」。而從醫生的角度，我們看到的是，病人並不是失去了他所有的記憶，而是有選擇性地失去了一部分與人際關係有關的記憶；而他認字、彈琴等知識技能的記憶，都保持完好。在他新形成的個人身分方面，他成了一個懂事的男孩，他有著要考大學的強烈願望，得到了父母更多的關心，每天與朋友們交流著，快樂地生活著，他擺脫了過去的情感痛苦，儘管仍然有一些不開心，笑得有些假，快樂得有些「言不由衷」，不再是原來那個放縱自己、愛打架的「壞男孩」了。從得病那天開始，病人就一直以這樣一個懂事聰明的「好男孩」的新個人身分生活著。在排除病人患有抑鬱症、精神分裂症等的情況下，病人的診斷則屬於「分離性身分障礙」。

　　病人得病後，他自己比較滿意他的新身分，他的朋友們也都說他一下子變好了。儘管病人也覺得他失去了過去的記憶，但是，朋友們都不希望他再變回原來「壞男孩」的樣子，而是希望他繼續保持他的新身分，病人自己也覺得不能接受那個原來的自己，所以，病人對於進一步求醫治病、恢復記憶的個人願望表現得並不強烈。這其中有兩個主要方面的原因：一是，如果病人恢復了記憶，就意味著他要重新面對他生活中的痛苦和心理衝突，現在他忘記了自己的過去，這在他心理上，可以暫時讓他擺脫那個痛苦的自己，不去面對原來那個「壞自己」。所以，病人忘記過去，轉成現在的新身分，對病人來說，這樣的

遺忘具有減輕內心痛苦的作用。這就是精神分析的學者（佛洛伊德）所說的神經症症狀的「原發性獲益」（primary gain）。失去記憶的第二個主要的原因，就是在病人得病以後，爸爸媽媽帶他到處去看醫生，病人得到了爸爸媽媽更多的疼愛，病人的新身分能夠更加受到朋友的歡迎，他可以不去工作，每天跟很多朋友一起聊天，生活得沒有責任，卻能享受到患病後新的個人身分及病人角色帶給他的很多好處，這也是他不太願意主動恢復原來身分的另一個原因。這就是「續發性獲益」（secondary gain）。由於存在這樣的兩種獲益，會使得病人不怎麼主動願意恢復記憶，不太願意回到他原來的身分，所以，在治療會談中，表現出病人對於治療他的失憶，沒有多大的願望和內在動力。因此，如果在這樣的情況下對病人進行催眠治療，除非技術很好，就難以獲得比較好的效果。

　　病人之所以突然變成一個新的身分，對過去的身分和個人經歷突然失去了記憶，按照精神分析理論來理解的話，病人一定是經歷了一些痛苦的事情，或者經歷了他難以面對的事情。這些事情在他的內心形成了心理衝突，當他無法有效地去解決這些心理衝突的情況下，突然失去記憶，忘記自己原有的個人身分，就是一種心理防禦，是自我心理保護的一種方式。因此，病人的「遺忘」其實意味著他同時使用了多種心理防禦機制。通常，潛抑（repression）、隔離（isolation）、否認（denial）、分離作用（splitting）、合理化（rationalization）、軀體化轉換（conversion）等，都是神經症患者常使用的防禦機制。這樣的一些心理防禦可以減輕病人內心的焦慮和抑鬱情緒，同時，這樣的心理防禦方式也就構成了病人的臨床表現。此病人特別採用潛抑、隔離、否認、分離作用的防禦機制，而表現突發性的選擇性記憶喪失，對自我認識的喪失、人格的分離，以及對自我病情的「（漂亮地）漠不關心」（la bele indifference）的態度，臨床上可被診斷為：分離性身分障礙。而這些以潛抑作用為主的心理防禦機制，在心理治療會談中，又成了阻礙病人恢復記憶、獲得疾病康復的力量，這叫作「阻抗作用」（resistance）。所以，在治療中，醫生要首先注意接納病人，與病人建立起信任的治療同盟，這樣會有利於病人阻抗的克服，讓阻抗在相互信任的工作聯盟中自然化解。

　　病人的新身分，從態度上來說，比較排斥他自己原來的個人身分，這在病人的內心也構成了一對衝突。新舊兩個身分，其實代表著病人相互對立的兩個願望，這在他內心是割裂著的、是對立的、難以整合起來的。在這種情況下，病人就壓抑、否認了他原來的個人身分，寧願保持著他的新身分去生活。所以，如果要幫助病人恢復他的記憶，恢復他原有身分的話，首先要解決的就是他對原來的個人身分的態度，看他是否能夠接納那個原來的自己，看他有沒有勇氣去接納他原來的內心痛苦，包括他自己的道德感能夠接受原來那個「放縱」的「壞男孩」。所以，在治療會談中，治療師要注意察覺病人對待原來那個自己的態度，注意挖掘被病人遺忘的那個原來的自己。透過病人的一些話語，治療師看到了病人在夢中是可以跟原來的自我身分進行對話的；而且，原來的那個自己還是很有知識和見解的。所以，在會談中，治療師注意去肯定了原來那個身分的許多好處，比如：原來的身分是很有知識的，可以成為一本個人生活「字典」，當現在的身分遇到困難的時候，就可以去過去的身分那裡查找答案；而且，還讓病人看到，現在他的新身分，雖然表面看上去是快樂的，但是這快樂總是來自外界的，而不是發自內心的。換句話說，現在的快樂是表層的，而深層的問題如果得不到解決的話，即使他以新的身分生活下去，也仍然是會感到不開心的。透過這樣的會談討論，就會有利於病人原本被潛抑、排斥的自我身分，變成一個可以被自我接納的個人身分，因此，心理治療的目標不應該是簡單地讓病人恢復記憶，回到他原來的個人身分上；而主要的應該是：透過與病人的會談，幫助病人把對立的兩個不同身分整合為一個新的整體。當然，這樣的心理任務遠不是一次會談就能完成的，需要在日後逐步深入完成。

　　在心理治療會談的後半部分，病人逐漸地說出了他的內心痛苦，包括童年時親生父親的離去，讓他對父親極端的仇恨，但是這樣的仇恨一直被壓抑著，沒有宣洩釋放的機會。親生父親的離去，對病人的幼小心靈來說，意味著喪失，意味著被拋棄，會讓病人產生分離焦慮（separating anxiety），甚至是「客體喪失」（loss of object）帶來的抑鬱心情。當然，我們還沒有弄清楚，病人的親生父親為什麼而離開的具體原因，這一點很重要，也有待今後會談中繼續查問。因為如果當年親生父親的離開，是因為父親愛上了別的女人，這就能幫助我們

理解病人為什麼到了（十七歲的年齡）青年期的開始，就會在性行為方面變得如此「放縱」，這可能是在他潛意識裡向親生父親認同的結果，透過這樣的性行為，會使病人覺得自己已經長大了，成為像父親那樣具有性能力的男子漢。但同時，病人對於他與女孩子的交往，特別是性放縱行為，在他的內心是自我排斥的，他也可能會把對親生父親的仇恨變成對自己性放縱行為的自我憎恨（轉向自身，自我攻擊）。這在病人的內心也會構成一對心理衝突，使病人難以解決。而病人的繼父能否成為病人認同的新的客體對象，成為病人超我內化的來源？目前仍然不清楚，有待於今後在治療會談中詳細詢問，詢問病人和他的繼父之間的親情關係，及歷史演變過程。了解這些情況，有利於今後指導病人如何解決他的內心衝突，有助於他順利通過他的心理發展中的伊底帕斯情結問題。

病人本次得病，有一個重要的誘發因素，就是他的前一個女朋友遷居去了英國，這對病人來說，在他的心中再一次體會到了分離與喪失，這會激發起他早年失去親生父親時的內心痛苦。所以，對於神經症病人來說，得病時的心理誘發因素，在形式上或者感受上，往往是重複或模擬了早年的心理創傷，因而這樣一個在別人看來好像並不太嚴重的心理誘發因素，卻能夠導致病人產生強烈的情緒反應，引發他內心最深處的痛苦。病人在感受到這些痛苦的時候，在他無法有效處理這些內心衝突的情況下，他的潛意識主動採用了一些心理防禦，依此來減輕內心的痛苦感，結果就導致了病人疾病的發生。在心理治療會談中，治療師要注意察覺病人的內心衝突和痛苦，在會談策略上，治療師注意不要太著急去挖開這些痛苦，最好是引導病人去回憶，讓病人自己說出他的痛苦，這樣的會談策略可以減少病人對治療的阻抗，能夠充分發揮病人的主觀能動性，能夠發揮病人對痛苦的承受力，提高病人戰勝疾病的自信心。

沒有願望，就沒有創傷，每一個心理創傷的背後，都隱藏著病人的強烈願望。該病人幼年喪失父親，最近失去女朋友，這樣的心理創傷之所以讓病人感到內心痛苦，主要是他內心存在著與他人建立親密關係、安全依戀的強烈願望。因此，在治療會談中，當我們發現了病人的心理創傷和痛苦時，這需要治療師對病人進行心理支持，在接納病人的同時，特別要注意進一步引導病人講出他的願望，包括他希望能夠得到別人的接納、能夠與他人建立親密關係的內在願

望。然後，治療師可以與病人討論將來如何用更加有效的實際行動來實現他的內心願望，而不是在壓抑痛苦的同時，把內心的願望也一起都壓抑掉了。強調病人內心的願望，是幫助病人積極建設其內心的前提和基礎，是心理分析治療重要的出發點和落腳點。這樣可以使精神分析治療，由挖掘病人的內心痛苦，走上幫助病人進行內心建設、豐富完善整合其人格功能的積極方向。

將來可以在進一步會談時，在得到病人的同意和信任之後，當病人有進一步探討內心衝突的願望和承受力的時候，治療師可以試用催眠術及自由聯想的技術進行治療。這些技術一定是在已經與病人進行了深入的心理會談、已經進行了充分的前期鋪墊和準備的基礎上進行，只有這樣才更能夠有效地發揮這些特殊治療技術的特殊功效。當然，如果跟病人已經進行了比較深入細緻的談話，這些談話已經能夠讓病人有勇氣去面對他的過去，有能力去面對他內心的衝突和痛苦，不用催眠術或自由聯想的治療技術，單純使用談話的治療方法，也是同樣能夠治癒該病人的。

 ## 編著者補充

遠因與近因的區別

大凡心理因素引起情緒或行為障礙的病人，譬如本個案，探討其心因性病因時，要區別是過去長久就累積下來的「遠因」，以及最近激發病情的「近因」。這樣在治療上，可以幫助我們決定如何先處理最近面對的衝擊或挫折上的「近因」，而日後再考慮是否治療過去遺留下來的「遠因」。這樣區別遠因與近因，對病情的了解比較能透澈而有綜合性的把握。

時間性的考慮：從心理診斷的立場來說，要考慮所謂「原因」（即心理上的挫折或壓力）與病情發生的時間上的關係。就此個案來說，早年喪失親生的父親，雖然病人本身強調是他的「第一個心裡的結」，「是因為小時候，我沒有見過親生父親，是親生父親拋棄了媽媽和我，然後走了，我很恨他」；而且病人還宣稱：「如果我在大街上碰上親生父親，我就會殺了他！」可是我們要知道的是，父親離他而去是他幼小時的事情，當時還沒見過父親，也沒有早期

幼兒抑鬱症的發生。頂多是日後心理上總有個結，認為被親生父親遺棄了，影響自己對自己的看法與信心而已，並沒有足夠的理由來說明這次一個月半前，半夜裡突然喪失記憶與自我身分的時間上的連帶關係。

病人自述心理還有一個很大的結，就是他很放縱的那一段生活。可是他已經放縱很久，但我們沒有資料可以推測，時間上跟這次的突然發病有何關聯。除非在發病的前夜，做了什麼很放縱而令人後悔的重大事情。

另外一件事情是關於他所提的一個女孩，不太喜歡說話，但對他特別好，後來她就移民去英國。雖然這是個喪失與離別的創傷也說不定，但是此事是發生在半年前，病人當時說是「非常傷心」，但並沒有發生抑鬱症等對喪失的強烈反應；而且，她走了之後，過了半年，又認識了一個新的女孩，跟這次急性發病沒有時間上的密切聯繫關係。

衝擊性的大小與反應的內容：從分離症或轉化症的立場來說，這些過去以「癔症」（hysteria）統稱的病情，其特點就是遭遇了巨大的心理上的挫折或壓力，自我無法面對與接受，才急性地發生分離或轉化的癔症性疾病。換句話說，所遭遇的「挫折」（frustration）或「心理壓力」（stress）是相當的劇烈且強大，自己很難去面對的；而且其挫折或心理壓力，多半是屬於矛盾性「衝突」（conflict）或掙扎性的挫折。用精神分析的立場來說，就是「自我」隨「原我」的慾望而表達行為，而遭受了「超我」的嚴重批判，發生內心裡嚴重的衝突。譬如，士兵在戰場很害怕，受原我的本能而從戰場逃走，但又受超我的批判，說是懦弱的逃兵，而感到很慚愧。假如隨著原我的慾望，而去窺視女性，卻又很後悔做了很丟臉的事情，而發生矛盾的心理。很想偷偷出去跟男朋友約會，但被父母拒絕外出，就這樣又想出去，又不能出去，且又擔心男朋友在外等著她，而內心掙扎的狀態，都是會發生癔症這類急性發作的病情。也就是說，內心有很大的矛盾或掙扎而無法解決時，自我無法承擔，而突然發生分離或轉化的病情。假如很依賴自己的女朋友，可是又很放縱，去跟別的女性發生關係，被女朋友發現，而威脅要遺棄他，他內心很後悔做了錯誤的事情；很後悔時，可以發生分離的現象，包括記憶的喪失或人格的變化、自我身分的否認，來回避自己採取了錯誤行為的責任，那還有可以說得通的連帶因果關係。

　　但是，假若是跟重要的對象分離或被遺棄時，少有內心的矛盾或掙扎，只會發生情緒上的憤怒被遺棄而終於轉變成悲傷、難過的抑鬱。也就是說，對於分離或喪失的挫折，通常不會導致分離症或轉化症的出現。

　　總之，心理挫折的大小程度與性質，會導致某種病情的反應內容與類別；反過來說，某種病情的發生可以倒過來去推測所遭遇的挫折或心理壓力的性質是什麼。

　　從病人發病後的行為來推測：從動態的立場，我們還可以去分析，病人發生分離狀態以後出現何種行為，而間接地了解其病情發生的「作用」何在，繼而推測其病情發生的「理由」是什麼。也就是說，病情的發生並不僅是「病情」的發生，而病情是有其企圖解決問題的目的與作用。

　　根據這樣的動態性道理，讓我們來檢視這個病人。當他半夜裡突然發生記憶力的喪失，對自我身分認識的喪失以後，他採取的行為是：「馬上去找女朋友，要女朋友知道他失去了記憶，也不知自己是誰。」因此，就此我們可以考慮，到底這個病人首先需要女朋友知道「他失去了記憶，也不知道自己是誰」的理由與目的何在。是否他做了什麼很壞的事（比如：性侵了女人、誘惑了有夫之婦而幾乎被發現、混上了別的女人），害怕女朋友發覺後，會去追究他的錯誤行為，因此，需要趕緊提早去向女朋友告訴自己「並不是自己」，也不記得做了什麼事，這樣也就對自己犯的錯誤行為不用去負責承擔。

　　其他資料讓我們推測另外的一種可能性，即：病情的發作是發生在家裡，而且是三更半夜裡發生的。就此資料，再加上病人把自己的父母都忘光而認不得的情況加以考慮的話，我們可以推想，他在家裡半夜是否做了什麼很不該做的事情（比如是關係到自己的父母，而偷聽了什麼不該聽的話或聲音，窺視了不該看的事情，或者其他跟性有關的不好行為），而需要趕緊否定自己的記憶，也不認得自己的父親。

　　總之，從這位病人發病後的行為與症狀，可以讓我們做各種方向的推測。可是這些推測只能當作推測，但可以幫助治療者在會談當中，嘗試就這些推測而進一步地去探討，尋找更多的資料來做必需的印證。接著，才可以就其所推測到的可能原因進行輔導與治療。不管推測的結果對不對，治療者可以按此動

態性的原則嘗試推測到底近因是什麼。

心理壓力、潛抑、阻抗、分析、意識化、處理，與恢復

針對分離症或轉化症這類癔症病人的治療操作裡，我們可以認識一道連續性可發生的生病與治療上的程序。

心理壓力：病人遭遇巨大的挫折性心理衝突或矛盾。

潛抑：由於其挫折或矛盾很嚴重，自我無法去面對與認識，就將它潛抑到潛意識的境界，不用意識到而感到痛苦或難受。也就這樣產生分離（dissociation）或者轉化（conversion）的病理性狀態。

阻抗：當自己或別人（包括治療者）想讓病人回憶起其挫折或矛盾的病因時，病人會感到難受或痛苦，自我也就拒絕把衝突性的矛盾回想出來，表現阻抗現象。

分析（analysis）：經由治療者跟病人建立可信賴且保護性的關係，並且使用特殊的技巧與方法，去探討其發生病情的來龍去脈，了解發病的病因，稱為分析的工作，是心理診斷的工作。通常指的是對潛意識精神材料的分析。

意識化（making conscious）：經由分析工作以後，病人能把潛抑到潛意識境界的創傷或衝突恢復到意識的境界，可以意識化，去認識自己所遭遇的矛盾或挫折是什麼。

處理：意識且面對問題或癥結後，考慮如何適應性地去處理其問題，想辦法解決，並且在情緒與行為上去嘗試，是治療上的過程。從精神分析的立場特別稱之為「通修」（working through）。

恢復：經由屢次的嘗試，終於能把面對的挫折與困難處理或解決，恢復本來的精神狀況，達到復癒的情況。

因此，我們可以說，對於這樣的病人，其治療的要點是如何幫助病人去處理阻抗而把問題意識化，好在意識境界裡面對，並學習如何去處理其困難。

第三節　理論探討與學理說明

治療者討論

解離性障礙的本質

　　以往人們一般會認為，一個人的精神世界是不可分割的整體。十九世紀以來，人們已經觀察到了有些病人，表現出記憶、個人身分、意識等，可以與精神世界的其他部分分離開來。對於這樣的現象，總體稱之為「解離性障礙」（dissociation disorder）。解離性障礙的總體特點是部分或全部喪失了對過去的記憶、身分和意識，喪失了對即刻感受和身體運動的控制與整合，病人可以表現出遺忘、漫遊、人格改變等心理異常。解離性障礙，目前主要分為如下幾個常見的類型：解離性遺忘、解離性漫遊、解離性身分障礙，和轉換性運動／感覺障礙。

　　解離性身分障礙，過去稱為多重人格障礙，主要表現為病人存在兩種或多種完全不同的身分狀態，每種身分均有自己獨立的記憶、觀點和社會關係。每種身分都很突出，並可決定病人在不同時間的行為。從一種身分轉向另一種身分，經常是突然發生的，可以由特殊的情境、心理壓力事件或心理內部衝突而引發。

　　這些不同的身分經常會表現得截然不同，而不同的身分其實代表了病人內心不能整合的各個方面。因此，不同身分之間經常是相互對立的。比如：一個身分在性的方面是放縱的，而另一個身分就可能是在性的方面極為嚴格保守的；一個是特別善良、膽小怕事、容易害羞的，而另一個人格身分就可能會表現出大膽潑辣、勇猛果敢、仇恨或敵意等等。每一種身分可以有自己相應的名字，有不同的語音、語調、動作姿勢、面部表情等。每個身分出現的時候，並不能完全意識到另外的身分存在。有些病人的各個身分之間可以彼此知道對方的存

在，甚至不同身分之間可以有相互的爭論、討論和妥協。當病人出現這樣的內心爭論或對話的時候，容易被病人懷疑是「幻聽」或「幻視」等症狀。這樣的幻覺與精神分裂症幻覺症狀的最大區別點是，精神分裂症病人會感到這樣的幻聽聲音是來自外部的，即使是來自心理內部，精神分裂症病人也會感到是「異己性」的；而解離性障礙的病人出現內心對話的聲音時，他能夠體會到這些聲音來自心理內部，而且是他自己另外一個身分所發出的話語，而不是異己的話語。

儘管病人可以出現不同的身分，當一個身分出現的時候，就會意識不到另外一個身分，或者忘記了過去的生活經歷，這並不意味著病人會把過去的知識和經驗全部忘記。其實，病人真正忘記的不是生活中學到的知識和技能，而是他與別人的關係，那些能夠引起他內心痛苦和心理衝突的人際關係。一旦病人忘記了這些人際關係，自然也就無法保持他原來的個人身分了。所謂「遺忘」，其實是對痛苦情緒和經歷進行內心壓抑、否認、隔離的結果。佛洛伊德學說特別強調壓抑等心理防禦機制的作用，因為壓抑可以讓病人減輕痛苦感，壓抑雖然造成了心理衝突、導致內心的對立，但是，壓抑畢竟也展示了病人的潛意識動機，即，透過壓抑，可以忘記過去的一切痛苦，可以讓人變得暫時快樂起來。

客體關係的看法

上個世紀後半葉由英國的克萊因（Klein）創建發展起來「客體關係學派」，對解離性障礙的觀點認為，病人在內心出現了對立和「分離」（splitting）。而分離的心理機制，是兒童在六至十八個月甚至三十六個月的心理發展過程中所出現的心理功能特點。伴隨著良好的母嬰關係，一般兒童都能夠逐漸把好媽媽內化為心中的客體，也逐漸形成一個「好的自己」的自身客體，並逐漸縮小了「好」與「壞」的差距，減少兩者之間的對立，最後發展出「整合」（integration）的心理功能。如果在兒童時期遭遇過性虐待或身體虐待，或者經歷過重要客體的喪失，就會讓兒童內心缺乏安全感，缺少自信及對他人的基本信任，其內心的割裂就難以走向整合，致使他長大後，仍然表現出割裂的心理活動特點，表現為心理整合功能的缺陷或不足。當病人在成年後，再次遇

到類似與幼年的心理創傷時，病人就更容易表現出心理上的對立與割裂，就會形成不同的人格身分，表現為解離性身分障礙。

因此，在治療解離性人格障礙的時候，一方面可以運用佛洛伊德精神分析的觀點，注意發現病人被壓抑的內心痛苦和衝突，注重病人的內在動機與願望；同時，也要注意運用客體關係理論觀點，看病人是否具有心理整合的能力，在治療中注意幫助病人意識到他分離的不同身分之間的對立和割裂，讓病人在意識水平上進行整合。

在整合其內心的同時，也可以應用認知療法，對病人的認知態度進行討論。比如，幫助病人能夠全面綜合辯證地看待他人和自己，既能看到自己的優點，也能看到自己的缺點和不足，在積極努力發展自己的優點、實現個人理想的同時，首先能夠接受當前自己的缺點和不足，面對理想的同時，首先立足現實，自我接納，在此基礎上去積極發展自己、完善自己。

人際關係的行為指導對病人也是很有幫助的，因為周圍人對病人的態度，也是影響他得病與康復的重要因素。因此，治療師可以與病人討論他跟周圍朋友或親人的關係，指導病人具體如何與別人交往，鼓勵病人處理好他當前的人際關係，建立起親密而獨立的人際關係，以便在現實的人際互動中逐漸確定他的個人身分，完善其人格，逐步實現他獲得親密感等心理發展的內在願望。

總之，解離性身分障礙的心理治療重點是幫助病人進行心理的整合，而實現這一治療目標，最有效的辦法就是採用多種療法，對病人進行整合或折衷的心理治療。

 ## 編著者補充討論

治療者已經針對學理有詳細的說明，在此僅補充幾點。

從社會與文化角度看癔症的發生

我們已經說過，目前（以症狀描述為基礎）的精神醫學診斷分類系統裡，把癔症原來所包括的分離症與轉化症分開，就其表現的症狀（即：精神的分離，或者軀體的轉化）而歸類於不同種類。可是，就動態性或病因性的眼光看來，

它們仍有其共同的特點，就是當一個人遭遇巨大的心理衝突或矛盾而無法接受時，就依靠心理防禦的辦法，把自己的精神狀態改變，不去意識其問題，轉換到不同的精神狀態或軀體性的障礙。

這種被統稱的「癔症」，過去很常見，特別是在比較保守性或傳統性的社會裡。針對此現象，所推測的理由是比較保守或傳統的社會裡，對人的心理或行為有比較多的約束，而當一個人的原我慾望受社會的過分控制或約束時，就容易發生衝突性的矛盾，讓自我無法承擔。可是，在比較開放的現代社會裡，對個人的行為管制比較少而約束比較開放，連帶發生心理衝突與矛盾的可能性就比較少，結果癔症的發生也就隨之減少。

另外一個解釋是，在比較講究保守的傳統性社會裡長大的個人，其心性發展比較遲慢，個性比較幼稚些，因此，對於衝突性矛盾的適應力比較低，情緒上的反應也就比較劇烈。

最後一個解釋是，在比較現代化的社會裡，隨著醫學知識的發展，人們對癔症發生的病理有所了解，對於癔症的發生，不給予過分的、緊張性的關照，病人得不到所謂續發性的獲益；而且，發生癔症的人被四周人看成是性格比較幼稚的人。這些因素綜合起來，也就不鼓勵一般人去發生癔症這種幼稚而心因性的心理疾患。相對的，在比較開放的現代社會裡，所代替的是經由藥物濫用而發生的精神昏迷或分離狀態，經由不同的精神途徑來回避心理上的打擊或挫折。這也說明，有些心理疾患是會受社會與文化的因素而決定是否發生，或採用何種模式來表現。

病人家屬或四周人對癔症常有的誤會

針對癔症的發生，值得提起的是，家屬或四周人對癔症病人的反應。假如家屬或四周人對發生癔症的病人表現出很大的驚訝，並且供給過分的關心與照顧，病人就會得到更多的續發性獲益，而會延慢其恢復；但是，相反的，假如家屬或四周人把病人發生癔症解釋為是裝的病，病人會把病情更顯得嚴重（好似證明他是真的生病似的），間接地把病情惡化，緩慢其恢復。因此，家屬跟四周人對病人的反應很重要，要提供適切的關照，但不能過分。

　　還有，有些人把這樣的病人看成是「欺詐」的毛病來對待，這也是錯誤的。中醫書籍裡，曾記載「以詐術治詐病」的個案；採用威脅性的方式（假如病人不趕快好起來，就要採用比較劇烈的治療辦法）來逼病人好轉。

　　有些觀念比較落後的人，還解釋這樣的病人是被魔鬼附身而發生精神分離的現象，而施以虐待性的對待，企圖驅除附身的魔鬼，使病人遭受不宜有的虐待。這些都是對癔症沒有好好的認識所採取的對策，是缺乏知識的行為。

　　總之，家屬或四周人，包括醫護人員，對癔症的本質要有正確的認識與適當的對待。雖然病人發生癔症像是戲劇性的行為，好似是欺詐或跟你玩捉迷藏的行為，可是他們畢竟不是在演戲或欺詐，而是由於他們無法面對挫折的痛苦，而採取比較幼稚性的行為來對待自己所遭遇的挫折罷了；宜適當地對待他們，並且鼓勵他們能面對與處理挫折，恢復原狀。

第三部

年輕人的案例

第15章 和女同學鬧感情，也跟父親無法溝通的男青年

■ 年輕人（青年期階段）的心理適應課題

第一節　個案報告與治療操作（林紅）

個案報告

　　張恒（化名）是十七歲，高中二年級的男學生。他最近跟同學校的一位女同學保持比較密切的關係，交往了兩個多月，女同學的名字是柳美（化名）。可是期末考試之後，柳美提出分手，因為柳美認為，他們的交往影響到了兩個人的學習，建議待雙方考上大學之後，再談是否繼續交往的問題。該女同學（柳美）提出分手後，男孩子張恒雖然表面上也答應了，但是感情上卻無法接受。當時適逢假期，張恒每天去柳美參加課程補習所在的學校門口等她，頻繁地發簡訊給柳美要求繼續保持關係，多次在深更半夜給柳美打電話，長時間地述說他痛苦的心情，在電話裡面哭泣、哀求，述說自己無法入睡。為此，柳美很痛苦，也很害怕，反覆勸說張恒。柳美媽媽發現後，柳美告訴媽媽，張恒是很優秀的孩子，但是，自己並沒有強烈地愛上他，只是對他印象不錯。張恒對柳美開朗樂觀的性格、善於為人處事等優點很欣賞，在張恒比較主動的追求下，兩個人交往了兩個月。但是，兩個人的關係還是明顯影響了學習成績。剛剛結束的期末考試，兩個人的學習成績均有所下降，特別是張恒，下降更加明顯。柳美知道張恒有自己的遠大理想，柳美同樣也有自己的理想，所以，柳美主動提

出分手，希望兩個人能把精力放在學習上，都能夠實現自己的理想，因為還有一年多就要考大學了。

柳美的媽媽從女兒那裡了解了事情的經過後，要求女兒不要太絕情、太冷冰冰，以免男孩受不了。她認為作為女孩的家長，自己應該出面來幫助張恆。於是，她找張恆談話，給張恆發簡訊，鼓勵張恆盡快走出來。然而，張恆儘管答應不再找柳美，還是控制不住自己去找柳美，表現出很痛苦、很無助的樣子，當著柳美媽媽的面也會哭泣，並且要求柳美媽媽不要告訴他的家人。柳美的母親實在沒有辦法了，擔心這樣下去張恆會出事，不得已給張恆的母親打電話，發現張恆的媽媽果然毫不知情。由於兩方父母都不知該如何處理，柳美的媽媽終於提出找專業人員尋求幫助，張恆的媽媽表示同意。於是，柳美的媽媽主動預約了心理治療，共同來找治療者求助，希望能幫助他們雙方的孩子順利解決這個問題。

治療經過

為了此個案，治療者共舉行三次的會談，每次跟不同的人見面會談。第一次是男孩張恆的媽媽和女孩子柳美的媽媽一起來看治療者；第二次是張恆媽媽自己單獨來；第三次是張恆媽媽陪張恆一起來，這樣總共治療三次。

◎ 第一次會診 ◎

這是一次很特別的會談，兩位孩子的母親因為孩子感情的問題來到診室共同尋求諮詢輔導。此前她們彼此也不曾見面，跟治療者自我介紹以後，女孩子柳美的母親開始介紹她所了解的事情經過，說明自己的女兒現在已經能夠正常地學習和生活，但是發現男孩子張恆一直難以走出感情的困境，儘管柳美的媽媽出面幫助，還是沒有好轉，因此很擔心。

聽到這裡，男孩子張恆媽媽的眼淚一下子流了出來。她說，這次期末考試張恆確實沒有考好，媽媽也注意到他情緒不太好，但是沒有想到孩子遇到了這麼大的困難。媽媽流著淚說：沒有想到孩子的心會這麼苦，而自己作為媽媽竟然對此事毫不知情。

　　柳美的媽媽說，柳美有什麼事情都不瞞著父母，作為父母，他們也基本做到與孩子保持平等，一家人經常在一起溝通。而張恒曾告訴柳美，非常羨慕柳美家溫暖、溫馨的家庭氛圍。

　　聽了柳美媽媽的話，張恒的媽媽再一次落了淚。為了穩定張恒媽媽的情緒，以及照顧她的感受，在對柳美家庭良好的溝通習慣給予肯定的基礎上，治療者告訴她們，一般來講，這個年齡的男孩子相較於女孩子，會更加不喜歡與媽媽說自己的心裡話。因此，建議張恒的爸爸可以出面與孩子談談。張恒的媽媽難過地說，她不敢告訴爸爸實情，爸爸會承受不了的。她也已經開始意識到自己家庭存在的問題。

　　張恒的媽媽介紹她自己的婚姻與家庭。她說：在自己三十八歲，先生四十三歲，父母年齡都已經比較大的時候，他們才有了獨生子張恒。因此，父母將他視為心肝寶貝，對孩子寄予非常高的期望。張恒也確實非常出色，不僅人長得帥，而且學習成績好，待人有禮貌，所以，張恒一直是父親的驕傲。在父親的眼中，自己的兒子就應該這樣棒。張恒的父親是大學教授，對兒子要求嚴謹，家庭教育非常正統，純粹是說教式的，根本不考慮與孩子溝通；而且爸爸的規矩非常多：開懷大笑不行，吃飯時腳伸出去不行，彎腰駝背不行。媽媽則認為，太乖的孩子將來反而不能適應社會環境，是沒用的人。媽媽認為，爸爸的這些要求導致了孩子的雙重性格，有時會說謊話。父親極其嚴厲，對於父親的教育方式，張恒不得不接受。即使假期，父親也不讓張恒出去玩，放假的時間基本都是在上課外輔導班，所以，張恒對於學習感到厭倦了。他不喜歡放假，而是喜歡開學，與同學在一起。上高中後，張恒要求買手機，父親一直堅持不讓張恒買手機。但是母親認為孩子大了，強硬管制已經不管用，由於孩子一再要求，所以沒有經過爸爸的同意，媽媽給張恒買了手機。爸爸發現張恒用手機發簡訊比較頻繁，很生氣，為此爸爸摔壞了孩子的手機。

　　母親也對孩子用心栽培，從小媽媽帶著張恒到處穿梭於各種學習班，甚至在週末他都幾乎沒有休息和玩耍的時間。張恒也非常懂事，曾經問媽媽：「你帶著我到處學習多累呀，為什麼帶著我學這麼多呀？」當媽媽解釋了學這些對他長大以後的意義之後，小小的張恒會不住地點頭說：「媽媽，那我好好學。」

在幼稚園時，媽媽就給張恒找了一個大學的老教授教他英語，老教授的教學方法很枯燥，教授的知識量又太大，一下子學十幾句對話，而且學不好就給予嚴厲的懲罰。現在張恒大了，他有時候會對媽媽說：「我恨死你了，從小讓我學那麼多英語。該學的時候學，該玩的時候就應該玩，以後我有孩子絕對不讓他這麼小就學那麼多。」現在回想起來，媽媽也覺得後悔當時給張恒選擇的英語老師不合適，可能反而扼殺了他對英語學習的興趣，他的英語成績一直不理想。張恒上中學後，對於以前從來沒有補習過的物理和化學反而特別感興趣，彷彿一下子激發了他探索的慾望。他產生了濃厚的學習熱情，這兩門課的學習成績也一直名列前茅。

媽媽認為，張恒在家裡沒有開心的地方，沒有快樂。由於雙方的老人家（指張恒的外婆、外公和爺爺、奶奶）年紀大了，都患病，張恒的父親壓力已經很大，感到焦頭爛額的。張恒的父親本身事業有成，性格也特別好強，而且做事非常嚴謹。兒子張恒也好強，從小就很聰明，只要學習一認真，成績一下子就能進步。所以，父親一直認為孩子是他的驕傲，他絕對不會允許兒子出現任何問題。媽媽流著眼淚說：「孩子的壓力太大，我告訴他：『爸爸什麼壓力都能承受，但絕不允許你出現任何差錯，他承受不了。』孩子很懂事，告訴我：『讓爸爸放心，我會好好學習的。』」

媽媽認為張恒本身興趣廣泛，比同齡孩子思想活躍，然而，他又處於傳統的家庭，所以心理上會有很多矛盾。從小一犯錯誤，父親就嚴厲管教，甚至不允許孩子哭；他很怕爸爸，但又佩服爸爸。當孩子長大了之後，希望有一個和諧、溫暖、溫馨的家。張恒曾經對媽媽抱怨說「家不像個家樣」，「一個人在家特別難受，有恐懼感」。媽媽心疼地說，孩子特別能克制自己，有時張恒與媽媽說話時態度不好，媽媽會訓斥他：「你怎麼能這樣和媽媽說話?!」張恒會嘆口氣，但是也不會和媽媽爭論什麼。有時媽媽看出張恒心情不好，問他為什麼不高興？張恒嘆口氣：「我好了。」

媽媽說，張恒原來很依戀母親，但上高中後，不再多請教媽媽，而是自我做主。母親特別擔心，擔心兒子在感情的問題上難以自拔，但又苦於難以與孩子溝通，無法深談。因為孩子慢慢長大了，媽媽也曾擔心過是否會出現「早戀」

的問題。但是母親一開口，兒子就警覺地說：「媽媽，你什麼意思？」結果談話根本無法進行下去。更加令母親擔心的是，與父親的溝通甚至更為困難。母親認為，父親一旦知道實情後必然會暴跳如雷，父親難以接受兒子出現任何差錯，他還會責怪母親教育的失敗。媽媽認為張恒雖然表面堅強，但是內心脆弱。他對感情的問題隱藏得越深越麻煩，但他又不肯相信媽媽，所以不知該如何幫助孩子。

對這兩位聰慧而又富有責任心的母親，治療者表示深受感動。為了孩子她們走到了一起，並能夠及時尋求專業人員的幫助，治療者願意與她們一起幫助孩子。看得出，兩個孩子都是好孩子，他們在理智上已經達成共識，把精力放在學習上。但是在感情上，由於是女孩子主動提出的分手，男孩子張恒本身又愛得更投入一些，而且沒有親近的家人與他共同分擔感情上的痛苦，所以，他一時難以走出感情的困境，是可以理解的，需要時間慢慢恢復，希望媽媽不要太心急。治療者建議張恒的媽媽主動與他溝通，但要注意把握談話的技巧。張恒喜歡上了一個優秀的女孩，這本身並沒有錯。為了能夠把更多的精力放在學習上，他同意與他心愛的女孩分手，這是很了不起的。然而，雖然理智上他知道應該這樣做，但是在感情上一時還難以接受。他現在感情上很痛苦，卻又無處傾訴。媽媽首先要有同理心，能夠換位思考，理解孩子的心情。更重要的是，要能夠表達出對孩子痛苦心情的理解，以此作為與孩子溝通的突破點，從而引導孩子表達出他真實的心情。一旦孩子肯向媽媽表達出真實的感受，他的情緒就容易恢復了。同時，建議透過媽媽來影響爸爸，改變爸爸對孩子的觀念和態度，強調爸爸的作用是不容忽視的。如果可能的話，最好下一次媽媽與爸爸或張恒一起來。

● 第二次會診 ●

十天後，張恒的媽媽單獨來到診室。她說回去後想了很多，過去的教育認為「早戀」是不健康的、罪惡的，而到自己現在這個年齡再回想起來，那時其實是特別美好的感情，所以，不應該把這件事情看作是孩子的錯誤。

媽媽說，她看出來孩子特別苦悶，她忍不住和張恒談了：「你現在遇到的

事情媽媽都知道了。」媽媽一開口，張恒特別緊張，問媽媽：「你怎麼知道的？」媽媽說：「她的父母都告訴我了。我不是想指責你，只是心疼你。她有父母的呵護，而你的心裡話卻說不出去。」聽了媽媽的話，張恒倔強地說：「我就想自己解決。」孩子和母親都哭了，張恒向媽媽提出要求：「媽媽，你不要和爸爸說。」母親理解地說：「我不會說，爸爸不能理解，他會認為你是往品行不端上發展。」

媽媽認為其實張恒很負責任，是一種責任感使得他想和這個女孩斷了這樣的關係，因為他知道影響了學習，但他又害怕傷害了這個女孩。媽媽告訴張恒，這不是一個錯誤，不是見不得人的事情，但現在不是考慮這個問題的時候。前途上有希望、心理成熟的時候，才是考慮的時機。張恒開始的態度是：「我現在不去談，（明年）十八歲以後你們就不要管我了。」

媽媽認識到，應該改變過去習慣使用的說教式口氣，而採用建議的口氣，要讓孩子自己慢慢領悟。隨著媽媽態度的轉變，張恒對媽媽逐漸產生信任，由最開始的嫌而不談，到在媽媽的詢問下他會回答，到最後回到家主動與媽媽談他的感受。他對媽媽說：「我現在心情好多了，明白過來了。」「利用假期把這個問題處理好，挺好的。」「沒有這個事（指交女朋友）之後，朋友又多了。」「斷了之後這幾天，學習興趣又回來了，物理思維又回來了。」張恒認為要想集中精力學習，就要釋放夠。他羽毛球打得好，認為這點能體現出自己的特長。他曾抱怨媽媽從小沒有培養自己學一種樂器，也沒有什麼特長，只能靠體育特長了。

媽媽擔心張恒與柳美分手後，處理不好兩個人之間的關係。媽媽對張恒說：「其實你倆誰都沒有錯，即使聽到有同學傳柳美說你什麼了，也不要放在心上，你是男子漢，不要說女孩子壞話。」張恒認同媽媽的說法，還說：「我今天做了好幾個失戀同學的工作，用我的親身經歷告訴他們，在這個時候多交朋友，就淡忘了痛苦。這事是雙方的，班上有一個男同學的媽媽就處理得不好，這個男生學習成績下降，他媽媽就跑到那個女生家裡鬧，弄得這個男生很鬱悶。」

張恒的媽媽對於如何解決她與丈夫之間教育孩子所存在的分歧很頭痛。

「他看書太多，自以為是，認為自己才是最對的。在外面他從不與人狡辯，但他心裡有一套，認為自己做得最對，也從不與孩子溝通。」看著兒子張恒，媽媽心裡很難受：「如果他生長在更加開放、溝通的環境，會發展得更好。」媽媽讓孩子盡量理解爸爸，讓爸爸更能看到孩子的優點。張恒確實也能理解爸爸希望培養自己嚴謹作風的良苦用心。媽媽建議兒子多與爸爸溝通，張恒說：「我自己解決問題解決慣了，我自己能夠解決。過去一直沒有交流，現在也習慣了，不想和他說了。」

說實話，治療者沒有想到在這麼短的時間裡，媽媽與孩子的關係發生了如此大的變化。媽媽的理解和支持給予孩子告別鬱悶、走出痛苦的精神力量，對媽媽的智慧，治療者給予充分的肯定。然而，治療者提醒媽媽，現在是假期，開學後當張恒再次面對柳美時，他有可能仍然會有情緒的波動，希望媽媽能夠預先與孩子溝通，幫助孩子做好心理上的準備。同時，治療者建議媽媽也可以逐漸向孩子說明，作為專業人員，治療師給予媽媽的幫助為他們的生活所帶來的影響，以幫助孩子能夠逐漸接受心理治療。一旦孩子需要，可以帶孩子來面談尋求幫助。

關於媽媽所苦惱的她與丈夫在教育孩子方面存在的分歧，治療者安慰媽媽不必太緊張。因為張恒已經大了，他逐漸與爸爸能夠平等交流了，爸爸對他的影響力也越來越小。當張恒實現了爸爸的願望，考上理想的大學之後，爸爸也會逐漸改變對孩子的態度。媽媽要做的是，持之以恆地以新的理念去影響爸爸，如果爸爸願意，最好能夠共同尋求專業人員的幫助。

◎ 第三次會診 ◎

媽媽希望張恒能來與我面談一次，約好了如果孩子同意的話，十天後進行第三次治療。但是，媽媽打來電話，說剛剛開學，張恒認為自己暫時不需要治療者的幫助，但是他對於媽媽的變化很高興，認為是心理醫生給媽媽帶來的變化。並且要媽媽向治療者表示，如果他需要的話，會再約時間的。結果，在開學半個月之後，媽媽陪張恒一起來到我的診室。

張恒個子高高的，溫文爾雅，是個很有氣質的孩子。媽媽主動要求退出診

室，張恒一個人與治療者面談。他看起來很痛苦的樣子，低著頭，流著淚，告訴治療者，他在學校盡量回避所有過去與柳美曾經在一起相處過的場合，他透過運動、與朋友在一起等辦法來回避。但是，當他一個人獨處的時候，卻實在無法回避得了，老是想起與柳美在一起的一幕幕。儘管他知道兩個人分手是應該的，「她說她有她的目標，我有我的目標，老這樣下去，誰也考不上理想的學校。」但是，他仍然很難過，他無法擺脫自己的痛苦。他後悔上學期用在學習上的時間太少，影響了學習成績，希望這一切沒有發生，他說：「如果心理狀態是在高一，沒有這些事情時就好了。」

面對這樣一位善良又重情義，而且積極向上的孩子，治療者對他的優秀品行表示讚賞。運用同理心，對他痛苦的心情表示理解。治療者告訴他，痛苦的情緒需要時間來慢慢恢復，引導他思考自己痛苦情緒的變化歷程，幫助張恒認識到他的情緒已經在恢復之中，使他能夠接受逐漸恢復的過程，並且有信心面對未來的生活。同時，應用「改觀重解」的技術，與張恒一起分析這件「壞事」給他帶來的好處：他現在上高二，又趕上假期，他的情緒已經有所平復，這件事情對他帶來的不良影響並不很大。雖然暫時影響了學習成績，但是使他第一次體驗到了感情的酸甜苦辣，幫助他心理更加成熟，更有能力在將來正確面對自己的感情生活，而這將是影響他一生的寶貴財富。

在我們的會談中，張恒的情緒逐漸好轉，一直緊繃著的臉上終於露出了笑容。他告訴治療者，與治療者談過之後，心裡輕鬆多了。

三週後，張恒的媽媽打來電話，告訴治療者張恒已經完全恢復了正常的狀態，月考學習成績又恢復到原來的水平，他正在躊躇滿志，備戰理想的大學。他與媽媽關係越來越融洽，經常說說心裡話。爸爸對兒子的表現也很滿意，有時也能和兒子聊聊天。

 操作評論

來接受心理輔導的人，假如他們本身的性格本來就很健全，知識水準也高，對心理的事情能去體會（就如柳美與張恒雙方的母親），而且並沒有特別的情結問題，只是普通性的心理創傷，輔導就比較容易。只要經過稍微的支持

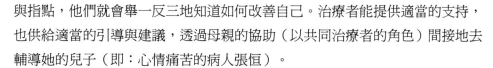
與指點，他們就會舉一反三地知道如何改善自己。治療者能提供適當的支持，也供給適當的引導與建議，透過母親的協助（以共同治療者的角色）間接地去輔導她的兒子（即：心情痛苦的病人張恒）。

雖然張恒的父親對待張恒並不很理想，需要諮詢，但是最好尊重病人（年輕兒子）的意見而不去牽涉到父親，是很對的措施。在這個階段把父親牽涉進來，會猶如「去搖動所乘的小船」似的，增加麻煩與危險。換句話說，（發現）有問題並不就是要去處理，有時（考慮各種因素而）不去碰，倒是明智的措施。治療者說的對，病人已經快成人了，父親的需要與影響會逐漸減少；只要有位母親能繼續體貼他、了解他、支持他，也就夠了。

治療者（包括雙方的父母）都能把張恒與柳美都看成（也說成）是很好的年輕人，且說雙方目前決定分離是好的決定，也解釋張恒現在的情緒反應是很通常而可了解的現象，把一切都「正常化」，是很對的措施。沒人批評對方，沒人歸罪，沒人被指責是錯了的，是很要緊的治療措施。這是家庭治療的原則，特別是牽涉到兩方的家庭，要特別小心，不能歸罪於哪一方。

至於為何張恒對跟女朋友分離會有那麼強烈的情緒反應，不用去跟病人或病人的母親分析（在目前需要輔導的是情緒問題，讓其趕緊恢復原狀的階段），也是很適當的處理。可是，治療者內心裡需要考慮與探討其理由何在，有助於日後將來的預防性措施。

第二節　病情解析與治療策略

● 青年人對失戀的情緒反應

青年期的喪失經驗：青年人在青年期所遭遇的喪失經驗，其對象與內容跟早期幼兒或孩童期階段有點不相同。除了對主要養育者的喪失的可能性以外，還會加上喪失同輩朋友的可能性。特別是經過同性期的少年階段，跟自己同性朋友建立了良好的親近關係以後，再分別時，有時對心情有很大的打擊。因此，

在少年階段更換學校、跟親近的同學或鄰居朋友離別時，就發生心情上的難以因應，也會受社會化的障礙。到了青春期以後，特別是到了青年期，還會加上跟異性朋友的結交與離別上的問題。跟自己喜歡的異性朋友親近結交後，由於遷移或更換學校而需要分離時，也就容易發生困難。假如是經由戀愛而失戀，那是更痛苦的喪失經驗。

此病人張恒雖然在理智上可以接受女朋友對於目前要「分手」的建議，但是在情感上卻無法接受，還是戀戀不捨，無法告別，「頻繁地發簡訊給女朋友要求繼續保持關係，多次在深更半夜給女朋友打電話，長時間地述說他痛苦的心情，在電話裡面哭泣、哀求，述說自己無法入睡」，就是這個道理與表現。這是青年人對異性朋友的分離焦慮的表現，幾乎跟幼小時對養育者所產生的離別焦慮有相似的地方，沒有什麼區別。

心性發展上的創傷：可是，除了對於對象的離別而產生的心情困難以外，這種失戀的打擊，通常還是心性發展上的一種創傷，對與自己扮演男性的角色發生了動搖，不知如何彌補自己做男人的身分，去留住女性的朋友。因此，對於張恒說來，還可能加上了另外一層的疑惑與痛苦的心理問題。

對自我信心的打擊：由於這樣被女性朋友拒絕繼續保持關係，間接地也會影響自己對個人的信心問題，會覺得是自己在戀愛的場合「失敗」的結果，不但左右自己對男性的自尊，也影響對個人的信心。病人的母親說：「她在年歲大時才懷了病人，病人出生後，父母都視為心肝寶貝，對孩子寄予非常高的期望。」根據母親所述：「張恒一直是父親的驕傲。在父親的眼中，自己的兒子就應該這樣棒。」病人被期待很高，就不容許自己失敗；因此，戀愛一失敗就無法承擔與面對，是多層次的影響與打擊。

情緒反應很大的理由

可是，為何張恒對被女朋友要求分手而情緒反應很大，我們可以推測幾個不同的理由來做說明。

初戀的失敗經驗：很簡單，這是初次的戀愛，也是初次的失戀，是年輕人富於比較純粹感情的戀愛，也就特別痛苦。

　　缺乏家人的支持：由於病人從來沒有告訴自己的父母，被女朋友拒絕繼續保持關係的事情，無形中，也就無法得到家人情緒上的支持來度過此難關。母親對於病人還很關心，本來可以有點幫助，可是，如母親所說的：「張恒原來很依戀母親，但上高中後，不再多請教媽媽，而是自我做主。」特別是關於異性朋友的私人問題，年輕男孩不容易向自己母親訴說。結果，還要等到對方的母親來透露消息，共同商量如何處理問題，把事情被揭開了以後，媽媽才知道情況，才能趕緊亡羊補牢。

　　父親過分嚴厲的影響：根據母親的描述：「張恒的父親本身事業有成，性格也特別好強，而且做事非常嚴謹。對兒子要求嚴謹，家庭教育非常正統，純粹是說教式的，根本不考慮與孩子溝通。父親對張恒要求的規矩非常多：開懷大笑不行，吃飯時腳伸出去不行，彎腰駝背不行」，表示不是很會支持病人去彌補心理創傷的父親。

個案本人的輔導或牽涉父母的家庭治療

　　從治療的立場來說，對張恒這樣的年輕病人，到底是針對青年人進行個人性單獨治療好，或者牽涉父母做家族治療好的治療策略性的問題。通常，對於年輕人來說，主要進行個人性的心理輔導為主，而必要時給父母提供適當的心理諮詢與建議即可。其理由有以下幾項：

　　年輕人自我能力的成熟：跟青少年人比較起來，年輕人的自我能力已經較為成熟，可以接受心理的輔導。年輕人可以檢討並反省自己的心理狀況，描述自己的心情與意見，已經適合接受普通性質的心理輔導工作。

　　跟父母保持距離的慾望：從青春期以後，青少年就開始希望跟自己的父母保持相當的心理距離，不喜歡自己內心的私人事情讓父母都知道。除非很必要，希望能保守與隱私。到了青年期更是這樣，特別是關於跟異性間的情感與關係，更是如此。因此，除非是很重大的事情，最好尊重青年人的本身希望，而保持其隱祕性。萬一需要向父母透露哪些資料，最好事先獲得年輕人本身的同意，而且當著年輕人面前跟父母談，這樣，年輕人知道自己的父母知道了關於自己的哪些事情。

父母間接性的支持：雖說如此，治療者還是可以鼓勵父母對年輕病人提供間接性的支持，並且適當地提出父母的意見，好讓年輕人去做參考性的考慮。關於張恒的父親，雖然對待張恒不是很理想，但最好不要去牽涉他、輔導他，要求其性格上的改變。一來，這是很困難的事情；二來，會使父親和張恒的關係惡化下去，不要畫蛇添足地向父親提供輔導。

第三節　理論探討與學理說明

青年期年輕人的心理特點

自我獨立，不想依靠父母：從青少年的階段進入青年期的年輕人，其心理上的特點就是隨著軀體與心理上的發育與成熟，而渴望自我的獨立，並且想跟父母逐漸脫離關係，不想依靠父母。假如父母還把他們當成是年歲幼小的孩子看待，過於親近，還想加以管教，甚至影響他們對自己生活上的決定或人際關係，包括對異性的交往，就很不高興、也不耐煩，會出現反抗，繼續呈現並加強青春期以來已經開始的（第二反抗期）反抗現象，跟父母容易發生衝突性關係。

容易行動化，表現劇烈性的反應：跟隨著青少年的心理特點，他們容易以行動來表達其情緒反應。而且由於其行動能力增強，所表現的行動化傾向也很厲害。常受群體的影響，以結黨成群的方式表達其情感上的反應。容易對在上位代表權威者或社會表示不滿，甚至出現反抗的行為，是很需要練習節制的時期。

開始跟異性有所往來，但情慾劇烈而尚不熟悉如何去管制：不但自己的性慾增強，對異性感到興趣，還開始採取行動跟異性接觸，發生異性間的來往關係。需要在社會與家庭管制範圍裡適當地跟異性發生關係。同時，還得注意自己的課業，是生活變得多方面的階段。

自己專心準備現實的前途：這也是要開始自己認真探討自己的興趣，考慮

自己將來從事工作的方向，面對現實生活而開始準備自己人生開始的階段。而這樣專心準備現實的前途，是發自於自己的感覺與領悟，不再像從前，是被大人們提醒與督促的。

父母與年輕子女的關係

到了青年的階段，跟父母的關係要有個顯著的轉變，逐漸進入成人的階段。這種親子關係上的轉變是雙方的，需要父母跟子女同時採取變化，逐漸適應才可以。

從上下管訓轉換為平等對待的關係：父母要放棄過去以高高在上的姿勢與關係來管訓自己快要成人的子女，要學習父母與成人子女能保持幾乎是相互平等對待的關係，放棄上下縱關係而建立橫的相應關係。假如父母還一直想利用其上位者的角色來壓抑自己快成人的子女，就得不到子女的歡迎。

從教導指點改變為共同討論的方式：隨著關係上的轉變，父母要逐漸放棄教導子女的姿態與方式，改而能跟知識已經幾乎很成熟的子女保持有問題共同相討，彼此提供意見的情況。必要時，對某些事情，特別是跟現代化有關的事情，還讓子女來教導父母，好跟上時代的變遷。

從提供支持變為相互鼓勵的形式：當子女面對困難時，不僅需要父母的支持與鼓勵；相反的，當父母遭遇困難時，還可以獲得子女的支持與安慰，變成是相互支持與鼓勵的關係，準備將來父母年老時，要逐漸依靠成人子女的支持與照顧的情勢。是隨著年歲的變化，而需要逐漸調整的親子關係。

總之，有宏量的父母、有理解的父母，要能尊重子女的成長而相對的退讓，跟子女並行發展，進入新的相處關係，好適應人生的各個階段。至於作為子女的，還是要尊重社會與文化上的習俗，尊敬與孝順年老的父母。隨著自己的逐漸成長，要改變跟父母相處的關係，適當改變相互適應的情況。

第 *16* 章　一個不信自己的年輕女人

■ 年輕人信賴感的形成與障礙

第一節　個案報告與操作評論（田峰）

 個案報告

　　患者王蘭（化名）十九歲女性，未婚，最近剛從高中畢業，準備出國留學去上大學。病人由媽媽伴診。主要的問題是：患者自覺自卑，沒自信，想不開。同時自己覺得精神壓力大，再過幾個月，馬上就要獨自出國留學，害怕如果是繼續目前這個樣子，會不能適應國外生活。由於擔心自己不夠獨立，也沒自信，什麼都不會做，很擔憂自己的將來。

　　過去，自己的母親經常誇獎表姊，要病人向表姊學習。病人自己也希望能像表姊一樣成熟、有自信、能想問題，富有成熟的心理與性格。因此，趁還沒出國前來看治療師，希望能獲得指點。

　　病人外表看來給人的印象是柔弱性格的女性。衣著顏色深暗，是黑色或深藍色系的衣服。除了披著一頭長髮，不能看出更多的女性特徵。

　　根據病人自己的描述，她在小學、國中、高中的成績都是中等。平時下課就會回家，少與朋友在外玩。在家，母親或外婆負責日常生活起居。

 會談內容

　　病人敘述，她從小跟隨外婆、媽媽長大（外公逝世多年），父親經常在外

忙工作，並且從病人自己記憶中，父母就會經常爭吵。有時父親會買禮物給病人，病人也希望父親經常回家，但總是見不到父親的身影。病人的性格本來就是內向，說話聲音低弱，不願意主動與人交往，總認為自己不如其他同學，自卑、膽小，不敢主動表達自己的情感或慾望，每當看到父母爭吵時會躲在角落裡哭泣。

病人說明，一年前，她在偶然的機會，發現父親隱瞞著女兒（即自己）而跟母親早就離婚，並且在外已經再婚。父親跟母親已經離婚三年了，而且父親跟另外一個女性結婚，是病人不認識、也沒有見過面的女人。後來從親戚那裡得知，父親跟這個女人相處已經至少十幾年了（即病人很幼小的時候就開始）。病人發覺這樣驚人不可信的消息以後，心理受了很大的打擊，連性格也變了，認為自己和別人不一樣。

病人描述她自己的性格本來是開朗的，但是後來變得內向、不活潑，不願意主動與人交流。發覺父母離婚以後，對自己打擊很大，不喜歡自己的家，怨恨父親，也不滿母親，也擔心她的朋友會如何看待她，因此就特別想出國，認為自己到了國外，會學習一些本事，會與別人一樣好起來，從頭開始。但又擔心如果沒有信心的話，害怕無法適應國外生活，又擔心把母親留在家獨自生活，會孤獨。

病人提到她父母的婚姻，患者認為母親沒有做錯事，但是父親總是仇恨母親，說母親不好的地方。比如：母親不理解父親，與父親無法溝通，父親無法感受家庭的溫暖等。母親與父親離婚後，一直沒有和其他男人交往，沒再結婚，專心養育並陪伴病人一起生活，過著母女與外婆三個女性的孤單生活。

病人說：回頭想來，三年前，自己十六歲時，父母親已經辦了離婚手續，但是離婚的事當時自己並不知道，父母都沒告訴她；而是兩年後（即一年前，病人十八歲時），在一次偶然的機會翻看家裡戶口名簿時，發現母親婚姻狀態一欄寫著「離婚」，這時才知道父母已經離婚。從那時開始，自覺與別人不一樣，不如別人，認為自己什麼也不會，感到自卑、不開心，性格也開始由開朗變得內向，很難融入一個新環境。與人交往時，表情嚴肅，不能放鬆。

病人的母親有一個姊姊，姊姊也離婚多年，而且離婚的姨媽有個女兒（即

病人的表姊）與病人年齡相仿。母親總說表姊的父母也是離婚，只有表姊與姨媽母女單獨住在一起，可是表姊就能理解並接受父母離婚的情況，自己能調整好心態，變得懂事、開朗、樂觀。在母親這樣經常的勸導下，病人自己也希望調節心態，不要自卑。她想出國學習，其目的就是要讓自己有出息，有本領，不要與別人不一樣，要開心，但又害怕帶著不自信出國，會不適應國外環境。

病人認為父親不講理，並且責備父親從小到大很少陪伴自己，沒有養育過自己，自己不能接受，埋怨父親。最近（一個月前），從家裡的親戚得知關於她父母離婚前後的原委。即：父親在還沒有和母親離婚前，在外面已經與別的女人有了孩子（是女孩），孩子僅比自己小五歲，目前已經是十四歲。病人認為，這十幾年來自己（跟母親）都受了父親的欺騙，而母親並沒有警惕。聽說母親的朋友曾經提醒過母親，關於父親外面有女人的事情，但母親並不在意，也沒有採取行動。病人感到十分不理解，很生氣並責怪母親太馬虎，所以父親才有機會在外面另有家庭。

最近病人與母親間一般生活上還可以溝通，只是很少與母親談父親的事，偶爾從親人之間互相談論母親和父親的關係，而得知父母跟母親過去的問題。目前，病人與同學很少交流，幾乎很少有朋友。內心裡總是感到自己的父親隱瞞病人及母親，在外面有了他自己的另外一個家庭，有了私生女兒，因而感到怨恨。但又痛恨自己對這樣的情況毫無辦法、無助、無能為力，不知道自己能做什麼。只嘆恨父親拋棄了自己與母親，而母親還沒有想辦法挽回婚姻，保留住自己一個完整的家，感到母親也很無能。

治療師表示很能體會她內心的痛苦，可是，覺得不該讓這些怨恨與自卑的心理影響她的行為與生活，要好好接受輔導，改善自己的心理狀況。治療者還提出疑問以這樣的心情到國外念書，並不容易適應，並不是恰當的措施與決定。因為國外的生活需要靠自己自主自動而積極去適應，要念書，也要社交，自己照顧自己的生活，是很不容易的。

病人堅持說，只要換了個環境，她就會心情好些，會練習主動而且有信心，鼓勵自己積極適應外國的生活。由於此病人將忙於準備出國的手續，沒有時間來就診，只做一次會談，就決定不來。

在治療過程中，母親始終不發表意見與建議，保持好似旁觀者的行為。當治療師問及母親對病人的情況有什麼要補充的嗎？母親回答：「讓女兒自己說吧，是女兒自己要求來找心理醫生的。女兒要求我（母親）給她自己找一位心理醫生，於是我就託朋友找。」母親朝著自己的女兒說：「你有什麼要說的，就自己說吧！」在整個會談過程中，母親的表現並不是很積極，沒有專心聽治療師與女兒談論的內容。當會談結束時，就說：「我們走吧！」

 操作評論

治療者能在一次的會談裡，就了解此個案的心情問題，能抓住病情的要理。可惜病人開始來接受輔導的時間較遲，已經堅持最近就要出國，無法做繼續性的輔導，受惠於治療。假如一年前，當她剛發現自己父母暗地裡已經離婚而心理受打擊時，就能來接受心理的輔導，會比較好。

目前憑她內向的性格、自卑的心理，到國外去求學，抱著一份希望（或者是個幻想），認為到了國外，換了個環境，問題就會解決，是不確實的期待。毫無問題，她到外國求學，其適應將是困難重重的，但願病人能按自己的想像好轉起來，不會發生問題。

第二節　病情解析與治療策略

被父母隱瞞、背叛的心理創傷

病人在年輕人階段突然發覺自己父母（早就離婚）的婚姻狀態，也發現父親早年就有婚外情，也有私生女，對病人有很大的心理衝擊，而這樣的打擊是複雜而又多方面的。

對父親的怨恨：病人在幼小時「有時父親會給病人買禮物，病人也希望父親經常回家，但總是見不到父親的身影」，病人對父親還有一份感情，只是遺憾父親總是不在身邊而已。可是現在卻發現：「這十幾年來自己（跟母親）都

受了父親的欺騙」，而且知道父親總不在家，並不是「經常在外忙工作」，或者「父母就會經常爭吵」而不喜歡回家；而是父親早就有另外的女人，也有了女兒，才不常回家，是拋棄了她們母女。因此，心裡很怨恨自己的父親，無法原諒。對自己的異性父母（即父親）不但沒獲得很親近、被關切喜愛的感情，還被「欺騙」了，將會影響她日後對男人的看法與態度，對結交男人、男朋友，或將來的丈夫多會有深長的影響：無法信任男人。

對母親的失望：病人不但怨恨父親，也很氣母親，認為：「關於父親外面有女人的事情，母親並不在意，也沒有採取行動。病人感到十分不理解，很生氣並責怪母親太馬虎。」雖然母親「專心養育並陪伴病人一起生活」，但病人覺得自己的母親（以女性、妻子、母親各種角度來看）都不夠好，特別是把自己離婚的事情隱瞞，沒告訴自己的親生女兒，不容易原諒。很影響她對同性父母（即母親）的失望，無法向自己的母親學習、模仿與認同，也會影響她自己做女性的信心。

對同父異母（私生）妹妹存在的影響：父親不但在外另外有女人，長年同居後又結婚，而且早就有個私生女（妹妹），也對病人有很大的心理影響。病人會發覺父親對自己不關心，不常回來看她的理由，是由於父親另外有個女兒的關係，無形中會很嫉妒與生氣。也會很好奇這樣奪去了父親關心的小妹是怎樣的女兒，既好奇又生氣。

對自己的影響：通常，當一個人遭遇困難時，總會想辦法去面對、克服、處理、解決，並且經由這樣努力克服的過程與經驗，而獲得能處理事情的信心，才能建立自己對自己的信賴。可是，有些困難或「挫折」（frustration）是超乎一個人的能力與範圍，會覺得無能力可為，而會感到很失望，沒有希望而抑鬱，並感到對自己的失望，很自卑。此病人說：「痛恨自己對這樣（父母）的情況毫無辦法、無助、無能為力，不知道自己能做什麼」，就是這種對自己信賴感的重大打擊，去除了對自己的信心。

對出國的幻想性期待：當一個人無法面對困難時，在心理防禦機制上可採用的各種辦法之一，就是依靠自己的「幻想作用」，經由幻想去改變現實。如：幻想自己並不是父母親生的子女，另外有很富貴而有勢力的親生父母，自己是

身分祕密的王子或公主，將來要等白馬王子來接她回王宮等（是童話故事裡常見的故事題材）。這是少年階段的年輕人喜歡的幻想。到了青少年後，其幻想就比較趨向現實些，把幻想內容稍微更改，希望能到遠遠的異地去發展自己的世界，如：靠探險故事來滿足對自己眼前現實的不滿或痛苦。此病人想到國外，認為到了遠地的外國，一切就變好，連月亮都會更大更圓，是這樣幻想性質的期待心理。

「非正常（病態）」家庭對心理的長久影響

除了父母的離婚、父親的婚外情的直接影響以外，許多連帶性的因素也會間接影響病人的心理，而且其影響是長久性的。

缺少男人的家庭：由於父母的關係不好，父親經常不在家，病人就「從小跟隨外婆、媽媽長大（外公去逝多年）」，在沒有男人的家庭裡長大，缺乏跟男性親近接觸的機會，在青春期及以後的心理發展階段有很大的影響，對將來跟異性對象的來往，因缺少經驗而容易發生困難。

家裡祕密的存在影響家人親密溝通：父母把家裡重大的事情（即：父母離婚、父親婚外另有女人與女兒等事）都不讓自己的子女知道，讓病人發覺後，會感到一家人之間總有祕密，無法親近，共同面對與應付，過著「有福同享，有難同當」的家人生活。日後也會對溝通發生障礙，不容易相互溝通表達內心裡的私事，無法樹立得到跟親人要能親近、信賴、相互依賴的心理。

自信與社會化的影響：毫無疑問的，影響了病人對自己的信心，也由於（自己家裡的醜事）不喜歡跟朋友來往，建立社會化的日常經驗，會影響日後的社會生活。

病態夫妻關係的影響：自己父母的婚姻狀態、夫妻間的情感與關係，都是子女們學習夫妻與婚姻關係的基本模型。在病人的記憶中，「父母就會經常爭吵」，父親還背後有女人，都是很不好的婚姻榜樣，會讓病人對自己將來的男女關係沒有把握，對自己的婚姻沒有可模仿的好基礎。

對母親的疑問

根據治療者的觀察與報告，在會談過程中，「母親始終不發表意見與建議（保持好似旁觀者的行為）。當治療師問及母親對女兒的情況有什麼要補充的，母親的回答是：『讓女兒自己說吧，是女兒自己要求來找心理醫生的。女兒要求我（母親）給她自己找一位心理醫生，於是我就託朋友找』（好似已經盡了作母親的責任似的）。母親朝著自己的女兒說：『你有什麼要說的，就自己說吧！』在整個會談過程中，母親的表現並不是很積極，沒有專心聽治療師與女兒談論的內容。當會談結束時，就說：『我們走吧！』（對會談毫無興趣的樣子）」

從這段觀察與報告的資料看來，讓我們很懷疑並擔心：母親並不很關心的態度，其原因何在？是否很單純地表現母親的個性就是那麼被動？不高興女兒將遺棄她而出國？或者，她不願意自己提起（也不願自己的女兒在醫師面前揭露）自己丈夫背叛她而長久有婚外情的傷心且丟臉的事情？我們不得而知。可是，我們卻可以指出，母親對女兒應付父母的離婚，卻有個很單純而沒有幫助的期待。

就下面的資料我們得知：「病人的母親有一個姊姊，姊姊也離婚多年，而且離婚的姨媽有個女兒（即病人的表姊）與病人年齡相仿。母親總（對病人）說：表姊的父母也是離婚，只有表姊與姨媽母女單獨住在一起，可是表姊就能理解並接受父母離婚的情況」，並且「母親這樣經常的勸導」，「讓病人自己也希望能調節心態」。可是母親並不了解，同樣是父母已經離婚，但對表姊的情況來說，可能是不一樣的情形。即：表姊的父親在離婚前可能沒有（偷偷）發生婚外情；或者有了，也沒長年向自己的女兒（即表姊）隱瞞；也沒有和表姊年齡相似的同父異母的（私生）妹妹。其心理創傷與打擊的性質與程度是不可比的。可是，病人的母親卻要求自己的女兒，要像表姊那樣「自己能調整好心態，變得懂事、開朗、樂觀」，豈知這是很難達到的期待，而跟表姊相比只會得到相反的效果，即：讓病人更覺得自己的無能。

對出國期待求解決的疑問

對於王蘭（病人）想出國的事情有許多疑問，也令人擔心，其理由很多。

本來的學業成績：根據病人自己的描述，她在小學、國中、高中的成績都是中等。平時放學就會回家，少與朋友在外玩。因此，到了外國求學，很難擔保可以應付課業上的要求。特別是言語不同，需要靠外語來學習的。

性格的問題：在生疏而且生活習慣全然不同的外國社會裡，留學的學生通常需要有很主動、積極的性格，才能適應。要懂得如何面對困難，有毅力想辦法自己解決與克服，也要有彈性去適應不同的社會與文化價值觀。可是，此病人的性格是內向的，又很自卑，在自己的社會裡，就已經難以好好適應，到國外更難想像可以適應得好，令人堪憂。

社交經驗的問題：一般來說，（西方）外國人的生活裡，很注重社交，強調人際關係。需要懂得跟陌生人來往，也要能跟周圍熟悉的人保持良好的社交關係。假如是年輕人，還得特別能應對異性朋友間的來往。此病人在求學的階段，「平時放學就會回家，少與朋友在外玩」，素來就很少與朋友來往，缺少基本的社交經驗，更談不上跟異性朋友來往的經驗，到國外將會困難重重。

脫離現實的期待：病人從未出過國，對外國的情況了解得少，是憑自己的想像而覺得只要一出國，就可以解決她自己的問題，是很脫離現實的幻想與期待。病人可能心裡想，到了國外，沒人知道她自己家裡的（醜）事，問題就可以解決；可是她沒想到，並不是四周人對她如何想，而是她自己內心無法面對與解除家裡發生的情況。即使換了環境，對她自己的心理困難並不會有所幫助，只會增加困難，不會減少問題。

長期心理治療的需要

根據所得資料，我們可以說，王蘭此病人很需要心理輔導，而且是長期性的心理治療。在治療的過程裡，依其先後的順序與重要性可以策劃其輔導上的策略與目標如下：提供暢談宣洩內心煩悶的機會；分析對病人的影響與對將來的建議；提供可以信賴與溝通的對象；檢討出國的動機與問題；督促社會化與

異性交往；經由「被愛」、「可信」而建立自我信心。

很可惜，病人很匆促地來求診，好似以為一、兩次的會談就可以給她一個即刻性的解答與幫助，因此，毫無提供長期性治療的可能性。可是，假如病人能接受至少五、六次的短期性治療，至少可以提供一個比較摘要性的輔導，分析問題的本質、適應的方向，並檢討出國的動機與其適合性，希望能對出國的計畫做個最後的考慮。

第三節　理論探討與學理說明

信賴感與自信的建立

從心理衛生的立場來說，對自己的信心，對他人的信賴，是最基本的要素，基於這個基本的條件，才能執行與發揮其他的心理功能。可是，對自己的信心與信賴感的建立，是從最早的出生階段就開始，並經由各個階段而透過一生逐漸累積。

嬰兒口慾期：剛出生的嬰兒被關心自己的養育者熱心照顧與養育，獲得基本的生理與心理上的滿足，才能建立對這個世界的「信賴」，同時對自己存在獲得「信心」。這些信心與信賴感是基本的感覺（因為這個階段的嬰兒言語還沒有發達），是非言語能所表達的「言語前」體會，是比較接近情感的感覺。

幼兒肛門期：到了這個階段，幼兒喜歡自己到處去碰，接觸並嘗試外在的現實，經由這樣的探討而獲得自主自立的體驗，並且獲得對自己的基本信心。假如幼兒受到父母過分的管制，無法自己表達自己的慾望，就會影響對自己的信心，也影響對四周人的信賴。

孩童性蕾期：在這個對性開始萌芽的階段，透過親子三角關係裡，孩童能從異性父母得到特別的喜愛而獲得滿足與信心。假如得到同性父母的過分排斥，受到威脅，就影響其自我信心的建立。如何平衡地跟不同性別的父母相處，是這個階段的關鍵，影響日後對自己性別上的信心。

少年同性期：除了從自己的父母獲得關照與管教而建立信心以外，還得開始跟同性朋友相處，依靠彼此的鼓勵與認同，而加強對自己的信心與對他人的信賴。能跟自己同樣性別的同學或朋友保持親近的關係，相互信賴，是很重要的課題。

青少年青春期：能跟自己同性的父母學習與模仿，建立自己性別上的認同，是很重要的課題；並且經由自己父親與母親的關係，而認識男女關係，是很重要的模仿對象。可是，假如自己的父母無法提供很好的男女、夫妻關係的榜樣，就會影響如何跟異性對象交往的信心，也會對異性朋友產生不信賴的看法。假如得不到異性父母的關心與喜愛（即：女兒得不到父親的喜歡與關心，或者男孩得不到母親的歡喜與照顧），就對自己的性別角色發生疑惑，缺乏信心。

青年異性期：經由結交跟自己同輩的異性朋友，得到對方的喜歡與欣賞，而加強自己性別角色的信心，扶植自我的認識與個人信心。假如受到異性朋友的背叛或欺騙，打擊就很大，也影響對異性的信賴以及對自己的信心（王蘭就是在此階段，突然發覺自己的父母早就瞞著她而離婚，而且發現自己的父親很早就有婚外情，對自己父母的信賴與信心也瓦解，間接動搖對自己的信心及對世界的信賴）。

成人期：經由自己結交的異性對象，跟自己配偶結婚，順利成家，而建立對自己的信心。假如自己的配偶有婚外情，會嚴重影響自己對自己的信心，也會動搖對配偶的信賴感。在工作場所，經由領導與同道們的反映而獲得對自己的看法，也建立對自己的信賴與信心。自己的事業成就也會很具體地鞏固自己對自己的信心，及對這個世界的信賴感。萬一被自己的領導或同道們歧視、占便宜，或惡性地批判，就會打擊對自己的信心以及對他人的信賴感。

老年期：假如一生的工作有所成就，婚姻也很圓滿，就對自己的信心有所幫助，也對此人生有所信賴。假如工作不順利，婚姻、家庭子女都不理想，就產生頹喪的感覺，對一生很失望，破壞對自己的信心。

（被背叛）心理創傷的各種反應

當一個人遭遇心理創傷時，會經歷心理過程而去適應。對於喪失自己重要人物（如配偶或子女等）、被歧視或虐待、發生嚴重的疾病等等，都是一樣要經過一個心理過程來處理。被人背叛（特別是自己的親人）也是如此，是很重大的心理創傷，因此，也要經歷先後的不同過程去對應。只是針對被親人背叛會呈現若干比較特殊的反應。

驚訝不相信反應：這是最早期的反應。不相信自己的親人或好朋友居然還會騙自己、背叛自己，想去否定；認為是否有何錯誤，是誤解，想去探討與證實，希望是錯誤的。

生氣憤怒反應：可是發覺事實是如此，的確是被騙啦，被背叛了，就很生氣。對自己責備自己的不該，也很憤怒對方，怨恨不該如此對待他而欺騙了他，無法原諒對方。

報復性行為反應：隨著其憤怒的心情，而採取報復性的行為，包括自暴自棄、對自己有損傷的行為，最後是後悔（請參閱相關著作《心理治療——督導與運用》第四章個案二：「想懲罰發生婚外情的丈夫而自己找男人的妻子」）。

抑鬱退縮反應：等到憤怒的階段過去，就開始心情不好，傷心，嘆恨自己的遭遇，對自己責備，開始萎縮，不喜歡跟社會人士結交，表現退縮行為。特別是面對的打擊是自己沒有辦法應對或解決的，更容易覺得無能為力，而發生抑鬱與退縮。

接受反應：有些人長期氣憤或抑鬱，但有些人遲早會去接受遭遇的事實，恢復自己的平靜，開始適應自己新的生活，可說是比較健康的最後階段。可是由於遭遇的創傷很巨大，打擊很嚴重，有時無法接受，繼續影響日後的一生，難以解決。

父母的「夫妻關係」對子女日後找對象與婚姻的影響

自己的父母如何經營他們的夫婦生活，表現何種夫妻關係，無形中將成為子女的榜樣，影響子女長大以後他們自己的婚姻與夫妻關係。

相互信賴與親密模式的基本榜樣：假如自己的父母相互親密，忠貞相處對待，沒有背叛配偶的行為，對自己的子女就會提供夫妻相互信賴忠貞的好榜樣。

男女相互溝通、支持與合作的模範：從父母平時如何相互溝通與表達感情，如何相互安慰或鼓勵，子女可以學習到夫妻間如何相互支持，面對困難，一起合作，建立好家庭與事業的榜樣，而得到模仿的模範與機會。

對男女關係與夫婦婚姻的基本信賴：從父母的良好與忠貞關係，而了解到男女與夫妻間如何保持相互信賴，不欺騙，不做傷害對方感情的事情，注重婚姻關係的重要性，是將來他們自己維護男女與夫妻關係的好榜樣。

不理想婚姻的影響：假如自己的父母沒有尊重相互的忠貞，沒有維持彼此的信賴，破壞婚姻關係，對子女的將來會有直接或間接的影響。譬如，對自己的配偶總保持不信任的態度，懷疑自己的配偶會發生婚外情的事情；或者，自己也嘗試婚外情，不遵守夫妻間相互忠貞的默契。有時，自己嘗試婚外情的事情，是潛意識地去模仿自己的父母的行為，或者經由這樣行為的發生而想去了解父母的心理與處境，是非適應性地處理從父母的行為而得來的自己的情結。

第*17*章　厭煩母親，想親近而又懼怕的成年兒子

■ 青年期對異性父母的感情與距離問題

第一節　個案報告與操作評論（田峰）

 個案報告

　　病人名叫趙湧（化名），是二十七歲的未婚男子，獨自來診。患者自述自從三年前，當他二十四歲大學畢業以來，自覺孤單，做任何事情都提不起精神，見到母親後心情煩躁，不想說一句話。

　　患者自述，六歲時父親患了癌症，半年後去世。父親去世後，自己的家庭狀況變得不好，經濟狀況差。家裡有一個姊姊，比他大兩歲。因為父親的去世，家庭受很大影響，母親因怕家中沒有父親不能教養兒子（即病人），就把他送到奶奶、爺爺與姑姑家一起養。他正值上小學的年齡，週一到週五在奶奶家，週六與週日回到母親家。姑姑有自己的兒子，比病人的年齡小三歲。

　　患者小時候性格內向、膽小，不願主動和別人說話，從不敢反對家人意見。借居姑媽家，變得更是如此。姑姑家裡有個男孩，雖然比他小，只有三歲，但有時欺負他（病人），讓他心裡很難受。雖然他在奶奶家受到委屈，但不敢說出來，有時候看到奶奶抱著他自己的姊姊，心裡很不舒服，感到不被老人家喜歡。在奶奶家裡，姑姑有辦法，一般家裡的事都由姑姑做主，包括管教病人的事情。病人高中畢業後要選擇大學專業，姑姑還替他選擇大學。這是病人自

己依賴性格的表現，也是姑姑性格比較強，喜歡管事情，連姑丈一般都聽從姑姑的安排。病人從未提到姑丈，好似姑丈不存在似的。因此，病人自己小時喪失了自己的父親，到奶奶家借居，也沒受姑丈的教養，幾乎都沒有受過男性大人的影響，對他的性格成長有所影響，不但依賴心強，缺少自我的信心，還缺乏男人氣。

大學期間，在大三時曾經暗戀過一位女生，但不與人提及此事，實際上也沒跟此女生結交來往，只是心裡私自戀慕。後來發現他暗戀的女生有了自己的男性對象，病人深受打擊，心裡非常痛苦、鬱悶。

等到大學畢業後，姑姑為病人出主意，找何種工作，決定做一些文職工作，整理資料。可是，由於找到的工作場所在離家很遠的地方，姑姑又為病人想辦法，找到一份工作是離病人自己家裡較近的地方，這樣就能與母親及姊姊生活在一起相處。可是這樣，病人跟姑姑的關係就比較疏遠，等於是喪失了過去照顧他的（比較能幹的）姑姑似的。

病人開始自己工作後，生活平凡，且一直沒有交女友。工作之餘，少有社交的活動。每天下班後回家，母親已將飯做好，母親只是說：「下班了，吃飯吧」等簡單的話語，沒有親人間的談笑聊天，猶如陌生人！病人不能與母親多說話，內心裡很厭煩母親，認為母親很多方面不理解自己，無法和母親溝通，感到孤單。有人曾給他介紹女友，但他感覺不滿意，不能與女友正常交往，感到困惑、困擾。工作上缺乏積極性，有時候希望與姑姑交流，但姑姑有自己的孩子，一見到姑姑便無話了。每天回到家感到孤單、空虛、無聊、恐懼，覺得母親不能關心他，很多事無法如願。以為自己小時候被送到奶奶家住，是因為母親不喜歡自己，只喜歡姊姊，所以將自己送到奶奶家，因而感到自卑，也更厭恨母親對他的遺棄。

可是有興趣的是，他還告訴醫生他的內心深處，實際上很愛媽媽，但一看見自己的母親，本來想好要說的話，又不知從何說起。每次下班會感到孤獨、恐懼，有同學約自己出去旅遊還好一點。他說，他也想離開家到外地工作，如果在外地工作，心情會好很多，又怕有其他問題（例如：離開家很遠，擔心自己不能獨立生活，遇到問題害怕自己解決不了），經過再三考慮，結果認為自

己還是在離家近的地方工作好一些，最後只能待在家裡。

 ## 會談經過

患者每週來就診一次，遵守約診時間，已經治療六次，其中有兩次建議母親陪伴患者來診，患者同意。見到了患者母親，詢問母親患者在家的表現，母親傷心流淚說：「趙湧回家很少與我說話，我也不知道他怎麼了，我一問他，他就煩，我只能透過他姊姊問一問，我經常建議姊姊多跟趙湧溝通，趙湧跟姊姊還可以說上幾句話，我真沒有想到他會變成現在這個樣子。我本來想他父親去世後，家裡沒有男人來管教趙湧，害怕他出問題，所以才把趙湧送到奶奶家去。現在我真後悔，為什麼要送趙湧去而不是送姊姊去。」

治療者問患者：「你聽了媽媽說的這些話，你有什麼感想？」

病人回答：「我也能理解，我也知道母親是真心為我好，但是一見到她，想說的話也說不出口。有話就是說不出口。」

病人繼續敘說：「我回想起母親小時候對我的管教，很不『科學』（意思是說：母親小時候對他的管教不「合適」），導致自己現在的痛苦。只要一想到家、母親，心情就不爽快，結果傷害了我（病人）的自尊。尤其每天從公司回來的路上，想到將回到家，就眉頭緊鎖，心情不開心；可是假如到了辦公室，又好多，心情開闊了。現在想想，覺得媽媽也挺可憐，對我們也不錯，可是一看到她本人心情就會變壞。我想起小時候姊姊在奶奶懷抱裡，或者表弟不聽話時，姊姊抱住表弟講悄悄話，那時都會感到嫉妒不高興，所以現在有時候還會討厭姊姊。」

在日後跟病人的會談裡，病人繼續敘說他自己的內心話。

病　人：今天早晨看到計程車，我想到今年或明年，政府要求換新車，想換什麼顏色的，我想最民主的方式應該由司機、老百姓、官員投票共同決定，可是最多也只有三種顏色吧，那肯定是少數服從多數，那少數人的意見就得不到尊重。如果少數人的比例也很高，那樣也不會平，很苦惱，有點恐懼感。（病人講這段話的意思是：有權威的人可以決定一切，這是不公平的。病人想表達的意

思是：他是那些少數人，是被動的，不能主動掌握自己命運的，只能服從，這是讓他恐懼的！病人覺得自己從小就被安排到奶奶家去借居，一切都是被人安排，自己沒有出主意的餘地。到了奶奶家，又得聽從姑姑的意見，自己只能接受。）

昨天晚上想到，母親為了撫養我們，其中也吃了很多苦，受了很多罪，我想應該讓她過個幸福的晚年；但過了一小時後，又想到她給我留午飯，我又很不高興。我曾經告訴母親，讓她別給我留過夜飯，我自己會照料我要吃的飯，但是她又不聽，感覺她沒腦子似的，說了也不聽，搞不清楚我的意思，讓人生氣，真想搬出去住。（母親說：我自己沒有什麼特別的能力，也不能幫助他，唯一能替兒子做的只有做飯，讓他吃好這一件事，如果他再不讓我做，我還能做什麼？）

我有時在外面旅遊，心裡也很想帶母親、姊姊出來一起玩；尤其是我吃到一些美食，也很想與她們共同分享。有一個晚上我看了《滿城盡帶黃金甲》的光碟片，看到那麼多人演士兵，像植物一樣，讓我感到有一點恐懼，或是引起以前恐懼記憶的回憶。（即：小時父親去世時，躺在那裡，周圍站著許多人，默默的沒有聲音，是好恐懼的場面。）

回到家後，我自己對媽媽的態度很不好，不想說話，也不想聽她說話。假如我外出旅行，在回家的路上，本想和她說些旅途的愉快的事，可是回來一看到她就不想說了。

在外地就感覺很積極，很想到處去旅遊、學習、賺錢，對未來有許多希望與想法。但是，一回到家裡，想法就馬上感覺越來越淡，不再積極，彷彿被圈起來了。晚上有些煩躁，不知如何跟親人相處。

治療者：你能說說，你認為親情是什麼？你喜歡與親人如何相處？與朋友如何相處？

病　人：親情，我認為的親情應該是完全卸下防備，用真心相處，能和我

談得來，思想、觀念一致，親情就是能互相幫助。我也還搞不清楚。

至於跟親人如何相處，我認為親人之間應該互相鼓勵、互相安慰，撫平彼此心靈的創傷，不要互相鬥嘴，不要為了些小的事情而耿耿於懷。也應該互相尊重，給彼此留一些空間，尤其是要相互了解，知道彼此在想什麼、性格是什麼樣的，互相幫助，而不是指責。

跟朋友如何相處，我認為與朋友之間，我往往無話不談，很放得開，當然在不傷害對方自尊的情況下，盡情地開玩笑，朋友有什麼忙，能幫得上的，盡量幫，朋友需要我的時候，盡可能出現，關心朋友的工作、學習、生活狀況，又要互相保留一些空間。

還有，親人就是和我有血緣關係的，而且在童年時期和我有過相處的人。親人是奶奶、姑姑、叔叔，及他們的孩子，還有外婆、舅舅、阿姨，及他們的孩子，還有媽媽、姊姊，就這些人吧，他們就是我的親人。

我往往是和朋友在一起很開心，精神狀態也不錯，和同輩的親人，比如姊姊、表弟也還可以，但是和上輩的親人，如：媽媽、姑姑、奶奶、叔叔等在一起時，就少言寡語，興趣不高。最近晚上回了家，還是會發脾氣，覺得母親不了解我，煩躁，剛看完醫師，會談後的前幾天還好，心裡想起醫生吩咐的話，還可以控制，但是後面這幾天就不管用了。

我似乎不太習慣和年長的人相處，在公司也是，和同輩及比我低齡的人好處，我感覺年齡大的人社會經驗豐富，與人相處多，思想太成熟，不知道他們在想什麼，所以會自我保護，並且採取防備的態度；而同齡，甚至比我大一、兩歲的人比較單純且簡單，我能控制與他們相處的主動權，對大人不能信任的心理問題。

治療者的關心與疑問

關於此病人跟（女性）治療者之間所形成的關係，也值得一提。病人在治療中曾提到：「如果自己的母親能像醫生一樣能理解他，並也有（像醫生）這樣說話的聲音、語氣，不要太高，那多好呀！但是，知道母親是不可能改變的。」這句話提示醫師在病人心中的角色是何種形象，治療者宜如何解釋與處理。

還有一點，即：在整個的輔導過程中，病人在每次治療前都會習慣地說：「比前一次要好一些了，但是又有新的問題出現，不知該怎麼辦？」要求繼續給他輔導新問題，好似始終不願意停止治療的樣子，讓治療者考慮如何處理這樣的情況，將來如何決定停止治療，或者該介紹其他醫師給他繼續做治療，譬如找男性治療者來治療，是否對病人比較有用處？

操作評論

治療者對本個案的輔導情況，進行得還好。雖然病人已經是快三十歲的成人，照理只要採取個人心理治療的模式就可以，但是，由於他的主要問題是跟自己母親的關係與情結，因此請母親來會談一、兩次，了解母親的情況，包括母親的看法與感受，並且能實際就地觀察病人與母親相處的情況，是很好而值得嘗試的適當措施。

從會談裡，能很簡單但有要領地了解病人個人的發展史，可以幫助我們了解體會：病人原本的性格，在早期所遭遇的喪父的情況，以及被送到奶奶家，受姑姑代為管教的情況，而如何影響病人的性格與心理的連接關係。對於病人與母親的雙重矛盾性的關係與心理，也能很清楚地把握，可了解病人目前所處的主要問題，即：很想接近，但不知如何跟母親親近，而且因無法親近而厭恨、煩惱的道理。

至於治療者最後所關心而提出來的問題，即病人跟治療者所形成的關係，是很好的觀察與注意。簡單來說，病人跟治療者形成了某種「轉移關係」（transference），把（女性）治療者看成是理想的母性角色與對象；因此，依

戀到女性治療者身上。每次會談都會繼續提出新的問題，找藉口要求治療者繼續給他輔導，好似無終止似的，就是跟治療者「黏密」上的表現。

對於這樣的男性病人，女性治療者通常會有各種不同的反應，也會產生各樣的「反轉移關係」（counter-transference）。有的很喜歡這樣會依賴、黏密的（男性、年幼）病人，特別想照顧與體貼（小弟或小孩似）的病人，滿足治療者本身母性的本能與慾望；有的很討厭這樣總是要過分黏密依賴、糾纏不離的病人，或者是沒有骨氣的男人，不是發洩其厭煩的感覺，就是想辦法放棄病人；有的就以大姊（或姑媽）的角色，來管制、控制、驅使這樣懦弱的（弟弟似的）男人，來滿足（處理或彌補）自己潛意識境界裡存在對男人的敵對、嫉妒與仇恨心理；或者對這樣的（男性）病人不知不覺地發生特別的異性感情，而內心懼怕，也就想趕緊擺脫這樣的病人。因此，作為治療者，通常需要時時檢討與分析自己作為治療者對病人發生的內在感覺，並做適當的處理。盡量不要為了治療者本身的私人性心理，而影響（甚至妨礙）治療工作的進行。

第二節　病情解析與治療策略

基本的情結與心理診斷

這個個案主要是小時喪父，經由喪失經驗後，又被送到姑姑家撫養，覺得小時被母親遺棄，到了成人還沒解決情結的年輕成人。其主要心理問題，是跟母親的情感與關係上的雙向矛盾問題，想親近又無法親近而厭恨，牽涉到他對異性關係的無法發展，總而影響自己的心情，長期抑鬱的情況。

臨床診斷：由於病人敘述大學畢業後，一直心情抑鬱，因此需要判斷是否患了臨床上的抑鬱症。可是資料顯示他還可以上班，在服務單位工作，可以跟同事們來往，只是回到家，面對母親才會煩悶，不快樂。病人也說：在外地就感覺很積極，很想到處去旅遊、學習、賺錢，對未來有許多希望與想法。因此臨床上不是患抑鬱症，而是跟環境情況有關，是跟心理因素及特殊的人發生人

際關係時才有的心情問題，適合心理的輔導。

性格診斷：病人素來就是內向，而有依賴性的影響。可是經由失去父親，又被送去姑姑家長年借居，感到不很受歡迎，也就更增加其性格上內向、不獨立、不善於社交的性格。性格因素影響他對早期及目前的適應情況。

心理發展上的問題：主要的是患有幾種階段性的問題。無法跟自己原本養育者（即母親）發生親密、親近的基本關係，無法建立原本的信賴與安全感的心理課題，也就是口慾期性質的困難。

接著就是連帶性常遭遇「三角關係」上的問題，在各種三角性的人際關係裡（如：姑姑、姑姑的兒子，跟病人；奶奶、姊姊，跟病人；表弟、姊姊，跟病人），總覺得自己被忽略、被遺棄，無法得寵，產生嫉妒的感覺，影響心情，是性蕾期性質的問題。

由於喪失父親，也缺乏跟姑丈的來往，沒有大哥角色的人物，始終沒有適當的男人對象可以認同，並且幫助他學習如何成為男人，是潛伏期（或同性期）性質的困難，影響日後的心理發育，無法好好地進入異性期（或生殖期）的階段。

可以說是起源於早期，卻是連續性地患著各個發展階段上的困難的年輕人。

跟女性的關係

從心理發展與發育的角度來說，個案可以說幾乎是只跟著女性而成長的男人。他過去的生活裡，被四種女人包圍長大，即：母親、姑姑、奶奶（或外婆）、姊姊，而缺乏男人。而且跟各種女人又有各個不同的關係與心理問題。

跟母親的關係：對主要的女性養育者（母親），有雙重性矛盾關係與情感，即：一方面很想接近，但又無法接近。病人自己的描述，即：「現在想想，覺得媽媽也挺可憐，對我們也不錯，可是一看到她本人心情就會變壞。」病人還告訴醫生，他的內心深處實際上很愛媽媽，但一看見自己的母親，本來想好好說的話，又不知從何說起。病人還說：「回到家後，我自己對媽媽的態度很不好，不想說話，也不想聽她說話。假如我外出旅行，在回家的路上，本想和

她說些旅途的愉快的事，可是回來一看到她就不想說了。」充分表現其矛盾性的心理。

這可能有兩種因素。母親說：「我自己沒有什麼特別的能力，也不能幫助他，唯一能替兒子做的只有做飯，讓他吃好這一件事，如果他再不讓我做，我還能做什麼？」這句話表示母親本身是不善於溝通、表達情感，也不會跟自己子女親近，或者保持多重關係的母親，有其性格上的缺點。因此，病人才抱怨：「每天下班後回家，母親已將飯做好，母親只是說：『下班了，吃飯吧』等簡單的話語，沒有親人間的談笑聊天，猶如陌生人！」

另外一個比較不顯著，但是值得考慮的因素是，病人害怕接近異性的母親。通常男孩子跟自己的母親接近，毫無困難與問題，是從小就很要好，很習慣的主要養育者；只是到了潛伏期，青春期發育以後，才感到需要跟「異性」的母親保持距離，轉而跟「同性」的父親接近與認同。對於性的萌芽是主要因素，促使採取與母親逐漸保持距離的情形，潛意識地擔心父親的嫉妒是另外的理由。

可是對此病人來說，他跟母親的關係卻有點不尋常，發生了波折。即被送到奶奶家，被奶奶家的姑姑照管，每週五天，只有週末才回到自己的家，跟自己母親相聚。如此經歷小學、國中到高中，總共十二年的時光，無形中姑姑實際上變成是主要的女性養育者，而母親是次要的。換句話說，當病人成人後，找到工作而回家跟母親重聚一起生活時，對病人來說，母親並不是「真正的」通常母親，而是有點生人似的女性。在這個成人階段，跟「有點生人似的女性」很接近生活在一起，而心裡又想親近的女人（母親），結果也就不好接近，也不習慣接近，需要跟這樣的「有點生人似的」女性（母親）保持若干心理上的距離。因此，說不定就採取討厭、厭煩、不高興的心情與態度，來保護自己過分跟這樣的女人（母親）接近，是一種防禦機制的表現。

我們可以比喻性地來說明：假如一位成人男人，由於生活上的理由，被安排跟自己（沒有丈夫）的「姨媽」單獨（男女）兩人同屋住在一起時，會發生何種感覺，產生何種關係，而對自己的「姨媽」會保持何種心理上的距離的措施？對此病人來說，他親生的母親，在心理的層次裡，實際上是好似「姨媽」，

因此，我們可以想像病人會發生何種心情與心理上的矛盾。

跟姑姑的關係：接著上述的說明與解釋，我們可以了解，姑姑對病人的關係很重要，即：在同屋一起生活十二年多的光陰，幾乎是他的代替性母親。雖然姑姑個性很強，什麼事都管，連大學的選擇與職業的考慮，都由姑姑（像是母親似的）來替他著想與安排，對病人來說是很重要的替代性女性養育者。我們並沒有聽到病人對此姑姑過分替他管事的趨勢而抱怨的資料。反過來，我們只知道病人對姑姑對她自己的孩子比較照顧，而讓病人小時感到嫉妒的心情，以及日後就職後，心裡還想回去跟姑姑親近的意圖，表示病人跟姑姑有一份說不出來的親情。可是不同的是，在意識上，病人從頭開始就知道姑姑就是「姑媽」，要保持適當的距離。況且，姑姑還有姑丈（自己的丈夫），家裡又有奶奶、爺爺等其他人，是成員多的家庭，無形中可沖淡病人跟姑姑過分親近的關係，無形中得到保護。

就此情況，我們治療者可以就上述的比喻性舉例去了解本個案的情結問題，即：把「母親」與「姑姑」對調，說是病人離開跟「母親」（與「父親」、爺爺、奶奶）長年住的家，為了工作，跟「姑姑」兩人同屋單獨住，而對姑姑發生的情感上問題，我們就可以比較切實地體會其雙向矛盾的心理困難。

就此推論，我們也可以說，病人大學畢業後，三年來的抑鬱心情，跟離開奶奶的家有時間上的先後關係，跟姑姑的分離與喪失多少有連帶影響，只是在病人的心理上未曾認知，也不方便提起的心情資料。

跟外婆與奶奶的關係：在病人的心理生活上，還出現外婆與奶奶此兩方的女性老人家（並沒提起外公或爺爺的事情）。其所提出的資料，都是牽涉到嫉妒的事情，不高興這些祖母輩的女性對別的小孩好、親熱，而對他並沒要好的小時回憶。如：想起小時候姊姊在奶奶懷抱裡，就嫉妒不高興；或者看到奶奶抱著他自己的姊姊，心裡很不舒服，感到不被老人家喜歡。這些資料表示病人從小就感到自己是被人割奪了愛的小孩，至今仍繼續感到是不被人愛的人，而感到傷心。

跟姊姊的關係：病人跟自己的姊姊，也是同樣的經驗與心理。病人說：「我想起小時候姊姊在奶奶懷抱裡，或者表弟不聽話時，姊姊抱住表弟講悄悄

話，那時都會感到嫉妒不高興，所以現在有時候還會討厭姊姊。」也是得不到被愛的經驗而懷有的心理情結。

跟女性治療者的關係：我們討論了病人被四種女人包圍而長大，即：母親、姑姑、奶奶或外婆、姊姊，而缺乏男人，而且跟各種女人又有各個不同的關係與心理問題以後，我們就需要馬上隨時考慮與探討，到底此病人對女性治療者會發生如何的「轉移關係」，需要準備如何應付與處理，並且運用於治療上。

毫無疑問的，病人對女性治療者開始就會發生好感，容易接近，並且期待治療者會很關心他、照顧他。由於治療者實際上對病人好，因此，會很符合病人的期待與要求。病人自己說：「如果自己的母親能像醫生一樣理解他，並也有（像醫生）這樣說話的聲音、語氣，不要太高，那多好呀！但是，知道母親是不可能改變的。」這句話提示醫師在病人心目中的角色，是一種帶有理想型的母性形象，發生所謂正性的轉移關係。讓病人能繼續且長期性地跟這樣會照顧他、關心他的母性形象接觸與經驗，而不用被雙向矛盾所困擾，是很好的治療。換句話說，可以靠治療性的關係而進行，並提供治療工作與效果。彌補病人在過去所缺乏的跟母親的健康關係，對他的心理成長將有很大的幫助。可是輔導的過程要長期，才會有效果，才可以逐漸矯正他在性格上的問題。

治療上的注意事項：可是治療上要注意的是關於兩樣事情。頭一件是如何適當地滿足病人的需要。由於病人是早期就被割奪愛的小孩，很缺乏被人關照與愛護，感到情感上的飢餓，透過轉移關係的機制，而會繼續不停地要求治療者（照顧者）給他愛護與照顧。一般來說，對接受治療的病人，常以各種心理問題的不斷提出，或者是患疑病症似地敘說許多心身症狀或問題，很饞（飢餓性）地要求治療者（心理醫生）的關照。如何適當滿足病人的心理需要，同時又要適當去控制與調節，逐漸改善病人這樣飢餓求關照的非適應性（病態）行為，達到治療的目標。

另外一件要考慮與注意的事情是：此男性病人對女性治療者是否會發生對（異性的）性興趣，而影響輔導工作與操作上的問題。根據病情資料看來，其可能性比較少。因為病人所面對的是口慾期為主的發展上問題，還在掙扎著被

照顧、需要親近等基本的心理需要，本身還沒達到異性期的心理發展階段，所以治療者可以不用太早掛慮這方面的事情，只要隨時注意就是。

可是最需要注意的是如何跟病人結束輔導過程的問題。照理，病人會很黏密（女性）治療師，不肯放鬆，也不願意放棄，避免重複喪失主要養育者的痛苦經驗。因此，讓治療者發覺，病人在每次會談開始前會說：「比前一次要好一些了，但是又有新的問題出現，不知該怎麼辦？」表示需要繼續給他輔導新問題，是始終不願意停止治療的表現。對於這樣的病人，宜早就作計畫，策略性地提供長期性而盡量逐漸把會談次數減少的治療過程，避免忽然停斷治療關係，好讓病人適應跟治療者逐漸離開，而能自己獨立，接受輔導停止的過程。

跟男人的關係

這個病人雖然跟許多周圍的女性接觸，深受其左右與影響，但相對的，幾乎沒有跟男人接觸的機會。

對父親的回憶性感情：病人父親患癌症，生病半年而去世。當時病人剛好是六歲，父親生病前跟父親接觸相處的情況，沒有資料；而在父親生病半年這段期間，只能推測跟父親的關係也不多。至於父親死亡時，倒是提起一小段資料。病人在會談中，曾向治療者敘述：「有一個晚上我看了《滿城盡帶黃金甲》的光碟片，看到那麼多人演士兵，像植物一樣，讓我感到有一點恐懼，或是引起以前恐懼記憶的回憶。（即：小時父親去世時，躺在那裡，周圍站著許多人，默默的沒有聲音，是好恐懼的場面。）」所回憶與描述的是六歲孩子對父親死亡所經歷的痛苦創傷，但無法使用適當的文句表達自己（孩童）內心對喪失父親的心情，只能用間接的方式表述自己當時的心境。

跟姑丈的關係：幾乎少有描述，表示跟姑丈的關係幾乎沒有。

跟上司的關係：雖然我們不知道他在工作場所裡的主管是男的或是女的（讓我們假設是男的主管），我們只知道他對上輩的領導者總是懷著警戒不敢接近的心態，無法獲得上司（男性）主管的關心與接近，間接無法認同與模仿。

性格上的各種問題

自我獨立與信心的培養：由於上述的原因，在青春期後的階段，缺乏可以認同的男性對象，此年輕男病人在性格上就帶著自己是被欺負、不重要的人物的角色觀念，也缺乏自我獨立、積極且有信心的性格。病人所描述的一段富於哲學味道的話，就反映這樣的趨勢。即：「今天早晨看到計程車，我想到今年或明年，政府要求換新車，想換什麼顏色的，我想最民主的方式應該由司機、老百姓、官員投票共同決定，可是最多也只有三種顏色吧，那肯定是少數服從多數，那少數人的意見就得不到尊重，如果少數人的比例也很高，那樣也不會平，很苦惱，有點恐懼感。」

社會化的選擇性困難：病人的社會化行為並不是普遍性的有困難，而是選擇性的。病人說：「我往往是和朋友在一起很開心，精神狀態也不錯，和同輩的親人，比如姊姊、表弟也還可以，但是和上輩的親人，如：媽媽、姑姑、奶奶、叔叔等在一起時，就少言寡語，興趣不高」，明顯跟輩分上下有關係。病人繼續說明：「我似乎不太習慣和年長的人相處，在公司也是，和同輩及比我低齡的人好處，我感覺年齡大的人社會經驗豐富，與人相處多，思想太成熟，不知道他們在想什麼，所以會自我保護，並且採取防備的態度；而同齡，甚至比我大一、兩歲的人比較單純且簡單，我能控制與他們相處的主動權，對大人不能信任的心理問題。」

治療的主要目標、模式、期間與策略

根據上面的各種分析與討論，我們就順理成章地可以說：治療的目的就是要利用治療者剛好是女性，而長期提供可以接觸的女性，練習如何能輕易溝通、相互談話、保持親近的關係，進而能推展擴充範圍，能跟自己的母親親近，也能跟女朋友來往。

對於這個病人，要採用的治療模式主要是「關係」上的治療，不能單靠認知性的解釋、說明、講道理，而是要透過跟治療者建立的「關係」，而提供補足性、啟發性的正常人際關係，包括母子關係、異性關係性質的人際關係，是

「經驗性」的治療。經由這樣的彌補經驗而練習建立「正常的人際關係」，重新建立對母性人物的感情與關係，間接地改善其性格。因此，我們已經強調過，治療的期間要採取長期性的輔導，短期性的輔導效果不大。至於長期性的輔導並不是每週來診一次的進行輔導，只要開頭每次一週會談，把病情了解，並建立關係後，就可以改為兩週一次的會談，如此維持數月，然後再改為每月一次，繼續一年以上的長期性輔導工作。

關於治療的策略，在初期階段，可以舉辦母子的共同會談，幫助他們彼此如何溝通，透過行為治療與人際關係的原則與技巧，讓母親與病人能實際練習如何交談、溝通、表達感情的技術與要領。這樣可促進他們的母子關係，改善病人的主要問題。

可是從長期的眼光著想，要鼓勵病人跟同輩異性對象開始社會化的經驗，從簡單的溝通與來往開始，練習一般性的異性間的社會化行為。逐漸練習如何找比較喜歡的女朋友，經過多次及跟眾多女人的接觸，而逐漸建立適當的異性關係來往經驗與能力。

治療者性別因素的考慮

萬一治療者是男性時，對病人會有何影響，對治療的施予及進展會有何種影響，是值得順便討論的話題。假如治療者是男性的話，就一般情況推測，此（男）病人在開始時，不太容易跟男性治療者接近（猶如對自己上司領導者所採取警戒不敢接近的情形一樣）。可是，假如一切順利，病人能與治療者建立好的關係，就可以從治療者身上得到學習如何做男人的要領與知識，並且向男性治療者認同，彌補他自己缺乏父親形象的問題。換句話說，從男性治療者可獲得與女性治療者不同的功效。對於他跟母親的情結問題，只能做間接性的處理與化解，猶如年輕人經歷潛伏（同性）期的心理發展似的，跟同性父母接近、認同與模仿，而間接地放棄、疏遠跟異性父母的關係。

由於在實際的門診裡，無法讓病人選擇男性或女性的治療者，只會碰巧而決定；而且，治療者並不一定能按自己的性別而發揮其特別效用。因此治療者的性別問題，對此個案不用太去考慮，因為男性或女性的治療者對此病人有各

自潛能性的好處與短處的關係。

第三節　理論探討與學理說明

從理論上的角度來說，跟本個案有關的事情在上節就已經有所討論，在本節裡只需要簡單提出若干要點，而做一般性的說明如下。

孩童早期與後期的喪失創傷與心理影響的比較

從學理上的立場來說，在人格發展的過程裡，在哪個階段遭遇喪失的創傷，對個人的心理會有不同的性質與程度的影響。通常，在比較早期的階段，譬如在出生到一、兩歲的（口慾期）階段，喪失了主要養育者時，嬰孩或幼小孩童的反應是比較劇烈，但表現是比較全部性的，譬如全體的心身發展就停止發育。兩歲到三歲（肛門期）的反應是比較富於情緒與行為性的，比如，發脾氣、哭鬧，或者不想活動等；並且會找替代性的物體來彌補喪失的對象，如黏密枕頭、奶瓶、玩具等（請參閱第一章：「小時被幾個保姆帶大，現在還黏著小狗玩具的國中生」）。

可是到了五、六歲的孩童後期（將離開性蕾期而進入潛伏期），隨其認知能力的發展、言語的發達，比較會透過剛學會的言語來表達內心的感覺，而其所找尋的替代性對象將會是比較整體性的人物。

兒子喪失父親，缺乏可認同男性成人的影響

我們都知道，不同性別的父母對（不同性別）子女的心理發展有各個不同的影響與作用，特別是到了潛伏期（同性期）時，特別是如此。因為子女要脫離所謂的性蕾期而進入同性期以後，要跟自己特別親近的異性父母保持距離，而進入跟同性父母接近、學習與模仿、認同的關係。

可是我們要知道，父母對子女的關係與影響並不那麼單純，隨著性別的不同而有不同的影響。每個父母，不管是父親或母親，多少都有雙性（或無性）

的功能，對孩子的養育都有直接或間接的幫助。

譬如，以男性的父親跟孩子來說，當孩子還是嬰兒時，需要協助母親一起照顧嬰兒，幫忙洗澡、換尿布，哭了就抱起來哄，半夜裡哭了就起來抱孩子，共同執行所謂「母性」養育者的作用與功能。父親和母親唯一明顯的差異是，不能親自餵母奶，只能幫助餵配方奶罷了。

孩子到了幼兒早期，進入所謂的肛門期，作為父親的也是要跟母親一樣，共同養育孩子，注意孩子不會亂爬、亂拿東西、打破東西，要幫忙換尿布、上廁所解便等，還要幫助孩童學會走路、開始講話等等。只是父親在外工作而比較忙時，（社會習慣上）要求母親多照顧與管教子女而已。

當孩子進入所謂性蕾期時，父母開始要發揮其性別上的功能，讓孩子認識男女的不同是社會行為的不同，即：男的如何穿男人的衣服、女人如何做女人的打扮等，幫助孩子對性別差異的認識。

換句話說，對本個案來說，病人在六歲時喪失了父親，好似喪失了同性期所需要的同性父母，可是，我們不太知道父親在更早的階段對病人的關係如何，是否跟母親一樣一起養育病人，在五、六歲時，是否提供性認同的角色等等。換句話說，父親對兒子的影響是從早期就開始，而不只是青春發育後才需要的異性父母。假如母親不太會對自己的孩子親近關照，保持情感上的來往，而父親又不在、沒能付出關心，那就更讓孩子感到父母情感上照顧的缺乏了。

子女對異性父母的情感需要，與需要保持距離的矛盾性問題

隨著心理的發展，作為子女的，對自己不同性別的父母多少會發生雙向性的矛盾情感。一方面很想得到異性父母的關心與喜愛，另一方面會覺得尷尬，而跟異性父母保持心理上的距離，這是青春發育過後的常見現象。假如是單親，或者同性父母幾乎常不在家，等於是單親的情況時，特別會如此。為了避免亂倫的發生，子女無形中本能性地會想跟異性的父母保持距離。因而發生雙向的情感，既想親近但又想排斥，保持距離。等到同性期（即潛伏期）過後，進入異性期（即生殖期）以後，自己開始對同輩的異性對象感到興趣，無形中也就解決了對異性父母原來具有的雙向矛盾情感的問題，順利進入異性期（生殖期）

的階段。

　　可是對於本個案，情況並不是那麼單純，由於自己的母親猶如是陌生的人，但又得單獨親近住在一起，才把其雙向矛盾的情感極端化，而感到掙扎。假如病人能在將來找到自己的異性對象，問題就比較可以化解。可是其基本的問題無法解決，還在掙扎早期被照顧的需要，病人的心性發展一直無法順利進入異性期的階段，跟異性朋友社會化的情況還是有問題，產生無法解脫的情形，要依靠輔導來脫離這個矛盾與掙扎的情況。

 編著者註解

　　本章個案（趙湧）雖然已經是二十七歲的成人，但其所面對與需要輔導的，是屬於比較年輕人的心理問題。下一章第十八章的個案（李琶）也是同樣的情形。因此，把這兩個案都擺放在此第三部「年輕人的案例」討論。

第 *18* 章　怕性騷擾的年輕女病人

■ 異性期心性發展上的障礙

第一節　個案報告與治療操作（朱金富）

個案報告

　　病人名叫李琶（化名），是二十一歲的未婚女性，在某醫院工作的醫護人員。自己一人來到諮詢室就診。病人看來是中等身材，偏瘦，戴一副近視眼鏡，看上去文質彬彬。會談剛開始時，病人有點緊張與拘謹，坐下來以後情緒才逐漸穩定下來。她說自己是第一次來接受心理的諮詢，主要是想來問問自己有關的問題。接著，她講述了她家庭的狀況，特別是跟她自己父母的關係。她說：自己從小在家中被父母寵愛，但對父親的感覺不好。病人說她小時，有一次父親跟她單獨在家的時候，想趁機接近她，跟她親熱，讓她心裡感到很緊張。她說：父親平時在家總是講一些社會上的陰暗面，包括男人會如何讓女人吃虧、會占女人的便宜，使自己感到人際交往的恐懼和困難。病人還說：前一段時間自己的一個女同學告訴她，說：一個給自己安排工作的老師企圖對她不軌（有性騷擾的動作）。聽後讓病人感到很驚訝，更感到人心難測。由於最近覺得快要進入社會了，內心總是有些恐懼和害怕，害怕會遭遇被男人性騷擾的事情。因此，想請教治療師如何是好？

　　李琶描述她的母親是一個非常溫順和賢慧的家庭婦女，性格比較內向，做事很謹慎，對父親比較順從，甚至有些害怕父親。父親是一個在外面跑的生意

人，家裡的經濟來源主要靠父親的收入，母親主要是照顧家裡的生活和日常事務。夫妻關係一般，家裡的大事總是父親一個人說了算，患者回憶小時候覺得父親對媽媽有時會很兇，大家都比較怕父親，父親是大男人主義者，可能內心看不起媽媽。

關於她的父親，李琶回憶說，大概在她自己五、六歲的時候，有次父親和她在一起時，父親好像要跟她親熱，有皮膚的接觸，自己很害怕；可是現在看來，卻不知道當時是不是真的父親想占有自己。平時父親講起男女之事時，總說社會不好，女孩子到外面要格外小心，社會很複雜，否則吃虧的總是女的。

患者平時做事認真謹慎，很少和別人發生爭執。跟異性對象並沒有發生過特別的問題，包括跟學校的男老師或與男同學的來往關係等。

 ## 治療經過

◎ 初次會談 ◎

開始時，治療師除了傾聽患者的敘述後，還建議做相關的心理測試，患者表示接受。治療者讓病人做心測（SCL-90），結果顯示患者有輕度的強迫症狀、人際關係障礙和焦慮情緒。患者拒絕接受藥物治療，表示願意接受心理上的輔導。病人還請教醫生多長時間來諮詢一次好，醫生告訴她一週一次，並約定了治療時間。患者感到還有許多問題要向醫生講述，但由於會談時間已經到了，且後面有患者在等候，初次會談就如此結束。

◎ 第二次會談 ◎

患者準時來到諮詢室，與上次比起來，表現比較自然。病人自述上次和醫生談過以後覺得好些，接著繼續談論自己的一些感受和疑問，問醫生她自己是什麼樣性格的人，在人際交往中要注意什麼？怎樣面對社會？這次還帶來了她自己以前的日記，給治療師看，希望諮詢師看後，可以幫助她了解她自己的情況。日記的內容主要記錄自己生活中如何沒有自信，如何很在乎別人對自己的看法，以及自己家庭成員中父親如何對自己比較嚴厲。醫生建議患者下一步可

以記錄最近的一些感受或心理日記，每次給醫生看看，患者表示接受。

會談中，病人談到自己的一個同學，最近因為有位老師幫助她找工作，有次差點非禮那位同學，患者聽後感到社會很可怕。這時治療師告訴她，這種事情總是少數發生的事情，大部分的男性都還是好的，病人所聽到的只是少數現象。患者認為即使是少數現象，萬一發生在自己身上就倒楣了。

◎ 第三次會談 ◎

患者準時來就診，進來說在火車站看到治療師了，只是不好意思打招呼，問我（治療師）是不是出差了，我說是的。接著，患者先對自己這段時間的情況進行說明，自己覺得最近情緒比較穩定了，工作也比較滿意，對自己找工作的事也不想太多了。

這次，患者又帶來另外一本日記本，上邊還帶著鎖，請治療師有空時（在空閒時間）看看；但要保存好，不要丟了。日記裡主要是寫患者關於對社會和人際關係之間的困惑和煩惱，還有就是和原來學校裡一位男心理輔導老師的關係，說開始內心對心理輔導老師的崇拜和敬仰，可是後來覺得他好像解決不了患者的內心困惑，就不再去找他諮詢了。至於為什麼患者要加鎖，治療師認為，可能是患者不願意讓周圍同學了解到個人的內心世界，或者擔心個人的隱私被別人知道了，說明患者的心性發育比較幼稚，對男女之事感到迷茫或者幼稚。由於當天門診還有許多別的患者在等著，跟病人這次的會談很短時間就結束，患者表面上看來很理解，知道外面還有其他患者在等待，可是治療師覺得患者內心好像還有很多問題要問，只是出於禮貌和通情達理，而說沒關係，下次再來。

◎ 第四次會談 ◎

患者來到診室坐下後，先和治療師寒暄，然後覺得最近情況還可以，學習比較緊張，今後可能來的機會少了。病人說明她最近情況還好，想結束治療，並對治療師的幫助表示感謝。病人要求把自己的日記本帶走，治療師把患者的日記本還給患者，患者離開。

 操作評論

　　治療者把求醫者「病人化」：此年輕女性病人來找精神科醫師看病，開頭的主訴是她「害怕會遭遇到被男人性騷擾的事情」，因此，就想請教治療師如何是好？接著，病人談論自己的一些內心感受和疑問，問醫生她自己是什麼樣性格的人，在人際交往中要注意什麼？怎樣面對社會？總之，此年輕病人對自己本身，以及如何跟異性接觸來往有所疑惑，希望透過心理治療得到適當的解答與幫助，是有心理病識感的好病人，也是適合心理治療的很好對象。可是，治療者傾聽患者的敘述後，還建議做相關的心理測試，檢查精神症狀。除非治療者對病人的病情很不了解，或者懷疑此病人是否患妄想病，需要依靠心理測驗來印證，對於此相當健康並沒有精神疾病症狀的求醫者來說，安排心理測驗可以說是不必要的臨床措施，可以直接就開始心理輔導的工作（除了為了增加門診收費的理由之外，有時醫師叫病人接受心理檢查，是想把病人「病人化」，透過臨床檢查來把病人對待為「有病」的病人，是有意無意地想跟病人保持心理距離的潛意識企圖）。

　　需要去探討跟過去治療者所經歷的情況：病人在她的日記裡記載：「她和原來學校裡一位男性心理輔導老師的關係，說開始內心對心理輔導老師的崇拜和敬仰，可是後來覺得他好像解決不了患者的內心困惑，就不再去找他諮詢了」，這是很重要的治療上的資料，很需要跟病人進一步討論與探討，病人為何首先「崇拜和敬仰」該男性治療者，而又灰心沒繼續接受治療的理由。病人對該治療者有何內心的期待（卻失望了）；對該男性治療者是否發生了特別的感情（因害怕而打退堂鼓），脫離治療的關係等等。都可以探問並幫助治療者作為目前治療上的參考，希望能預防並避免同樣情況的重複。一般說來，假如病人曾經跟別的治療者接受過輔導，務必要詳細了解其輔導經過如何、效果如何、有何幫助，或曾發生何種困難等等，可作為這次治療的參考。

　　為了「病人多」而把這病人的會談縮短的意義：在初次的診斷會談後，醫生告訴病人每週來看治療者一次，並約定了治療時間（不知是否澄清了每次會談的時間多久？是心理治療的會談，或者是普通的精神科複診？）。可是後來，

在第三次會談時，「由於當天門診還有許多別的患者在等著，跟病人這次的會談很短時間就結束」，而「患者內心好像還有很多問題要問，只是出於禮貌和通情達理，而說『沒關係，下次再來』」。通常，除非有醫務上的緊急事情，治療者宜依照跟病人原先所同意的約定進行會談的時間；假如不得已，非把會談縮短，就想辦法在下次會談時多彌補時間會談。

至於治療者以「病人多」為理由把這病人的會談時間縮短，除了是實際上有困難以外，還得考慮治療者的內心動機何在。譬如：是否治療的收費很低，治療師沒興趣或不願意接受此患者；或者治療者感到沒有信心，或者不放心去幫助患者解決內心深層次與性有關的心理痛苦；或者治療師對患者產生了某種情感，不喜歡或很喜歡而排斥此年輕的女性病人（受「反轉移關係」的影響），都是治療者值得去分析、探討與反省的事情，否則無形中治療師會破壞了跟此病人的治療關係。總之，治療者對此女性病人有何心裡感覺而如此對待病人，很需要去檢討與分析。

病人說病情好了而停止治療的意義：第三次會談把會談時間減短後，接著下次的會談（即第四次會談）時，病人先和治療師寒暄，然後就表示她覺得最近情況還可以，「學習比較緊張」，今後可能來的機會少了，就提議想結束治療。我們可以推測幾個可能性。第一個可能性就是：就此病人口頭上所說的理由而相信此病人已經好轉。即：經由跟治療者的幾次接觸與會談後，煩惱減除，覺得情況已經好轉而不需要繼續治療。但也可以了解，說不定病人對上次被醫師以「病人多」為藉口而縮短會談時間，感到被忽略或輕視，病人就來個報復性的回應，以她自己「學習比較緊張」的理由，也就把治療提早減短，匆匆結束治療關係。還有個可能性是病人感到治療者對她過分親切有好感，（經由「轉移關係」）擔心會被治療者（性）騷擾，趕緊逃避，結束治療關係。最後一個可能性是，病人對治療師發生了好感，可是內心害怕對此異性治療者所發生的感情，而趕緊停止治療，以免「意外事情」的發生，是對自己的恐懼而產生治療上的「阻抗現象」。

無論是何種原因而想匆匆停止治療，除非是真的情況好轉，學習開始比較緊張起來了，都是值得跟病人進一步去探討，是否是轉移關係的問題，或者是

治療上的阻抗現象，而提供適當的解釋與處理，或許還可以繼續就診，接受此病人所需要比較長期性的心理治療。

第二節　病情解析與治療策略

孩童階段的回憶

　　此病人的心理煩惱，主要根源出自於她孩童時期對父親所記得的特別事情。即根據她的記憶：「大概在她自己五、六歲的時候，有次父親和她在一起時，父親好像要跟她親熱，有皮膚的接觸，自己很害怕；可是現在看來，卻不知道當時是不是真的父親想占有自己。」對於這樣早期的回憶，我們需要採取慎重的考慮與了解。

　　通常一個人在四、五歲以後，對自己的早期經驗開始有片段的記憶。這些記憶常是一剎那的情景，或者是片段性的事件，多半是創傷性的、可怕或驚訝事情的回憶，因為帶有濃厚的情緒反應，而特別存留刻印於腦子裡的記憶。可是，此病人對父親好像要跟她親熱的回憶並沒有把握，目前還懷疑是否實際發生過，父親想占有自己，或者只是自己的害怕而已，把記憶跟現實有點混淆，無法弄清楚。這是常見的情況，即：幼小時的回憶又是真、又不是真的，無法跟事實區別，是幼年時的腦部功能並沒有完全發達，跟現實感還沒有完全建立的心理發展階段的結果。

　　從精神分析的立場來說，這種早期幼小時模糊的記憶，跟幻想或夢一樣的道理，不在乎現實裡是否真實發生過，而在乎目前存留於腦子裡，還讓本人煩惱的作用。換句話說，只要對目前的精神有左右與影響，讓本人煩惱或擔心，影響其情緒或行為，就要算數（當成心理上的「現實」），在治療上就得去處理，並給予治療。

　　可是，假如我們運用精神分析的學說，而從另外一個角度來說，這並不是「父親」想對她親熱，而是「她自己」想跟父親特別親近，只是經由「投射作

用」（projection）而外射到父親的身上，說是父親想占有她，而她就特別戒備，不讓（那樣不被允許的）事情發生（也就是控制了她自己想跟父親特別親近而不該有的慾望）。

不管是哪個理由，很清楚的一件事情就是，這位年輕的女性在腦海裡還被一樣事情困擾著，即如何跟異性相處，而不會讓男人占便宜。由於這樣的困擾，自己想跟異性接觸，但也就有所阻礙，發生矛盾的現象，是需要去輔導而化解的對異性的非適應性情結。而這對異性的非正常情結，是跟父親對她的重複警告有關係的，是父親常常警告她男人是壞人，會占女人的便宜而需要小心的結果。

父親警告女兒男人很壞的心理理由

根據病人的自述：「平時父親講起男女之事時，總說社會不好，女孩子到外面要格外小心，社會很複雜，否則吃虧的總是女的。」假如這是出於母親的口，是女性的母親向自己女性的女兒提出善意的警告與提防，是可了解的；可是假如是出於男性的父親，其意義就有所不同。

除了父親在現實的社會裡，曾體驗到許多這樣不好的事情發生，而特別要警告自己的女兒以外，我們還得思考其心理上的理由何在。我們都知道「此地無銀三百兩，對門吳三未曾偷」的成語故事。假如一個人心裡沒有想去偷對門家裡埋在地下的銀，為何還得特別去表白自己「未曾偷」的事情，是說明「投射作用」很好的例子。假如父親自己內心裡，並沒有覺得自己的女兒很可愛，而且（潛意識地）還想親近而占為己有，發生不好的事情，那何必總是要向自己的女兒提出警告，說男人都是壞的、會占女人的便宜、會讓女性吃虧的。當然，這只是個分析性的推測，我們沒有機會跟父親做直接會談與分析，無法證實，但這也是值得考慮的一種可能性，可提供治療者在施行治療上的考量。可是，對父親這樣內心的推測，並不能向病人提出解釋，否則病人會產生很大的反應，無法接受，會驚訝、恐懼而失去精神上的平衡。

同性父母（母親）與異性父母（父親）對女兒的關係

讓我們就病人所提供的實際資料來探討患者的家庭，特別是她的父母對她的心性發展上的影響。患者與同性的媽媽關係比較親密，可是「媽媽是一個比較軟弱的女人」，這樣就不能教會患者怎樣成熟起來，成長為心性比較健康的女性。至於患者的父親「是個大男人主義，父親對媽媽不是很好」（讓病人形成「男霸女弱」的印象與觀念）。患者與異性父親的關係不是很好，因為父親總覺得患者很小（不好好理會她，無視於她已是個成長為亭亭玉立的女人，幫助女兒提高對自己性別上的信心）；而且最糟糕的，總是在家講一些社會上對女人不利的一面，影響了患者的成熟，擔心且害怕跟異性對象發生接觸。特別是「患者不敢和爸爸親近，甚至擔心父親會占有自己」，更加強病人不敢相信男人，跟男人親近。形成病人在心理上對自己、對男人的疑惑，嚴重影響成人的異性社會化行為。

給治療者看她私人日記的意義

患者給治療師看自己的日記的意義，很單純地想來，可能在於希望治療師能夠趕緊在短時間裡了解自己，並接受自己。也可以說，患者對治療師產生了很信賴的感覺，願意把個人的內心向治療師敞開，並希望治療師能給予更多的關心和支持，甚至希望和治療師建立長久的友好關係。

可是，在另外一個層次需要考慮的是，想「揭露自己私自的內心，探討治療者的反應」，是在自己毫無隱私地暴露自己，提供自己，可讓治療者「占有她」，猶如（擔心）父親曾想占有她似的。一方面潛意識地希望醫師占有她，但同時也在考驗此男性醫師對自己將採取何種行為，好向自己證實：男人是否可靠，或者都會占女人的便宜。

因此，病人給治療者看自己的私人性日記，特別是加上鎖的日記，很需要考慮其心理上的意義，並且如何在會談中談論日記裡所書寫的材料，可幫助治療操作的進行。

此女性病人跟男性治療者的關係

對任何病人施以心理治療，都要注意病人跟治療者的關係，特別是異性的病人。而此病人具有害怕男性對象會占女性便宜的恐懼心理，更需要從頭就很注意觀察，並且隨時做必要的處理。

根據治療者事後的反省，發覺：在開頭的幾次會談中，治療師和患者之間沒有很快建立良好的關係，也沒有建立患者所希望的治療關係（可能是比較親密或者長久的治療關係）。而且，可能沒有讓病人感到治療者能夠了解到患者內心深處的矛盾衝突，每次就患者的問題給予解答和解釋，病人不很滿意。事後回想起來，治療師對此年輕女性病人可能有意回避，因為治療師不願意接觸並探討患者的內心世界，「怕給治療師本人惹來心理上與關係上的麻煩」，表現治療者對此病人（由於喜歡而）發生「反轉移關係」也說不定，故意回避此病人、提早結束會談等等。

患者在會談當中曾提到：她在火車站看到治療師而沒有打招呼的事情（說明患者內心想打招呼，可是由於沒有很好的治療關係的建立，就沒有打招呼），其目的可以推測是在向治療者探聽：是否當時應該打招呼，是在試探治療者的態度，是否把她當作是普通的「病人」，或者可以進一步作為普通的「朋友」（或者是同樣從事於醫護工作的「同事」）。對此，治療者可以比較放鬆地表白，希望病人能以普通的人的關係而打招呼，是可以的事情，表示接受此病人為「普通的人」（特別此病人是在醫院工作的醫護人員，了解跟病人要保持適當的職業性關係，因此不用過分顧慮）。治療者對病人表白對此病人接受的態度，對此病人建立自我信心有所幫助，也可間接地減少對異性男人的過於警戒心，對治療本身有好的作用。換句話說，治療者跟病人之間的關係可以隨病人的情況、治療上的作用，而做若干調整；只要基本上不超越私人性的關係，不必很拘泥於職業上的規約。

治療者對此女性病人的關係

治療者就算是受過專業訓練，畢竟也是人。對施以治療的病人難免有各種

心理上的反應。譬如,病人多、工作繁忙,或者治療者本身面對心情上的困擾,就難以對每個病人都細心診治。假如病人所交的治療費不高,不符合治療者精心花費的時間與精力,對病人的治療動機就有間接的影響,恐怕沒有那麼熱心;而這些是現實上的客觀因素,難以忽略,無形中會影響治療者對病人的服務。

假如病人的性格很固執,跟治療者總是喜歡頂嘴,或者病人很依賴,對自己的問題絲毫不想努力去處理,沒有強烈的動機,或者對自己的心理問題缺乏認識,不願意就心理的層次去了解與改善等等,而這些來自病人本身的因素,也會左右治療者對病人施以輔導的熱心與態度。另外的因素是病人的性別、年齡等,也會影響治療者對病人建立的關係。

除了這些一般性的因素以外,有時是受了治療者本身的因素,對某種病人有偏見或特別的感覺,不是很喜歡就是很討厭,不是很想接近就是很想回避。這些無法說明的因素跟病人本身無關,而是治療者本身的心理問題。假如是病人讓治療者聯想到他自己個人過去所認識的某種人,而且無形中對病人發生特殊的關係,是針對治療者過去所認識的某種人的感情、關係、態度、角色的轉移而發生,就成為是受「反轉移關係」的作用。譬如,自己過去有個奶媽很囉嗦,令人討厭,而目前碰到一位很喜歡嘮叨囉嗦的病人,治療者就很想回避;或者治療者過去很迷戀表妹,而很想照顧可憐的表妹,而現在看到類似的年輕女性病人,就不知不覺地讓治療者感到很喜歡,而且很想扮演表兄的角色去照顧此女性病人等等。針對這樣的情況,治療者就得自己提醒自己,並且做適當的控制,不受自己私人心理而影響治療上的操作。本治療者對此女性病人無形中採取回避性的態度或拒絕性的措施,就值得治療者對自己的心理與對病人的關係做個分析與檢討。

輔導的策略

很可惜,此病人過早就結束治療的過程,否則可以進行比較長期性的輔導,幫助此病人。假如是繼續治療的話,在策略上可以進行幾個先後的治療目標。即:提供可接近而又可信任的男性對象;減輕並糾正男人是可怕異性的看法;分析父親對女兒警告的心理影響,並提供糾正的見解;然後協助如何跟異

性接觸交往，能順利進入異性期的成人階段。

在整個治療過程裡，最重要的並不是如何分析或解釋，而是透過治療者與病人之間所發生與經歷的「男女關係」，讓病人能經由這樣的關係與經驗而實際去體驗：男人是可靠，男人並不總是會占女人便宜，是可信賴的對象，無形中糾正過去非適應性的觀念與態度。

當然，在技術上，男性治療者跟此女性病人不可太過分且太快地親近，免得病人發生誤解而害怕、退卻。要緩慢地建立可信賴的關係，而且保持適當的職業性、治療性的男女關係。假如治療者發覺自己對此病人受「反轉移關係」的影響，而難以進行輔導，就得適當地做處理。

第三節　理論探討與學理說明

年輕人在異性期心性發展上的各種問題

雖然每個人在孩童性蕾期就開始對異性的差異有所注意，而且跟異性（父母）產生稍微不同的接觸與對待，可是到了接著而來的少年潛伏期，就把其對異性的興趣暫時拋開（或埋伏不顯出），只跟同性的父母、朋友等伴侶親近（也就稱同性期）。後來到了青少年青春期以後，隨著生理的發展，對性的興趣開始顯著，並且有的開始跟異性接觸。可是事實上，隨社會的要求與約束、家長的管制，多數的人要到青年階段才開始和異性有所交往與往來。假如進入了社會工作，就需要跟異性的人物有所接觸。可是，並不是每個人都按這樣的發展步伐而進展，有的比較快，有的比較慢；有的比較順利，有的比較曲折。一般來說，在青年期的開頭，特別是心性發育比較遲慢或遭遇曲折的，需要處理若干心理上的課題。

對異性的好奇與恐懼：由於缺乏跟異性親近接觸的機會與實際經驗，也就一方面發生好奇，但同時也恐慌，不知如何跟異性發生實際的接觸。特別是自己的父母沒有提供男女的好榜樣，自己沒有異性的手足（兄弟或姊妹）或親戚

（表兄弟或表姊妹）等同輩的異性親近接觸，而且在學校又是男女分班或甚至分校而就讀，就很缺乏對異性的認識。再加上學校或家長很少提供關於異性事情的討論，包括性有關的教育，年輕人只好自己暗中摸索，依藉不可靠的知識來推測，保持好奇但又惶恐的雙重心理。假如像此個案，被父母灌輸不確實或錯誤的觀念，對年輕人的疑惑就更為增加。

心性認同的問題：當一個人剛出生的時候，就隨著解剖上的條件而呈現第一性象徵，即靠男女的生殖器而區別是男的或是女的。到了青春期，隨著軀體的發育，生理與軀體上發生變化，如男性會變聲、長鬍子，也長陰毛，開始夢遺而遺精；女的軀體長得有曲線，乳房隆起，月經開始、按月排卵等，表現第二性象徵，可明顯區別男性與女性。可是，單是依靠這軀體與生理上的變化和表現還不足夠，還得處理心理上的變化，對自己的性心理有所認識與確立。要能對自己的生理性別能接受，並開始能跟異性如何溝通與來往，扮演男女的角色，建立彼此相互的關係，是為第三性象徵。而這個第三層次，與心理有關的性象徵需要經由培養、訓練與經驗而逐漸形成。假如對異性沒有健康的知識，又缺乏適當的培訓與經驗，就容易發生心性認同方面的困難，需要透過心理與行為而彌補。

社會與家庭環境對心性發展的影響

家庭裡的父母或者學校的老師，對一個人的心性發展有重大的影響。不僅是早期的孩童階段、少年階段，甚至青春階段是如此，就是到了青年期仍繼續有所左右。父母要提供好的男女榜樣，要供給可以溝通交流的模範，經由溝通而提供與異性有關的知識、建立對性的事情能很自然去接受與應對的態度。即使是青年人了，有不少年輕人還得依賴父母的教導與協助。

社會也要提供比較健康的心理環境，讓年輕人可以成長。特別是對性的事情不能太過分的保守與拘謹，讓年輕人覺得對性的興趣是很不對的事情，或者對性缺少宜有的知識。但是，也不能提供對性過分的刺激，對年輕人增加壓力，或者過分沉迷於性的事情。這些都是社會為了下一代的責任，要能討論並意識到何種情況才適當，對年輕人有所幫助。

　　至於治療者就在配合社會的準繩，而提供各個年輕病人所需的關於性的輔導，希望能對性有比較正確的認識、有比較健康的態度，好準備進入下一個成人階段。

心理治療
解析與策略

第四部

成人的案例

第 *19* 章　長期自卑、焦慮、缺乏信心的女老師

■ 自我認同與信心的發展，及其問題的發生與治療

第一節　個案報告與治療操作（黃韋欽）

個案報告

　　本個案病人出生於台灣，是三十多歲已婚的女性，目前任教於某高中的老師，多年來受苦於焦慮及自卑感，嚴重時會併發憂鬱症及強迫行為。為了這種長期的焦慮與自卑，從二十歲起就看精神科醫師，在門診間續不定期地接受抗慮劑的藥物治療，先後已經十多年，但效果不佳。

　　從門診過去的資料顯示，病人焦慮的來源是怕自己原住民的出身背景，會被學生或同事知道而被歧視。這個問題導因於病人在小學六年級時，由山上轉學到平地的學校裡，被班上的同學排擠欺負的傷害經驗。台灣有一些少數民族住在高山裡，被居住在平地的多數漢人雅稱是「高山族」，但有時用閩南語被稱為「蕃仔」，表示是土蕃，帶有欺負性、看不起的意思。根據人類學家的推測，這些少數民族跟馬來西亞人（或菲律賓人）有點淵源與親近關係，皮膚偏棕色，而且傳統上在臉上或手腳上刻留騰紋，跟漢人看來不同。由於歷史上數百年前，當漢人從中國大陸（福建或廣東等地）陸續移居到台灣本島以後，這些原居民就逐漸被迫移居到生活環境比較差的山區，靠打獵及農耕生活，少有

機會受好的教育。由於病人是「高山族」，住在高山裡，受高等教育的機會不多，當病人還在小學時，被父母刻意安排，借居於住在平地的姑媽家，好接受比較好的教育。可是，由於病人感到自己是比較差的少數民族，很有自卑感。

病人還記得，由於當時自己個子比較小，皮膚又黑，在學校常被同學打罵及羞辱，下課放學路上也會被同學欺負。其中病人特別回想一次嚴重的創傷經驗，是在課堂上被一位男老師叫起來做自我介紹。當時因太害怕而無法做自我介紹，形成情緒及自信上的創傷。

病人一家有五口。病人排行老大，是大姊；下面有兩個妹妹及一個弟弟。父親受大學教育，在高山當地的中學教書，也是當地的鄉長，頗受鄉人敬重。母親國中畢業，在私人公司任職。父親的個性較嚴謹，而母親則較隨和。因為病人是長女，從小受到父親的期待較多。病人表示自己的個性本來就比較敏感，而且缺乏自信。但是小學五年級以前，還在山上的學校讀書，印象中生活還滿自在愉快的，跟山上的同學們也相處很好。但小學六年級時，因父親主張讓她轉到平地學校讀書，對她未來的升學教育較有幫助，於是被寄放到住於山下平地的姑媽家。因為姑媽的丈夫（即姑父）有外遇，姑媽跟姑父常吵架，家裡的氣氛並不好。而且，姑媽已經長大的兩個兒子有濫用強力膠的惡習，也有犯罪前科，行為不檢；但還好，他們對病人未曾有不規矩的行為（如身體或性方面的侵犯）。

病人轉到山下的第一年，就生活在這樣的環境裡。白天在學校面對學習及人際適應的困難，晚上回到了姑媽家也是戒慎恐懼，沒有安全感，常常心情沮喪，但只能偷偷躲在棉被底哭泣。病人的父母曾經幾次來姑媽家探視她，每次病人都哭得死去活來，很傷心。病人的父母發現，這樣情況繼續下去實在不行，於是在一年之後，全家乾脆都搬到山下來，也把病人接回家跟父母及弟妹一起住。但病人覺得，自己已經經歷了焦慮與自卑的創傷困難，日後也難以改善。病人的弟妹們雖然也跟著轉學到平地學校，但他們相對的適應經驗就比較順利。日後，病人在課業上很努力學習，後來在中學及大學的成績也都很好。但不幸的是，她很敬愛的父親在她大學四年級時，因患了癌症而過世，讓病人頓時覺得失去了支持與鼓勵的力量。同時，由於她是長女的身分，也承受到要負擔家

中經濟的壓力，因而產生一段期間失眠的問題，但當時並未就診。

大學畢業後，病人原先有一位交往中的男友，但因為對方的母親反對病人是原住民的身分背景，被迫放棄他們的交往。雖然戀愛失敗，病人仍努力念書，還念到研究所碩士班，畢業後就職，擁有受人尊重的高中教職工作，從事跟父親一樣的職業，也找到適當的對象而結婚。婚後養育了兩個兒子，夫妻親子間關係良好，家庭生活相當美滿，但病人常擔心自己的病情會不會影響到孩子的心理健康。病人的先生是平地漢人，學歷不錯，是專科畢業，有很好的高等職業，個性活潑開朗，對病人的態度向來是包容肯定，但不了解病人為何老是鑽牛角尖，跳不出自卑的情結。先生的父親是外省籍，先生的母親是客家人（跟歧視高山族的台灣本地的閩南人不同），他們對高山族沒有偏見，公婆都不介意病人的原住民背景，也都肯定媳婦的生活表現。但病人自己到目前仍無法擺脫這個心理自卑的陰影，而且為了處理時常出現的失眠及焦慮等問題，必須在精神科門診斷斷續續接受抗鬱劑及抗慮劑的藥物治療，但都只能短期平息焦慮的症狀而已。

在門診看醫師時，病人常提到她自己內心的困擾。例如：很擔心自己必須在課程裡，向學生們介紹有關原住民文化的教學資料時，就特別緊張與難受。病人說：「有時就想放棄教學的工作，或者甚至幻想自己可以用死來逃避這個心理上的痛苦。」病人還常會不由自主地一直想：一旦學生知道自己低賤的原住民出身，會有不屑的眼光。她對醫師說：「自己聯想起小學六年級當時，每天被同學罵『蕃仔』（即土蕃的孩子）的痛苦回憶，至今還很痛苦。」而且由於覺得自己是濫好人，常不好意思拒絕別人的要求。病人覺得：「卑賤的自己沒資格拒絕別人的任何（無理）要求。」

 ## 治療經過

治療者（精神科醫師）在門診看過病人數年，雖然早就知道病人的問題並非靠藥物所能根除，但治療者自己也沒有把握能在短期間內以心理治療處理得好，只好維持在門診給藥，做症狀性治療。後來治療者自己學會催眠術以後，想到如果能利用催眠將病人原先的創傷回憶導出，再加以重新處理後，個案應

該能有截然不同的反應，於是跟病人說明治療原理，並約定短期的治療程式，才開始進行催眠回溯治療。

治療者首先向病人解釋，病人所患的是心理上的問題，需要接受心理輔導；並且可以嘗試催眠治療，幫助處理過去心理上的創傷。經由治療者的解說後，病人願意接受每週一次的催眠，結果在被催眠狀態下，病人能喚醒過去在小學生時代的舊的心理創傷。即：自己個子比較小，皮膚又黑，在學校常被同學欺負及羞辱的痛苦回憶。病人特別回想有一次被老師叫起來，在班上同學們面前做自我介紹。當時因很害怕透露自己是高山族的背景，而無法做自我介紹，形成情緒及自信上的創傷。在催眠狀態中，經由治療者的安慰與支持，引導病人以現在成人的角色去重複經歷當時小時候被要求自我介紹的創傷性情景，依靠目前比較成熟的成人的自我能力，去處理當時幼小時尷尬、害羞又自卑的處境。經由這樣的催眠治療共八次，之後病人的焦慮症狀及自卑情結幾近消失，日後不須依靠藥物控制其症狀。

在整個催眠回溯治療的開頭幾次，隨著病人對催眠的習慣，能進入精神恍惚被催眠狀態以後，治療者就提示：病人一次比一次地深入潛意識境界，從最近的情況往過去回溯，誘導病人去回憶大學、高中、國中及小學各個階段裡，各種被潛抑而遺忘的創傷事件的場景。病人本來擔心自己會回想不出過去的創傷事件，自己內心裡有疑慮；可是，後來習慣於接受催眠，就充分享受催眠神入的優游自在。催眠治療的高潮則發生在回溯到個案在國小教室中，被老師點名做自我介紹時，內心充滿驚恐疑懼的現場。在回想這樣處境的時候，治療者就請她（病人）把已經「長大的自己」去代替回想狀態裡的原先「小孩」的位置。結果，接著奇妙的事情就發生了。即：她覺得原有的驚懼窘迫突然消失，取代的是自信與驕傲的感受。因為在治療師的引導下，她感受到在又小又黑的山地小姑娘身上，有著成為未來高中教師的巨大潛能，於是病人還「為她自己感到驕傲」。接著再重新回憶經歷到小學時一些同學戲弄她的場景，她也能從不同的角度去看到：「原來那些事情的發生，只不過是小學生之間的開玩笑與遊戲般的欺負而已，而不是生不如死的凌虐。」結果經過這次關鍵性的催眠治療後，病人就覺得自己內在心裡有著截然不同的轉變，原先習慣性的自我悲情

消失無蹤，自我質疑的想法也不復存在，在上課時變得自信且從容，並且自動停止了所有藥物的使用，也不覺得有什麼不舒服的症狀。整體情形好到連身為治療師都很驚訝，原來心理治療配合催眠可以達到如此深度的療癒，心中為病人及治療者自己喝采。

操作評論

這是由於自己的少數民族背景，少年期受到旁人的歧視與嘲笑而形成自卑的心理，長年影響其自我的認同及自我信心，也影響心情與性格的個案，經由催眠治療而進行心理治療。就此個案，我們可以討論若干與治療有關的事項。

心理創傷的治療：假如一個人遭遇了嚴重的心理創傷事件以後，對心情會產生巨大的影響後果，臨床上形成「創傷後壓力反應症」（post-traumatic stress disorder），呈現特殊的徵候群問題，如：對類似創傷事件的過敏反應，容易重複發生恐懼、害怕的心情發作、作噩夢、驚醒等等；也改變性格，對人生缺乏興趣，生活沒有慾望等問題，長年繼續存在，影響其生活與人生。針對這樣的情況，宜如何提供治療，臨床者還沒有特別的意見與經驗。特別是：是否宜幫助病人去回憶並重溫過去遭遇的創傷事件，經由「減敏法」（desensitization）的治療技術來減除對創傷的心情反應；或者由於創傷的程度很嚴重，病人的自我無法面對，不宜揭開創傷的舊跡，讓病人繼續潛抑為宜，免得病情惡化，各個學者有不同的意見。要考慮病人的性格、自我能力及堅強程度，以及創傷的種類與厲害程度等各種因素，來做綜合性的決定。

對本個案來說，病人雖然長期患有自卑的問題，幾乎變成是性格的部分，但是病人本身的自我還很堅強，能努力念書、工作、結婚，並養育子女，生活上有相當良好的表現與成就，只是有局部性的心理問題。其所經歷的心理創傷的嚴重性並不很厲害，是屬於自覺而產生的（主觀性）心理挫折經驗，並不是現實裡（客觀性）遭遇的重大創傷事件（如被強暴、目睹殺人、面臨死亡的危險等）。況且，其自我認同的問題及自卑的心理來源比較清楚，可意識性地認識與把握其資料，有可描述性的具體事件可回憶、探討與分析，只是仍被殘留著痛苦的情感上反映而已，因此很值得施予治療，並嘗試讓病人去回憶舊的心

理創傷，給予減敏性的治療操作，改正其情感反應，去除過分的自卑心理。

　　這種過去創傷事件的回溯性治療，在分析性的心理治療裡，常被嘗試使用。只要病人跟治療者能建立治療上的良好關係，病人信賴治療者，肯面對並處理阻抗作用，應對尷尬的反應，而去回憶各種經歷過的創傷事件，透過「創傷再度經驗」（re-experience of trauma），給予「情感矯正」（emotional correction）的機會與體驗，病人對創傷的心情反應可以改善，促進人格的成熟與完整。可是，有些治療者沒有足夠的訓練與經驗，再加上病人對治療者的信賴不容易建立，不習慣去回想過去私人性的尷尬創傷事件時，就沒有那麼容易施行。

　　催眠術的功用：催眠術治療，是由治療者誘導病人進入被催眠的精神狀態，在心神恍惚情況下，進行心理治療工作。其特點是，病人在其心神恍惚狀態，會比較容易減少阻抗作用（經由其退行作用，比較不在乎尷尬的心情），能回憶被潛抑下來的過去回憶性資料，運用於「情感矯正」等治療工作，並且透過暗示性高的精神狀態，提供有用的治療上的提議。假如受過訓練而有經驗的治療師施用，補助通常的心理治療，可提高其效果。

　　有一點需要提醒的，催眠治療的效果不會是很戲劇化、魔術性地帶來治療效果，還是需要經由重複且繼續性的治療，才能經由減敏的原則，逐漸減除其對創傷的負性情緒反應。就如分析性治療似的，還得花費時間，進行治療的程序。只是有些病人依靠催眠的方法，能比較進入情況，減少阻抗作用而去面對與處理過去的心情創傷而已。

　　然而要注意的是病人的選擇，對於自我功能比較不健全的病人，如患精神病或邊緣性格障礙者，就不能嘗試，會發生難以收拾的副作用，猶如接受氣功治療的人，有時會引誘精神病發作一樣的毛病。況且，有些人對被催眠有不同的接受性，譬如：帶有癔症型（或戲劇型）性格的人，容易被暗示與催眠；而富於強迫型（或固執型）性格的人，就不那麼簡單，接受性低。特別是跟治療者未建立信賴感的病人，就不容易被催眠。換句話說，治療者對病人有相當影響作用者，才容易發生效應。

　　轉移關係上的療效：針對此個案來說，有一點要特別指出與討論的是：病

人接受治療者的催眠（而退行）時，跟治療者所發生的（轉移）關係上的作用與效果。我們可以說，在催眠狀態裡，病人恢復獲得小時跟自己（敬愛的）父親接近的關係，得到父親的足夠鼓勵，去面對所經歷的、被歧視的經驗，能獲得充足的支持，來重複面對當時所遭遇的困難與挫折。因此，換句話說，治療者無形中扮演了病人覺得可依靠的、能幹而又可敬愛的「父親」，提供了病人小時住在山下（姑媽家）而未得到過的支持，恢復了自我的信心。這也是在分析性的治療裡，常希望發生的治療機制與效果。

第二節　病情解析與治療策略

自我認同的發展與信心的建立

所謂「自我認同」（self-identification），就是一個人對自己的認識與看法，也是日後「自信心」與「心理性別」建立的基礎。當一個人出生後，在其嬰兒（口慾期）階段，除了主要依靠原本自己（即原我）的本能與慾望，來發揮其生存的功能，支配其行動以外，逐漸對自己有個模糊的概念。可是大體上來說，自己跟主要的養育者（母親）之間還是很黏密，沒有自己跟養育者的清楚界限，形成「自我界限」（ego boundary），跟養育者的關係不是分得很清楚，對四周現實也沒能做明確的區別。

到了幼兒階段，經歷肛門期時，其自我的功能比較明顯化，開始能區別自己跟養育者（你與我的區別），也能體會自己周圍的人的存在，建立自己的觀念，可說是自我認同的開始。由於在這個時期，自我的功能剛剛建立，喜歡發揮其功能，做自己的主張，不喜歡聽他人的，呈現所謂（第一）反抗期的現象，喜歡跟他人爭執，發揮自己否定他人的功能。假如在這個階段受到大人們的過分管制，或者批評，自我的發展就會受到影響，不是過分地強調自己，就是放棄對自己的主張，對自己沒有很有信心的認同。

到了孩童期（性蕾期），不但認識到自己與你，還體會他（她）的存在，

開始學習在父母跟自己三個人當中如何互動，取得對方的興趣與關心。除了得到父母雙方的共同照顧以外，還想取得一方父母的特別關心與喜愛，甚至有時還想排斥另一方的父母，形成三角關係上的特殊矛盾關係。就在這個階段，開始從父母學習並內射（吸收）什麼是對的、什麼是不好的觀念，逐漸建立超我的功能，學習建立自己配合社會價值觀的好壞觀念，逐漸管制自己行為的準繩。在這個階段，假如能時時得到父母的鼓勵與獎賞，對自己的認識就有比較正性的形象；否則常被罵、被處罰，就造成負性的自我觀念。也就是說，在這個階段，父母或其他養育者對他的關係與處理態度，會直接影響對自己的認識，間接也會左右對自己的信心。

可是，到了少年，進入同性期階段，對自己的看法與認同就要依靠父母以外的人。在學校就受老師的影響，而最要緊的，還很會受同輩的同學或朋友們的左右。假如被周圍的朋友或同學喜愛，被友善對待，就對自己有良好的看法，喜歡自己；否則就會不喜歡自己，對自己沒有信心。

所謂自我的信心，就是自己對自己能力的評價，相信自己是否可靠，是否有能力去處理事情，並應付問題。這是要依靠自己累積的經驗與成果而建立，但也受四周人的評判與回饋而決定。假如自己的父母、老師、同學們多時時說自己好，而且自己嘗試各種事情都有良好的結果，當然就能建立充足的信心；否則就缺乏信心，認為自己有毛病、有缺點、自卑、缺少信心。

日後的表現，如學習、工作、戀愛、結婚、成家、養育子女的結果，包括整個人生的經歷，都會綜合性、持續性地左右一個人的信心。可是在早期遭遇的經驗，特別對日後有長久的影響作用。

本個案的分析

根據病人所提供的大致資料看來，她從出生到小學五年級這段期間，過得還可以。雖然居住於山地，據病人表示：「父親受大學教育，在高山當地的中學教書，也是當地的鄉長，頗受鄉人敬重。母親國中畢業，在私人公司任職」，表示在當地是水準不錯的家庭。至於父母，病人敘述：「父親個性較嚴謹，而母親則較隨和。」唯一需要注意的是：「因為病人是長女，從小受到父親的期

待較多」，可能有心理上的壓力，需要好好表現。病人自己表示：「自己的個性本來就比較敏感，而且缺乏自信。但是小學五年級以前，還在山上的學校讀書，記憶中生活還滿自在愉快的，跟山上的同學們也相處很好。」可見沒有什麼特別的心理困難，對自己的認識與信心的成長還算順利。

可是，問題的發生是到了小學六年級時才顯著開始，因為：「父親主張讓她轉到平地學校讀書，對她未來（中學）的升學教育較有幫助，於是被寄放到住於山下平地的姑媽家。」從那時才經驗到同學們的嘲笑，也特別害怕男的老師叫她做自我介紹，透露自己的民族背景，將會引起同學們的歧視。可說是環境因素而引起的負性影響。是心因性引起的自卑狀態。

同時不能忽略的是，離開自己的家（在孩子的心情可能感到彷彿被「遺棄」似的），遭遇困難時，得不到父母的隨時安慰與支持；而住在姑媽家，氣氛不好，有如住在地獄似的，得不到需要的關心與心情上的照顧。因此，才會更顯得難以接受外來的挫折，無法建立自己對自己的信心。

還好，病人聰慧，而且苦幹，靠自己的努力，學業上還能有很好的表現與成就，雖然戀愛曾經遇到波折（被對方母親嫌棄自己「低劣的」民族背景），可是日後的就業、結婚也順利，照理可以補救自己向來的自卑感才是。特別是她的丈夫及公公、婆婆都不在乎她的少數民族背景。因此，我們可以推測的，可能是她過去所受的打擊對她來說很大，不容易消失；或者她的丈夫在結婚後，只會提供通常的支持，而沒有好好幫助她去解除內心的情結也說不定，我們不得而知。

治療上的策略

既然病人受惠於心理治療，透過催眠回溯治療技術而有顯著的心理上的改善，就宜繼續維持輔導的期間，不宜過早結束治療。畢竟此病人所患的焦慮、抑鬱及自卑的情況，是十多年來的問題，不會一、兩個月就消失。因此，治療者宜繼續提供輔導，至少以間歇性的會談，維持病人好轉的情況，進行比較長久的追蹤與觀察。

從臨床上來說，要考慮的一點是，病人是否患有起伏間歇性的抑鬱症，心

情抑鬱才附帶繼發性地發生自卑的情形。也就是說，把因與果顛倒去思考，不要全認為是心因性的心理問題，是自卑才繼發性地發生抑鬱。特別是此病人過去十多年來，常隨著病情的起伏來門診求醫，接受藥物治療，求得症狀性的治療。因此，為了排除此潛伏性的間歇性抑鬱症，需要繼續做長期的追蹤與觀察，不要只是滿足於病人這次的急速改善。

第三節　理論探討與學理說明

挫折、支持與適應

　　透過本個案，可以討論的一件事情是，關於挫折或壓力的學理觀念。我們要就幾個層次來分析，並說明一個人對挫折或壓力的反應與適應情況。

　　挫折或壓力本身的因素：我們在生活中所遭遇的挫折、壓力、創傷等有不同的嚴重程度，不盡相同。譬如，按平常的說法：幾乎被殺害、目睹殘殺、被強暴、經歷可怕的情景等，都是比較重大的壓力；患了重病、失掉工作、離婚等，則是其次；而丟掉錢包、考試不及格、挨人家的罵等，又是比較輕的程度。照理，越是嚴重的，遭遇者越吃不消，反應也更嚴重。

　　對壓力的自我感受：雖然壓力有大小，但並不是絕對的，還得看當時人如何感受的因素。有些人丟了一個自己很珍惜的紀念品，就很氣憤，又傷心又難過；但有些人自己的車子被偷了，並不覺得怎樣，仍能泰然而處。由於一個人對事情的看法、對事件的感受不一樣，也就覺得是大小不同的壓力。在喜歡的男老師面前答不出問題，可能令青少年的女學生感到很尷尬；而在眾人被問不合理的問題，習慣於這樣的人，或許就認為是沒什麼了不起的情況。

　　支持的因素：同樣是受了嚴重的壓力，而且感到是同樣的挫折，但是，隨著是否可以得到四周人、朋友、同學、老師或家人的安慰與支持，其情況可有天大的差異。有了足夠的支持，也就能應付更大的困難；缺少需要的支持，連很小的困難也難以面對與接受。有些人有許多支持的來源，但有的人則比較少。

小孩要依靠父母的支持，但父母不在身旁，只靠本身心情不好的姑媽是不足夠的。

個體的自我能力：遭遇困難的當時，人的自我能力是否堅強，個性是否堅韌，可以應付困難，也是重要的因素。大人通常可以應付比較大的挫折，小孩就不同，他們的自我能力還不堅強，能應付外來的挫折比較有限。

適應與防禦方式：最後一個因素是如何去面對、適應與處理困難的手腕，與心理上防禦機制的差異。有些人心理比較成熟、人生有經驗，懂得如何適當地面對困難。譬如，面對該縮頭的時候，就學會烏龜似的，把頭收緊；有的人懂得葡萄是酸的道理，能靠講理由來安撫自己，免得難過；而有的知道「不入虎穴，焉得虎子」，就勇敢衝進危險的地方，企求得到目的，諸如此類。這些不同的適應或防禦，都會幫助你如何去面對壓力或創傷，左右反應的結果。

◦◦ 創傷的心理治療機制

根據以上對創傷或壓力的說明，從治療的立場來說，我們不難知道，要幫助遭遇創傷的病人，在輔導上，可以依靠幾個方向與機制來進行。讓我們就幾點來做說明：

供給發洩去壓的機會：特別是自己沒有親近朋友或家人時，治療者可以透過會談讓病人能有機會把內心累積的情感痛苦發洩。有些煩惱是難以向家人或親友申述，是比較尷尬或內疚的事情，治療者在保密的許諾下，聽取病人的申訴與發洩，可幫助病人內心處理跟創傷有關的痛苦情緒。

提供情感上的支持：隨時提供支持、少批評或責怪，表示同理心，是很重要的治療措施與復癒機制。

協助去除壓力因素：有些困難是超越病人的能力去應對，治療者可以想辦法間接性地幫助病人，在適當的範圍裡，依據職業性的立場，幫忙去除環境上存在的困難。

充當可靠依賴者角色：面對創傷與困難的人，在情緒低落的時刻，感到非常需要有人可以依靠，獲得安全的感覺。在職業性的範圍裡，治療者也可以扮演可依靠的強人。

　　處理自責或後悔的心情：遭遇創傷事件或困難事情的人，常會經歷自我責怪的階段。有些人實在處理事情不妥當，產生後悔的心情。這些都是可以經由治療者的操作，幫助處理，恢復心理的平衡。

　　探討處理困難的途徑：要幫助病人如何處理目前遭遇的困難，研究各種策略的利弊，適當選擇解決問題的有效途徑。

　　啟發對將來的希望：最重要的，是給病人提供「希望」與「信心」，可以發揮病人自己的潛在能力，啟發自己處理困難的動機與勇氣，自己想辦法面對困難，處理問題。這是最上策的辦法，是治療者可以採用的輔導方向。

　　探討分析引導困難的情結：以上所說的，都是支援性輔導的基本要領與技術。假如病人本身有心理上的情結，而且適合、也需要去分析探討，並且處理深層心理問題時，可以透過分析性的治療來幫助病人。採用催眠術來加快治療的過程，也是未嘗不可的考慮與嘗試。特別是病人在生疏的治療者面前，不習慣表露自己內心裡私人性的回憶或情結時，對催眠治療有經驗的治療者可以嘗試催眠治療，探討情結，並加以更正。

第 *20* 章　罵白人、討厭日本人、不喜歡中國人的韓裔婦女

■ 民族意識的發展與問題的發生

第一節　個案報告與治療操作

個案報告

　　此個案發生在美國夏威夷的檀香山，是位韓裔美國人，快五十多歲的離婚女性。由於她在精神病狀態中，在檀香山觀光勝地威基基（Waikiki）海灘附近大聲叫罵白人，也罵日本人，妨礙公共秩序而被員警逮捕，送來當地的精神病醫院，診斷為患妄想型精神分裂病，住院接受治療。

　　病人原來在朝鮮出生，父親和母親都是受過大學教育的知識份子。祖父是當地有名的望族，也有文化上的修養，很熟悉中國的文化與歷史背景。當病人還很幼小時，祖父就很正經地向她說明並教育她：中國人是貪錢好利的民族，而且歷史上總把朝鮮當成是邊疆附庸的次等民族，歧視並占朝鮮人的便宜，是要小心提防的民族。至於日本人，民性好強，喜於攻擊且很殘酷，不但清朝末期中日戰爭後把朝鮮占領，毀滅了朝鮮歷來的朝代，把朝鮮變成是日本的殖民地，對待朝鮮人很壞，虐待朝鮮人，因此是朝鮮人的可恨敵人。由於祖父的時時灌輸，病人無形中就記得這些祖父傳授的民族觀念。

　　當病人還小時，朝鮮剛經歷南北韓的戰爭，有許多美國軍人仍駐軍於南韓。祖父和父親曾向病人及姊妹們警告，美國人是野蠻的外國人，看了女人就

喜歡玩弄，占女人的便宜，要特別小心，不可接近；連鄰居老少都得提高警覺，避免跟美國軍人接觸，籠罩在外國男人是可怕的氣氛裡。

病人的父親和母親是大學同學。朝鮮當時還是很保守，重男輕女，女人很少被送到大學去就讀。可是由於母親的家庭背景好，特別被送到大學受高等教育。父親和母親在他們大學時就認識且交往，結果母親懷孕。在當時女人未婚懷孕，被認為是很可恥的行為。雖然在他們父母（即祖父母）同意之下，趕緊結婚了，可是祖母一直很不喜歡母親，總是罵她是沒結婚就懷孕的「壞」女人，把她唯一的兒子（即病人的父親）偷了，還逼迫他結婚。病人的母親就這樣一輩子，為了這個原因抬不起頭來，總是被奶奶歧視與精神虐待。病人從小就看不慣自己很有教育的母親，為了愛情、為了男人、為了未婚懷孕就被人（奶奶）歧視，覺得很可憐，也沒道理，很同情受欺負的母親。

後來，當病人年歲逐漸長大些，初次在街旁碰見了美國軍人時，美國軍人還給她巧克力糖吃，讓她有個好的印象。當她高中畢業以後，為了好奇心與冒險心，她就偷偷跟一位要好的女同學去一個美軍的用品供應站應徵工作，擔任售貨員，而且住在工作場所附近的房子。可是，由於她決定在他們一般鄰居朝鮮人所不齒的地方做事情，被看成是很「壞」的女人，連她自己的父親都不敢公開來找她。根據病人所說，雖然父親偶爾來看她，可是都會把他自己的車子停在很遠的地方，然後走過來，避免被鄰居看到他居然還去看淪落在美軍紮營地區的「壞」女兒。病人說，連自己的父親都那麼看不起她，讓她自己感到自卑。

可能是潛意識為了反抗她對自己父親的不滿（或者對奶奶歧視並虐待自己的母親），不久，她就刻意認識了一位黑人美國軍人，而且懷孕。同樣身為美國軍人，黑人在朝鮮人的眼光裡，是很低下的民族。結果，在父母及祖父們極端反對下，她還是跟此黑人美國軍人辦理結婚；不久，就隨丈夫回國而移居到美國南方居住。

可是到了美國，她頓時發覺美國南方的歐裔白種美國人很歧視黑人，也看不起黃種東方人。由於她自己是黃種人，又嫁給黑人，在這雙重原因之下，她飽受當地白人的欺負，很痛恨白種美國人；也嘗到異民族或種族間的歧視與虐

待的實際痛苦經驗，尤其痛恨傲慢欺負黑人與亞洲人的美國白人。

當她生下她的（黑色皮膚的）孩子時，在產後出現精神抑鬱與錯亂的現象，無法照顧自己的嬰兒，被當地的社會工作人員發現；為了保護嬰孩，他們強迫把嬰兒帶走，安排給他人撫養。結果，這樣更打擊她的心理，久久無法恢復她的精神狀態。也就這樣，她的丈夫遺棄了她，讓她一人到處流浪，終於流浪到夏威夷。在東方民族多的夏威夷，她覺得還可以生存，沒受那麼多種族歧視的眼光，但是仍偶爾精神病再發，常被送來州立的精神醫院短期住院，接受療養。病情稍有好轉，就被安排出院，依靠社會福利金維持很基本的衣食住的生活。不用說，自從來美國以後，就被朝鮮的原本家人遺棄，跟父母或其他家人完全沒有來往，自己過孤單的生活。

這次不知何故，是否受到什麼刺激，她到遊覽客很多的威基基海灘，朝著街旁行走的國際觀光客們大聲喊罵，罵白人，也罵日本人和中國人，說他們個個都是羞恥不要臉而野蠻的民族。結果被員警發現，也就送來精神病醫院住院。

 ## 治療經過

此病人剛住院的時候，情緒還是很興奮高昂，看著病房裡的白人、日本人或中國人背景的醫護人員，就開口罵他們是野種，表現不友善的態度。她只願意跟當地夏威夷土著或黑人背景的病人打招呼，說他們都是同樣屬於被強勢民族所歧視的弱小民族。病人碰巧被華裔美國人背景的女性住院醫師負責治療。病人對她的住院醫師，起初也是不很友善，說華裔美國人的住院醫師也不是好種。可是，病人開始服藥，接受藥物治療以後，病情逐漸好轉。情緒比較穩定後，就不會如此公開罵歐裔白人或日裔背景的醫護人員，對照顧她的華裔住院醫師也就慢慢變得比較親近且依順，喜歡跟此女性醫師會談。

在施予藥物治療之餘，住院醫師還是每天在病房為她治療，跟她會談，每次半小時，提供支援性的輔導。經過這樣的熱心輔導，病人逐漸改變對各個民族的極端偏見。經由住院醫師的協助下，開始認識並接受：每個民族裡有好人也有壞人，但不可以籠統地說哪個民族或種族都是好或壞的看法。病人開始說，治療她的住院醫師是「好的」中國人，並不屬於（像祖父所說的）「貪錢好利，

而且歧視並占朝鮮人的便宜，是要小心提防的」中國人。同樣的，對於照顧她的日裔護士，開始說她還像個人，對她體貼，並不是所謂（像祖父所說的）「好攻擊且很殘酷，會虐待朝鮮人的可恨日本敵人」。唯一仍不受她歡迎的是歐裔白人，說一看到他們，就讓她想起在美國南方曾歧視她的白人，以及把她自己剛出生沒多久的嬰兒帶走的白人社會工作者，不太願意跟他們接近。

為了提高病人及醫護人員對各個民族不同的意識感，州立的精神病醫院每年還特意舉辦「民族意識節」，由病人與醫護人員們按自己的民族背景穿著與打扮，在醫院的廣場舉辦慶祝活動。在此特別的活動裡，這位韓裔病人還很高興地打扮自己，穿著朝鮮人的衣服，唱小時記得的朝鮮歌，宣揚她自己是朝鮮人，看來很高興的樣子。

 操作評論

除了基本上依靠藥物來治療此病人的精神病狀態以外，負責醫療的住院醫師還給病人提供短而間續性的支援性心理治療，逐漸糾正病人對民族或種族的極端偏見，是很合適的輔導。特別是透過「治療者與病人關係」，依靠實際的友善來往，跟病人建立良好可信的關係，讓病人很具體且實際地體會：每個民族裡也有許多「好」的人，而不要過分且以偏概全地指稱哪個民族都是好或壞，建立能區別性地認識各個他人，而不做刻板性的看法與偏見，讓病人能從心理層次改變自己的認知情況。

在住院醫師與督導教授討論時，曾分析談論到：為何祖父對自己心愛的孫女從小就要拚命去教導外國人是不好的人，對外國男人要小心，不要被玩弄；同時，父親對她感到那麼羞恥，不敢大膽來探視在美軍地區工作的女兒，而讓自己的女兒感到自卑與失望，是否有何意義？也討論到，這些從小的經驗是否會讓她「反向作用」似的，或者反抗性地去做出一些自己的祖父與父親剛好不贊成的「壞」行為出來，即：跟「壞的」外國男人接近，還懷孕與結婚，猶如潛意識地表現相反的結果。或者，是否對母親跟自己愛的人（父親）親近而婚前就懷孕，被奶奶一輩子看不起而不滿意，也就無意中去重複母親年輕時的行為，自己也未結婚就懷孕，來表示這種事情不值得大驚小怪，是對奶奶發出的

一種抗議的行為。

無論如何，這些私人性的心理經驗與情結，對患精神病的病人來說，不用、也不必要去分析探討與解釋，只進行「支持性輔導」，注重在如何適應現實裡的生活就可。

第二節　病情解析與治療策略

早期的灌輸與經驗

病人在幼小時，曾聽到祖父的教導，了解自己的民族曾受其他民族的歧視或虐待，很早就提高對民族意識感的建立。特別是自己尊敬的祖父所說，而且是帶有情感的教導與提醒，更有其作用。而且，當時的南韓的確有美軍的存在，面對（被形容是可怕而外觀奇異的）美國人，鄰居都很警戒與回避外國人，更督促樹立「自己人」與（不好的）「外人」的觀念，可說是受家長與環境的刺激而提早建立民族的意識感。

看到自己的母親，只為了喜歡自己的情人而婚前懷孕，就被祖母歧視一輩子；而且，父親為了女兒在大家看不起的美軍地區工作，被認為是「壞」女人而不敢公開來看望她，心裡感到抱不平，故意跟比較差的人（黑人美軍）接近，是否有刻意向被欺負的弱小群體認同，表現是「向弱者（敗者）認同」，即跟一般的「向強者（厲害或成功者）認同」的相反自我防禦機制趨勢，是值得考慮的。換句話說，讓病人總是意識到弱者被強者歧視而不平等的感覺。

日後的體驗

可是意識還是意識而已，實際上的影響還是病人到了美國後，在實際生活中確實面對與經歷的創傷性經驗，加強了她對其他民族的先入為主觀念，更深信不同的民族會歧視她自己的民族，而累積了仇恨其他民族的信念與感覺。

精神崩潰後的透露與表現

這些對不同種族或民族的強烈偏見，平時還是藏在病人自己的心理，可以不透露。可是，當她患了精神病的情況，自己的精神失去對現實的接觸，自己對自己內心裡的慾望與思維失去控制時，那些對外民族仇恨的感情與慾望就暴露出來，形成精神病症狀與行為，而且為她帶來被送進精神病醫院療養的結果。

對精神病患者的支持性輔導

雖然精神病的發生跟生物性病因有關，但是在病態裡所表現的心理症狀，跟病人內心存在的情結往往有間接的關係，因此，是值得根據表現的心理症狀內容而提供所需的心理輔導。雖然藥物治療很重要，但是心理輔導還是可以補助性地發生作用。針對精神病患者，要施予的是支持性的輔導，而不用、也不要去常識分析性地輔導。輔導此病人對民族意識的正確觀念是很符合實際的輔導，對此病人如何能適應現實的社會是很需要的治療。

第三節　理論探討與學理說明

民族或種族意識的發展

到底自己的民族或種族背景是什麼，如何意識、如何認同，是每個人的心理發展上遲早要面對的課題。隨著對自己的意識、自己的認同，跟家人的認同，對四周群體人的認同，乃至國家、民族的認同，都是一個層次往上一個層次地加上去，形成一整套的意識與認同的體系，對自己的信心有直接與間接的影響與作用。

所謂「民族」（ethnicity）是跟自己生活在一起，共同遵循相同的價值觀念，並且經歷相同的歷史背景而共同認同的群體。至於「種族」（race），指的是有相同的軀體身型與外觀（包括皮膚、頭髮等的顏色，軀體長毛等情況）

的群體，以跟別的種族做區別。所謂「國民」，指的是屬於同一個政治單位的社會的成員，跟民族可以相疊性的存在。譬如，中國人與中華民族，日本人與大和民族等等。可是，多民族或種族的國家，卻是由不同的種族或民族混合而形成一群國民。譬如，美國就是由各種種族與民族混合而形成的國民，共同遵守並執行共同的國民職責，保持美國國民的群體認同。

從心理發展的角度來說，當小孩在三、四歲左右，就可以開始注意與觀察，並意識到四周人的軀體與外觀在具體上是否跟自己的父母一樣，可說是可以開始注意外觀不同種類的種族；但對民族的抽象觀念，要等到稍微大些，才可以隨認知的成長而體會。假如跟不同民族或種族背景的人相處，而且有不同的對待態度與相對關係，對種族或民族的意識感會比較早受刺激而存在，並且比較強烈地受其影響。

總之，民族或種族的意識與認識，是受群體的共同經驗的影響，但也受個人與家庭的直接左右，建立自己的民族或種族感，建立整體性的自我與群體的認識、認同與信心。

種族歧視的問題

根據歷史上的關係，經歷彼此相處的經驗，不同的民族或種族會建立不相等的關係，發生歧視、排斥，或者甚至敵對的關係，而且經由世代的相傳與影響，長年存在，不容易輕易消失。最明顯的例子是，美國白人曾經把黑人當奴隸對待並歧視，雖然經由南北內戰而解除黑人被奴隸的對待，可是經由長年數代的累積影響，至今仍多少保持黑人不信任白人，而白人不喜歡跟黑人接近的社會傾向。中東的猶太人跟回教徒保持敵對的態度，不容易建立和平相處的關係，或者英國的愛爾蘭民族跟英格蘭民族的仇視關係，也是其他例子。在亞洲，朝鮮人跟日本人或中國人跟日本人，多少還留存著過去遺留下的戰爭結果的心理痕跡，不是很友善，也是這些種族間的相互歧視或不友善的現實例子。

跨民族心理治療

假如治療者跟病人有不同的民族或種族背景，施行心理治療起來，總會面

對許多實際上的困難。除了言語溝通的困難，了解心理的限制等因素以外，還得面對價值觀念上的不同，特別需要花費精力與注意來進行跨民族的心理治療。特別要面對的是跟民族或種族有關的「民族轉移關係」（ethnic transference），即病人對治療者的民族背景而產生跟民族有關的轉移關係。治療者也會因病人的民族或種族背景而產生「反民族轉移關係」（counter-ethnic transference），嚴重影響治療者與病人間的關係。譬如：黑人被白人治療者輔導時，不容易相信白人的治療者，不能建立基本的信賴關係；或者，猶太背景的治療者難以輔導回教背景的病人，很需要特別花費精力與時間去建立可信賴的關係。有時卻相當困難，只好放棄跨越民族的心理治療工作。

第21章　先後喪失父親、丈夫而抑鬱的女老師

■ 成人期的喪失創傷與轉移反應

第一節　個案報告與治療操作（黃韋欽）

 個案報告

　　病人是三十多歲的女性，出生於台灣，目前在台灣任教於某國中，並同時就讀研究所碩士班。來醫院初診的主訴是：從兩個月前丈夫去世後，自己有明顯的憂鬱心情、罪惡感，及尋死意念。

　　病人父母生育六個子女，病人在家排行老五，上面有兩位姊姊、兩位哥哥，下面有一位妹妹。父親是國共內戰時，從中國大陸撤退來台灣的軍人，後來退伍。父親過去在大陸時已有元配妻子，可是由於台灣與大陸長年相隔，無法聯繫，父親在台灣再娶台籍女性，即病人的母親。病人描述，她小時候的家庭氣氛尚融洽，覺得「自己從小在家頗受父親疼愛」。

　　可是，當病人在國中三年級（十五歲）時，中國大陸對外開放，開始海峽兩岸探親政策，容許原本從大陸來台灣的人回大陸探親。在台的父親因而離家，逕自返回大陸探親，可是去了大陸後，七年之久沒回來，完全跟台灣的家人中斷音訊。母親孤立，覺得被父親遺棄，陷入沮喪，後來也就改嫁。病人只好自己半工半讀完成學業，並取代母親負起照顧小妹的責任。病人覺得自己的父親「當時給家庭造成打擊，也令自己沒有安全感」。

　　後來當病人大學四年級（二十二歲）時，父親突然從大陸返回台灣。因為父親感染肺結核，回來台灣，說是尋求醫治。對於長年離開又突然回來的父親，病人說：「令大家措手不及，不知如何是好。」病人描述她自己的心情說：「當他離開時，我沒有恨他；而他回來，我也沒有嫌棄。」由於母親已經再嫁，兄姊已經結婚成家，也氣恨父親，因而只有病人自己願意負起照顧父親的責任。可是，父親知悉（在台）妻子改嫁一事而抑鬱，並且不到半年結核病惡化而過世，這樣的結果令病人深感遺憾。

　　病人在大學求學期間曾有幾段保守謹慎的戀情。她跟先生認識是在大學三年級時，交往三年後（即大學畢業後兩年）結婚。先生來自於台灣南部本省籍的家庭，手足共三兄弟，先生排行老二，擁有碩士學歷，在私人公司任職。婚後夫妻曾與南部的公婆同住幾年，但產生婆媳溝通問題，無法跟婆婆相處，令病人感到沮喪。當時病人懷孕將生產，也就以要請住在北部的母親來照顧為理由，要求跟先生一起搬回北部居住。丈夫聽從病人的話而辭掉工作，一起搬到北部，另外找工作。後來病人因此常被南部的公婆責備說：「自己害先生放棄南部的（好）事業」，對她不滿。

　　搬遷到北部，並生下一個男孩以後，病人跟先生的夫妻關係開始惡化。根據病人所說：「自己太堅持對感情的理想要求，以及反抗來自先生他們家對她的持續壓力」，而逐漸造成緊張爭執，曾有段時間，先生跟自己甚至彼此都有婚外交往的情形。當時曾經因為夫妻關係不睦及考慮自己想繼續念完研究所，病人私下把第二次懷孕的過程中止掉（即墮胎），而未讓先生知道墮胎這件事情。

　　雖然病人跟丈夫的關係並不很好，可是兩年前先生開始屢次患不明原因的發燒，後來檢查發現丈夫得了血癌。結果患難見真情，夫妻彼此的關係在此時反而得到改善。病人與先生盡釋前嫌，為了家庭及唯一的兒子，共度了將近一年多親密且共同奮鬥抗癌的歷程。但病人內心覺得：「非常感傷要在付出如此高的代價後，才能得到了夫妻彼此的真愛。」

　　在兩個月前，病人的丈夫終於抵抗不了病魔而離世後，令病人深感痛苦及愧疚，讓她感覺：「老天接連讓自己失去父親及先生」，「覺得自己及當時婚

外交往的對象都是兇手」，「想割腕、拿刀刺自己」。因為病人心裡感到很憂鬱，嚴重影響生活、工作及照顧孩子的能力，終於前來醫院就診。

 ## 長期治療過程

在開始治療的最初三個月，醫師提供每兩星期一次的例行門診，每次約十五分鐘的短時間會談，調整藥物，並配合支持性心理治療。支持性心理治療包括：跟病人建立關係、傾聽同理、情緒支持，及協助問題的處理。會談所牽涉的話題包含：不知自己將來何去何從的感受、哀悼先生的過世、因遺產繼承與婆婆大伯間產生的矛盾、成為單親媽媽的責任、學校工作的調適、對周圍男同事刻意親近自己的疑懼等等。

後來在某次門診後，在非就診約定時間，病人突然帶禮物前來探視治療師。此時治療師考慮到病人的心理狀況、對治療者所表現的依賴，以及想更親近的移情反應，覺得需要進一步處理這些心理上的問題，也就建議病人改為每星期來一次，按每次會談五十分鐘的時間進行（正式的）心理治療。

正式心理治療的歷程前後經過九個月，總共三十多次的會談治療。治療工作包括：深度會談、探索個人發展、整合內在自我，以及對治療師轉移關係的詮釋與處理等。至於會談所牽涉的話題，包括：照顧婆婆的責任及取捨、過去與先生的關係、過去與父親的關係、過去與母親及孩子的關係、分離獨立、自我成長、過往的情史、目前與婚外交往者及其他男性的互動、罪惡感的來源、對治療師的移情投射、心理治療的收穫，及治療歷程的回顧等等。

如此在每週一次的心理治療九個月後，治療就告一段落，恢復為一般門診，每個月返診追蹤一次。如此再經過半年後，病人向治療師表示：「不好意思這樣讓你很累（診治我）」，「（以後）不用預約了，我自己會處理（我的問題）」，而結束門診治療。

對於此病人的治療，治療師得到特別的體驗與心得，即：原本希望透過心理治療，來幫助病人處理喪親的哀悼及新寡的適應歷程，但沒意料到，此病人在治療歷程裡，對治療師產生了強烈的情緒感受，呈現「色情化轉移關係」（erotic transference），反而造成治療上的複雜化，引起嚴峻的挑戰。治療師費

心嘗試以說明及詮釋等技巧來處理,終於維持住應有的治療歷程及成果。回顧此個案的歷程經驗總結,治療需要能處理對於喪失重要人物的哀悼反應以外,還得處理跟喪失有關的轉移關係,才可以有圓滿治療的成果。

 ## 轉移關係的回溯

為了處理病人對治療師所發生的轉移關係,治療者需要從一開始就能警覺地認識、發覺,並能適當地處理。針對此個案,按照從普通門診改為心理治療以後的會談先後次序,而表現的轉移關係,以及治療者的反應與處理,做整體性的回顧,並加以分析與解釋如下。

◉ 第 1 次會談 ◉

病人提到夜裡作了關於治療師的夢。夢境中:治療師是個有行動困難的病人,而病人很想當「看護員」來照顧治療師。病人在會談裡談起,她猜測治療師應該已婚,並為自己作此夢而致歉。對此,治療師肯定病人能夠誠實地表達內心的思維,包括對夢的內容;並表示病人不需要為夢裡所夢的內容而道歉。

◉ 第 4 次會談 ◉

病人說,自己一早醒來就會想到治療師,但當下不想進一步說明對治療師的感受。病人說:「我們現在這樣的感覺很好,不要破壞它。」治療師的回應是:尊重病人在此階段所表示的阻抗,未直接進一步要求病人說明對治療者的感受是什麼。

◉ 第 6 次會談 ◉

病人想知道治療師的年齡,表示自己對治療師都不了解,覺得很不公平。病人向治療師抗議說:「你有你的祕密,我有我的……那不說了。」治療師提供說明心理治療的重點在探討病人的內在心理內容,至於關於治療師個人性的資料不宜涉入討論。

◉ 第 11 次會談 ◉

病人表示，其實有時很想跟治療師出去到外面走一走，但會馬上「提醒自己只是病人，而這一切遭遇只是治療過程」。治療師回應表示了解病人的感受，也肯定病人目前對「治療過程」的了解。

◉ 第 14 次會談 ◉

病人表示後悔自己前兩天衝動地寄出一封卡片給治療師，慶幸治療師還未收到卡片。病人說：「我在卡片中表達感謝醫師，但表示想停止治療。」在會談中，病人又表示想繼續治療，還提到自己有些幻想，說：「想像跟你（治療師）有親密關係，想要懷孕，最好是生個男孩。」病人還表示：說出來這種（荒唐的）話，但覺得治療師很穩定，沒因而有情緒上的動搖。病人說明：用「告訴自己，你是別人的」思維來壓抑自己，覺得自己不應該去破壞治療師的私人家庭。治療師回應表示：了解病人的感受與掙扎。說明在心理治療的過程中，病人有時會有想要親近治療師的感受。說明心理治療是介入病人的內在心理，但不會闖入彼此的真實生活裡。

◉ 第 17 次會談 ◉

病人表達心理治療不公平，因為治療師只單方面聽取病人的內心思維，但相對的卻不告訴病人治療師本身的狀況。病人表示，想分析並了解治療師的助人心理及感受，而且強烈質疑治療師總是使用「這只是治療」的說法。治療師反應：請病人諒解會覺得有不公平的感受，表示這也是治療歷程中會有的過渡現象。

◉ 第 18 次會談 ◉

病人拿出一封打字信給治療師，信中表達「一直被當成病人」的不滿，想結束治療。治療師以同理心安撫病人被（治療師）當成「病人」的挫折及憤怒，但鼓勵個案繼續接受治療。

◎ 第 21 次會談 ◎

病人說：「再依賴下去，自己將無法跳脫」，表示太痛苦想盡快結束治療。面對病人堅持想結束治療的要求，治療者鼓勵病人宜繼續治療，至少再繼續兩、三次的會談，好做結束的準備。

◎ 第 22 次會談 ◎

病人悲怨：「難道你要我等你一輩子，而讓你瞧不起。」（原本治療師過去沒有面對過病人對治療者會發生這樣強烈的轉移關係，但感到目前問題已經很嚴重，就趕緊嘗試向病人詮釋病人對治療師所發生的感情是「轉移關係」。）治療師解釋說：病人是把自己原本對丈夫及父親的心理渴求，和男女間自然有的情慾感受，混淆並一起轉移到治療師身上，其實這不是真實生活發生的愛情；並說明這是心理治療上常會發生的情況。

◎ 第 23 次會談 ◎

病人說：「對治療師上次的解釋雖然並不完全了解，但知道是心理治療上可以發生的情況，而也就放心，並願意繼續嘗試治療。」治療師發覺上次會談中提供對轉移關係的詮釋，幫助病人化解想中斷治療的危機，使得治療可以持續。治療者還加以解釋，希望能透過治療而處理喪失父親與丈夫的別離情結，完成追悼的心理過程，而不用再難受。

◎ 第 26 次會談 ◎

病人說明：了解自己對喪失的情結及轉移現象，需要去面對與處理。並且說：「我會盡量去做，這是我個人的事。」治療師給予認可。

◎ 第 28 次會談 ◎

病人提起：由於自己對喪失而發生轉移現象，包括對治療者，因此「怕自己再掉入一個框框，找人來替代你（治療者）」。治療師肯定病人對轉移關係

的自我洞察與認識。並且說明，假如能透過治療而處理喪失的情結，對喪失不覺得那麼痛苦，可以接受的話，就不用到處去找替代的對象。

○ 第 29 次會談 ○

病人說：現在了解自己對治療師糾纏依賴的關係，而治療者能泰然無動於衷，不發生挫折，對病人是很好的事情。病人說：「喜歡這種理想的互動關係與相處模式，可以幫助我成長，適應喪失的挫折。」治療師回應：這種想法反映出內在的需求，這是朝向成熟的方向而進展，是療癒的象徵。

○ 第 30 次會談 ○

治療師表示近期內應可以結束治療。病人反應說：「我早有心理準備，不能纏著你一輩子。」治療師給予認可，並鼓勵病人能為獨立而做準備。

○ 第 32 次會談 ○

病人表達：「曾有一段時間，我很恨你，你讓我知道什麼是我想要的，但又把我丟掉」，「但現在你所給我的幫助，令我不再怨恨，很感謝你」。

○ 第 33 次會談 ○

這次按約定，是心理治療的最後一次會談。病人表示：「感傷一個好緣分的結束。」治療師表示了解病人對關係結束的感傷，但感謝病人在治療上的合作，並且願意跟治療者分享生命的困境，讓治療師能有助人的機會。

 操作評論：轉移關係的處理

這是很特殊的個案，值得仔細討論，特別是關於轉移關係的事情。治療者治療此病人，除了開始的普通門診三個月以外，後來還另外經歷九個月以上的時間，施予三十多次的心理治療性會談，進行長期性的心理治療。特別是對於病人對治療者所發生的「轉移關係」有先後仔細的記錄，包括治療者的反應，可提供回顧性的討論與研究，是很有用的報告，是討論如何發現並處理轉移關

係的珍貴個案經驗。

在開頭的三個月階段，提供普通門診支援性的治療，處理對喪失而引起的抑鬱狀態。可是後來發現，病人對醫師有特別關係上的感情，改而施以每週一次的心理治療，其意圖是可了解的。可是，在開頭的普通門診時，早就宜預料此病人可能會對她親切治療的醫師產生轉移性的關係。因為她連續性地喪失了自己所喜愛的父親，接著又喪失了自己的丈夫，心裡很傷心又空虛，很容易依賴到對她關心的治療者身上，而發生轉移關係。同時，也會因而容易發生跟治療者複雜的關係，包括帶有性色彩的慾望，讓治療者不容易處理，是一開始就要小心治療的個案。

病人來門診，給醫師送禮物，在我們的社會裡，並不是很不尋常的事情，是病人表示感謝醫師的照顧，以及希望醫師今後能繼續仔細醫療病人的意思。可是當時的醫師可能體會到，除了這些普通性的理由以外，此病人對醫師另外有非尋常意義的表示，而建議開始比較花費時間的心理治療性會談。醫師做此決定，臨床上或許是適當的決定，但也可能給病人發出了一個信號，表示願意跟病人更親近地接觸，進入比較深入的關係，間接地誘發病人強烈的轉移關係。

果然，在開始心理治療性會談的初次會談裡，病人就很快地報告她所作的關於治療師的夢，很坦白地表示她在夢裡，希望能照顧醫師，保持親近的關係。也就是說，在夢的境界裡，把醫師（治療師）跟自己生過病的父親及丈夫連接在一起，表現其轉移關係；並扮演自己是看護人員，如同照顧自己的父親或丈夫似的，想照顧治療師；把治療師與病人的關係顛倒，有理由可以跟治療師接近。可是，（醒過來後）由於自己意識到跟（可能）已婚的治療師具有親近的慾望，而覺得不妥當，才在會談裡向治療師致歉。就此，我們可以體會，治療者答應接受病人做花費時間而又需要親近關係的心理治療，對病人有各種不同的心理意義，包括治療者表示答應跟病人親近的信號。

夢裡想到治療師是潛意識的層次，可是不到第四次的會談，病人就開始報告她每天「一早醒來就會想到治療師」，已經是在意識層次的想念，是比較暴露性地表達她自己對男性治療者思念的感情。

我們要知道，不同性別的病人與治療者經由治療性會談而談論很私人性的

心思或感覺，會隨著社會的習俗與文化環境，而有不同的輕重意義、作用與影響。一般來說，對於比較開放性的社會，異性間的親近接觸與談話比較是常見的事情時，在治療會談裡，治療者與病人異性間的親近關係與行為，也比較沒有什麼。可是在比較保守的社會裡，男女親近談話是比較特殊的情況時，病人跟治療者要（為了治療的名目）時時很親近而談內心裡的事情，治療者又很親切地提供關心或安慰的話等等，就會有比較不同的意義。也就是說，男女間的「親近」程度要配合當地社會的文化習慣而去判斷與酌量。具體地舉例來說，在男女隨時相互握手的社會裡，治療者跟異性病人握手，比較沒有特別的意義；可是，平時男女不相互做體膚接觸的社會裡，治療者跟異性病人握手，就有特別的涵義，容易被認為有男女特別親近的行為。同樣的道理，治療者向異性病人簡單說一句：「我很關心你」、「我很喜歡你」、「我對你很注意」等詞句時，會隨社會上對這些詞句如何被解釋而有不同的意義，病人聽了，會引起不同的理解與反應。因此，治療者要能體會此要點，時時考慮社會的習慣是如何，配合其文化環境而調節跟異性病人需要保持的親近程度，包括詞句的選用、體膚的接觸、情感的表現等等。治療不同文化背景的病人，格外要小心，但是對於有次文化差異的病人也要注意。同時，也要考慮每個病人有其各自不同的個人生長背景，對親近的反應也會有所不同。特別是剛喪失父親與丈夫而傷心、渴望被人關心照顧的女病人，基於心理上的需要，男性醫師所提供的（普通性的）關切，都很容易被感受為很濃厚的關心，而發生強烈的心理反應，包括私人性的情感。

　　至於，治療者發現病人對治療者有濃厚的私人性感情，而且屢次向治療者表達時，如何去了解其本質，判斷是否是轉移關係的表現與結果，並且決定如何去處理轉移關係，都是一連串的專業課題。這是預備提供長期性心理治療的治療者要事先就考慮好，並且有所準備才好的事情。

　　假如發現病人對治療者所表現的關係、角色與情感，是重現過去對重要對象的關係與情感，是屬於「轉移關係」的話，那麼如何去處理，是專業上的判斷。是否馬上即刻向病人解釋，甚至在治療開始前就做預備性的解釋；或者讓病人繼續發展與表現，等到時機成熟後，再進行解釋與指點。這是專業上的技

術問題，各有其特別的理由與根據。

在治療開始前就做預備性的解釋，是預料這樣的情況比較容易發生（就像此病人，已經有重複性地喪失重要對象的過去史，可預料對治療者很容易發生轉移、替換、依賴的可能性）時，提前的解釋，可免得病人到時對治療者發生轉移的情感與依賴的關係，或者想占有的慾望，而不知如何是好，無法面對與處理，結果採取停止治療的行動，表現阻抗的現象。

反過來，有些治療者不做事先的解釋，讓病人無形中對治療者發生轉移關係，而其轉移的情況呈現得很明顯時，才就其浮現出來的事實而施予指點做解釋。換句話說，要等待轉移關係明顯化後，才去指點與解釋，運用於治療工作上。

對此病人來說，在心理治療的頭一次，即當病人向治療者報告在夢裡夢到治療者時，就宜趁機馬上採取行動向病人做解釋，說明：由於病人過去曾經連續性地喪失了父親與丈夫，心裡很傷心與空虛，不知如何是好，很可能就把治療者當作是可以代替她所遺失的親人似的。而治療上宜透過這樣「依賴」、「黏密」到治療者身上來的關係裡，練習如何保持「適當的心理距離」，並且最重要的是，如何經歷並達成「適應性的分別與離開」，這樣才能處理她對喪失的痛苦情結。換句話說，透過轉移關係來經驗如何比較成熟性地面對喪失與分離的經驗。有了這樣的解釋與說明，病人就比較了解治療的程序與目標，善用治療的過程，而不會毫無止境地對治療者發生癡情，並且怨恨治療者的無情，發生不必要的複雜性結果。

第二節　病情解析與治療策略

病人重複性喪失重要人物

此病人的病情很清楚，毫無問題的是遭遇了喪失的創傷而無法恢復，產生悲傷、後悔悲觀的哀悼反應。而且，特殊的是，病人「重複性」地遭遇喪失（父

親與丈夫）的創傷，變得更嚴重。在青春期曾經喪失過父親（父親去大陸探親而沒回來，被父親遺棄）；到了青年期，父親重返，但是生病後不久又去世。病人自己婚後，經歷婚姻的波折，又喪失生病而去世的丈夫。這是在成人階段喪失重要異性對象的喪失創傷，跟早期幼小時，喪失重要的養育者（母親）有不同的性質。

　　病人跟喪失的父親或丈夫，在喪失之前，曾經歷過很親近的關係，然後才喪失。父親跟丈夫都變成「病人」，生病後才能親近接觸，而且發生濃厚的感情與親近關係後，又得面對命運的安排，而接受他們的離開與死亡，經歷喪失。也就是說，投注感情後，又得分離。有興趣的是：由於父親與丈夫都是生病後，由此病人去照顧，擔任養護者的角色，因此，跟治療者親近，發生轉移關係時，在夢裡還扮演擔任養護者的身分來照顧（生病了的）治療者，顛倒彼此的角色，重複她照顧父親或丈夫的養護者角色。

　　此病人跟治療者不但發生強烈的感情，很想黏密、親近，還發生與性有關色彩的幻想與慾望，幾乎慾望著想占有治療者，變成為治療者的情婦，跟（已經結婚的）治療者發生「婚外情」關係，重複她過去曾經發生過的婚外情。這是成人階段喪失「異性對象」而轉移時，可能發生所牽涉到性的現象；也是跟幼小時，喪失重要養育者（母親）不同的地方，並非單純想重獲「黏密」的（無性）對象而已。

治療上的考慮

　　針對這樣不但依賴、黏密，而且迷戀上治療者的女性病人，治療者如何去處理與治療是很困難的事情。從頭就開始「預料」此經歷重複喪失創傷的病人會對治療者如何產生轉移性黏密的關係，而事先就向病人做解釋，「預防」過分黏密而又怨恨關係的發生，是可以考慮到的治療策略之一。要很注意病人跟治療者所發生的言行與態度，密切注意發展情況，隨著必要而時時加以控制與壓抑，使其幻想與慾望不會變成很強大而到無法收拾的地步，是其次的辦法。治療者要自己隨時注意自己對病人的言行，不讓病人產生誤解，也是可以注意的地方；至少不要過分親切與關懷，傳達容易被誤會的資訊。

　　針對經歷喪失創傷的病人，治療上最主要的工作，是幫助病人如何面對與接受喪失的創傷，度過哀悼的心理過程，解除後悔的心意，然後開始練習如何自己能恢復建立依靠自己的心理狀態。心理治療最好能以短期而支持性的輔導做結束，不宜過於長久。長久性的輔導，只會無形中維持（並無意中鼓勵）其依賴與黏密的關係，更不容易達到如何練習分別的境界。提供支援而練習接受分離是治療的要點，從開始就注重如何「結束輔導」的過程是很重要的。輔導持續過久，讓病人發生濃厚的轉移關係是沒有幫助的。事後想來，治療者對此病人提供三個月的普通門診治療，而病人突然帶禮物前來探視治療師（表示謝意）的時候，或許是停止治療的好時機與階段。

　　換句話說，除非病人在人際關係上常發生問題，而且其問題的來源跟轉移關係有關，並不需要讓病人對治療者發生濃厚的轉移關係。對轉移關係有問題的病人，譬如：迷戀自己（已婚的）父親而常去結交有婦之夫的女性病人，或者迷戀自己的母親，而常喜歡跟年紀大的女人交往的男性病人，可在治療過程裡，讓病人對治療者產生轉移關係，而就其轉移關係作為治療上的材料去做解釋、糾正的治療工作。此病人的主要問題是對喪失的痛苦創傷，只要彌補其創傷的痛苦，經歷哀悼的心理過程就可以。至於讓病人對治療者發生強烈的轉移關係是不必要的，宜從頭就注意，幫助病人去控制，不要發生這樣多餘的問題。

第三節　理論探討與學理說明

轉移關係

　　本質與種類：當一個人在過去接觸過某種人，而發生某種關係時，日後碰到類似的對象，就以從前發生過的關係而給予對待。譬如，小時受父親嚴格對待而害怕（代表權威者的）父親，日後長大，跟帶有權威的人（如主管或警員等），就無形中發生懼怕而敬遠的關係；幼小時總被大姊帶大，很習慣依賴大姊，而成長後，對年歲比較大的女性喜歡依賴且親近，重複過去跟大姊的關係，

都是轉移關係的日常現象。在心理治療的過程裡，病人對治療者也常常表現這樣的轉移性關係。由於治療者常對病人親切、關懷，容易讓病人過去對母親（養育者）的關係轉移到治療者身上來。由於治療者有時會對病人提供意見、批評，以代表權威者的身分提供警告等，也容易讓病人把過去對父親（管訓者）的關係轉移過來。這是常見的「通常性的轉移」（ordinary transference）現象。可是，有時其轉移的關係，跟治療者的言行與態度毫無關係，是病人根據過去對某種人的關係都轉移到治療者身上，讓治療者無法了解，並且影響治療工作時，就被稱為「神經症性的轉移關係」（neurotic transference）。比如：過去小時常被自己的表哥欺負，很害怕，而跟治療師接觸後（雖然治療者對病人很友善），但病人受到對表哥的轉移心理，而很害怕治療者，並保持警戒的態度，影響治療關係上的建立。或者，病人小時常生病，並從保姆那裡得到軀體上的關心與照顧，而現在跟治療者接觸後，就常訴軀體的不適，以疑病症的態度跟治療者接觸，潛意識地要求治療者的特別關心。有時患精神病的病人會表現「精神病性的轉移關係」（psychotic transference），譬如，把醫師誤認是探聽他祕密的偵探或敵人、護士是被神派來照顧他的天使等，雖然加以解釋與澄清，但仍深信不移，無法解脫。

因此，所謂「轉移關係」有各種各樣，而其共同點是：把整個對別的對象的關係轉移到目前的對象，包括感情、角色、態度、期待等等，因此稱為「關係」上的轉移。有人把它翻譯為「移情關係」是不適當的，只考慮到情感上的轉移。況且，「移情」還表示感情不專而轉移的意思，帶有價值觀上的負性評價。再者，有些人使用正向或負向的轉移關係而加以區別與稱呼，可是我們要知道，所轉移的情感不會只是或者總是正向（喜歡、喜愛）的情感或負向（討厭、不高興）的情感；而可以隨時更換，或雙重性地同時表達又愛又恨的情感。因此，正負的區別並沒有多大的幫助與需要。

表現與發覺：「通常性的轉移」很容易被人知覺，跟治療者實際對待病人的關係有直接的關係；而且病人常會意識到，口頭上也會說出。比如：「醫師，你對我這麼好，好像是我的母親似的」；或者「你這樣批評我，讓我感到被我嚴格的父親批判似的，有點恐懼」等等。至於屬於「神經症性的轉移關係」，

跟治療者實際對待病人的關係沒有直接的相關，是根據病人過去和某人關係的轉移過來的。因此，假如治療者發現病人對治療者的關係（就實際情況）而有點無法了解時，就要去注意。譬如：病人過分的喜愛、佩服、聽從或討厭、生氣、埋怨；特別有過分的期待或要求；要扮演特別的角色去對待治療者等等，都要馬上考慮是否是轉移關係的表現。由於病人本身對這樣神經症性的轉移關係往往沒意識到，就算是被指點，也不見得能馬上了解與體會。

反應與處理：假如治療者發現病人對治療者發生神經症性的轉移關係，最好即刻進行探討。可以問病人說：「你好像很喜歡訴說你身體的不適，想討好醫師的注意。你小時候，是否常身體不好；身體不好時，是向誰訴病，會得到怎樣的反應？是否養成了靠訴身體的不適而得到別人的關心的習慣？」或者：「你對我總是很生氣、很不滿，是否我的言行讓你想起過去你認識的人的樣子，而這麼不滿意？是父親或老師嗎？」等等，經由探問而了解其轉移關係的原本對象是誰。就這樣經由探討與指點，可以幫助病人認識並意識到自己的轉移關係的現象與性質。

最重要的，不只是指點與說明，而要進一步幫助病人糾正其過分依賴、喜歡訴苦，或者討厭與害怕等心情與行為，改而表現比較適應性（成熟性）的關係與行為表現。也就是說，透過跟治療者的新的關係，練習成熟性的關係與行為。這就是利用在治療過程裡產生與呈現的轉移關係，而進行治療的要領與策略。

夢的意義、作用與解析

夢的意義：一個人在睡眠當中常作夢，是腦子在管制系統鬆懈下，所經營的思維與情緒上的精神活動。這種精神活動跟清醒時所進行的思考與心情活動不同，少受理智、邏輯上的影響，常使用象徵性的方式，採用凝縮、轉移、行動化等機制，而表達比較原本性的慾望與情感，是潛意識下所進行的精神活動。因此，是「原本思考程序」（primary thinking process）下的精神產物，跟一個成人在清醒時所表現的「續發思考程序」（secondary thinking process）有所不同。

夢的作用：一個人在睡眠當中所作的夢，可能是受到生理上的刺激而作的

夢，或者是腦子的神經系統在不同的睡眠階段而發生活動的產物。但有時是心理上有所掛念或操心而作的夢；有時是心理操心的結果，有時是對慾望的表達，有些是對事情恐懼的表現。無論如何，是經由原本思考程序而表達的心理，是探討潛意識境界裡精神材料的好資料與進行分析的機會。

夢的解析：由於夢是經由原本思考程序所表達的精神材料，大部分的內容看來很奇怪，不容易被了解，被認為是作了莫名其妙的怪夢。但是，假如能知道如何去分析，知道如何了解夢裡的思考程序，可以經由聯想而獲得若干解答。有時受過訓練的治療者可以替病人做分析，但是最好的途徑還是依靠病人本身的聯想為宜，在治療者的協助下，自己去聯想自己作的夢的意義，才有好處；否則別人的猜測就不可靠，也沒有意義。

向治療者報告夢境的心理意義：為了探討潛意識境界的精神材料，幫助了解基本的情感、動機、願望等，治療者可以提議病人報告所作的夢。特別是對於自我功能很穩定，但是心理防禦過分堅強，不容易進行病情分析的時候，可以嘗試，並且好好利用。可是要了解，對病人要求報告他所作的「怪」而赤裸的心理材料，或報告不可告人的奇異慾望或感情，就等於在要求揭露病人的私人性精神內容。因此，要考慮其心理上的涵義，要小心考慮是否讓病人報告其所作的夢。

特別是對於患精神病的病人，或者患邊緣性格障礙的病人，其自我的功能不穩定，要求去透露內心的原本精神資料與令人害怕而無可解的夢的內容，許多病人無法接受與面對，有時會發生精神狀態的動搖。因此，最好要避免要求報告與討論夢的材料。

對於患癔症的病人，一般來說，喜歡把自己的私人性材料透露給治療者，以求其歡喜與特別關照，而且有時還特別捏造夢的故事，讓治療者感到興趣，因此也要很小心。

至於像本個案病人，對治療者已經發生濃厚的轉移關係時，也得考慮是否要鼓勵病人多報告自己私人性的、有關情感的夢的故事給治療者。病人自動地報告夢的事情，只好聽，但至少不要進一步去做夢的分析，揭露更多私人性的精神材料，包括意識或潛意識的慾望，加強私人性的轉移關係。

第 *22* 章　小時很羨慕男孩的陽具而自卑，年老還回想起的婦女

■ 女孩陽具羨慕的心理與影響

第一節　個案報告與治療操作（朱金富）

 個案報告

　　某女，五十四歲，獨自一人來到診室，是某單位的職工，要求醫生認真給她看看。患者自訴失眠已有兩年，最近一、兩個月情況加重，有時通宵不眠。經由治療者進一步詢問原因，病人說腦子裡總是控制不住去回想以前的往事，患者感到痛苦和難受，並且情緒不好、失眠，覺得自己活得很沒有意思，有自殺意念。治療師再問病人，她主要想的是什麼事情？開始患者只是說：想的主要是一些不好的事情。治療師再進一步繼續追問患者，是否願意把不好的事情講具體些，以便幫助治療者能為患者分析和溝通。治療師還向患者保證，能夠為患者保密和理解。這時患者才開始敘述她內心歷久煩惱的痛苦。

　　她說她幼小的時候，大概在三、四歲左右，和鄰居小男孩一起玩「性遊戲」，該男孩好像比自己年齡還小一點。當時她發現男孩下部長有「小雞雞」（陽具），而發覺自己沒有長男孩子的東西，很羨慕男孩的陽具，有自卑感。為了彌補自己的缺點，她還曾經用泥捏成男孩小雞雞的樣子，貼在自己的陰部，但是很容易就掉下來，很是失望。

　　後來她自己長大了，而鄰居也搬走了，和原來的那個男孩幾十年都沒有來

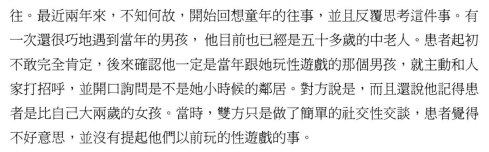

往。最近兩年來，不知何故，開始回想童年的往事，並且反覆思考這件事。有一次還很巧地遇到當年的男孩，他目前也已經是五十多歲的中老人。患者起初不敢完全肯定，後來確認他一定是當年跟她玩性遊戲的那個男孩，就主動和人家打招呼，並開口詢問是不是她小時候的鄰居。對方說是，而且還說他記得患者是比自己大兩歲的女孩。當時，雙方只是做了簡單的社交性交談，患者覺得不好意思，並沒有提起他們以前玩的性遊戲的事。

治療師問患者目前的婚姻狀況，患者說自己家庭幸福，家庭關係穩定，孩子也已經成家。

關於病人的個人史，患者敘述說：從小，她的家庭都和睦，父母都很疼愛孩子，自己是家裡唯一的一個女孩，且是最小的。上面有兩個哥哥，她和小的哥哥相差四歲。兩個哥哥都十分呵護患者，特別是大哥，什麼事情都會謙讓患者。患者自幼就接受中國傳統教育，知道男女授受不親，特別是進入學校教育以後，父母（尤其是母親）對患者的要求特別嚴格，不喜歡她和男孩子一起玩。患者的父親平時工作較忙，很少和孩子交流。不過，患者自己感覺好像父親更喜歡家裡的男孩。因為患者的父親在外地工作，平時很少在家，所以患者看不出父母的關係有什麼特別，但患者知道媽媽很害怕父親，家裡的大事都是父親作主。患者從小就覺得父親很有本事，是家裡的頂樑柱，所以，儘管父親不是很愛自己，患者自幼就十分知道敬愛父親。患者二十二歲時結婚，丈夫是會計，夫妻關係一直很好，婚姻幸福，生育一男一女，孩子健康，目前都已經工作和成家。

患者的失眠大約是在兩年前開始的，沒有什麼明顯的原因。開始的時候，病情比較輕，患者沒有十分在意，大概半年前，開始出現回憶小時候對男孩生殖器崇拜之事，並且回想起當年的時候覺得記憶十分清晰，後來遇到童年的男生後更加回憶。患者知道自己和另一半關係很好，並且最近還把有關自己的症狀和先生進行了交流和討論，丈夫也覺得患者應該找心理醫生看看。患者家族裡沒有發現抑鬱症患者。

 治療經過

治療師問患者是否曾愛上過以前那個鄰居的男孩，患者回答說沒有。治療師對患者的症狀表示理解和關注，並告訴患者，根據心理發育的一般規律，女孩在成長過程中，在三、四歲時有一段期間會出現對男性的羨慕，和對自己的自卑。可是通常進入成年後，隨著年齡的增長，會逐步認識到男女的性別差異，並發覺男女各有其好處，而放棄其羨慕男人的心理，並會接受自己的生理性別和社會所給予的性別角色。患者對治療者的解釋也表示了解與滿意，知道自己幼小時的想法並不是病態的。

從臨床上，治療者考慮到患者所患的可能是抑鬱症，並帶有與性有關的強迫症狀。因此，治療者建議可以服用抗鬱劑來治療。患者問是否會對藥物依賴，治療師給予解釋藥物是很安全，不會成癮的。病人放心了，就帶藥回去。兩週後，沒來複診，但透過熟人探聽，知道患者症狀已經明顯改善，情緒穩定，睡眠好轉。

 操作評論

此個案的病情比較特殊，從學術上來說很有趣，但臨床上的診斷卻不容易確定。治療者考慮採用藥物治療，並附帶進行心理輔導，是很正確的治療途徑。可是病人只看醫師一次，沒再回來接受治療，因此更不容易推測其診斷是什麼，也不容易猜測其所謂好轉的結果是什麼因素而來，只能讓我們做推想而已。

第二節　病情解析與治療策略

中老年發生內因性憂鬱症

主要的臨床資料表示，這位中老婦女，家庭生活還可以，夫妻關係也沒問題，但不知為何，從兩年前開始患睡眠不好的現象；而且半年前開始回想起小

時候的性遊戲，以及羨慕男孩陽具的事情，對她是「內心歷久煩惱的痛苦」回憶。而兩個月前病情比較惡化，「有時通宵不眠，回想以前的往事，而感到痛苦和難受，並且情緒不好，覺得自己活得很沒有意思，有自殺意念」，表現抑鬱的狀態。根據這些病史，最簡單的，就是去推想此病人患了中老年的抑鬱症，附帶有強迫性的回憶思維。由於根據病人的敘述，發病並沒有原因，可讓我們推測是生物性病因（或內因性）的抑鬱症，慢性的惡化。至於總是回想起幼小時不痛快的「陽具羨慕」，是抑鬱症的部分症狀，是後果（不是心理的原因）。也就是說，患了抑鬱症以後，心情不好時，所想起來的都是悲觀或後悔、痛苦的事情，包括自己所做錯的事情。對於此病人，孩童時所遭遇的經驗在內心裡一直存在著，而當目前精神狀態抑鬱以後，就浮現出來，並且困擾著她。經過抗鬱劑的治療，抑鬱改善，過去的痛苦回憶也就隨著消失。唯一不很確定的是，根據此病人間接報告，藥物的效果很快，不到兩週就發揮效果而治癒，比通常的情況進展快，令人疑惑是否真的靠藥物的效用而復癒的。

遭遇心因性的心理困擾

可是，我們也可能把因與果的關係顛倒，去推想是否患了心因性（外因性）的抑鬱症。即最近可能有什麼事情的發生，讓她對自己女性的角色感到不滿意（譬如，被丈夫或別人批評女性沒有用，或者其他事故讓她體會女性是比男人差，一生沒有出息等）；結果，總是去回想起孩童階段的「陽具羨慕」的情結，越想越傷心，讓她發生了抑鬱症的結果。特別是偶然遇見小時曾經一起玩性遊戲的男孩，而有所感觸，或者引發舊情，發生了悲傷與後悔的心情。可是，由於病人否定抑鬱發生前沒有什麼心理性的、打擊性的誘因，而且對那名男性並沒有什麼特別感情，只是孩童時期認識的鄰居男孩而已，所以沒有足夠的資料可支持此推測。唯一知道的是，病人接受會談一次就病情好轉。經過治療者的解釋，女孩在孩童時期發生「陽具羨慕」，是可能發生的通常現象，並不是什麼不對的病態，而得到心結的解除，接著也就化解其抑鬱的精神狀態。

治療上的策略

好的治療要依靠正確可靠的臨床診斷（包括心理診斷）。到底是生物性原因而發生「內因性憂鬱症」，或者心理因素而引發的「外因性（反應性）抑鬱症」，還要依靠許多資料才能比較確實地做區別與判斷。譬如：

病人說自己的「家庭幸福」，是口頭上所說的，實際的情況不得而知。從會談的經過情形，我們知道此病人並不是會「開門見山」地敘述內心裡事情的病人；還要經過治療者屢次的追問，才好不容易透露自己內心裡總是反覆回想的痛苦的孩童回憶。到底一年前開始失眠，是否有何心理因素，我們不能太肯定，值得仔細進行探討；特別是否有什麼事情的發生，讓她感到「女人沒有用」的感觸。

至於，病人碰巧見到從前一起玩性遊戲的鄰居男孩，時間何時不很清楚，對病人的病情關係就不容易推測。我們從病人得知：「有一次還很巧地遇到當年的男孩」，可是最好能進一步澄清到底是幾個月前，當時重遇以後的心理反應，跟兩個月前的病情惡化有沒有時間上的關聯。時間先後發生的關係，有時可以幫助我們去推測其前因後果的關係。

除了病人孩童時期所經歷的「陽具羨慕」的故事以外，在她的實際成長階段，是否有讓她感到「女人沒有用」的事情，也值得仔細推敲。病人說：「從小，她的家庭都和睦，父母都很疼愛孩子，自己是家裡唯一的一個女孩，且是最小的。上面有兩個哥哥，她和小的哥哥相差四歲。兩個哥哥都十分呵護患者，特別是大哥，什麼事情都會謙讓患者。」從病人的這些描述看來，她不但沒有因為是女兒而被家人欺負，反而受寵。至於「患者自幼就接受中國傳統教育，知道男女授受不親，特別是進入學校教育以後，父母（尤其是母親）對患者的要求特別嚴格，不喜歡她和男孩子一起玩」，這倒是有點男女有別的趨勢，但也沒有女的比男的差的挫折性、特別性創傷體驗。關於病人對自己父母的印象是：「自己感覺好像父親更喜歡家裡的男孩」，並沒有強烈被區別或不公平對待的情況。「患者看不出父母的關係有什麼特別，但患者知道媽媽很害怕父親，家裡的大事都是父親作主」，表現男性父親厲害，而女性的母親只好聽從，但

也沒有什麼很嚴重的創傷性事件發生，只是一般性的趨勢而已。換句話說，病人成長的生活裡，並沒有遭遇過令她痛覺女性是沒有用的痛苦經驗與挫折，可讓我們推測，她的內心裡，一直有很強烈的繼續保持「重男輕女」的心理情結，而「陽具羨慕」只不過是孩童階段的一過性心理體驗而已。

從動態精神醫學的眼光裡，我們了解：會深刻影響一個人的精神狀態，要有相當大的（創傷或挫折性的）「動力」，才會很嚴重、很厲害地影響一個人的精神狀態。除非我們有這些臨床上的資料，我們不能推測並了解此女性病人所面對的，主要是跟她女性自卑的情結有關。

況且，由於病人沒有回來接受複診，而只透過熟人探聽，知道患者症狀已經明顯改善，情緒穩定，睡眠好轉。但我們不很確定此資料的可靠性，也很難去了解會談當中對病人的支援性說明到底發生了什麼樣的作用。

雖然心理診斷方面有限制，可是從病理上的角度來說，本個案倒是提供了很寶貴的臨床資料，清楚地描述了孩童階段裡，在性蕾期可能發生與面對的女孩的心性經驗，佐證了精神分析的學說，也可以讓我們基於此做個討論。

第三節　理論探討與學理說明

女孩「陽具羨慕」的心理

根據兒童心理學家的觀察，小孩到了四、五歲左右的孩童，進入所謂的「性蕾期」，隨著依靠自己的第一性象徵（即生殖器官），以及父母對他們的提醒與對待，而對自己的生理性別開始有所認識與意識。特別是孩童會注意到男孩子下面有小陽具，而女孩沒有。特別是小便時，其方式不同，即：男生可以站著解小便；而女孩子要蹲著。這種男孩與女孩生理解剖上的差別，本來沒有什麼，可是，假如社會與家長對男女孩子給予不同的對待與待遇時，就會發生特別的心理作用。在重男輕女的家庭或社會環境裡，無形中讓孩童體會到其男女不同的情況，特別讓女孩子感到男孩被尊重而女孩被歧視的情形。結果，

女孩就羨慕男孩的特殊角色與地位，發生嫉妒的情況，把其羨慕的對象集中在男孩才有的小陽具上。這種早期的男女差異及女孩嫉妒男孩的情況，就被精神分析學家使用「陽具羨慕」（penis envy）的名稱來形容此情結。這種情結，隨個人日後的成長而有不同的經歷與結果。有的逐漸消失；而有的繼續存在，甚至加強，變得更顯著。有些女孩在少年階段，喜歡跟男孩子玩，參與爬樹、踢足球、動手打架等男孩的行為，被別人稱是「男孩似的女孩」，跟這樣的羨慕男孩而跟男孩認同與接近有若干的關係。

可是，一般來說，隨著心身的發展，到了青春期的青少年，女生比男生軀體與心理上的發育會比較早些（幾乎是一歲左右的遲早差距），青少年女孩們有點看不起比較幼稚些的男孩子們，情況相反過來，是發展階段上的一時性現象。可是，再經過數年，到了青年期，男的就趕上比較遲慢的發育步驟，跟女的逐漸接近與平行。至於日後是否會保持重男輕女，就看家長的態度與社會的風氣了。

家長對男女孩子的區別待遇

作為父母的，對於自己的兒子、女兒的態度，會受社會與文化的無形影響。可是，除了這樣一般性的左右以外，還會受父母個人本身的想法與夫妻間的關係，以及牽涉到跟上一代老人家對孫子們的態度與關係上的問題。假如為人父母本身就很注重重男輕女的看法，無形中也就如此；若再加上親子三角關係上的影響，那就會更加強。譬如：由於女兒會對父親撒嬌或特別要好，母親看不慣，就會罵自己的女兒沒規矩，不要臉，打壓女兒的存在；或者兒子對母親比較依賴，父親看不慣，就會批評自己的兒子不像個男孩等，影響子女對自己的看法與信心。本來就比較自卑的女孩，不受母親的支持，還被貶低，也不受父親的欣賞與誇獎，那就更會產生女孩子沒用的心理。

老一輩的祖父母通常對男女的差別比較注意，對重男輕女的看法比較濃厚。有些祖父母特別喜歡自己的孫兒，看輕或甚至討厭孫女，加強其女孩子自卑而男孩自傲的趨勢。

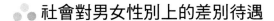社會對男女性別上的差別待遇

由於性別上的差別，男女在社會上所面對的待遇有所不同，會隨文化上的看法、價值觀與態度而有顯著的差異。有些社會，傳統上加強其重男輕女的趨勢，譬如，女的不能接受高等教育，只能在家做家事；即使到外面工作，婚後就得辭職，回家當全職的妻子或母親。亞洲的日本或韓國還有這樣的趨勢。有的社會（譬如，有些回教的社會裡）還要求女的要戴面紗，不得把自己的臉和頭髮露給父親、丈夫以外的男人看到，很清楚地對女性有不同的看待，無形中就維持並加強其陽具羨慕的情結。

第23章 切斷食指而傷心抑鬱，無法恢復工作的婦女

■ 軀體受傷的心理象徵與創傷

第一節 個案資料與審查經過

 個案資料

　　病人是四十多歲的華人女性，已婚，隨丈夫與女兒從大陸移民到美國夏威夷檀香山居住，已經有四年。病人與丈夫都不會說英文，只有十二歲念國一的女兒還會說英文，平時就靠女兒翻譯，跟外人接觸與溝通。由於言語的限制，丈夫在一家中國餐廳洗盤子，收入不多；妻子在一家做中國點心的工廠做事，操縱機器來包餃子或燒賣。因為不需要依靠言語，而只依賴機器的熟悉操縱，病人在工廠做事表現還可以，其收入比丈夫還多，可說是比較主要的經濟支持者。

　　可是，有一天，不幸的事情發生了。病人不小心，沒來得及把自己的手指收回，被機器軋斷了她的右手食指端一小節。意外發生時，病人流很多血，也很痛。經由工廠的老闆馬上叫救護車把她送到醫院的急診處，把流血止了，但無法接回被軋斷的食指末端一小節，也就這樣病人的食指少了一小段。經過外科治療傷口及服用止痛藥、抗生素，不到兩週後，病人的傷口可說是幾乎恢復了，照理可以上班，繼續工作。

　　可是沒想到，病人繼續訴苦，說她的傷口一直很痛，無法工作。而且心情

很不好，時時哭泣，並發脾氣，對家人無理取鬧，抱怨自己的手指少了一截，不好看，也無法操縱機器，恢復她本來的工作。結果，在工廠老闆特意考慮下，透過意外保險公司的安排，接受心理的輔導，接受一位會講華語的女性心理輔導者診治。

就這樣輔導幾乎一年，病人還總是訴苦，說是心情不好、失眠，沒有信心回去工作，要求工廠提供軀體與精神兩方的傷害賠償。工廠請求保險公司給病人支付賠償金。可是，意外保險公司認為，病人的病情及損害情況並不是那麼嚴重，還拖了那麼久的醫療，就聘請會中文的精神科醫師專家做評審，判斷並回答幾個問題。即：病人的病情是否已經穩定了；病人是否還需要繼續接受治療，治療多久；是否能判斷傷害的程度；目前心身非適應的情況，是受軀體傷害的多少程度而發生等，好幫助保險公司做賠償方面的決定。

 ## 評審經過

病人由一位男士陪同進來診察室。經由評審醫師詢問陪同的男士是誰，男士回答是病人的朋友。醫師說明，進行精神審查，除非有特殊的理由，都是和病人單獨會談的，也就請這位自稱是「朋友」的男士（後來從病人口中才知道其實是病人的丈夫）到候診室等候，好與病人單獨進行會談。醫師首先弄清楚，病人可以說普通話，完全了解醫師所講的話。接著，醫師向病人說明，醫師是被保險公司聘請，執行精神評審的；病人所說、所提供的資料，都可以用來做審查報告之用。病人表示明白了，才開始會談。時間花費了一個半小時（後來請病人的丈夫進來，在病人面前跟他們一起談，又多談了半小時，因此，總共兩小時）。

病人看來，就如其四十多的年歲，穿著樸素，起初看來面部表情比較緊張，並帶有抑鬱的表情；談到她的手指傷害，有時會流淚哭泣，但是會談進行後，病人就比較鬆懈下來，談到有趣的話題，偶爾還會表現嬉笑的表情。

經由醫師詢問到底有什麼問題，病人馬上就舉出她的右手食指，表示受了傷。食指上還套著橡皮套，說是保護被切斷了的食指（以免疼）。

病人述說，她和他的丈夫跟（當時是）九歲多的女兒，在四年前，從中國

大陸移居到美國夏威夷檀香山居住。由於語言的問題，丈夫只能在一家中國餐廳工作幫忙洗盤子，而她在一家工廠做事，操縱機器來包燒賣或餃子。由於工資低，收入不多，其生活並沒有想像的好，只能餬口過活。

她在該食物工廠工作，平常早上七點就開始工作，下午五點結束，中午只有半小時的休息，吃中飯。每週工作五天，週末休息兩天，就在家做打掃、洗衣服、燒菜等家務。她在該食物工廠工作已經有四年，老闆是日裔美國人，對工人還可以。在工廠裡工作的，多半是外地移民來的，不太會講英文，而且工作當中很少有機會跟別的工人聊天。在工作當中，操縱機器，隨著機器而工作，是很單調的工作。可是，病人已經很熟悉操作，並沒有感到困難。

豈知，大約是一年前，有一天，在工作操縱機器過程當中，病人不小心，沒來得及把自己的手收回，她的右手食指頭一節就被機器軋斷了。意外發生後，老闆馬上叫救護車把她送到醫院的急診處，也把被軋斷的手指頭也帶去了，但醫師說被軋斷的末端小節幾乎被軋碎了，沒辦法接回。這樣病人的食指就少了最後的一小截。在醫院住一夜，經過外科的修復治療及服用藥物後，就出院，改在門診複診，大致兩週後，傷口幾乎就恢復。可是，病人總是感到被切斷的食指切頭會疼，照醫師的說明是，被切斷的小神經的疼，是幻疼，希望日後就會慢慢消失而恢復。

可是，實際上並沒有就此好起來，病人總是訴說手指頭的疼，不敢去碰自己的手指，在家鬧情緒，說是夜夜睡不好，常哭泣，又說自己命運倒楣，把自己用來靠生活的「食指」切斷了。她說，從前在國內，還沒來美國之前，她就是靠包餃子和燒賣而過活的，而且因為她包餃子快而出名。現在食指斷了，猶如切斷了她的「生命根」，無法展現她的特長，還奪去了她工作賺錢的可能性。她整天待在家，也不肯外出，由十二歲的女兒上街去買菜，回家也由女兒來燒菜，自己好像是癱瘓了一樣。對丈夫總是發脾氣，也罵女兒，把一個家鬧得翻天覆地似的，全家都不得安寧。

醫療保險公司按醫師的提議，替她安排接受物理康復治療，也接受心理輔導，可是沒有顯著效果。病人對於物理康復治療毫無興趣，去了沒幾次就不再去，說是對她毫無用處。

　　被安排給她施予心理輔導的是一位華僑背景的女性心理輔導者。此輔導者
可以說點中文，但並不是很流利，都是病人帶她十二歲會說英文的女兒一起去，
經由女兒的翻譯，而接受輔導的。可是，因為這樣，也就只能得到有限度的好
處，接受比較表面性的支持性輔導而已。可是，病人還是繼續去看此心理輔導
者，因為別人告訴她，假如一停止輔導，就表示她的病情好了，無法得到傷害
賠償金，而且要看治療者越久，越可以證明傷害程度的嚴重性，而能決定給予
越多的賠償金。也就這樣，她就勉強繼續去看輔導者，每個月一次，應付應付。
就這樣，轉眼間也將近快一年，而在這段時間，就領公家的（失業）補助金，
一家還可以過活。

　　病人在審查會談中，表現她的智慧普通，總算能好好地說明發生問題的經
過。談吐還可以，只是談到她當時發生事故而失掉自己的手指頭時，就傷心而
哭泣了一段時間，但其餘的會談時間，並沒有特別抑鬱的表現，談說自然。談
到一些開心的事情，或者好笑的事情，還會表現笑的表情。在整個會談中，她
總是把她套著橡皮頭的食指，擺放在桌上，還時時用該指頭指向醫師，好提醒
醫師，她的食指是受了傷的。

　　經由病人的說明，說陪她來的並不是她的朋友，而是她自己的丈夫，醫師
就決定請丈夫進來會談室裡一起談話，好從丈夫那裡獲得側面性的資料。丈夫
的普通話比較差些，但總算還可以溝通。丈夫解釋說，他一開始說是「病人的
朋友」，只是一時沒想好；他只是想來側面監視醫師有沒有好好給他的妻子施
行公正且適當的精神審查，道歉沒說實話。

　　丈夫總算老實地說明受了傷以後的經過情況，跟病人所說的大致相同，沒
有差異。但是，有意思的是：丈夫自動表示，希望能趕快把傷害賠償金的事情
決定，領到賠償金，他妻子的心情就會穩定下來。他說，目前被病人搞得很慘，
妻子不想嘗試回去工廠上班工作，天天在家無聊，心情也就不好；下午看到丈
夫下班回來，就向他鬧脾氣，他受不了。

　　當病人丈夫和醫師談話時，醫師注意到病人在旁一邊聽，卻一邊抽出醫師
桌上擺著的衛生紙盒裡的幾張衛生紙，用她的（包括受傷被切斷指端的右手食
指）雙手指頭去包捏個燒賣樣子的東西，把原來套在指頭上的橡皮套也拿掉，

好捏衛生紙捏出來的燒賣。醫師看了，誇她捏得很好看，病人臉上顯出得意的表情，而說，她是很會包餃子，也會捏燒賣的。醫師說，她那麼會捏，為什麼不想早點回去工廠，開始恢復她的工作，又可享受工作，又可領工錢。病人說，她只要想到出事的工廠，心裡就害怕，不敢接近出事的機器。丈夫接著說，工廠的老闆很好，很歡迎她回去工作，但是她不肯。病人說，她曾經回工廠去看過一次，但是一進去工廠，頭就昏，心跳就加速，不敢待太久。醫師解釋說，要慢慢地去習慣，一次不要待太久時間，把時間慢慢拉長，也不要馬上去操作本來操縱的機器，先做點別的工作，這樣慢慢習慣了就可以。否則一輩子不去工作，將來女兒長大了，需要學費上學，還得先有個存款才行。丈夫點點頭稱是，然後轉頭問醫師，傷害賠償金可以領多少。醫師回答說，那要由保險公司接到醫師的報告後，按著他們公司的規定而決定。丈夫就趕緊向醫師說，拜託醫師給病人寫個好報告，就這樣他們謝謝醫師而離開。

 ## 評審結果的報告

在評審結果的報告書裡，醫師按保險公司的問題而分別回答如下：

- 病人的病情是否已經穩定了？——穩定了。
- 病人是否還需要繼續接受治療，治療多久？——不需要繼續心理輔導，可以停止。
- 病情穩定的話，是否能判斷傷害的程度？——可以。
- 目前心身與生活的障礙情況，多少程度是受意外傷害而發生？——估計20～30%程度是直接受軀體傷害而引起的（其餘是隨著創傷而引來的心理上因素）。

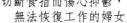

第二節　病情解析與輔導建議

軀體的傷害

軀體的具體傷害：此病人在工作當中不小心受到傷害，被工廠機器把自己的右手食指頭一截切斷，是個事實。被切傷的傷口，按時間在兩週左右就恢復。可是傷口復癒後，病人在傷口處繼續感到疼的感覺，持續很久，也是個事實。醫生的解釋是被切斷的神經末端還繼續發疼的反應，產生「幻疼」的關係，是神經學上可了解而可能發生的情況。此幻疼的現象會維持多久，隨著個人情況而有所不同。

軀體損傷的心理意義：可是，主要的問題是此軀體創傷給病人帶來的心理影響。由於右手的食指，是雙手操縱細動作的主要指頭之一，受了創傷，被切斷了末端的一截，就不能像原本那麼靈活地動作，會影響病人的動作性操作。特別是病人是靠雙手的靈活動作的工作而幹活，確實是軀體上的損傷。可是，病人的心理反應卻又是比例上相當地嚴重，變得情緒很不穩定且抑鬱，甚至完全放棄日常生活的活動，要依賴十多歲的女兒來替代她的職責，也總向丈夫鬧脾氣，如此將近一年之久，可說是比普通情況還過於嚴重且長期性的頹喪性反應。

由於病人過去是靠手指頭的靈活操作來表現自己的（工作）能力，右手的食指對她來說，有象徵性的作用，是她的「關鍵性軀體部位」。可是，這次（自己不小心）卻把此重要的關鍵性軀體部位切除，從潛意識的層次來說（按精神分析的觀念來說），猶如自己被割閹（切除性器官）似的，被去除自己的特別工具。因此，心理上的打擊與反應也相對特別大。

軀體損傷與傷害保險：除此之外，病人的病情持久沒好，還很顯然地受傷害補償有關係。在工作場所受了傷害，按社會的規定，可以得到損失的賠償。只是隨每個社會或保險制度的不同，而有不同的補償給予條件與金額。不管多

少，對於此病人來說，心裡想像是個大筆錢，渴望能得到一大筆補償金來過日後的好日子（哪知，實際可得到的並不會如病人所期待的那麼多）。雖然病人並沒有假裝或誇張自己的損壞情況與程度，倒是不難去推想，的確是延遲了她的復癒過程；讓病人缺少動機，沒有好好努力趕快復癒，恢復本來的生活與工作狀態。

輔導上的提問與建議

言語與輔導：由於心理輔導者跟此病人在言語上的溝通有所限制，須透過自己的小女兒擔任翻譯，因此，輔導的效果是受了很大的限制。只能做很簡單而具體性的談論，但無法進行有意義的心理輔導。特別是經由自己（未成人）的小女兒擔任翻譯，有許多問題。孩子年歲小，無法做適當的翻譯，特別是關係到心情的事。再者，自己的家屬無法一五一十地直接翻譯談話的內容，有其困難與限制。特別是女兒無法向自己的母親翻譯批判性的文句，有其限制。最好的辦法，就是找職業性的翻譯者來執行翻譯的工作，這樣起碼可以減除經由自己家屬（特別是子女）擔任翻譯的缺點。

支持、認知、分析與行為治療：針對這樣的病人，輔導者在開頭可以盡量提供支持，幫助病人度過傷心、後悔、抑鬱的急性階段。但是過後，就要開始對病人進行認知性的輔導，解釋與說明關於幻疼的現象，對軀體傷害的心理反應，與賠償有關的心理問題等等，並且鼓勵病人想早日恢復，回去工作的動機。最重要的是，需要依靠行為治療的原則，而考慮採用「減敏」的方法讓病人學習回去工廠，嘗試接近本來發生創傷的場所，採取漸進的方式來減除病人對創傷她軀體的機器的恐懼，經由恐懼心理的去除，而恢復本來的情況。

至於病人對自己喪失了主要的軀體部位，是否潛意識地感到是受了被割閹似的打擊等，是否早期就有「陽具羨慕」的心理情結（請參閱第二十二章：「**小時很羨慕男孩的陽具而自卑，年老還回想起的婦女**」），因此這次的外傷對她的反應特別嚴重等等，卻不用（也不必要）去打聽、探討與分析。

最主要的，要施行並提供「短期性」心理治療，督促賠償公司對賠償的早期決定，不要施以「長期性」的輔導工作，無形中替病人延遲其復癒的過程。

換句話說，從頭就約定輔導的期限，最好不要超過三個月左右，就所預定的目標與輔導課題而進行治療，讓病人心裡有個暗示性的準備，要趕緊恢復。否則沒有時間上的限制，越拖著提供輔導，間接地讓病人的恢復過程也緩慢，影響病人的康復。因此，「限期性」、「短期性」心理治療，是對這樣受傷害而期待賠償的病人比較適當的輔導模式之選擇。假如輔導者或病人發覺病人的內心裡有特別的情結，需要長期性且分析性的治療，就要等到傷害賠償的事情確定了，把可能牽涉的附帶因素去除後，再由病人自己負擔費用來接受長期性的分析性治療，才能發生與得到比較有意義的輔導結果。依靠保險公司的負擔來提供心理輔導，無法澄清其求醫的動機，常有其缺點與限制。

第三節　理論探討與學理說明

軀體各部傷害的不同象徵意義

雖然同是軀體，受了損傷的軀體部位，會隨其部位而常有不同的象徵意義。讓我們舉些軀體部位的例子，來做一般性的解釋：

手指頭：受到損傷時，會影響外觀，也影響握手的動作，間接地影響人與人的交際關係。對於特別需要用手指頭職業的人，如音樂家，需要用手去拉提琴、彈鋼琴的人，或者外科醫師等，其影響更大。

鼻子：常代表男人的自尊，也（潛意識性）間接地代表男人的性器。鼻子被打斷或歪了，就特別影響或打擊男人的自尊心，或對男性性的代表。對女人來說，是比較單純的外觀問題。

大腿：女性的大腿特別對男性具有性的誘惑，是女性的招牌。特別是職業上靠露大腿而招搖其女性誘惑的歌星或舞女，大腿受了傷害，其影響就很大。

乳房：直接表露女性的性誘惑，是軀體的女性招牌。萬一受了損傷（譬如罹患了乳癌，而開刀切除），就會影響女人對女性的信心，好似失掉重要的性象徵似的。乳房的大小，對於性誘惑有不同的影響，因此，有些女性還想靠隆

乳術來增大乳房，增加其女性的誘惑力。

陽具：毫無疑問的，代表男性。假如被割除，就好比被割闉，象徵性地喪失男性的特點，嚴重影響對男性的自信。

子宮：是女性的生殖器官，具體代表女性生殖能力的器官。假如經由開刀被切除，對於性信心比較缺乏的女性來說，就等於宣告無法生殖，去除了女性的性功能，影響心理很大。

傷害保險與病情的復癒

求賠償的心理與期待：按社會的規定，工人在工作場所受了軀體的傷害（甚至是精神上的虐待或創傷），可以得到相對的損傷賠償。雖然每個社會與保險制度的不同，可得到的補償金額有所不同。假如打到法院的官司，又隨打官司的進行情況與結果，而會有預料不到的結果。可是對於若干病人來說，卻渴望能得到相當大額的補償金，滿足經濟與心理上的要求。其渴望的心理，會有幾種因素。

假如素來對於對方（工作場所的單位或上司）有所不滿，這時變成是發洩不滿且想報復的好機會。醫師被病人告醫療疏失，工廠負責人被告領導不周，有時就是這樣的理由而發生。

自己的事業不成功，經濟情況一直欠佳，認為領賠償金是發大財的好機會，於是獅子大開口，想得到大筆賠償費，好過日後的日子，是過分期待的機會者。

性格本性就是習慣於推諉他人，自己不負責任，事情一發生，就責怪對方，要對方道歉或賠償，滿足自己自憐的心態。

所損傷的部位，在自己心理上有特別的象徵意義，比例上打擊大，也就渴望適當的賠償，好彌補自己的傷害。

這些理由可以重複性、綜合性、累積性地發生，是很複雜的心理現象，有時很難給予分析釐清。可是過分期待賠償，往往會把康復的速度延緩，得不到預期的康復，本人反而受損傷，需要及時且適當的輔導，去除這些非適應性、病態性的過分期待。

　　賠償的決定與病情的復癒：根據臨床上的經驗，補償的問題解決了，病人的病情有時可以顯著改善，但對一些病人來說，有時卻不見得就會跟隨著補償問題的決定而復癒。這種情況可以被解釋為，長期的病情（等待著補償）無形中就把「病」的情況固定下來，雖然渴望得到補償的動機已經滿足了，但是已經習慣而固定下來的病態情況卻未必可化除。另外的可能性是：軀體傷害的事實只是個「引誘性」的原因，把潛在性的心理問題或精神病態情況引發出來，也就無法收拾了。

　　無論如何，鼓勵病人早接受必要的軀體康復訓練，減除心理上的打擊與創傷，建立早日康復的動機，提早賠償的手續與決定，是對軀體受損傷的病人可以適用的治療與康復原則。避免心理上過分期待金錢的補償，而把心理病態延遲，是心理輔導上要幫助病人避免的一項重要輔導課題。

第24章 一個滿腹牢騷、抱怨親人都不理解自己的妻子

■ 靠軀體不適（心身症）來面對婚姻的困難處境

第一節　個案報告與治療操作（田峰）

 個案報告

　　某女，三十六歲，專科畢業，在某單位工作，自述十年前第一胎生女兒時，在產期吃了丈夫留給她食用的過期奶粉，而引起胃腸不適感覺。從那時開始至今十多年來，腸胃一直沒好，多方求治，各種身體檢查均未顯示有何（軀體性的）疾病狀態；但病人本身仍以為自己身體不好，而時時抱怨家人不理解自己，包括身邊所有的親人、父母、丈夫，以及十歲的孩子。病人雖然平時還可以上班工作，但時刻又害怕主管會批評自己，怕失業，只要主管有一些對自己的不滿意，就感到很委屈、很擔心，擔心自己會被主管重新安排工作崗位，也擔心同事們會看不起自己。

　　病人的母親是一位中學的教師，父親是一位工人，病人是大女兒，還有一個妹妹。幼年時母親工作忙，家裡的家務父親承擔的較多，母親在家中比較有能力，許多事情要母親出面解決。病人自述她從小喜歡思考，小學順利讀完，中學在母親任教學校讀書，自覺受到照顧，學習成績中上等，不主動與班裡同學來往，國中畢業後由母親選擇專業，上了專科，畢業後被分配在縣城工作，

工作表現較好，還被任命為所在單位的主管。當她到了二十多歲時，與自己的
國中同齡同學相處，確定戀愛關係，並決定在短期內結婚。當時男方家的母親
不同意這門婚事，丈夫家人認為病人與丈夫不相配。同時，病人自己家的父母
認為，病人還可以尋找更好的人作為丈夫，也不是很贊成。但由於當時病人已
經懷孕，父母只好同意，婚後懷孕期間生活尚平靜。

　　病人生育一女兒後，由丈夫的母親（即婆婆）來跟他們同住，幫忙照顧產
後病人的身體。病人自覺身體總有不適感覺，經常會與丈夫及婆婆吵架，認為
丈夫不顧他們自己的家，不照顧病人身體，只知道在外面忙工作。孩子出生以
後，為了照顧嬰兒，就放棄本來在縣城的工作，經由丈夫的幫助，想辦法調動
到離家比較近的省級單位工作。可是，等到換到此新的工作單位，病人對新的
環境及新的同事不太能適應，同事們對她不是很熱心，病人也自認為別人看不
起自己，受到了不公平的對待，經常叨念。

　　由於病人從小在家生活優越，不會料理自己的生活，不會做飯，因此，婚
後成家，還是需要家人的幫助。可是，此時丈夫的工作變得更繁忙，經常半夜
還要出去應酬，病人對丈夫的抱怨就更多，開始反覆申訴家人如何不理解她，
不幫助她做家事。因為丈夫經常要到外面應酬工作，病人給丈夫的所有朋友打
電話，告訴丈夫的朋友不要再請丈夫吃飯，而要求丈夫回家給自己做飯；因此
丈夫非常生氣，回家後不再與病人多說話。由於病人對家務的自理能力差，自
己的女兒一直由病人的父母代養，於是病人的父母也跟隨病人一家生活，但後
來因為不能忍受病人與丈夫經常爭吵，覺得不能住在同一間房子裡，就在外面
單獨租房子居住。家人一致反映病人每次說話都會以自己的身體不好，要求家
人做這做那，丈夫與病人的父母都在忍受病人，就這樣，丈夫經常很晚不回家，
或乾脆不願回家。

　　病人的女兒漸漸長大，目前十歲多了，因此，有關叫丈夫回家的事都由病
人督促女兒每天打電話給父親。結果，連病人的女兒也會因為這樣而反感，也
會與女兒父親（即病人的丈夫）一起反對病人。

　　但在病人女兒的心中，還是希望父母不能離婚。有時病人的丈夫會跟女兒
說：「給你找個新媽媽」的事，結果，病人的女兒就會經常監視病人和丈夫的

行為，害怕丈夫所說的找個新媽媽的事變成事實。如果病人希望丈夫早回家，就會透過女兒來傳達，女兒也就打電話給父親，催父親回家。丈夫表示：希望女兒能快樂成長，對女兒的話一般都聽從。

 ## 治療經過

會談治療只有幾次。每次由病人的母親陪伴，一次由丈夫陪同。每次會談均自述身體不適，而不願更多談情感，去面對自己的心理問題。

在治療中，當談到病人與丈夫的關係時，病人認為最初與丈夫戀愛時，丈夫是一個很醜的、平常的，家庭條件不如自己家的一個人。因為病人的母親曾是病人丈夫的老師，因此，心理上始終認為自己比丈夫優越。結婚以後，丈夫的家人不關心自己，而且還與自己意見不合，常發生爭吵；目前很少與丈夫的家人碰面、一起聚餐，即使是在春節也不會回到丈夫的母親家裡共度。

在治療過程中，曾與丈夫面談過，丈夫希望病人能改變她的性格。至於對於他們的婚姻，礙於病人的母親曾是自己的國中老師，要顧慮到這份師情；而且目前自己的事業正在極力發展中，希望自己家庭穩定，不會影響到事業的發展。雖然感到夫婦生活不滿意，也不會做離婚的打算。如果病人無法改變，丈夫也就只能這樣忍受了。

至於病人本身認為：家人（包括丈夫及自己的父母）如果能理解她、照顧她、關心她，丈夫每天按時回家，父母替她帶好自己的孩子，可能自己的身體就能好一些。

當治療師與病人接觸會談時，病人回避承認自己有心理問題，而說只要能跟治療師學習心理治療的方法就好了。如果建議病人長期來門診接受諮詢，病人會說害怕影響工作，不能請假，認為工作競爭太大，請假過多，主管會讓自己離職，不願意接受繼續輔導的建議。

 ## 操作評論

治療者對本個案的病情能很清楚地把握，所得的資料雖然簡短但有力，足夠做透澈性的心理診斷。會談的操作也很適宜，還能跟病人的丈夫會談，了解

丈夫的心態，是很好的技術上措施。治療者試圖努力，想幫助病人去了解她自己的心理問題，可是病人還是抓緊使用並依靠心身症的機制與軀體不適的申訴，回避直接面對自己的心理問題，也不願意積極想辦法根除問題，而仍保持自愛的立場，只要求「別人」改變，認為親人改變，她「自己」的問題就會解決，表示此個案有性格上的問題，輔導的適應性低，治療效果也會不佳的個案。

第二節　病情解析與治療策略

⟡ 個性的問題而影響婚姻的適應

此病人的婚姻從一開始就不很順利。當她跟丈夫交往談戀愛的時候，「男方母親不同意這門婚事，丈夫家人認為病人與丈夫不相配」；同時，「病人自己家的父母認為，病人還可以尋找更好的人作為丈夫，也不是很贊成」。雖然雙方父母都不贊成，「但由於當時病人已經懷孕」，父母只好同意他們結婚。這並不是很好的婚姻開端。

不僅如此，「由於病人從小在家生活優越，不會料理自己的生活，不會做飯，因此，婚後成家，還是需要家人的幫助。」這樣無法負擔起不做妻子的功能，去主持家務，又是個很大的阻礙，婚姻不容易順利與成功的另一個因素。

雖然結婚剛開始，夫妻相處還可以，可是生女兒時，問題就開始浮現並嚴重化。生產後的孕婦通常情緒比較不穩定，但病人卻跟來同住而想幫忙照顧產後的病人的婆婆吵架（不知是否對當時婆婆曾經反對她結婚，而還不高興的原因；或者是產後心情不穩定的關係）；也「自覺身體總有不適感覺，經常會與丈夫及婆婆吵架」。

我們知道，一個人自己的「夫妻關係」，往往在不知不覺中，會無形中受自己父母的「夫妻關係」的影響，經由模仿而遺傳到子女自己的「夫妻關係」上。根據病人描述：「幼年時母親工作忙，家裡的家務父親承擔的較多」，無形中病人也期待自己的丈夫要多做點家務。因此，也就非常不滿意自己的丈夫，

認為：「丈夫不顧他們自己的家，不照顧病人身體，只知道在外面忙工作。」病人就沒有一般人有的觀念，即：丈夫在外忙，妻子就要多照顧家裡的事，靠夫妻分工合作，共同建設兩人自己的家庭。

最糟糕的是，「因為丈夫經常要到外面應酬工作，病人給丈夫的所有朋友打電話，告訴丈夫的朋友不要再請丈夫吃飯，而要求丈夫回家給自己做飯」，很顯然的，做妻子的為了自己的需要，就超越自己做妻子的角色範圍，不顧對丈夫的事業及跟朋友關係的影響將會如何，而犯了很不明智的行為，也替自己的丈夫丟臉（向朋友宣示先生做個大丈夫還得回家給妻子做飯）。難怪「因此丈夫非常生氣，回家後不再與病人多說話」，更破壞夫妻間的感情。

這些問題的根源，我們都可以從病人的個人性格來了解。即：她是以「自己」為中心，一切都從自己的觀點而思考，要他人為她做事，而她自己不太負責任，只會：「對丈夫抱怨，並反覆申訴家人如何不理解她，不幫助她做家事。」其實，要做家事的是妻子自己。

軀體毛病變成是應付婚姻問題的工具

由於病人得不到他人的照顧，她就抱怨，並且採用她身體不適的理由，來爭取別人對她的關心。她「在產期吃了丈夫留給她食用的過期奶粉，而引起胃腸不適感覺」，就這樣，給病人提供了很好的藉口，因此，「至今十多年來，腸胃一直沒好」。結果，連她自己的父母也「一致反映病人每次說話都會以自己的身體不好，要求家人做這做那，丈夫與病人的父母都在忍受病人」。也就這樣，「丈夫經常很晚不回家，或乾脆不願回家」。病人唯一的辦法就利用自己十歲的女兒來打電話，叫丈夫早點回家。對於這樣長年不滿意的婚姻情況，丈夫已經在透露內心的慾望，想給女兒「找個新媽媽」，只是考慮到女兒不喜歡父母離婚，因此，丈夫還沒採取行動在外面找女人而已。

輔導上的策略

對於這對夫妻的婚姻問題，可治療的可能性低。丈夫「礙於病人的母親（是自己的國中老師）」，而且「目前自己的事業發展中，希望自己家人穩定

（不妨礙他的事業發展）」；特別是不想傷害自己喜歡的年幼女兒的心情。因此，「雖然（目前）感到（婚姻）生活不滿意，也不會做離婚的打算」，只希望病人能改變。我們可以推測，照這樣的情形，假如他的事業日後已經很成功，不用再在乎家庭是否穩定；或者女兒已經長大，做父親的不需要繼續照顧並顧慮女兒時，說不定就真的給女兒找個新媽媽了。說不定在這個階段裡，剛好碰到好的異性對象，早就開始婚外情了。

可是相對的，病人還在夢中，沒醒悟，認為「家人（包括丈夫及自己的父母）如果能理解她、照顧她、關心她，丈夫每天按時回家，父母替她帶好自己的孩子，可能自己的身體就能好一些」，保持幻想性的期待。

而且最重要的是，「當治療師與病人接觸時，病人迴避承認自己有心理問題」，也不想接受心理的輔導，只要「能跟治療師學習心理治療的方法就好了」。可見，對此病人不好做輔導的工作。

假如病人（不擔心自己的工作，而能重視與顧慮自己的婚姻問題）願意繼續來接受輔導，針對這樣帶有自愛性格的病人，在技巧上可以嘗試的一種方法是：利用其個性的特點，讓病人考慮，自己做些什麼改變，會對「自己」有幫助，或有好處，從她自己的立場出發。

針對病人的不同性格，治療者可以採取不同的方式來跟病人會談，並幫助病人。對於帶有自愛傾向的病人，千萬不要指出病人有毛病或問題。這是自愛的人最不喜歡聽的，是傷害他們自尊心（自愛心）的語句。最好要站在病人的（自私）觀點，以共同的立場來討論，怎樣才對她「自己」有好處。

比如，對病人提議，自己想辦法，對丈夫體貼、要好，這樣丈夫反過來，會對她自己關心。學做點家事，讓丈夫驚訝，丈夫會更喜歡她「自己」，可以得到丈夫對她的感情；而不會到外面去找女人，對她「自己」不利。也就是說，怎樣才對她自己好、對自己有利，可以滿足自己的需要等等，要以「自己」為出發點與基礎來談話，並對病人做建議。

對這樣的病人，千萬不要去指點病情，說穿她的毛病，即靠身體不適來求得他人的關心。自己的毛病被點出，是自愛的病人最討厭聽，也是最受不了的話。治療者卻可以提議，把自己打扮得漂亮，可以討丈夫的喜歡，讓丈夫會早

點回家,來對她「自己」多照顧。

病人不想被治療者治療(因為這樣就會被他人或親友認定她有精神上的毛病),因此,可以透過病人的要求,只教她想學習的「心理治療的方法」就好。治療者可以跟病人說,假如治療者要治療「一般病人」時,會叫他們不要過分申訴自己身體的不適(比較下等的方式),而得到丈夫的厭惡,會教「那樣的病人」去改變一個方式,改用丈夫比較喜歡的方式(比較上等的方法),如跟丈夫講些好聽的話,得到丈夫的體貼。也就是說,是採取針對「一般病人」、「那樣的病人」,而說明治療師如何去治療病人,而實際上卻是間接在針對「此病人」做實際治療上的勸告與提議。就希望這樣的病人在不傷害她的自尊心之下,透過「講解心理治療的方法」,幫助她體會她可以改善的地方。假如病人能喜歡上治療者,想向治療師學習「心理治療的方法」,或許間接地會得到被輔導的效果,是值得嘗試的方法之一。

第三節 理論探討與學理說明

自愛性格的問題

每個人有各自不同的性格,而病人也是如此。治療者要能知道如何配合病人的不同性格而進行會談,用不同的技巧來幫助病人。由於此病人是屬於自愛性格者,因此,讓我們討論這種性格的特點。

所謂自愛型的性格,也稱是「自戀性格」(narcissistic personality),指的是一個人在性格上具有自我中心的趨勢,一切從自己的角度與立場去待人處事,比較缺少同理心,不會替人著想,只為自己,而比較幼稚性的性格。這樣的人在幼小的時候,常被養育者過分寵愛,缺乏學習如何去負責,體會他人,建立同理心的能力,自己去面對困難的經驗,而依賴他人的心理比較強;對挫折的忍耐度比較低,遭遇困難時,只會依賴他人的幫忙,自己缺少毅力與能力去克服。

有些人除了這個基本的性格以外，還善於使用各種方法來取得他人的關心，回避自己承擔問題的責任。自己變成疑病症似的，常申訴自己身體的不適，靠心身症的狀態來應付困難，是其中的方法之一，並不是很成熟的方法，四周人會逐漸不關心這樣整天訴病的病人。

心身症的病理機制

當一個人遭遇心理上的挫折，無法經由心理途徑來表達並處理與應付時，有時會透過軀體來表達其內心心情上的痛苦與困難；而隨著其病理機制的不同，臨床上可區別為幾種：

轉化症：當一個人遭遇心理上衝突性的矛盾時，因其挫折的程度嚴重，情緒上的痛苦超乎自我的能力去應付時，自我就採取「潛抑作用」，將其難以接受的痛苦情緒隔離或分離，而把心理痛苦「轉化」（conversion），轉移到軀體上，呈現一時性的軀體性症狀。所呈現的軀體症狀都屬於感覺器官的功能（失去其感知），或者是隨意肌所屬運動系統的障礙，包括麻痺或抽筋的現象。這些軀體性的障礙都是急性的發生，而且常有其象徵性的性質，用軀體來表達遭受的情感上挫折。假如其本來的心理挫折被解除，軀體性的感覺或運動系統的障礙就可消失。因此，基本上是急性而且是一過性的反應。

心身症：當一個人心理上有壓力、挫折或壓力，無法承擔時，其自主神經系統所管制的生理系統就發生障礙，呈現軀體性的症狀。這種屬於「心身症」（psychosomatic disorder）的疾患，也稱為「體化症」（somatization disorder），多半是緩慢發生，而且持續時間比較長久，呈現慢性的病程。至於表現的軀體症狀，可能其原本生理功能有預先的弱點或缺陷，但沒有象徵性的心理意義。軀體症狀的範圍可以很廣泛，或者就某種系統而發生，包括血管循環系統、消化系統、呼吸系統，甚至與內分泌系統或新陳代謝系統有關。雖然其原本的心理壓力或挫折消失，其軀體症狀不會即刻的消失，還會持續一段時間，才能恢復其平衡。

疑病症：「疑病症」（hypochondriasis）也稱「慮病症」。這是跟軀體不適有關，但其基本問題是心理上的症狀，即過分疑惑或擔心自己的軀體情況或

症狀，由於過分憂慮或擔心，也常向家人或醫師申訴軀體的不適。雖然軀體檢查沒發現基本的軀體性毛病，但其疑惑或擔心的態度與行為仍繼續存在，好似靠軀體的不適來解決內心的擔憂或獲得他人關心似的。

可見同時牽涉到軀體的不適或軀體的症狀，但其病理機制卻有所不同，臨床上可有不同的診斷，而且心理治療上需要施以不同的輔導策略。對於轉化症的治療，其要領是趕緊發覺其心理衝突的矛盾何在，加以處理，希望其轉化的軀體症狀可以很快消失。至於疑病症，其治療的重心就得放在如何幫助病人體會自己非適應性的心理行為，逐漸改變為比較適應的方式來處理所面對的心理困難。至於心身症，基本上就是減除所面對的心理壓力、挫折或壓力，希望間接地逐漸改善表現的軀體性症狀。

第25章 婚後仍無法解脫與婆婆及丈夫三角關係困擾的妻子

■ 成人期持續被親子三角關係情結所困擾

第一節　個案報告與治療操作（朱金富）

個案報告

主要的問題：這是一對夫婦，因為家庭問題，經人介紹而來就診。陪同來的還有妻子的兩個哥哥。根據（治療者）推測，患者的兩個哥哥一起來可能有以下幾個原因：證明患者在娘家的地位很高（患者是家裡唯一的女兒），在家備受兩個哥哥的寵愛；兩個哥哥是患者心理上的堅強後盾，如果丈夫對自己不好，哥哥可能會出面幫助患者，取得社會支持。在我們（中國）的社會習慣裡，如果出嫁的女兒在婆家受了不公正的待遇時，往往有娘家的兄長會去維護自己家裡妹妹或姊姊的地位，該案例裡患者的兩個哥哥又比較有能力，所以患者由哥哥陪同。

在諮詢的過程中，除了夫妻以外，患者的兩個哥哥一直沒有回避諮詢現場，患者願意讓他們在場。只是兩個哥哥在諮詢會談的過程中，大都沒直接參與會談，只在旁觀看。

會談開始，妻子（沒等丈夫）就自己先開口說話。她說：一年前生孩子後，在做月子時，公公和婆婆特地來跟他們夫妻一起住，好幫忙照顧生產的她和嬰孩，可是就在這個期間，病人跟公公就發生爭執。爭執的內容是這樣的：

有一天患者想喝鯽魚湯，讓公公出去買魚，公公有些不太願意，結果出去後一會兒就回來了，說市場上沒有賣鯽魚，這樣患者就很不高興，說是如果不想照顧自己，就回老家算了，讓自己的娘家來照顧。公公覺得自己是長輩，被媳婦指著做事情，心裡覺得委屈，兩個人吵了幾句。後來丈夫下班回家以後，患者就向丈夫表示對公公的不滿，還跟丈夫大吵一頓，患者要求把公公趕走，讓他回老家。最後丈夫只好聽她的，做了妥協，把媽媽留下來，讓爸爸回老家。從此患者對丈夫的家人非常生氣，並且對不很支持她的丈夫開始抱怨，而且即使很小的事情也要生氣，每次生氣時，總會不自覺地回想和公公吵架的情景。因此，長久以來，患者感到委屈、焦慮、失眠。

把公公趕走，趕他回鄉下老家以後，婆婆還繼續留著，到目前為止，一家三個大人，即夫妻、婆婆跟孩子；孩子仍由婆婆帶著。可是，在家裡婆婆總是護著她自己的兒子（即病人的丈夫），每次都是因為婆婆管他們夫妻的事情而發生爭執。

比如，昨天晚上妻子說想吃西瓜，丈夫說要出去買，這時婆婆就說可以吃家裡現有的梨，意思是不想讓自己的兒子夜裡還辛苦出去買西瓜；可是兒子猶豫了一下，還是去了，但妻子就不高興，並向婆婆開口說：「不要管我們夫妻的事情，他要去給我買，你就不要管了。」這樣，雖然向婆婆說了，妻子心裡還是很生氣，並且要求丈夫對她（妻子）賠禮道歉，說沒有按她的要求而馬上出去，幾乎就聽了婆婆（他的母親）的話，而沒聽妻子的要求。

這時在旁的丈夫插話說，每次遇到這樣類似的情景，妻子總是要求丈夫寫檢討書，而且不能寫短的，字數不得少於五千字；有時如果丈夫表現不好，寫得不夠痛悔，還會要求增加到一萬字，多表示悔改的意思。現在問題是妻子總是不滿意，經常為此苦惱。妻子說，她自己在生氣後兩、三天，就會出現胸腹部脹（心身症的軀體性症狀），經丈夫給予按摩後，會放屁，然後就覺得好受了。

這時治療師詳細問妻子，是哪些事情婆婆做得不好。妻子回答說，婆婆在家，生活各方面（幫忙燒飯、照顧孫子）都做得很好，就是覺得她過於袒護她自己的兒子（即病人的丈夫）。妻子解釋說，她和婆婆平時關係還可以，並且

強調生氣後也不記仇。又說，如果當婆婆管自己和丈夫間的夫妻事情時，只要丈夫吵婆婆，管管婆婆，這樣妻子就覺得沒事。婆婆也多次表示不再管夫妻之間的事情，可是有時候會不自覺地插話。為此，妻子多次和丈夫發生爭執，並且說如果丈夫不向著自己，威脅甚至想要跟丈夫離婚。

治療師進一步問妻子，問她覺得她的丈夫是否愛她，妻子承認丈夫很愛自己，對她很好；但是，就是不能接受婆婆對丈夫的袒護。治療師還問患者，為什麼要丈夫寫檢討書，而且要丈夫寫那麼長的檢討書，有何目的與效果。患者說：這樣做，主要是懲罰丈夫。

妻子的個人背景：患者是家裡最小的孩子，上有兩個哥哥，年齡差距也比較大，連小的哥哥還比患者大七歲。患者自幼比較聰明，所以深受家裡哥哥們和爸爸的寵愛。媽媽是一個個性強而愛講話的女人，從小對患者管教甚嚴，經常嘮叨患者的一些生活瑣事，有時患者會和媽媽頂嘴。等患者到了中學階段，開始回避喜歡管她的媽媽。有時候患者要買東西，如果媽媽不同意，患者可以不讓媽媽知道，下點工夫跟爸爸或者哥哥們要，而他們就給患者錢。患者上大學後，經濟支出主要是兩個已經在工作的哥哥們支付。因此，兄妹關係一直很好。患者自己認識她的男朋友（目前的丈夫），當時他們是同學，男的主動追求患者，並且戀愛期間對患者特別體貼和關照。萬一有衝突的時候，男的就馬上向患者屈服投降，爭得患者的原諒。

兩人結婚後，感情一直很好，就是有了孩子後才發生衝突。但患者知道自己很愛自己的丈夫，丈夫也對自己很好，兩個人間的感情本身沒有任何問題，問題就是患者的父母。患者說：平時她也十分孝順公公與婆婆，知道現在連累他們為自己照顧小孩。覺得做父母不容易，還對丈夫說，等他的父母老了還要好好照顧他們。可是，現在患者出現情緒問題後，總是不自覺地把責任推到丈夫的父母身上，特別氣婆婆總是過分照顧與偏袒丈夫，影響他們的夫妻關係。

患者小時候，家庭還算是美滿幸福，爸爸是幹部，媽媽很要強，爸爸承擔著家裡的主要經濟來源，可是家裡的財政使用大權卻掌握在媽媽的手中，孩子要買什麼衣服、每天要吃什麼飯，都是由媽媽決定，爸爸似乎還有些怕媽媽。媽媽是個很能幹的女人，經營著家裡的一切，包括爸爸是否參加一些社會活動，

都由媽媽提供建議。家裡的幾個孩子也都很有出息，上了大學，也有好的職業。目前家裡只有父母兩個老人家一起生活。

患者性格開朗，愛說愛笑，對自己的婚姻一直覺得很滿意。自己認為自己有小孩子脾氣，但脾氣很強。在娘家，很少有人招惹患者。如果誰讓自己不高興，患者也會以同樣的方式回報過去，絕不吃虧，但是自己的媽媽除外，因為患者認為自己的媽媽很辛苦。在公司跟同事關係很好，大家都喜歡患者，願意和她交往；患者大方，待人很好，尤其是經濟上很寬裕，平時上司也很看重自己，工作能力很強，在公司從不吃虧。

患者尚未出嫁，還在家裡的時候，兩個哥哥都很寵患者，患者遇到什麼困難總是兩個哥哥幫助解決；兩個哥哥也認為妹妹很懂事，能言善道，處理人際關係也很好，兩個嫂子也從來沒有和患者發生衝突過。

夫妻關係：由於丈夫是患者的同學，相識很久，兩個人自由戀愛，關係一直很好，丈夫很會疼愛患者。萬一他們之間發生小矛盾或衝突，丈夫就馬上向患者認罪、屈服投降，爭得患者的原諒，平息病人的脾氣。患者對丈夫也很好，知道關心他。由於兩個人都有很好的工作，收入還可以，平時很少有麻煩或生氣的事情。

一般來說，在社會上，夫婦要求配偶對方寫檢討書悔過，是很少的習慣；除非是對方犯了很嚴重的事情，需要向配偶道歉或保證不再犯錯誤。至於這位病人這麼做，可能是他們家庭裡學得的祕密，是特別的家內習慣，或者是她自己創造的辦法。其實，這位妻子這樣對丈夫的要求，具有孩子氣，就像小孩子扮家家酒一樣。而丈夫也願意順從妻子，也表現他的性格。丈夫這麼服從，主要是不想讓妻子更加生氣，這是兩個人自戀愛階段就形成的解決衝突的方式，每次都要等妻子贏了、勝利了，才不生氣，衝突才可以解決。

婆婆的為人與性格：婆婆是個內向賢慧的家庭婦女，平時主要是料理家務，很少說話，生氣時會一個人掉淚。平時對兒子親近，但也管教甚嚴。對媳婦若即若離，只是覺得媳婦把老公趕走心裡不好受，希望早日把家庭關係搞好，大家一起生活。婆婆在兒子和媳婦的關係上，有時會不自覺地傾向於兒子一邊，只是不敢明確表示。比如，已經提過的例子裡，即：媳婦要吃西瓜，想讓丈夫

到外面買回來吃，婆婆因為心疼兒子，內心不想讓兒子去，可是又不好意思直接說出來，就說家裡有梨子，可以吃梨子就好。而媳婦覺得這是夫妻之間的一點小事，並且丈夫也願意為自己出去買，婆婆插話使得媳婦覺得心裡不好受。越是這種情況，媳婦就越要考驗丈夫會不會去買，媳婦總是想讓婆婆看看，到底兒子聽媽媽的還是聽媳婦的，使得丈夫十分難堪。

 ## 治療經過

　　治療師大致了解病情以後，就開始展開治療。首先，讓患者傾訴了對公婆的不滿，表示對患者遇到的情況的理解；同時，讓患者談談患者期望的情況應該是怎樣？患者說：她認為自己剛生了孩子，處在需要幫助的階段，丈夫也是家裡的獨子，公婆就應該全心全意地幫助他們。比如，經常替她改善伙食調理口味，她生活好了，孩子也就有足夠的奶水吃了。這時治療師問及孩子的情況，患者說孩子的情況很好，奶水也夠吃的了。治療師進一步讓患者敘述，如果患者自己是婆婆，會怎樣對待媳婦。這時患者說：如果是那樣，她就不會干預她和丈夫之間夫妻的私人關係，只要他們小倆口高興且幸福就可以了。這時治療師和患者指出，是不是她和公婆之間的問題主要是：因為他們對你們夫妻之間的干預引起的，患者說是的。患者自己承認，她把公公一個人趕回老家不好，想到他一個人不怎麼會做飯，生活可能會不方便，有點後悔。這時，治療師抓住機會讓患者提問：公婆是否是全身心投入到對他們的照顧上了？患者及丈夫都承認，老人對他們的照顧是無私的，主要是兩代人之間的代溝引起的。

　　治療師接著詢問丈夫對這些事情的感受，丈夫說自己夾在中間十分痛苦，一方面要照顧妻子，另一方面還要顧及老人的感受；特別是爸爸一個人回家，還是有些不放心。丈夫還說：妻子讓他寫檢討書，就像小孩一樣，明明知道沒有道理，又故意取鬧。可是，為了避免家庭衝突，他說自己寧願聽從妻子的要求，付出犧牲。丈夫還說：最近因為經常在家裡加班寫檢討書，以至於上班時候精神委靡不振。聽到此，這時患者破涕為笑，說：丈夫是活該，誰讓你惹我了，誰讓你的父母對我不好？治療師問患者，檢討書字數寫多少有什麼關係？患者說：主要是讓丈夫花費時間去寫，不讓他好好休息。懲罰他，是想讓婆婆

知道丈夫是自己的，不能聽媽媽的話。治療師問她是否愛自己的丈夫？患者回答說愛。治療師又問，這種寫檢討書的手段是表示愛嗎？患者沒有辦法回答，改話題說：其他方面的事，你可以讓丈夫說，我以前對他家好不好？這時治療師指出，患者懲罰丈夫的真正目的是想懲罰丈夫的媽媽。患者表示同意，可是認為實際上又不能懲罰媽媽（那樣不符合倫理道德）。

經過這些討論，治療師幫助患者及丈夫了解，患者的問題主要是在丈夫和婆婆之間的矛盾衝突引起的，患者對丈夫的過分占有和控制導致了家庭衝突。治療師建議患者要慢慢理解和接受婆婆以及公公，並給丈夫一些自由的空間。說明：丈夫既可以愛妻子，也可以愛父母；兩者之間的完好結合才能夠有一個健康和諧的家庭。患者及丈夫表示理解，並說回去丈夫還要和媽媽好好談談，盡量不讓媽媽干涉兩人之間的事情。患者回去兩週後，來電告訴治療師情況已經明顯好轉，家庭關係建立，並且已經開始上班。

關於開頭的會診時，患者的兩個哥哥都陪著來，還進來會談室不離開，其中的另外一個理由是：患者來找諮詢師是患者的哥哥託諮詢師認識的朋友而來就診，所以要一起過來參加諮詢。因此，在這樣的情況下，治療師就很注意保持彼此的關係，不得罪哥哥們，不能太批評他們的妹妹（病人）的不好，但也不能（當著他們兩個哥哥）老說妹夫（病人的丈夫），批評病人的丈夫不好。讓治療者特別擔心保持平衡的關係而進行會談，不得罪任何一方。

還好，在諮詢快要結束的時候，哥哥們自動指出：他們的妹妹（即病人）有時也要求丈夫過分些，可能與從小在家嬌慣有關。總算說些比較公道的話，要自己的妹妹反省、改善。因此，哥哥們的表態，讓治療者能進行比較客觀性的輔導工作，在夫妻輔導工作裡，可避免偏袒一方，增加衝突。

 ## 操作評論

這是個很有興趣的個案，會談進行得很好，病人的問題了解得很清楚，因此，能進行方向比較準確的輔導。不僅是個人的問題，連夫妻間的問題、跟婆婆的三角關係上的衝突，也都能很明白地了解，所以可以進行必要的婚姻輔導工作。

從病情的立場來說，本個案是「個人」性格上的心理問題，是夫妻關係上的「婚姻」問題，也是夫妻再加上婆婆的三角關係上的「家庭」問題。臨床上要把輔導的焦點與治療重心擺放在哪裡，在哪個層次進行輔導，是個策略上的問題。只要了解基本的問題是發生在：病人對自己的三角關係癥結還沒處理好的問題，宜就此而費心治療。

在開頭的會診時，讓患者的兩個哥哥都進來會談室裡參加會談是不尋常的舉措，本來有點意見，覺得需要考慮，是容易招致困難的會談方式。可是後來根據治療者的說明了解其背後理由，也就知道是很適當的措施，沒有得罪了介紹人（哥哥的朋友），也讓病人安心，覺得哥哥的在場而滿足被保護的感覺，可以加速建立治療上的關係。在某種角度來說，病人自己的兩位哥哥無形中擔任了「共同治療者」，利用其跟病人既有的穩定關係，而能提出對問題的看法，幫助了「治療者」的輔導工作。

治療者能一方面跟主要的患者拉上關係，穩定情況後，又另一方面幫助患者能體會自己行為的不適當（是幼稚性的反應），而督促其改善，是有要領的輔導措施。也就是說，先建立好的關係，然後指點問題，建議改善，是輔導上的基本程序。

第二節　病情解析與治療策略

局部性與短暫性的問題與浮現的癥結

病人的個人性適應（包括求學、結婚、就職），或者夫妻間的關係（包括如何溝通，如何保持感情，各方面都還可以，起碼在戀愛、結婚的各個階段沒有發生困難），大致還很好，就是有個局部性而嚴重性的問題，進入生產期，生了孩子，跟婆婆在同一個屋簷下居住以後，即看不慣婆婆袒護她自己的兒子（即丈夫），不讓自己的丈夫聽從她，而陷入三角關係上的癥結，沒有辦法脫離而成長。

心理治療
解析與策略

還有一點值得提的是，通常剛生產後的產婦，常處於情緒比較脆弱、敏感與不穩定的階段（有些嚴重的，還容易陷入短期的產後抑鬱症）。在這樣比較情緒不穩定的階段，就容易把內心裡隱藏存在的情結浮現出來，反應也大，而所表現的情緒與行為就有點不適當。病人跟公公為了買鯽魚的小事而惱怒，還對公公生氣，而把他趕回自己的家，就是這樣產婦情緒不穩定的階段才會發生的事情。平時，恐怕就不會採取那麼極端、不孝順的表現。

親子三角關係的衝突發生在成人婚後階段的現象

早期發展階段的親子三角情結沒有處理與解決，會延續存在，到成人階段還繼續受困擾，表現為成人型的三角關係上的衝突，包括透過夫妻與老人家間的競爭、偏袒、吃醋等心情上的問題。

病人小時候，有個脾氣厲害、能幹、喜歡管教孩子的母親，病人無法跟這樣的母親親近，只好保持距離，更談不上跟母親認同。相對的，病人學會如何想辦法跟自己的父親（或年歲大，代表父親形象的哥哥們）要好，向他們要零用錢（得寵），無形中保持著這樣「性蕾期」三角關係上的情結，沒有隨年歲的增長而解決（即：進入同性期或潛伏期以後，改跟同性母親接近認同，跟異性父親逐漸疏遠些）。

因此，病人長大成人後，在自己個人（單人）方面的適應（如念書、就業）並沒有問題，而跟男朋友結交，或者婚後與丈夫維持夫妻（兩人）關係時，也沒有太大的困難（只有要求丈夫寫檢討書的過分行為），只是後來跟婆婆住在一起，過「丈夫、妻子、婆婆」三個人很接近的（三人）生活時，其三角關係上的情結才重新浮現，發生困難。

因此，治療的主要重點將需要幫助病人能了解這一點，並幫助她脫離這樣三人間的衝突，不要陷入三人間的競爭、比較、嫉妒。要幫助病人去了解，作為婆婆的想關心與照顧自己的兒子，是理所當然的母性，並不是存意想破壞他們的夫妻關係（否則就不會來住在一起，辛苦幫助他們的家事，替他們照顧孫子）；而丈夫想孝順並聽從自己的母親，也是很對的事情（是孝子的表現），不要讓自己的丈夫陷於「聽媽媽或聽妻子」的處境，難以應付。要能把心胸放

大，能多體貼對方，並且避免把事情「三角化」，是病人需要學習的性格上的
成熟。

妻子的個人性格與丈夫的性格相配問題

除了妻子的個人心理問題以外，還得幫助他們的夫妻關係上的適應。為了
幫助這對夫妻，需要注意的是，他們夫妻的個人性格與他們彼此的相配與適應
模式上的事情。在戀愛期間，男的要趕快向女的陪不是，討好女的；婚後，妻
子要求丈夫寫檢討書而悔過、賠罪，是很特殊的衝突處理模式。對丈夫這個男
人來說，可能是個「好」的男朋友或丈夫，會體貼女朋友或妻子，但仔細想，
是性格上的問題，對女人比較懦弱、唯命是從的男人。因此，母親一說意見，
就不知道該聽從母親或妻子。至於這位妻子，要求自己的丈夫這麼做，具有孩
子氣，而且沒有尊重男人、看重丈夫，每次都要她贏了、勝利了，才不生氣，
而這並不是很健康的個性。夫妻之間要能保持平等且平衡的關係，相互尊敬，
相互考慮對方的立場與需要，這樣才是可以相互扶植而成長的健康夫婦，偏倒
一方是不理想的夫妻關係。他們兩人彼此私自相處還可以，但是假如有另外的
人進來，在三角關係的情勢下，問題就發生。

假如妻子不高興丈夫總是聽母親的話，而不注重妻子的意見。做丈夫的要
下點工夫，在私自的場所與機會裡，向妻子表示親近要好與體貼，讓妻子感受
到丈夫的感情；並且向妻子說明他在母親的面前，還得保持孝子的面子，聽取
母親的意見，要妻子能多體諒他夾在兩個女人間的辛苦。也就是說，要在私自
的場合多穩定妻子的心情，讓妻子知道，他的心還是偏向妻子，讓妻子放心，
而不會跟婆婆爭風吃醋。

關於婆婆的輔導

假如有機會跟婆婆會談，就提供支持性的諮詢，誇獎她願意跟自己的丈夫
（即病人的公公）離開不同住，辛苦來幫助兒子與媳婦家。看來婆婆已經知道
不要過分干預兒子跟媳婦間的夫妻關係，只要簡單提起多注意就好。

第三節　理論探討與學理說明

早期經驗如何影響日後的成人性格與人際關係

　　一個人的性格除了受生物學上的遺傳因素，表現其基本的脾氣與個性模式以外，還會受成長期間的心理經驗而塑成心理上的各種特點。這些一生所經歷的心理經驗都會多少累積，構成我們人格的部分。可是，早期的心理經驗特別有其作用，會長期繼續影響我們的心理與性格。譬如：口慾期所經歷的喪失創傷、肛門期的爭執矛盾，或者是性蕾期的三角情結，都會特別影響著我們的內心，間接左右我們的情感與心理的反應模式，有時是顯著，有時是隱伏，可是面對類似的情景又會重新浮現，呈現過去對創傷、矛盾、情結的心情反應。

　　從此病人的發展史資料裡，我們知道她在口慾期、肛門期並沒有顯著的問題，可是在性蕾期，卻有明顯的情結上的困難，沒有解決度過。即：跟母親無法接近，是對抗性的，而跟父親（或代表父親形象的哥哥們）卻保持祕密性的親近與要好，產生親子三角關係上的矛盾，維持長久，沒有好好解決與成長。因此，目前跟丈夫與婆婆間的衝突，可以說是病人過去跟自己的父母及哥哥們所經歷與養成的人際關係，及處理問題模式的重演與延續。

母女情結的形成與長期性的影響

　　在性蕾期有關的親子三角關係裡，學理上都談論兒子和母親的情結，相對的，比較少討論女兒和母親所發生的情結，以及如何處理而進入同性期的事情。一般來說，到了性蕾期的階段，女兒還繼續跟父母雙方要好，但無形中會跟父親撒嬌，要父親對她好，而相對的，跟母親保持若干距離性的關係。從父母的角度來說，父親有意或無意會對跟他撒嬌的寶貝女兒表現特別要好，會寵些；而看不慣的母親，對女兒會管理得比較嚴格些，結果讓女兒有點怕母親。可是，這樣的情況通常都並不嚴重，父母雙方基本上還是喜歡他們的女兒，共同栽培

並養育他們的女兒。隨著年歲的增長，進入潛伏期（同性期）以後，女兒就又恢復跟母親接近，跟母親學習如何打扮、梳女人的頭髮、穿女人的衣服，甚至一起學怎樣在廚房洗菜、洗盤子、練習做菜等等，向母親模仿與認同，準備做女人。相對的，和父親就懂得保持若干距離，不要父親給她洗澡，不要父親碰她的衣服等等。

可是，有些女孩子並不是如此正常的發展。可能是母親的性格不太女性化，太嚴格，缺少慈祥與溫柔，對女孩子管教比較嚴厲，女孩就跟母親不親；再加上父親在背後跟女兒特別要好，寵女兒，就保持三角關係上的問題，形成情結而沒有解決。女兒到了潛伏期以後，沒跟母親恢復很親近的關係，也無法跟母親認同，還會跟母親競爭、爭執，並批評母親，反抗母親，形成嚴重的母女間的關係。

及至她長大成人以後，懂得跟自己的丈夫撒嬌，讓丈夫心服，可是難與帶有權威性的女性接觸，譬如，女性的主管，或者跟自己的婆婆等。也比較容易重演跟自己的丈夫與婆婆間的三角關係的衝突性困難。

個人性格與婚姻的適應

男女自己的性格，會無形中影響他們如何選擇適合自己的異性對象；同時，夫妻彼此的個人性格，也會左右他們的夫妻關係，影響他們的婚姻情況。

譬如，富於自戀型性格（癔症型性格）或戲劇型性格的女人，她們的性格特點是：喜歡指使他人為自己做事，善於擺弄他人，獲得自己所需；容易陷入三角關係上的矛盾，而發生競爭與嫉妒的問題。通常她們所找的異性對象，即男人，個性不是很懦弱、聽話、容易被擺佈，滿足個人的心理需要，不然就是對方的個性比較強、有理性，可以依靠的。假如是個性懦弱的丈夫，很聽妻子的話，妻子會很滿意，但是跟第三者（如婆婆）存在而相處時，就氣自己順從的丈夫沒完全聽從自己，還順從婆婆，發生不滿的心理。假如找到並嫁給的男人是個性比較強、有主意、做事有條理、有計畫的丈夫，就滿意其可靠性，享受其理性的性格，但同時也抱怨不夠柔情、不夠浪漫等問題。總之，各有各個的問題。

夫妻聯盟的形成與如何共同對待父母的問題

一對夫妻結婚成家以後，要經歷他們的各個適應階段，如：如何生育子女，並養育他們。結婚後需要適應的課題很多，其中包括如何建立並保護夫妻間的聯盟關係。所謂聯盟，就是兩個人之間形成比較接近與親密的關係，有默契、有相互的責任，彼此保護其關係的存在與延續。

結婚以後，針對聯盟方面要經歷轉變。即：從過去在家裡形成的親子（縱向）聯盟，逐漸演變到婚姻裡需要的夫妻（橫向）聯盟。這是婚姻的心理生活中，需要逐漸演變與適應的課題。也就是說，夫妻結婚以後，要以夫妻間的感情與關係為重。雖然跟自己的父母仍是要保持孝心，但是在必要的時候，還是要偏重夫妻的關係與感情。具體來說，假如自己跟丈夫與自己的父母之間發生了什麼衝突與矛盾，要多保護自己的夫妻關係；假如自己跟妻子與婆婆之間有什麼事情需要將就的，就要首先考慮對妻子的關係與感情而做決定。

從這個角度來說，此個案的丈夫與妻子之間還沒建立堅固的橫向夫妻聯盟，還受母子間縱向的聯盟影響，因此，丈夫聽了母親的話，就會猶豫，會讓妻子不滿意。

可是，話說回來，這種兩個聯盟的轉換程度，要看社會的見解與文化價值觀念上的評定而做決定。在比較注重縱向關係的傳統性社會裡，講究孝順的話，親子關係還是很重要，必要時還得犧牲點夫妻關係，來維持親子的縱向關係。可是在強調個人存在，主張民主，注重橫向關係的現代社會，重視夫妻感情的話，夫妻關係變成是最重要的人際聯盟，不能太考慮親子間的義務與感情，而要用心去保護與維護夫妻間的聯盟與情感。因此，進行夫妻輔導時，要考慮這些社會與文化上的因素才可以。

第 *26* 章　整容整壞了而後悔做錯了的中老婦女

■ 婚姻發展階段與問題的發生

第一節　個案報告與治療操作（朱金富）

 個案報告

　　某女，將近五十歲，經鄰居朋友介紹在鄰居的家裡看病人（鄰居和治療師住得很近），提供諮詢一次。患者來鄰居家時，打扮得時尚，在丈夫陪同下，過來看醫生（即治療者）。病人見面後，先恭維治療師，說醫師很有經驗，還將到國外進修，因此特意託人找治療師看病。病人要求是否可以到治療師的家裡，跟醫生單獨談話，醫師回答那樣不方便。結果鄰居趕緊在他的家裡安排一個房間，讓治療師和患者能單獨談話。

　　患者坐下後，還沒開口，就表現滿臉痛苦，說最近半年來快死了，光想自殺。治療者問為什麼，患者說是自己半年前整容整壞了，覺得自己做錯了事情，不能原諒自己。一年前曾經做眼線，效果很好，今年六個月前再次美容。患者主要是覺得自己年齡老了，把眼袋向上拉，會不會看起來比較年輕些；結果效果不但不好，反而很壞，患者覺得很難看，不想出門，怕鄰居看見，說自己像個鬼，整天後悔自己做出的決定，很抑鬱，也有自殺意念。

　　接著，患者還敘述了家裡另外一件很關鍵性的事情。患者說，丈夫近幾年事業有成，是一個某工廠的老闆，家裡很有錢。可是，五年前，偶然的機會，

患者卻發現了問題。原來，有一次，她到外地出差，比預定時日還早回來。當她趕回家時，發現家門被丈夫反鎖著，經敲門進家後，覺得丈夫的房間裡有動靜，患者趕緊進到丈夫房間查看，發現一名年輕女子正在往衣櫃裡面藏身。患者當時幾乎精神崩潰，這時丈夫馬上向患者跪下，解釋說是自己喝醉酒失去了控制，才做出對不起妻子的事情。等妻子緩過精神後，發現年輕女子已經走掉。

經過這次事情以後，患者進一步回憶，想起更早以前還有一次丈夫反鎖房間，當時患者還和鄰居解釋說是：丈夫膽子小，一個人還把門反鎖著。現在想起來，當時可能也是有女人在裡面。經由跟丈夫對質以後，丈夫發誓說只有過一次，而且以後不會再有了。從此以後，丈夫常以工作繁忙為理由，晚上常晚回來，有時甚至在工廠過夜，不回家。患者就想辦法到丈夫廠裡查看，特別去看丈夫在工廠的臥室，結果發現床上有女人的長頭髮，患者就更進一步對丈夫懷疑。由於丈夫這樣在外面找女人，患者認為自己老了，得不到丈夫的歡心，或許整容可以解救問題，也就屢次整容開刀。

自從這次整容開刀失敗以後，患者目前已經不能上班，整天在家裡待著不想出門。患者還說自己從小喜歡乾淨，平時愛美，家裡平時都收拾得十分乾淨。最近心情不好，什麼活都不想幹了。治療師問患者當初她出去整容，丈夫有何建議？患者說，丈夫幾乎不管自己，花錢多少丈夫也不問。患者說，現在丈夫倒是很關心自己，知道患者最近身體不好，心情也不佳，就經常從工廠打電話回家給患者。患者說：她最近在家經常哭泣，後悔自己整容，把容貌整壞了。患者還拿出她以前的照片讓治療師看，問治療師她是不是現在沒有以前好看了。治療師沒回答，而問患者，丈夫是怎麼看的？患者說，丈夫沒有任何意見。只是病人最近經常照鏡子，前幾天丈夫生氣，把鏡子摔了。

患者說，前幾天曾經到一家醫院裡的心理諮詢中心就診，醫生給患者開了藥物。患者把醫院的病歷副本帶來給治療師看。治療師看了病歷，發現上面所記載的診斷是壓力反應。病人說，吃了幾天藥睡眠有所改善，現在是否需要調藥。醫生建議不調藥，繼續做心理治療，下週到醫院掛號，正式接受諮詢。患者表示願意，也就這樣結束了這次會談。可是兩週後，患者並沒有依約來就診。由於後來治療者出國進修，就沒有機會繼續聯繫，不知此個案的結果如何。

操作評論

　　此病人能很直截了當地清楚說明自己的心理困難，讓治療者能很快地了解病情，完成心理診斷工作。關於治療操作方面，有幾點可以提出討論。

　　在門診以外場所看病人的好壞：雖然隨著國內過去一般社會習俗，有時病人會要求到醫師家裡看病。有的是認為這樣比較方便，也可以得到醫師特別的照顧；有的認為不到醫院看病，在醫師家就診，比較可以保護並隱蔽私人的事情，得到保密的效果；有些則認為，這樣就不會被人認定自己有精神病的問題。同樣的，許多病人會透過私人朋友或鄰居的介紹來看病。一方面可以依靠親友介紹而找到可靠的醫師，同時也可以依靠親友的面子，能得到醫師的特別關切與診治等。可是，就精神科的立場來說，這樣的方式不甚理想，不是好的辦法，容易失掉其職業性、客觀性的治療者與病人關係，而且不保護醫生自己家庭的安全性（情緒不穩定，或對醫師不滿意的病人可以隨時到家裡來擾亂）。基於這個理由，醫師都不給病人自己的電話及家裡地址。

　　可是有時被自己的親戚、朋友、鄰居而特別介紹或安排，就很難拒絕。本個案就是這樣，經鄰居介紹在鄰居的家裡看病人，提供諮詢。病人甚至還要求到治療師的家裡單獨談話，還好治療師能適可而止地拒絕，是很重要的。

　　提供支援，少批評：雖然病人自己做出一些不是很聰明的決定，想靠美容來爭取長年結婚的丈夫的歡心，以為這樣就可以避免丈夫拈花惹草的毛病，可是，看來對此丈夫是沒有用的措施。可是，事情已經發生，刀也開了，容貌沒有改善反而變糟糕了，在這樣的情況下，作為治療者只能提供支援，安慰病人，並且提議面對困難的辦法與方向，而不能去追究病人的過錯。也就是說，要靠支持性的輔導，來幫助目前抑鬱、傷心、後悔的病人。

　　技巧上的考慮：有一點值得討論的是，治療者是否可以向病人表現治療者自己對病人外貌的看法的問題。通常，作為治療者的，基本上要保持中立與客觀，避免私人性的反應。不宜誇獎或批評病人外貌或面容的好壞，包括病人是否聰明、做事是否對或錯的問題。特別是跟異性的病人，尤其是年輕的，不能做私人性的恭維，說很漂亮、英俊、性感等等與性有關的評述，免得被病人誤

會，認為治療者對病人有私人的好感。可是對於某些病人，特別是年歲已經比較大，或者是患抑鬱的病人，可以比較放心提供治療師的主觀性評語，主要目的是在鼓勵與支持病人。在技巧上，治療者可以避免他（她）自己的看法或想法，可以用第三者或一群人的立場而給予間接性的評論。譬如，當此女（中老）病人向男性治療者詢問到底目前整容後，她的樣子是否很難看時，治療師可以反應說：「照一般人來說，他們會說你還滿好看」；或者還可以比較大膽地說：「我看來還不錯，應該多出來活動」等。主要的目的與作用，在支持此傷心的女病人，減除其後悔的心理，可以開始出來參加社會活動，不要惡性循環地自閉在家裡，自己難受。假如病人得不到治療者的正性反應，對這位帶有自愛心理傾向、注重外表的女病人來說，可能就失望（也就缺乏動機來繼續治療也說不定）。

考慮跟丈夫會談：在操作上，治療者可以考慮的是，當時可以利用機會跟病人的丈夫當面個人會談，也跟病人一起會談。主要的是可以了解丈夫的為人、對妻子的關心程度、對自己行為的看法，包括對妻子整容的結果，以及對將來的計畫等。跟妻子一起會談，可以觀察他們夫妻間的情感與關係上的表現，進而考慮是否值得嘗試夫妻輔導，或只做個人心理輔導的問題。

第二節　病情解析與治療策略

對自己的外貌與信心問題

本個案的病理情況很清楚，即：病人為了挽救婚姻問題，阻止丈夫在外面亂找女人，就想靠自己整容的辦法來恢復年輕，希望取得丈夫的注意與喜歡。可是，哪知整容手術並不完全可靠，還會發生不滿意的結果，弄巧成拙，變得更不好看，因此病人就很後悔與抑鬱。

女人的信心來源：每個人都有自己信心的來源。信心主要靠自己有點本事，同時還得到他人的欣賞與誇獎而建立並維持。小時要靠父母的鼓勵、老師

的嘉獎，而到了成人，就靠自己的配偶與親友們或者子女的支持。至於自己的本事，就可依靠自己的聰明、能幹、苦幹、善於交際、工作上的成就，或者外觀的條件等等因素。本個案的病人不知從事何工作，沒有子女，他們的成就如何，但有一點是很清楚的：她想依靠外表與美容來保持她的吸引力。注重外表，注意好不好看，關心穿著是否誘人，都是人人很注意的通常事情，可是女性特別注意，帶有自戀型性格的更是如此。有些本事是永久性的，如聰明、好的性格等；有些是隨著年歲與經驗而會逐漸增加，比如，自己的職業經驗或財富等。可是，有些是隨年歲的增長而會相對地逐漸減少，美容就是顯著的例子。單靠美容的女性，特別是從事於交際性職業或表演性工作的，如電影明星、廣播電視人員等，就會受顯著影響。

補救婚姻問題的措施：當夫妻發生情感上的問題時，隨問題的性質與嚴重程度，而可有各種不同的途徑來彌補，企圖解決。假如丈夫容易在外面找女人，就考慮這是為了什麼，是對自己妻子的不滿意、彼此感情不好，或者是男人想表現自己有錢有勢，是心理上對婚姻沒有重視，或者性格上喜歡只顧慮自己慾望的關係、生性喜歡拈花惹草等，而採取適當的措施與解決辦法。可是無論如何，靠整容是不很合適的辦法。

本個案的治療性

對此個案來說，是否能施予心理治療，有必須考慮的因素，不能太樂觀。首先，要了解心理治療師並不是整形外科醫師，無法替病人補救整容上帶來的不好結果。假如病人所期待的，只是面貌外觀的改善，間接地補救丈夫找女人的毛病，那效果就有限度，無法達到病人的期望，病人會失望的。假如病人是想跟治療師討論，並且改善自己目前抑鬱的心情狀態，那還有治療的可能性。除了給予抗鬱劑，改善其抑鬱的心情以外，提供支持性輔導，減輕自己後悔做錯了決定的心結。假如病人想改善夫妻的關係，挽救婚姻關係，那得考慮是否值得施予夫妻輔導。

有幾個徵候與資料，提示此個案丈夫的基本問題。從前剛結婚、成家、養育子女的階段裡，丈夫如何表現不得而知，可是我們知道自從他近來事業有成，

經濟條件好了，就想找女人，而且是屢次發生的樣子；並且意外被妻子發現，口頭上立刻認罪，還會戲劇性地跪下來悔過，但是照樣進行他拈花惹草的行為，讓我們覺得是本性難改的樣子。

最糟糕的是，如患者所說的，關於整容：「丈夫幾乎不管自己，花錢多少丈夫也不問。」對於這次整容的結果，患者說：「丈夫沒有任何意見。」只是病人最近經常照鏡子，「前幾天丈夫生氣，把鏡子摔了」。這一方面表示此丈夫對自己（年老）妻子毫無情感，不關心，幾乎沒有夫妻的感情了。只是對他受不了的習慣，會惹他不高興的時候（即：妻子總是照鏡子），他就發脾氣（摔破鏡子），對自己傷心的妻子不懂如何開口安慰。雖然丈夫「最近知道患者身體不好，心情也不佳，就經常從工廠打電話回家給患者」，可是這可能是由於患者在口頭上表示想自殺，而採取的反應也說不定。

因此，很值得、也很需要跟丈夫直接面談，看看他是怎樣的男人、怎樣的丈夫，為何喜歡在外找女人，對自己的妻子與婚姻有何想法等等，再考慮是否值得幫助此對夫妻的問題。

第三節　理論探討與學理說明

隨著本個案，我們可以討論關於婚姻的問題，包括婚姻階段的發展，以及各種婚姻上可能發生的問題，可幫助我們了解婚姻的本性，進而體會如何施予婚姻的輔導。

婚姻的發展階段

一對男女從認識到結婚、成家、養育子女，並不是靜態不變的情況，而是隨著各個發展階段而隨時在更改夫妻間的關係，改變彼此的角色與功能，面對不同的課題。一般來說，為了方便，學者們把婚姻的發展劃分為幾個階段來討論，而其劃分的根據主要是依據子女的情況。因此，假如夫妻沒有生育子女時，就得稍微加以修改，但大致上還是可以參考使用。

　　交往期：這是男女兩方經由他人介紹或自己相互認識而開始交往的階段。主要的是探討對方是怎樣的人，自己喜不喜歡，是否跟自己合得來，是否是自己將來終生的結婚對象的時期。假如慎重些，還要去了解對方的父母家庭如何、經濟或各方條件如何、將來是否可以相處等問題，也要知道對方對象有何優點，同時有何短處的問題，從現實的各種角度去考慮成為夫婦伴侶的條件。假如男女彼此喜歡而戀愛，就享受彼此感情上的喜悅，經過其美滿的戀愛階段。但是，假如其中遭遇波折，就得知道如何應對，看情形而考慮是否停斷來往；或者繼續交往，嘗試補救困難，希望能一切順利，能進入結婚，可說是關鍵性的階段。

　　有些男女在這個交往異性對象的階段就發生困難，難以選擇適當的對象，或者選擇或交往的對象常受到父母家人的影響、困擾，或者甚至反對，而難以進展。

　　結婚期：男女結婚後，就開始其甜蜜的新婚階段，開始經營夫婦兩人的新家庭，包括性生活。這個階段，兩人除了繼續培養對彼此的感情以外，還得面對如何經由相互嘗試與經驗而建立彼此相處的關係，包括如何溝通、表達意見與情感，共同處理現實上的各種問題，並且如何跟雙方的家人與父母相處的課題。兩人還得逐漸建立夫妻間的相互角色，並且彼此是夫婦的認同，維持夫妻相互忠貞的默契，形成夫婦間的聯盟，來應對外來的挑戰，逐漸建立夫妻一體的基本家庭結構。

　　有些夫妻在這個階段就發現許多現實上的困難，性格上無法相處，性生活不協調，跟兩方父母親人難以相處，無法負擔經濟或其他現實要求的因素等等，面對結婚初期的各種挑戰，需要努力面對與適應，否則無法繼續婚姻生活。雖然新婚是幸福的階段，但也是要面對許多挑戰的階段。

　　假如是再婚的情形，其問題就更複雜，需要去適應許多事情，不但重複新婚的心理課題，還得應付過去累積下來的後遺因素，需要加倍努力適應（請參閱第二十八章：「彼此再婚而仍是不幸福的夫妻」是再婚後仍有困難的例子）。

　　生產期：假如婚後妻子懷孕，夫婦就要準備開始進入生育的階段。除了面對孕婦的生理與心理上的變化，夫妻還得開始做各種必要的準備，去迎接新成員的來臨。懷孕的妻子特別需要丈夫的照顧與體貼，而丈夫要能面對這個階段

的許多心理、情感,以及現實上的要求,等待孩子的出生。等到嬰兒出生後,除了夫妻共同慶祝獲得下一代的來臨以外,還得開始負擔如何照顧與養育嬰兒的工作,倍加辛苦。同時,夫妻還得開始準備調整他們的相互角色與關係,建立父母與嬰兒在內的新家庭。

有些妻子沒有足夠的精神能力去面對做母親的職責,而感到困難,難以應付新增的心身負擔,而丈夫沒有成熟的性格與心理,也難以接受身為父親與妻子的共同責任與任務,在這個生產期發生許多困難。有些夫妻沒有好好做準備,就難以面對這個令人高興而又辛苦的生產階段。

養育期:嬰兒長大,夫妻要繼續養育他們的孩子,不但要學習如何提供孩子生理與軀體各方面的需要而成長,還得知道如何從心理上管教與保護他們,成長為心身健康的下一代。夫妻要學習如何交互且共同負擔養育子女的負擔,還得了解如何相配合而進行。

假如夫妻有不同的習慣或想法,對孩子的養育有不一致的步驟,就需要懂得如何妥協,求得一個可以相互遵守與採用的共識辦法,否則對子女的養育就會有困難。由於孩子隨著年歲的增長,在各個階段有其特別的心理課題,也有其特殊的困難,作為父母的,要能學習如何隨著子女身心的發展去養育他們。特別是子女進入青春期階段,最容易使父母感到難以養育,而對養育青少年的夫妻是個很大的心理挑戰。假如處理得不適當,還很容易給夫妻關係上帶來許多問題。

除了面對與完成養育子女這個重大的課題以外,夫妻還得繼續培養他們彼此間的感情,鞏固夫妻間的聯盟,彼此協助職業上的發展與家庭生活上的照顧與享受。假如夫妻無法共同協商,共同負擔責任,不懂得如何共同適應困難的話,很可能就發生婚姻上的問題。

成熟期:等到他們養育的子女逐漸長大,進入青少年以後的階段,父母對養育子女的心理責任就會比較減少些,可是還得繼續關心他們的學習、就業、找對象、成家等一連串的課題,而作為父母的要提供適當的協助,但同時也得學習跟子女保持適當的心理與情感距離,讓子女能自己學習自主自立地面對他們成長階段上的各個課題。夫妻如何相互地勸導彼此,適當地與自己成長中的

子女相處和適應，是夫妻此階段的相互責任與課題，也是要開始準備自己成長中的子女已經長大而將要離家的階段。

除了如何跟成長中的子女相處以外，在這個階段的夫妻還得專心注重他們的事業，也得特別照顧他們夫妻的關係。這個階段的夫妻關係可說是達到最高峰的階段，也是生活上進入黃金時期的階段。夫妻要注意繼續照顧彼此間的情感，維持良好的關係，包括性生活、休閒生活，充實婚姻的生活內容，否則這個階段婚姻不美滿，也是容易發生婚外情的時期。

空巢期：假如長大的子女各自結婚成家而離開，或者子女到外地學習或工作，夫妻就得開始他們兩人的家庭生活，被稱為（子女離巢以後的）「空巢期」。這個階段對已經進入中老年階段的夫妻來說，也是開始擺脫長年養育子女的負擔的階段，開始可以專心於他們的工作，享受已經有基礎的家庭經濟，過著富於娛樂的中老人階段，也是夫婦又恢復夫妻兩人的夫婦生活。因此，也被稱為再度過新婚的階段。

可是，對一些夫妻而言卻也是面對挑戰的階段。由於母親失去需要照顧的子女，丈夫需要從工作退休下來，無事可做；而夫妻天天日夜要生活在一起，好似重新開始他們夫妻的婚姻生活似的。假如從前只依靠自己的子女或工作來維持生活重心的，到了這個階段，就失掉其生活的重心與目的，而無法面對與接受夫妻兩人過密的夫婦生活。

有些中老年的夫妻跟自己已婚的子女繼續居住在一起時，如何跟成人的子女及他們的配偶（即：媳婦或女婿）共同生活，相互適應，是個很微妙而需要特別費心適應的課題。假如被子女要求跟他們暫時共住，幫忙他們照顧年幼的孫子，這樣的話，如何不過分溺愛孫子，能按孫子的爸媽（即他們本身的成人子女）的要求而幫忙養育他們的子女，也是很需要小心應付的祖父母職責。弄得不好，就產生三代間的矛盾（請參閱第四章：「外祖父母、母親，和換了三個父親的小孩」；第二十五章：「婚後仍無法解脫與婆婆及丈夫三角關係困擾的妻子」都是屬於這類的問題）。

在這個階段，他們需要彼此趕緊相互適應，學習如何接受與面對彼此已經快老化而難以更改的性格、脾氣、習慣與嗜好。他們還得面對軀體上逐漸衰退

的情況，包括對性生活的消退，而如何以情感與結實的關係來繼續維持他們夫妻的夫婦生活，是這個階段的主要心理挑戰。有些夫妻無法適應，就產生各種問題，包括婚外情的發生，或者老夫婦難以相處而不歡而散的結局（本章個案的夫妻就是處於這個階段，即：丈夫在外找女人，而妻子想靠整容來恢復女性的誘惑而失敗的情況）。

老人期：當夫妻雙方都進入年老的階段，夫妻要彼此相互幫助去面對年老的心身課題。有的就享受沒有經濟負擔的狀態，老夫妻共同享受他們這個人生的黃金階段，享受含貽弄孫、找老朋友的興趣，或者到處去旅遊，繼續自己的嗜好等等，過輕鬆的老年生活。

可是，有些夫妻還得面對自己或配偶身體衰弱或生病的問題，精神頹喪或心智減退的困難，增加心身的負擔。而且，人人都遲早要面對喪偶的事情，處理情感的結束，並適應自己孤單生活的終生挑戰。在這個階段，如何適當接受成人子女的輔助或幫忙，也是個很重要的課題。

總結來說，婚姻是要經過一個一個階段去發展，而在各個階段有其特別的心理課題要面對與克服，也會遭遇各種不同的心理問題，要隨時去適應與面對。

婚姻的問題與輔導

從上面的敘述，我們可以了解到婚姻可能有各種問題。夫妻彼此個人性格或心理上的問題，男女交往與結婚的非成熟或不健全（病態的）動機，都可能產生婚姻的困難。婚姻發展階段所遭遇的階段性困難可以引起一過性的問題，但是，夫妻兩人間也可以發生長久性的相處與關係問題，包括性生活的適應等。除了夫妻倆的夫婦關係以外，與他們父母的相處，或者跟自己子女的養育或管教問題，也可直接或間接地影響夫妻的情感與關係，假如一方配偶發生了婚外情，更會引起難以收拾的婚姻困難。

身為治療者，隨著需要，配合求治者的要求而得提供輔導的工作。可是婚姻輔導的結果並不很樂觀，一般來說，只有少數的夫妻可以得到滿意的輔導結果。可見要小心考慮其治療的適合性，並保持保守的期待，對求治者不宜給予過分樂觀的許諾。

　　一般來說，假如是夫妻本來的感情與關係良好，有基本的基礎，只是一時性的問題而發生困擾時，比較有治療的希望。比如，暫時跟自己的父母同住而發生誤會，影響夫妻的心情，或者甚至是一時的情況，為了管教自己的孩子而發生衝突，就由衝突的解除而可以補救夫妻的關係。

　　可是，假如夫妻兩方有個人性格上的毛病或短處，很難改變其生性的脾氣，就不容易期待會經由輔導而得到徹底的改善。假如夫妻發生婚外情，期間很久，或者重複發生，其改善的機會就變得很微渺。因此，輔導者要有現實性的估計，然後決定是否需要投注精神去輔導改善希望不太大的婚姻問題。在注重婚姻與家庭的社會裡，如俗語所說的：「寧可拆十個寺廟，也不要拆一對夫妻」，治療者不能、也不要輕易地向求治者提出離婚的處理辦法，但假如夫婦問題實在不容易改善，求治者自己決定結束他們的婚姻關係，治療者還可以提供個人性的輔導工作，支持並幫助他們如何度過離婚的痛苦階段。

第27章 受婚外情困擾，難以自拔的女人

■ 婚外情的困擾與矛盾

第一節　個案報告與治療操作（田峰）

 個案報告

　　病人是三十六歲女性，名叫李青（化名），專科學歷，擔任火車列車員。主訴睡眠不好，並經常擔心不能很好地處理人際關係，來門診求醫治。病人自述近兩年來，間斷地發生睡眠不好，擔心與公司的同事關係緊張，不能調節，也擔心自己的能力；結果情緒不穩定，經常回家會對自己丈夫及孩子（十歲的男孩）無故發脾氣。其實丈夫對病人很關心，經常遷就忍讓病人。

　　病人身高中等，長相中等。根據病人自己描述，她的性格特徵是：偏外向，與人交流主動性較強，易與人發生爭執，很多事希望能順應自己的意願。病人的丈夫較病人大三歲，性格內向、懦弱，凡事大多聽從病人的意見，忍讓。婚後感情大致還好，只是病人認為丈夫能力差，沒本事，只是一個普通的工人，經濟條件差。可是，因丈夫一直很愛護病人，病人素來沒什麼抱怨，夫妻生活原本還算平靜。

　　病人回憶她小時候生活比較平靜，父親比較嚴厲，可是病人與父親的關係較好，有一些事情喜歡和父親說。可是兩年半前，父親出車禍，治療數月後去世，對病人打擊很大，一度不知所措。病人認為自己丈夫無能，為治療父親的

疾病，無法尋找最好的醫師，提供更多的經濟幫助，幫助父親的醫療。病人感嘆地說：「什麼也做不了，面對父親的去世，只能聽天由命，很難過。」

至於病人最近兩年來情緒不好的理由，除了父親去世的事情以外，經由治療者進一步詢問時，病人才解釋並透露其原因：由於她的工作性質是列車員，經常跑車到外地，一走就是兩、三天，有時四、五天在車上度過，生活比較單一。工作期間與一位年輕的列車長（男同事）要好，該男同事比病人小兩歲（即三十四歲），已婚，但與病人私交好。男同事經常利用工作職務方便，幫助病人處理工作中的問題。由於男同事是她工作崗位上的主管，在安排工作的時間、請假、與人調班、工作上的評論、是否得到獎勵等，都會使病人得到好處。病人認為有男同事的幫助，使病人自己的許多困難與人際不協調的局面得到改善，對男同事非常感謝。

在經常的工作與生活相互接觸中，病人與男同事發生了感情；自己的父親去世後三個月，心情還感到空虛時，就跟此男同事發生親密的關係（是否已經有性的關係，病人沒提起），如此已經有兩年時間。病人說：跟這男同事的感情，有時愉快，有時也苦惱；有時非常擔心丈夫會知道此事，自覺對不起丈夫和孩子，希望擺脫這樣的感情糾纏。

病人自述因為丈夫對自己愛護，也想到他們可愛的孩子，所以不忍心離婚；況且，已婚的男同事他自己也並沒有離婚的想法。因此，病人曾經下過幾次決心要結束關係。但是只要男同事打電話到病人的手機（丈夫好像沒有發現過），約她出來時，就會不由自主地與男同事出去約會，在一起。

病人自述明知道這樣與男同事的關係不正常，非常希望擺脫，希望回到與丈夫及孩子在一起的原本家庭生活中，但總是難以自拔，情緒不穩定。病人曾經與男同事提出過分手，男同事說：「許多事情都是由我來幫助你處理的，希望你以後不要提分手的事，就這樣順其自然吧。」有時病人會這樣想，丈夫很少能在工作中幫助自己，而男同事能提供各種工作上的幫助，如果與男同事斷絕關係，擔心是否男同事就不再幫助自己了。由於這樣內心矛盾，無法解決，而不知該如何處理目前的困擾。因此來就診，希望醫生給予建議，幫助病人解脫。

 ## 治療經過

首先，與病人探討她的生活背景與工作的性質。了解父親過世前，病人的工作與個人生活都還算順利，而遭遇父親的去世，情緒上感到無助、失望、悲痛；而正在這時候，男同事主動幫助病人處理工作上的一些事情，可能病人對男同事所發生的感情開始是感激之情或依賴之心，並非男女間的愛情。進一步澄清並確認，病人並沒有打算離開自己的丈夫和孩子，而與該男人成立新家庭的想法，是希望擺脫婚外情困擾的決心。

對於「婚外情」，社會人士多半認為，那是見不得人的事，如果被揭露，對於當事人會影響家庭的穩定及對子女的教養，對事業也會有不良的影響。如果男女雙方均認為不合適生活在一起，可以離婚，而不是背後去發生婚外情。基於這樣社會的看法，治療者可以看出：病人害怕丈夫會知道，而影響自己的家庭。病人多少體會，她跟男同事的關係只是一種感情的遊戲，特別是對方已經結婚而沒有為了她要離婚娶她。因此，病人體會要真正用理智來決定是否要繼續走下去。

病人自己回顧，到目前為止，病人的丈夫一直仍愛護病人，並在盡他自己的努力，企圖幫助並滿足病人的一些要求，維持家庭的完整性。治療者站在病人的立場上，幫助她去探討婚外情的好壞結果，而且是否病人可以承受各種結果。治療者與病人一起討論（假設性地），如果萬一被丈夫發現的後果是什麼，病人能否承受？還有，如果繼續保持目前的關係，病人的心理繼續處在緊張狀態中，還可以承受多久？這樣幫助病人權衡利弊，結果，病人更加下定決心：為了自己的家庭，自己還要用行動來表示分手的決心。

接著，治療者跟病人一起考慮與思考如何斷絕關係的具體方法。譬如：可以與上司商量，不與男同事跑一趟火車，而漸漸與男同事疏遠。假如男同事打電話來要求和她見面時，內心裡趕緊去想想被丈夫發現的後果，這樣可以減少想見男同事的衝動，採用這各種要領跟男同事疏遠。

此病人前後接受三次會談後，病人認為可以這樣試試。由於病人家在外地，只能利用跑車時在診所所在地點短期停留，才能到診所看醫生。病人說：

由於今後不跑這趟車，沒有時間再過來，也就停止輔導，因此不知道後來的結局如何。

事後回想，由於治療者本身對「婚外情」的否定態度，再加上「萬事和為貴」的看法，可能過早提出並鼓勵應該跟男朋友及早分離的意見，讓病人感到膽怯，影響了病人進一步繼續接受治療的可能性。

 ## 操作評論

治療者幫助病人從理智上去考慮事情的結果，無形中勸導病人停止婚外情的關係，企圖解除其困擾的局面。從治療的方向來說是很對的，可以幫助病人脫離被困擾的婚外情問題。

從技術上來說，有一點值得考慮的是：假如病人意識到治療者的看法（包括治療者的價值觀念上的意見），口頭上表示自己要跟男同事分手，而感情上仍很依戀，自己無法嘗試執行治療者的建議，可能就不好意思而不敢再來跟治療者見面，而停止治療的過程。假如治療者事先預料到病人可能有這樣的反應，就可做事先的預備工作，告訴她要決心採取斷絕關係是很困難的，因此嘗試後，沒有馬上成功也沒關係，可以回來繼續看治療者，不用擔心治療者會不高興病人沒聽取治療者的建議。

另外一個想法是，假如病人跟男同事接近，原來的動機是喪失自己的父親而心情空虛，也失掉依靠的心理柱子，治療者要考慮病人所提供的早期經驗的資料，即：「父親比較嚴厲，可是病人與父親的關係較好，有一些事情喜歡和父親說」，而向病人提供類似父親的角色，讓病人能跟治療者商量任何事情。由於發現自己有了心理上的依靠，也就間接地感到不用依靠她的男同事主管，自然而然就比較容易分手。

第二節　病情解析與治療策略

對婚外情發生的了解

本個案的病情很清楚，也容易了解。即：由於工作上的相處而有機會跟男同事長期且親近的接觸；對方（男性主管）對她的殷勤關切而受到影響，而且可以享受對方有能力幫助自己的好處。同時，病人本來就多少對自己丈夫有所失望，而且剛好遭遇父親去世，由於喪失可依靠的父親而心裡空虛，也就依賴男的主管同事作為彌補性的對象。

「自我非容納性」的心理困擾

有些人發生了婚外情（或者其他被社會人士認為不好的行為），自己內心裡毫無所謂，不在乎其後果。可說是「自我容納性」（ego-syntonic）的情況，自己的「自我」可以接受並容納自己（原我）的慾望，以及自我執行的行為，也不太在乎對他人的好壞影響，或者外人對他的批評。可是對此病人來說，其婚外情的發生對她是「自我非容納性」（ego-dysyntonic）的事情與行為；因此，心裡很困擾，也害怕被丈夫和社會上其他人發現。根據她自己的道德觀念來說，婚外情是不好的、不道德的，是欺騙自己配偶的行為，受「超我」的批判。而且根據「自我」的評論：萬一被丈夫或他人發現，其後果不堪設想，也不願意冒險喪失自己喜愛的兒子。而且病人還考慮：對方已婚，而且沒有離婚的意思，只是靠對她的好（幫助）來取得她的感情與關係。因此，除了道德上的評價以外，還有現實上的考慮。

可是，另外一方面，感到感情上的需要，彌補內心空虛的需要，再加上對自己丈夫不能幹的不滿，被男人獻殷勤的感受，而就徘徊於「要或不要」的心理矛盾與困擾。很需要他人的協助解脫其情結，恢復平靜。

治療上的策略： 婚外情的輔導原則與辦法

不做道德上的評論與批判：不管婚外情的發生從社會上角度看來是否是不好或非道德，治療者最好對病人不做道德上的評論與批判。病人來找治療者做輔導，並不是來請治療者給予道德上的評論，而是來請求心理上的支持，並且決定如何是好。假如病人不知道婚外情是否不好，或者認為沒什麼不好，治療者再給予評判也沒有什麼用。假如病人自己已經知道是不好的事情與行為，也就不用治療者再去畫蛇添足，評判他的行為。心理上已經感到很矛盾、無法自拔的病人，治療者給予道德上的評論，只會讓病人更加難為情，不敢繼續接受輔導了。

就此病人來說，她已經覺得很不對，而且在內心裡掙扎交戰，想辦法脫離問題的困擾。因此，就病人的立場來說，從治療者所需的，只不過是對事情的了解，對她表示同理心，並且提供所需的支持。

幫助探討事情的各種好壞結果：對自己的婚外情行為，當事人常不知如何是好，不僅是道德上的問題，而是現實上的判斷與了解。治療者最好能以中立且客觀的角度，幫助當事人去分析各種情況，包括對自己的好處與壞處、對目前與將來的影響。許多現實上需要事先考慮的，病人卻以當局者迷的情況，或許沒想過，或者根本就不想考慮，而治療者要幫助病人去思考，並且預備現實上的處理辦法，這些都是治療者可以幫助病人的地方。

譬如，就以本個案來說，幫助她了解丈夫發現事實時，可能會如何反應（是否會很生氣，是否會對她施以暴虐的行為，是否會要求離婚，然後不讓她跟孩子來往），鄰居與朋友會如何看待她，公司對她會採取什麼不好的反應？假如丈夫要與她離婚，而對方男人自己卻不跟他自己的妻子離婚，結果懸在那種情況，她的處境將是如何？假如對方的妻子發現以後，是否會來找她算帳，是否會企圖自殺，而男人會發生怎樣的結果？就算是這位男同事跟自己的妻子離婚，跟她再婚，組織新家庭以後，做妻子的，是否會以自己的經驗而懷疑新丈夫是否會跟過去一樣，背後又跟別的女的再發生婚外情？

必要時，跟對方會談，幫助了解情況：這是很重要而可考慮的一個步驟，

可以大大地幫助病人比較客觀地了解對方，好判斷如何維持或斷絕關係。百聞不如一見，跟對方男子見個面，對整個的情況可以了解得很多。一般來說，有婚外情的男人不會出面來看治療者，會儘量迴避。可是，就算是對方不肯來，治療者也可以透過病人提供的資料，而幫助病人去分析與了解對方的男人是怎樣的人，是否值得投注自己的情感，把自己日後一生的將來託付給此對象等等。由於當局者迷，治療者可幫助病人跨越情感，而做個比較客觀的體會與了解，好幫助病人做個比較理智性的決定。

譬如，就本個案來說，可以幫助病人去想像，此已經結婚的男性主管當初為何對她殷勤要好，要幫助她，並跟她接近？是否每次開車就要「跑車到外地，一走就是兩、三天，有時四、五天在車上度過，生活比較單一」，就想找個女性伴侶？他自己已經結婚，其婚姻關係如何？為何不想離婚而跟病人展開新的家庭？當病人開口提議分手時，對方還說：「許多事情都是由我來幫助你處理（困難）的，希望你以後不要提分手的事，就這樣順其自然吧」，這到底是表示想靠對病人好而繼續占她的便宜，或者是很負責而成熟的男人的說法等等。

協助穩定自己感情上的徘徊，並做好決定：關於牽涉到情感的事情，包括離婚與否，是否要繼續婚外的關係，都是會令人情感徘徊不定的。今天想如何，明天又變卦，有個不同的想法，後天一見到對方，又變了想法，意志也擺動，經過所謂翹翹板的擺動現象與階段，要等到一段時期，其徘徊、上下的情感才會穩定下來，做個比較中立又客觀的決定。治療者的職務就是幫助病人在其情感上的徘徊能盡早穩定下來，做出好的最後決定。治療者要能了解情感波動與上下的可能性，而從旁幫助其穩定。

幫助病人去執行她自己的決定：最要緊的是，對事情的決定，要讓病人本身做決定，不能由治療者替病人做建議。關於一生當中的重要事情，都需要由本人做決定，治療者只能提供參考性的建議。這是心理治療的一般原則。何況，離婚與否、是否繼續婚外情，都是關係到情感，是人生中的重大事情；治療者沒有權利，也不可以替病人做主，只能由當事人做自己的決定。否則將來事情不妙，治療者就會被歸咎，甚至被追究；不僅是道德上的問題、醫德有關的事情，也是法律上的問題。

第三節　理論探討與學理說明

婚外情的常見理由

已婚的男女發生婚外情多少有共同的性質，但隨著男女性別而有些不同的理由。男人對婚外情發生的常見原因有幾點：

喜歡拈花惹草的男人：有些男人生性就喜歡到處找女人，占便宜，滿足自己的需要，少考慮對自己配偶的損傷或對婚姻的影響。可說是缺乏道德感，沒有忠貞心的結果，是不尊重婚姻契約的男人。

喜歡偷情滿足心理：有部分的男人心理上喜歡偷偷摸摸跟別的女人交往，發生關係，因而感到興奮。偷情的對象不僅是獨身女性，有時還特別喜歡已婚婦女，猶如從別的男人搶占或拯救，而感到心理上的情結滿足。

滿足男人的權威與信心：找了許多女人，就可以滿足自己男人的成就感、征服感，證實自己的權威，有錢有勢力，提高自己的信心。靠許多女人來追他，增加自己的面子，滿足自己是男人的心理。

對自己婚姻的不滿：由於從自己的配偶那裡得不到感情上的需要，特別是不被尊敬、不被體貼與照顧，得不到支持，也就另外找女人，彌補從自己配偶那裡得不到的心理與情感上的需要。

從配偶得不到性的滿足：由於種種原因，丈夫從妻子的性關係裡得不到滿足，就到外面找女人。譬如：妻子對性沒有興趣，由於懷孕或生病而回避性生活，或者妻子長期外出不在家。

以上這些都是男人發生婚外情的常見理由。而對女人來說，其理由多半也可以適用，只是有時是另外特別的理由才讓女的發生婚外情。譬如：

丈夫對自己不夠柔情體貼：由於丈夫性格呆板，不會對妻子柔情對待，無法得到感情上的需要，結果對情人型的男性會特別感到迷惑。

丈夫不關心妻子的生活與存在：由於丈夫常出外工作，不在家；以工作忙

或應酬多為理由，很晚才回家，少跟子女一起過全家的生活；或者丈夫在家，但不關心妻子的存在與需要，讓妻子感到寂寞。因此，對於會照顧她的男人感到興趣，靠別的男人來填補其生活上的空虛。

對丈夫的報復性行為：這是可能發生，但比較少的情況。即：因為發現自己的丈夫不規矩，搞婚外情，因此想向丈夫報復，自己也到外面找男人。

對年老的擔憂：這是很少而偶爾可發生的情形。由於自己感到年老貌衰，想靠別的男人對她的迷戀而滿足自己的女性信心；特別是去找年紀比她年輕的男人，好似自己還年輕似的。

與異性同事結交要注意的原則與要領

注意保持職業性關係：由於現代社會裡，特別是過都市生活的環境裡，男女常在外工作，而男女同事常有親近接觸、長久來往的機會；為了保持好的職業性關係，不牽涉到私人性的男女關係的問題時，需要注意遵守一些原則。最主要的就是要記得：「職業性的關係始終要保持為職業性的關係」。

具體來說，跟異性同事接觸時，要保持公開化，避免親近的體膚接觸，回避會令人懷疑或誤會的來往。跟異性同事談話，要保持比較嚴肅的態度與語氣，用詞謹慎，不要開帶有性色彩的玩笑。男女在同一個小房間，最好把門開著，盡量保持在團體裡的來往關係，減少或甚至回避單人相處的機會。最要緊的是，不要想跟異性同事發生私人性的關係。有些比較講究的工作單位，要求異性同事間不可約會，發展男女朋友的關係；萬一如此，就非得轉到不同工作單位工作，避免因男女朋友的關係而影響在同一個單位工作的情況。

不牽涉私人性關係：跟異性同事間，不要談論自己的私人性資料，特別是自己的婚姻問題，否則很容易引起對方或別人的誤會。假如同事間要相互送禮，要注意不要是太貴重的禮物，更不要帶有私人性意義或涵義的禮物。譬如，男性送香水給女性、女性送領帶給男性等等，容易被誤解是送私人性的男女間的禮物。

在比較嚴格的教育系統裡，老師被禁止跟學生有私人性的交往，避免因男女私人性關係而影響其教學與學習的關係與情況。這好比醫師跟病人不得有私

人性的男女關係一樣，保持其職業性的關係，好進行並提供客觀性的醫療關係與職責。同樣的，上司主管跟底下工作的同事間，要保持客觀且職業性的關係。上司主管不可以使用其權利或特殊角色來袒護下屬的工作人員，並賣弄其特別照顧；而下屬的工作人員也不可依靠性的誘惑，而討好上司主管的特別好處。換句話說，工作關係就要保持工作的關係，不要跟私人性關係混淆。

維持並保護家裡夫妻的關係：最重要的，要注意並保護自己的家庭與婚姻關係。譬如，在工作場合跟異性同事有需要特別接觸時，要盡量讓自己的配偶知道，避免被自己家人或配偶誤會。反過來，有機會時，就讓異性同事知道自己的婚姻美滿，夫妻關係很好，自己喜歡自己的子女，不會引來多餘的推測。有了美滿且穩固的家庭與婚姻，就不會讓別人侵入或破壞。

文化、價值觀念與心理治療

本個案的輔導工作上，牽涉到治療者跟病人彼此各個價值觀念等議題，值得藉此機會在此討論，並說明心理治療與價值觀念的相互關係。

強調文化上的價值觀念：心理治療的作用與功效可從不同的角度去談論。譬如：單就分析性的治療，就可以說是針對阻抗的處理、對轉移關係的糾正，或者病識的建立、成熟自我的培養等；從行為治療的立場來說，是運用學習的原則來訓練適應性的反應與行為；從認知治療的層次來說，是矯正非適應的看法與認識；從文化的立場來說，是病人經由與治療者的溝通與相互反應而學習，並吸收比較適應性的價值觀念。

譬如像此個案，治療者無形中（不知不覺地）就向病人傳遞：婚姻以外的男女關係，是不被社會允許與接受的行為，宜放棄，免得被大家唾棄。也間接鼓吹「萬事和為貴」的看法、自己婚姻及家庭重要的想法，站在社會的角色，強調病人應遵循的文化價值觀。

供給文化上的休假：跟以上相反的情況，治療者的功用是替病人解除或減輕文化上的束縛，避免病人過分接受文化因素的壓力。比如：婦女在傳統文化要求下，覺得需要生育男孩，而由於一直沒有生育男孩而感到心理壓力。這時，治療者可以幫助病人去體會，自己的心理衛生比較重要，自己的心情愉快為主，

不要過分受文化上的期待與約束。換句話說,針對這個關鍵性的問題,給病人「文化上的休假」,減輕心理上的負擔。

開拓新異文化上的適應:治療者的另外一個作用,就是幫助病人尋找折衷性或新異的方法,去面對與應付目前遭遇的困難,得到文化上的適應。譬如:覺得自己的丈夫不夠體貼,得不到感情上的滿足,就參加社會的福利工作,靠體貼照顧別人而滿足自己的心理需要;或者像此個案的情形,考慮請單位調換工作,可以很自然地跟自己的男性主管分手,不會遭遇太大難題。這些都是社會與文化上被允許的適應辦法,可適當解決自己面對的困難。

提供配合文化的心理治療:總結來說,心理治療的施行,要從文化的角度來時時考慮如何提供適合文化背景的輔導。這包括:對病情的了解、對輔導技術的選用、改善方向的建議,而這些都要從文化價值上的意義慎重考慮,幫助病人能吸收並善用適合病人的社會環境之價值觀念。特別是病人所牽涉到的心理困難或困擾,是跟社會與文化價值觀有密切關係時(譬如:離婚或婚外情等這類問題時),更需要從這個角度去思考與運用。

第 *28* 章　彼此再婚而仍是不幸福的夫妻

■ 再婚的問題與適應

第一節　個案報告與治療操作（朱金富）

個案報告

某女，三十五歲，由丈夫陪同一起前來就診，並且要求諮詢一個小時。患者進來後就坐下，並開始講述自己的問題。她首先告訴治療師自己的問題比較複雜，請治療師要耐心聽，治療師表示可以。患者先說自己是在某單位做事，是社會上有地位的人，因此，個人的家庭生活不想讓同事或上司知道太多，怕影響不好，請治療者保密。

患者說，自己和現在的丈夫都是二次婚姻，結婚兩年來一直關係不好，常鬧情感而生氣。一個月前，有一次兩個人生氣後，丈夫對患者的生氣不理。患者說：丈夫越是不理患者，患者就越覺得生氣，好像被懲罰，更是鬧情緒。有一次患者凌晨又跟丈夫鬧，結果精神崩潰，在家哭鬧，並且只穿著三角褲頭和睡衣就從家裡衝出來，說要回家（指自己的娘家），不要在「監獄」裡了。患者描述當時自己也很清楚，知道自己鬧情緒的行為過分，可是就是控制不住自己。還好，丈夫馬上強行把患者拉回家。患者說，如果要是白天發生這樣的事情，社區裡很多鄰居，被人看了會覺得很沒有面子。

事後的第二天，丈夫就陪同患者到當地的精神病醫院就診，醫生開了一些

治療失眠和精神病的藥物，患者吃藥後感到頭暈難受，也就沒再吃藥。患者自己覺得自己並不是患了「精神病」，瘋了，只是有心情上的痛苦。患者聽說我們醫院有心理醫生，特別從外地趕來，並且在門診樓下的專家介紹欄裡挑選了治療師，要求給本治療者診治。

患者接著又敘述了自己的婚姻和家庭情況。患者對第一次婚姻不是很滿意。當時的婚姻是在父母的指示下和丈夫認識，並結婚的。當時只是由於患者覺得自己的年齡已經不小，主要精力用在事業上，一直沒有好好交過男朋友，也就決定跟當時認識的丈夫結婚。丈夫有好的職業，地位很好，性格上帶有典型的大男人主義，平時心比較粗，酒肉朋友較多。

婚後懷孕期間由於怕電腦輻射，影響腹中的胎兒，也就和丈夫分房住，也回避性生活，怕影響胎兒。結果發現丈夫在他自己房間上網，並且和網友（後來知道是個剛畢業的女性大學生）發生感情，暗中交往，而且丈夫已經和這位女性網友發生性關係，對方也已經懷孕。當時，患者發覺以後，很生氣，就要求離婚。丈夫起初不肯，可是後來丈夫也同意離婚；離婚後，當時她腹中的嬰孩就決定出生後歸患者撫養。

這段期間患者的父親突發腦血栓，病危，父親在病中，還含含糊糊地說關心患者的婚姻問題，讓患者當時內心十分痛苦。因為患者父親從小對自己很關愛，患者是家裡的獨生女，父親是社會很有地位的人，患者出身很好。父親從小就對患者比較寵愛，可滿足患者的一些日常要求，比如患者要買什麼樣的衣服，父親就買給她；有時患者買回的東西媽媽有意見時，父親總是袒護她。患者的母親是一個賢慧的家庭婦女，很早就從工作崗位上退休下來，專心照顧家裡的生活。患者父母彼此很恩愛，父親在家裡比較具有權威性，平時遇到衝突的時候，媽媽總是遷就父親。當時病人知道自己病危的父親還對她掛念，就跪在父親的病床前哭著，告訴父親不讓他操心，自己會重新組織家庭的。

離婚後，患者曾被另外一個已婚男士追求，並且這個男人最後也離了婚，好向她求婚，可是患者始終覺得兩個人不合適，沒有答應。該男子還曾經為此砍掉自己一根手指，向病人示意，可是患者和該男子最後還是分手。該男子比較喜歡患者，是患者以前的同學，患者認為可能在學校的時候就對她有好感，

只是當時覺得患者家庭背景很高，不敢貿然追求。可是後來，當他知道患者的婚姻不幸而且已經離婚，就開始追求患者。為了獲得患者的好感和信任，把自己的婚姻結束，辦理了離婚，他認為這樣可以獲取患者的愛。可是患者認為，他越是這樣就越不敢接近他，尤其是怕自己會受到更大的傷害。後來該男子痛恨自己，為了表白對患者的愛，就砍掉手指，以表明自己的真心。患者還擔心該男子可能會動機不純，是不是想利用患者父親的影響往上爬。因此，患者也就堅決拒絕了他。

大概半年前，患者認識現在的丈夫。丈夫在別地工作，沒跟患者在同一個城市工作，是個商人。兩人認識後，他對患者很好，很關心患者的生活和工作，在工作上給患者出主意，生活上會照顧患者，為她買很好的衣服和項鍊，經常在週末從另外一個城市趕回來和患者一起度假，就這樣患者對他慢慢產生了信任與好感。該男人年齡比患者大好幾歲，自己也有過一次失敗的婚姻。

患者強調，儘管兩個人都是第二次婚姻，但他們兩人在認識期間並沒有發生性關係。患者說，她曾經和這個男人深談過自己的過去和為人，說如果想找患者做情人（想要發生性關係），就請另找別的女人；如果想找她做妻子，要等結婚後才可以發生性關係。就這樣兩個人認識幾個月就結婚了。婚後發現丈夫經常外出不回家，患者對此不滿，並且曾有兩次竊聽丈夫的電話，發現丈夫外面還有別的女人。患者對此非常生氣，和丈夫鬧離婚，丈夫向患者解釋說是自己錯了，以後不會了。由於丈夫對她及她家人都非常好，患者表示自己願意和丈夫好好生活。可是，目前對丈夫的行為非常敏感和不放心，特別是丈夫的電話。患者說，最近她也特別注意和丈夫培養感情，丈夫不在家時，有時會給丈夫發簡訊問候。

患者說，今天來諮詢目的是想透過治療師和丈夫進行交流，讓治療師說說自己的丈夫，因為維護一個家庭需要兩個人的共同努力。治療師表示可以幫助患者，不過一次治療的時間不能太長，患者表示理解。最後治療師請患者的丈夫進來，把患者的問題向患者的丈夫進行簡單的解釋，丈夫表示也願意一起治療。患者的丈夫穿著講究，中等身材，看上去很有氣質和風度，行為上看來對患者十分關心，對治療師也十分客氣和尊重，能配合治療。丈夫對自己的一些

錯誤的行為表現能夠坦然承認，還說為了患者可以改變自己過去一些不好的行為，表面上看來有家庭責任感。丈夫解釋說：在生意場上，有時候會跟一些年輕的女孩子接觸，並且她們知道自己有錢，有時候會跟他示好。現在看來這樣傷害了妻子，並且也影響自己的生活。丈夫說，目前妻子已經變得十分敏感，不允許自己接觸任何女子，這實際上是不可能的。這一點患者本身也承認，可是患者不能區分哪些是正常的接觸，哪些是過分的接觸，因此要求丈夫必須經常回家，推掉外面的應酬。

治療師看來，患者丈夫算是比較成熟和負責任的，對妻子還是比較關心，兩個人關係還是很好的。因此同意提供夫妻治療，要求下週再繼續會談，兩個人都表示同意。

 ### 治療經過

治療師跟患者和丈夫分別個人談話後，徵求患者與丈夫的同意，建議兩個人一起討論有關問題，患者和丈夫雙方都同意。兩個人坐下後，治療者首先讓患者的丈夫講述了患者目前的情緒狀態。接著，治療者就說明：這些妻子的情緒問題是跟丈夫的行為有關係，請丈夫用妻子的角度理解妻子的目前狀態。治療師同時也指出，目前妻子的狀態也影響了丈夫的正常工作和交往，請丈夫說說，怎樣才能讓妻子對自己放心？妻子怎樣才能夠讓丈夫有自己的生活和工作空間？結果，他們兩個人相互進行了討論。他們認為，在治療師的幫助下弄清楚他們的問題，並了解解決的方向，對他們幫助很大。

最後，治療師提議他們每週來一次，可是他們認為路程較遠，來回不是很方便，願意兩週來一次。可是，兩週後他們沒有再次來診，不知是否恢復，還是不想再來接受治療？

 ### 操作評論

對這樣的夫妻，單單對他們說明問題的性質是不夠，還需要提供比較具體的建議，幫助他們宜如何實際處理目前的情況。譬如：

對妻子來說，要練習不要太情緒化，練習用講道理的方式，能平心靜氣地

跟丈夫做理性的溝通、商討問題，找出可以解決困難的途徑。有問題要當面跟丈夫談，有疑問的請丈夫澄清解釋，不要偷聽丈夫的電話，影響夫妻間的相互信任關係。

對丈夫來說，作為先生的，當妻子不高興時，要懂得馬上去哄妻子，不能不理會，否則事情會越弄越糟糕。大事化小，小事化無，男人要懂得如何有技巧且盡早跟生氣的妻子說些好話，穩定妻子的情緒，把小事化為無事；否則妻子大爆發，釀成大事以後，就難處理。這是作為丈夫的宜有的要領。還有，很重要的一件事情是，關於丈夫對男女關係上的看法與態度。他雖然說明：「在生意場上，有時候會跟一些年輕的女孩子接觸，並且她們知道自己有錢，有時候會跟他示好」，但這樣的看法是不對，不夠做丈夫的資格，而且向妻子這樣解釋，對妻子沒有幫助。丈夫要了解，他的態度與作風傷害了妻子感情，並且惡性循環地也影響了他自己的生活。身為丈夫的要知道，他是個男人，該有能力，（也需要）能主動且適當地拒絕想跟他親近（占便宜）的女性。男人要拿定主義，不讓別的女人來破壞他自己的婚姻關係才可以。不但要有這樣的決心，要這樣去做，還得向自己的妻子保證；否則沒有資格做丈夫，也無法維持並保護自己的婚姻。

對這對夫妻而言，可以考慮的一個現實上的改善辦法，就是提議他們考慮著手換地方或換工作，要能兩人住在同一個城市，不要分地工作與生活。這樣先生跟妻子常在一起，可免妻子的多疑，才能建立他們的新家庭。

至於治療者所提的問題，即兩週後此對夫妻為何沒有繼續來就診的問題。病人夫婦曾當面說：「路程較遠，來回不是很方便」，便是個很現實的因素。這對夫婦鬧情感的風暴一過，可能就沒那麼著急地想大老遠再來接受治療。有些人（包括此對夫妻）對心理治療會抱有奇蹟似的效果之期待（猶如看算命先生一樣），認為治療者會魔術性地給予答案，即刻解決問題。假如沒有現成的、解決性的結果，就不再來。初步的輔導發覺問題是在本身，是他們自己本身需要去更改，也就失掉興趣來繼續接受治療。最後一個可能性就是，經過一次的會談，得到要訣，知道自己如何解決問題，也就不再來。無論如何，從遠地來就診的病人，要考慮繼續來就診的可能性會比較低，要抓住頭一次的會談裡，

想辦法完成可以輔導的工作，提供基本的改善方向及具體的措施就可以。

第二節　病情解析與治療策略

女人、父親與丈夫

　　有人說：每位女性在她的一生當中，有三個最重要的男人，即：自己的父親、丈夫，與兒子（相對的，每個男人在他的一生當中也有三個最重要的女性，即：自己的母親、妻子，與女兒）。這些話有其中的道理，主要在說明，我們從出生到長大的過程裡，最早跟自己的父母發生很親近的關係，而對異性父母所建立的關係與感情，會影響到長大後對自己結交的男女朋友以及配偶，最後也就會左右跟自己的異性子女的關係。這三個對象有其相互關聯與作用。換句話說，一位女人跟自己父親的關係，就會影響她長大以後如何覓得找並結交男人，有前後的關聯。

　　本個案的女子就是如此。根據她自己的敘述：「父親從小就對她比較寵愛，她買回的東西媽媽有意見時，父親總是袒護」，透露了她在年輕的時候，跟父母三角情結上的關係。後來，「病危的父親還對她表示掛念（擔心她的婚姻問題），而病人就跪在父親的病床前哭著，告訴父親不讓他操心」，這充分表示了父親跟她的親近關係與密切的感情。通常，這樣跟父親很親近，被父親嬌慣過的女孩，常帶有癔症型、情感戲劇型、自愛型這類的性格與脾氣，習慣以自己為中心，得到他人的注意與關心（譬如：會談一坐下來，她就首先向治療師宣告自己的問題比較複雜，要求治療師要耐心聽）；同時很會表露情緒，鬧情緒時，容易鬧得屬害且衝動（只穿著三角褲頭和睡衣就從家裡衝出來，鬧著說要回娘家），同時很需要別人（特別是男人，丈夫）哄她，否則越鬧越大；而且沒人理會她的脾氣，就很受不了。本個案病人所以會：「丈夫越是不理患者，患者就越覺得生氣，好像是被懲罰，更是鬧情緒」，就是這個道理。

　　至於有這樣性格與脾氣的女人，比較不會找到合適自己的男人，維持穩定

的男女關係。而且，這樣的女性所找的男性對象，隨對方不同的性格而會有各個不同的反應與結果。

此病人的第一任丈夫，看來是很有男人氣概，帶有相當個性的男人，病人可以依靠其強而有主見的個性（猶如自己可靠的父親，可依賴），讓自己感到安全。病人敘述：「丈夫有好的職業，地位很好，性格上帶有典型的大男人主義，平時心比較粗」，就是這樣的男人。由於女人比較自愛，無法為男人著想，有點自私，有些男人會感到不滿足。可惜病人忘記自己嫁的丈夫是「酒肉朋友較多」，她為了照顧自己的胎兒，想盡辦法（甚至不跟丈夫同屋而睡），卻把自己的丈夫丟給別的女人了。

假如富於情感的女人跟有同樣性格的男人接觸（即男人也帶有癔症型、情感戲劇型、自愛型這類的性格與脾氣），由於這樣的男人會很熱情地對她好，懂得如何調情，滿足感情上的需要，女人一開始會被這樣的「情人型」男人所迷惑一段時間。可是，女人卻很不敢跟這樣帶有同樣性格的男人密切接近，不信任，有矛盾的心理，結果就敬而遠之。

患者的第二個男朋友可能就是這樣的男人。因此，「患者認為」他越是這樣（對她很癡情）就越不敢接近他，尤其是怕自己會受到更大的傷害。後來該男子痛恨自己，為了表白對患者的愛，「就砍掉手指，以表明自己的真心」，證實了這個男人是情感很豐富，行為富於戲劇性的；而病人卻不願意接受這樣跟她自己有對稱性性格的男人，與其結合。

至於病人跟第三個男人的關係，也很有意思。（可能當時跟她結交的這位男人一直想跟她發生性的關係）她就趕緊跟男朋友說：「如果想找女的情人（想要性關係），就請另找女人；如果想找妻子，要等結婚後才可以發生性關係。」她以為如此嚴格定了規約就可以，但是沒去想，會拚命想跟她要性關係的男人，也很可能對別的女人也是如此，並不可靠。兩個人結婚後沒多久，果然就發現丈夫經常外出不回家，還發現丈夫外面還有別的女人。病人沒想到（或者沒有鑑別能力看出）這樣的男人可能表面上有氣質和風度，對患者十分關心，也會說好聽的話，可是實際上是花花公子型，很喜歡拈花惹草，而單靠口頭上的規約是沒有作用的。

▝▞ 重蹈不幸男女關係的理由

上述的說明是在指出，男女有各自不同的性格，而隨其性格的不同，有不同的相配與結果。而且，跟自己的異性父母有過分的情結，往往會影響自己長大以後找異性對象方面的問題，常不很順利；不僅如此，還會重複其不順利的男女關係，繼續其問題。

譬如，小時跟母親、祖母、大姊一起長大，跟女性很接近（過分依賴女人），而缺乏可模仿與認同的男人（包括父親或大哥等），等到長大以後，就喜歡跟大姊型的（強）女人結交與結婚，繼續依賴女性，缺乏自己男性的性格與心理。對於這樣的（懦弱）男人，有些大姊型的女性開始時會感到有興趣，可以照顧他，讓他順從，猶如小弟弟，滿足擔任大姊角色來支配自己的丈夫。可是結婚後，時間一久，就會逐漸對沒有丈夫氣概的男人感到不滿足，認為自己的丈夫太沒有個性，不主動，缺乏意見，不滿這樣（沒用）的丈夫，而就不歡而散。可是，這樣的男人假如自己不逐漸成熟，變得有男人個性，將來再找女人時，還是會找同樣喜歡照顧他的女人，重複其不幸的男女關係。

還有，過去小時被父親虐待的女人，將來找的男人很多都是會虐待她的男人，而且屢次更換，都是同樣會虐待女性的男人。其中的道理是：對會虐待女人的男人感到有興趣（轉移關係的表現）。另外一個解釋是，由於自己所經驗的男人（父親）只是會虐待女人，病人所經驗的異性對象只有這樣的種類（沒有經驗與接觸結交過「比較成熟而不虐待女人」的男性）。因此，也就只會找到這樣（會虐待女人）的男人，而且屢次重試，一個換一個，重複而不會更換。

假如小時被父親過分寵愛與嬌慣的女兒，經歷三角關係上的情結問題（害怕母親的嫉妒與生氣），而一直沒有好好解決與處理的，雖然學會如何跟男人撒嬌、逗男人，但深層內心裡卻害怕跟男人過分親近（害怕得罪母親），有其矛盾。而且，更重要的是，不太會好好物色選擇適合自己的男人，常碰到（或者潛意識地去找）對自己不忠實的男人（猶如背著母親來偷偷討好女兒的父親），婚姻關係因此會不順利。本個案就是屬於這樣類型的女人。

我們不知道是碰巧或者其他原因，此女性所經歷的男人都有其共同的婚外

情的行為：頭一個男人（第一任丈夫）趁她懷孕時，去跟別的女人發生關係；第二個男人雖然本身已經結婚，聽到她（病人）已經離婚了，就舊情復燃來猛追她（也發生他自己的婚外情行為），並且跟自己的妻子離婚，剁指頭，想獲得病人的愛情；第三個男人（現任丈夫）婚後沒多久，就背後又交女朋友。因此，針對這些巧合，讓我們考慮到幾個背後的可能性，即：病人受到自己性格的影響，沒有好的識別男人的能力，總找到這樣最後不忠於婚姻的男人；她的個性與行為常迫使男人去另外找女人；或者她無形中總是找到這類型的男人。最後的可能性無形中會讓我們去推問：她自己（有勢、有錢）的父親是否在外也有別的女人，讓她覺得男人都是如此，或者（透過轉移關係）對會婚外找女人的男人特別喜歡？

家庭的條件如何影響異性的交往

針對本個案，還值得提出的一點是，女人的本家是社會上有特優地位的家庭。有勢、有錢的家庭，他們的子女找對象，會有如何影響的事情，也是值得考慮的。我們的社會還很講究與重視門戶相對的道理。要找對象，無形中就得考慮對象的家庭背景，增加了要考慮的因素。還有，富家女兒，男人找她，她還得考慮是真的愛她，或者愛她家的勢力或財產的問題，增加其複雜性。

輔導上的考慮

總之，治療者要了解婚姻有關的各種心理、男女相配的道理，以及夫妻輔導上的基本及特殊的要領，才能輔導夫妻的心理困難。這對夫妻的確有婚姻的問題，需要且值得提供夫妻治療。況且，這是兩方都是再婚的情況，再婚有再婚本身的特別性質與課題，也有其特殊的困難，需要特別費心輔導。我們對妻子這方面比較有仔細的背景資料，但對丈夫方面的過去不太清楚。特別是他第一次的婚姻為什麼沒有成功，原因何在；為什麼這次結婚後，又繼續有女朋友。這些都需要去探討與了解，才能輔導雙方的問題。

面對夫妻關係上的問題，就得從夫妻兩方的相互關係著手去了解與輔導。本個案由於妻子採取主動的角色找治療者，無形中就把妻子當作是「病人」或

「患者」而看待，幾乎把丈夫當作是「病人的配偶或家屬」處理。因此，要多了解丈夫方面的背景，並注意他們倆彼此的互動關係，如何表現他們夫妻間的聯繫、溝通方式、共同認識、情感的反應、共同遵守的公約、一起追尋的目標等，這樣才能進行夫妻的輔導。

第三節　理論探討與學理說明

再婚的挑戰與結果

有些夫妻由於開始時的婚姻不順利，離婚後想再婚，期望能重新開始婚姻生活，補救過去的失敗。可是再婚的情況有時特別複雜，還得禁得起若干挑戰，面對一些課題。

先前配偶的持續影響：隨著原先婚姻是如何結束而離婚的，對日後仍會有持續的影響。這種影響可能是現實的事情，有時是心理的情形。假如當時夫妻雙方都情甘意願，在和平的情況下離開，沒有經濟上的衝突，也沒有孩子的問題，情況就比較單純，各走各自的將來，可面對友好的離婚。可是假如是一方很不願意，被迫接受離婚；或者是對方因背後發生婚外情，配偶還不能原諒；經濟上的分配有問題，沒有合意的解決；或者（丈夫）沒按同意的規約按時寄送贈養費；或者有孩子，無法決定由哪方撫養，如何可以讓另一方父母來訪問等等，都是現實上很困擾的事情。假如心情上還沒解決，還思念對方，考慮原先的配偶，或者還覺得有歉意，都是心理上的痕跡，沒有處理好，會隨時影響跟新的配偶建立新的關係與情感的障礙。

有孩子的複雜因素：本個案沒提起她的兒子的事情，也沒敘述孩子對重組家庭的反應，可是，再婚的夫妻那一方從原先的婚姻裡有孩子時，要重組新的婚姻家庭，是要事先好好考慮的事情。特別是子女的年紀，他們對新的配偶的看法與態度，如何接受新的父母，包括如何稱呼的問題，如何被新的父母管教的問題，都是一連串需要去注意與處理的課題。

是否為先前婚姻問題的重複： 至於原先的婚姻問題是什麼，這次新的婚姻是否會重複同樣的毛病，也是要慎重考慮的事情。不要很簡單地認為，換了對象，過去的問題就不會再出現。特別是夫妻問題的根源與自己的個性有關係的話，除非新的配偶比較知道如何應對，否則換了對象，還得去改善原先的問題。

夫妻輔導的原則與要領

施行夫妻會談來輔導夫妻的關係問題時，其治療原則與輔導技術跟個人心理治療有所不同。除了要多少了解夫妻各自的個人背景與心理情況以外，主要的觀點要放在夫妻相互的兩人關係，注重彼此的溝通了解，情感的表達，如何建立彼此將遵守的婚姻規約，樹立兩人所期望的共同目標，並檢討彼此相互適應的方式，改善處理問題的模式等，以此來進行輔導。通常，盡量避免過分探討過去的事情，或追究是誰的過錯，而盡量把焦點放在目前如何改善問題的事情，尋找具體的處理辦法。

第 五 部

老人的案例

第 *29* 章　一輩子苦幹但還沒滿意而患冠心病的中老人

■ 中老人的心理適應與調整

第一節　個案報告與治療操作（朱金富）

 個案報告

　　患者姓高（假姓），年齡大約六十多歲，女性，為一名大學已經退休的教員。由於自己原來學歷較低，在大學工作了數十年，快到退休時，才晉升到中級職稱（講師）；但他個性很負責，實際工作能力很好，做什麼事都要求積極進取。自己形容：「年輕時總是爭強好勝，從不服輸。」

　　可是幾年前退休後，每到領取退休金的時候，發覺自己比晉升為高級職稱（教授）的同齡同事們每月少領幾百元錢，而總是自己會生氣惱火，間接地患失眠，伴有情緒反應；並時常為一些生活小事而發脾氣，導致血壓升高和心臟早搏出現，被醫師診斷患了高血壓和動脈粥樣硬化。

　　關於病人的個人背景得知：患者自幼生活在一個普通的家庭裡。父親是軍人，母親是家庭主婦，家裡有一個哥哥和兩個姊姊，患者是老么。患者從小就比較懂事，父母都很喜歡自己。患者上學成績比較好，專科畢業後，就出社會工作。病人二十多歲就結婚，丈夫也是在大學教書。病人生了兩個兒子，結婚後家裡生活還算幸福而滿意。

　　患者平時性格比較急躁些，生活和工作中總是不自主和別人攀比。因為自

己是專科學歷，後來由於結婚後生育並照顧孩子，沒有機會繼續深造，因此在大學教書，自己的職稱問題一直沒有解決，直到退休還是講師職稱。這一點一直是患者內心的一個痛苦，每到發工資的時候，內心就會覺得不舒服。患者丈夫比較溫和且謙讓，儘管患者有時候會對他發脾氣，可是內心還是十分體貼且喜歡患者。

 ## 治療經過

　　病人得了冠心病的毛病以後，除了接受內科的醫療以外，後來還被介紹來接受醫院裡提供的特殊心理輔導，即「道學認知心理治療」，為期六個月。

　　按道學認知心理治療的基本治療經過：患者開始認識治療裡所提示的四條原則（三十二字）的治療觀念與解釋，即：「利而不害，為而不爭；少私寡慾，知足知止；知和處下，以柔勝剛；返樸歸真，順其自然」，覺得十分有道理，認為如果能夠根據道家思想去認識問題，肯定會對自己的生活有所幫助；於是，患者就堅持參加團體的道家認知治療輔導。

　　在輔導中，患者會積極參與討論和交流。患者以前發工資的時候，總會不自覺地和周圍同事攀比，而後內心感到痛苦和失落。透過道家認知治療所主張的治療觀念後，患者認為，自己的工資儘管沒有比別的老師多，可是也不是最少的。只要自己有一個健康的身體，少生病，不但可以節省醫療支出，而且還可以延長生命；這樣比那些因為生病而過早死亡的人，還可以多拿幾年退休金；這樣既可以少患疾病的折磨與痛苦，又提高了健康生活的意義，這是不能用金錢買回來的。就這樣領會道家所說的「知足知止」。結合對道家認知治療的理解，她開始認為自己有退休金已經不錯了，還有的人沒有呢。她的子女已經有自己的收入，她的錢也夠花了，只要能「細水長流」就行，細長總比粗短好些。經由這樣觀念上的體會，心情也好些，收到了很好的治療效果。

　　在接受治療期間，在團體輔導的談話中，患者報告有一次到商店買東西，結果排到患者的時候，東西剛好賣完了，商店店員說，新貨要到第二天才能來，讓顧客第二天再來買。患者說：要是以前的話，患者可能會很著急，甚至和店員發生爭執；可是，那天患者根據道家認知治療「順其自然」的治療原則，認

為既然這件事情發生了，即使生氣且著急也不會改變事情的結果，只能接受現實。所以，患者就沒有像以前那樣著急和生氣，而是平靜地離開了；第二天又去買到了自己想買的商品。

除了參加團體的輔導，患者同時堅持每天的鬆靜術和柔動術的練習。患者認為每天操作鬆靜術後，不但感到心身的輕鬆，還對自己的睡眠有明顯的改善作用。

病人回述治療結果

我是一名冠心病患者，對於養生方面的知識，以前只是在報刊雜誌上看到一些，過去年輕不以為然，到人老了生病了，這時才意識到養生的重要性。透過參加道家認知治療學習，首先我認識到，自己過去是一個典型的 A 型性格的人，年輕時總是爭強好勝，從不服輸；四十多歲就患上高血壓，後來還發現得了動脈粥樣硬化，被醫師診斷得到冠心病。

後來，經過文化革命時期的磨練，性格變化了許多，尤其是近幾年看到周圍的同事、同學有的相繼去世，心裡十分惋惜。

以前對道家處世養生方法「利而不害，為而不爭」等觀念一無所知，經過治療以後，現在看來，人就應該像道家所講的那樣，做到利己、利人、利社會，把助人為樂、我為人人放在第一位。如果是相反，人人先為我，助我為樂，必將受到周圍人的反對與譏諷，給自己許多精神上的痛苦。

經由治療上的討論，我現在對物質利益的追求明顯與過去不一樣了。每月領取退休金，不管多少都感到高興，忘記不如意，忘記名和利，把健康看作人生的第一需要，做到了淡泊名利，不強求，不攀比，心境豁達，少私寡慾。

在治療的過程裡，具體地學到：生活中要做到「五不看」，即：不看他人的大房子，不看他人的房子裝修得多麼漂亮，不看他人的菜籃子，不看他人錢包多麼鼓，不看他人穿衣是什麼名牌。以「平平常常心」做平平常常人，過平平淡淡的日子，這就是近一年的學習我的體會。

第二節　病情解析與治療策略

好強、好比的性格引來不滿的心理痛苦

　　此病人如自己所說的，她是「典型的 Ａ 型性格的人，年輕時總是爭強好勝，從不服輸」。一個人的性格假如很認真、苦幹，是很好的氣質，做事負責任而可靠，在家裡是可依賴的家人、夫妻、父母，或子女，對家庭生活的經營會有所幫助，而在工作場所也會有成就，也是會被大家信任的同事，是領導會欣賞的員工。可是假如其程度太過，又總是好勝、不服輸，就對自己的心理衛生有所影響。因為人生處處都是競爭的話，心理負擔多，無法滿意，難以接受，也容易患心身毛病。因此，就如此病人所說，「一輩子苦幹但還沒滿意」，為了職稱的問題而不高興，以及領的薪水多少而煩惱。年老退休，該是享受人生的階段，但病人心理不安寧也不快樂。

年老退休的心情

　　一個人到了中年以後，隨著年歲的增加，軀體各方面的初老變化，而開始體會到人生已經過了一半，快進入中老年階段。隨著自工作崗位退休，更具體認識到自己的人生遲早將結束，而無法再繼續奮鬥與爭取，也失掉再往上一步成功的可能性；再加上子女的長大與離開，更會「一葉落而知歲之將暮」，心裡有所感觸。特別是身體有毛病的話，其感觸更是多。從「社會心理發展」的角度來說，一生裡，中老年期是「完整或失望」的階段，心理健康的人開始對自己的人生做個總結，整理自己的心理去面對日後將來的老年階段；而一生沒有好好表現與求得成就的人，就是感到失望的階段。到了老年期，是「舒適與頹喪」的階段，有所準備地過舒適的生活，否則只好面對頹喪的情況。

　　通常，性格認真且好強與努力的，相對來說，心理上比較難以接受退休的事實，去過比較需要鬆懈下來的退休後生活。特別是自己軀體上有障礙，更會

覺得生活是苦，無法享受。

此病人靠職稱的高低、薪水的多少、跟別人的比較，而感到不能滿意，也就站在稱重的天平上受苦，而忘記了享受餘生的心理課題。我們不知道她的心理緊張或過分的競爭心與計較心，是否是促成冠心病的直接原因，但我們知道患了這類心身病的人，要把心情放鬆是很要緊的衛生課題。

治療上的要領與收穫

經由參加道家認知治療以後，此病人能得到一連貫性的效果，即：認知上的體會，哲學上的領悟，心情上的調節，行為上的更改，生活上的適應。這是心理治療上治癒的整體性過程，只是道家認知治療特別注重其中的一環與著手點，就是「哲學上的領悟」。這對於年齡大了、對人生的看法需要檢討與反省的中老人是很恰當的程序。

不用說，參加團體性的討論會是很有幫助的方法，可以增加參加的病人的社會化，經由討論與檢討，相互增加心理上的效果。鼓勵病人例行地參加鬆靜術和柔動術的練習，對於患心身症的病人特別有幫助，不只靠嘴，依賴認知，還靠行動而達到其效果。

就如其他的治療模式一樣，各種特殊的治療方法都有其適應性。從臨床經驗與研究結果，提示道家認知治療對於老人、患心身症的病人比較有幫助，而對於年輕的、患焦慮症的，就不見得有效。適當地選擇病人，使用適合的治療模式，是臨床上的要領。

第三節　理論探討與學理說明

哲學性的態度與心理衛生

無論是哪種精神疾患或心理問題的患者，經由心理治療而改善其表層的症狀或問題以後，留下來要處理的，往往是背後的性格問題；而其性格問題，又

常常牽涉到哲學性的看法、態度與價值觀。因此，說來說去，心理治療者要面對與處理哲學層次的看法與態度。也可以廣泛的立場來說，要施行文化上的輔導，幫助病人更改基本的人生看法與態度。而談到哲學或文化上的輔導，就關係到不僅是病人的價值觀、人生態度與哲學性的看法，而牽涉到治療者本身的哲學觀與文化上價值系統。因為無形中，治療者的哲學態度與文化系統會左右治療者的輔導方向的關係。換句話說，談心理衛生、說心理健康、論心理治療，不能脫離哲學的層次，是要時時注意的事情。

配合文化的心理治療

為了給病人提供適合文化背景的心理輔導，就要考慮文化系統裡強調的價值觀是什麼，傳統性的心理健康的定義是什麼。我們的社會裡，傳統上受孔儒思想以外，無形中也受道學的影響。如何運用孔儒的倫理思維，或者道學的哲學觀念，而進行配合華人的心理治療，是理所當然的嘗試。

道學認知治療就是研究道學的基本概念，而採用其基本原則來幫助病人。其主要哲學性的觀點使用很具體的四條原則來表達，即：「利而不害，為而不爭；少私寡慾，知足知止；知和處下，以柔克剛；清靜無為，順其自然。」這四條原則，以三十二字來傳遞給病人，希望他們能比較以哲學的層次來改變自己的思維、態度與價值觀，間而改善自己的心理衛生。

此病人所說的：「以平平常常心，做平平常常人，過平平淡淡的日子」，可說是道學哲學的主要表現，對於年老的病人，對過分迷於競爭或貪圖利益的人有所幫助，可對抗其過度求成果、有表現的人生作風。最重要的，這是我們自己傳統的哲學性文化產品，人人容易了解，也容易接受，特別有其意義與效用。

老人的心理衛生

雖然到了老年的階段，「以平平常常心，做平平常常人，過平平淡淡的日子」是很重要的，但這並不是意味著老年人要過依賴性、消極性、被動性的生活。特別是在現代的社會裡，老人還是要比較積極地保持自主自立的心理與行

為，照顧並維持自己的生活，盡量能繼續享用自己寶貴的人生。這是現代生活裡，老人要注意與強調的心理衛生。

第 *30* 章　年老身體不佳，兒子與媳婦出門就發生問題的老人

■ 老年人的生活適應與安排問題

第一節　個案報告與治療操作

個案報告

　　這名個案是居住於檀香山，姓藤田的日裔男子，是七十五歲的男性病人。他的父母早年從日本移民過來，定居於檀香山，而病人是在檀香山出生，因此他算是第二代的日裔美國人。他年輕時，從高中畢業後就在某公家單位做事，勤苦工作四十年後，在六十歲時，就按公家規定退休。他跟妻子結婚後，等了好幾年妻子才懷孕，生了個兒子。兒子就算是第三代的日裔美國人，目前已經三十八歲。兒子不太會講日文，主要講英文，但還是很遵守日本的觀念與習慣。兒子數年前已經結婚，娶的媳婦也是第三代的日裔美國人，可是他們目前還沒有生孩子。

　　五年前，當病人七十歲時，結婚長年一起生活的妻子得了癌症而去世，病人就搬去跟他的兒子與剛結婚的媳婦一起住。由於日本人過去的傳統習慣，男人從來不進廚房，因此，病人從年輕時都沒有燒過開水泡茶，更不用說如何燒飯或燒菜；因此，妻子去世以後，就只好完全依靠媳婦的伺候。

　　很不巧的，從一年前開始，病人開始患了帕金森氏病，手腳會不時發抖，連飯碗都拿不穩。雖然看醫師，每天吃藥，但是效果並不好。而且更糟糕的是，

最近連腦子也開始有點不對勁，每天三次服用藥物，都需要兒子提醒才會知道
按時服藥。

　　病人的兒子跟媳婦兩個年輕人白天都在外做事，不在家，直到傍晚才回
來。因此，每天早上由媳婦準備些中午的飯菜，到了中午，病人學會如何使用
微波爐熱飯菜，由病人自己吃中飯。可是半年來，情況每況愈下，兒子要從辦
公的地方趁中午休息的時候趕回家來，替父親熱好飯菜，幫助父親吃頓中飯。

　　兒子是很孝順的獨生兒子，不在乎這樣辛苦照顧父親。可是媳婦倒是有點
受不了，開始抱怨白天要上班，晚上回來還得照顧生病的公公，連週末或假期
都少能休息，要由她多照顧丈夫與公公；更談不上像別人夫妻那樣，夫婦兩人
偶爾出去外地休假兩、三天。

　　這次問題的發生是在上個禮拜。由於媳婦的親戚將要在別的島結婚，他們
夫妻原來計畫坐飛機到外島去參加下午的婚禮，過夜後，隔日就回來。請隔壁
的鄰居幫忙照顧病人吃晚飯跟隔日的早餐。可是，當他們上午準備行李，中午
快到機場坐飛機的時候，發現病人在屋裡尿失禁，還把自己的衣服脫光，躺在
地板上，猶如精神混亂似的。結果他們夫妻只好臨時把旅行參加婚禮的事情取
消，留在家裡照顧病人。作為媳婦的就開始發脾氣，要求丈夫安排，把病人（公
公）送到老人療養院，否則威脅要跟先生離婚。丈夫（病人的兒子）不想把自
己的父親送到老人院，但也沒有別的辦法，不知如何是好，在妻子建議下，來
家庭輔導中心看輔導者，想知道可採取什麼好建議。

 ## 治療經過

◉ 第一次會談 ◉

　　病人被兒子和媳婦帶來，三人一起來家庭輔導中心，由輔導者跟他們會
談。病人有點消瘦，外表看來有如八十多歲，比他的年齡還老些。被兒子扶著
坐在椅子上，兩手和兩腳還繼續顫動。兒子看來是個很溫順的男人，講話比較
小聲，但對自己的父親和妻子都表現親切與關照。媳婦也很有禮貌，剛開始沒
說話，由丈夫先開口講上個禮拜發生的事情。

等丈夫講完後，妻子就開始小心補充說：其實這並不是頭一次。上個月，他們本來想到朋友家裡參加晚上舉行的生日派對，原想幫忙公公打理吃過晚飯後，讓公公一人在家，反正他們夫妻只要幾個小時不在家，公公大概沒有問題，可以照平常的習慣，自己可以上床睡覺。豈知當他們從朋友家裡回來時，發現公公沒在床上睡，卻躺在地板上，並且尿失禁。媳婦說，好像每次他們夫婦一不在家，老人家就發生這樣精神混亂的情況。

輔導者向病人問，他為什麼會這樣。病人沒做任何的解釋，只會說：「對不起，對不起；麻煩了他們（指的是兒子和媳婦）」，而且臉上就掉了眼淚，很難過也不好意思的樣子。

輔導者向他們解釋說，治療帕金森病的藥，藥效很短，萬一沒按時間一天三次服用，病情就會隨時惡化。輔導者更進一步推測，由於病人知道家裡沒有人，可能就緊張起來，也忘記吃藥，結果精神就短暫的混亂，動作也不好，自己無法上廁所，才會發生尿失禁的現象。輔導者說明，病人並不是故意發生這樣的情況，是缺乏藥的效力而發生的毛病。兒子和媳婦聽了，總算把他們內心的疑惑，即：是否老人家故意這樣搗蛋的可能性解除。輔導者還提起這樣的情況，通常最好把病人送到老人療養院，二十四小時都有醫護人員可以照顧；也可按時讓病人服藥，就可減少這樣的情況。

聽到這些說明與建議，兒子就說：就他想像老人療養院是老人去住的地方，環境與條件一定不好，很不忍心把自己的父親送到那種地方，寧願留在自己家照顧。這時妻子插嘴說，他們這樣照顧公公已經有五年多，特別是從公公生病後，也快一年多，他們夫妻幾乎都沒週末或假期，天天要很辛苦照顧老人家。說到此，妻子就流眼淚說，她知道自己的丈夫很孝順；可是他們已經結婚快五年多，為了照顧公公，都一直不敢懷孕，但也不能這樣一輩子無限期地如此拖下去，沒有休假，也沒有孩子。

最後，輔導者向他們解釋，過去的老人療養院可能不很理想，但是現代的老人院很先進，環境很好，而且護理人員都素質高，受好的訓練，許多人都想去住，還得等機會才能進得去。唯一要考慮的是費用的問題。兒子說，經濟上他們還過得去，況且父親工作一輩子，存留一筆退休金，可以使用。於是輔導

者就建議他們夫妻找個時間一起去看看，然後再決定如何辦理。也就這樣約定一、兩週後，他們看過幾家老人院以後，再回來會談。

◎ 第二次會談 ◎

不到一個禮拜，兒子打電話來約談，說他們已經去看過幾家老人療養院，想趕緊回來跟輔導者再見面會談。他們進來會談室，兒子就馬上開口說明，他們夫妻去看了幾家老人院，都比他們原來想像的還好。他們找到一家由日裔美國人經營而有許多日裔老人住的老人療養院。該院裡還聘請了大部分是日裔背景的護理人員來服侍住院的老人，費用也比較不貴，看來是最理想的選擇；而且最碰巧的，該老人院剛好有個空床可以住進去。可是他們就是擔心自己父親的感受，不希望自己的父親覺得被孩子遺棄，而被送到老人院裡。

輔導者向病人詢問，問他有何意見，病人簡單地回一句：「隨便」，並沒有很贊成，也沒有很反對。輔導者向他們三人說明，想去住老人院的人很多，並不是想去住就可以隨時住進去，需要等很久。輔導者建議，最好趕緊把握機會，請老人院的主管特別允許，讓病人去嘗試住一、兩天，看父親的反應如何，再做長久性的決定。他們覺得這個方法很好，決定抓住機會，如此辦理。輔導者吩咐兒子和媳婦，最好能每天去看病人一、兩次，讓他不覺得被遺忘，而且還可以知道他適應新環境的情況如何。

◎ 第三次會談 ◎

一週後，兒子和媳婦回來看輔導者。一進來，兒子面帶笑容地說，他的父親已經被安排去住一、兩天。哪知他頭　天去看他父親的時候，發現父親跟另外一個老人及護理人員在聊天，幾乎都沒時間跟兒子打招呼，看來很高興的樣子。病人跟兒子說，老人院的護理人員裡，有幾個年歲比較大的，還可以講日文，讓他覺得很親近。病人還告訴兒子說，護理人員都會按時間把藥送來服用，很方便。兒子看了父親那麼高興，心裡也就放心，不太覺得很自咎，把父親丟到老人院裡去；而妻子心裡很高興，覺得可以開始他們兩人的夫婦生活，也有週末可以開始休息休息。他們決定還是按輔導者的吩咐，他們夫妻輪流，盡量

每天能有一個人去看他們的父親一次，看看父親適應得如何，需要什麼。

輔導者聽了，也很高興，就決定結束會談的過程。不過請他們數週後，有空時打個電話，讓輔導者繼續知道日後的情況如何。

◎ 月後的追蹤會談 ◎

按輔導者的建議，一個月以後，兒子打電話來給輔導者，說他的父親自從住到老人院以後，不但心情比較好，連身體的情況也有進步。他推想，大概是在老人院裡，不分日夜都有人跟他作伴，而且服藥也很按時服用的關係。兒子還補充說，由於在老人療養院裡，可以跟大家過日本式的生活，包括天天喝日本人喜歡喝的味噌湯，泡日本式的浴池，還和大家一起唱小時聽慣的日本老歌，心情就比較好。最重要的是，他（兒子）自己內心裡放心，而妻子也開心，總算保全了他們夫妻的關係。他說，他們夫妻很感謝輔導者的幫助，讓他們做了個好的決定。

操作評論

環繞著七十五歲年老所謂的「病人」，治療者所提供的輔導工作，實際的對象是病人的兒子與媳婦；而最主要的是兒子。由於兒子對父親的孝心而不願意把年老、生病、不好照顧的父親送到（可怕而不理想、是遺棄老人的）「老人院」裡去養護，因此，輔導者的主要輔導重心是放在：如何幫助兒子改變傳統觀念，而接受安排父親到老人院的現代性需要。輔導者所提供的意見，即：他們實際採取行動去參觀，並了解幾個老人療養院的情況，好做選擇；並且，讓父親到老人院裡去嘗試幾天，以這樣的藉口而開始採取改變的行動，可以說是個技巧上的運用，也是促使這對夫婦能做果斷性、關鍵性的決定進展。雖然這些是個很通常而且是常識性的建議，可是來自於職業性（而有權威性）的輔導者口中，對家屬（兒子）就發生比較大的影響，也替媳婦免除做「壞人」主張的角色。

第二節　病情解析與治療策略

　　雖然我們把這名七十五歲姓藤田的日裔男性病人稱呼為「病人」，從心理輔導的實際觀點來說，有心理困難而需要費心輔導與幫忙的，卻是病人的（成人）兒子。由於兒子還深受東方的傳統觀念認為：不在自己的家裡照顧並養護自己年老而軀體殘廢的父親，把他「遺棄」，丟到很糟糕的「老人院」裡去，是很不孝的決定與行為。另外一個觀念上的問題是受過去的看法，認為「老人院」是遺棄老人的地方，環境很差、條件很不好的公家療養院，是人生最沒落的居住地方。由於這兩種阻力，兒子從沒考慮把父親送到老人院去撫養是個解決問題的方法之一。

　　按文化上的習俗，由於在家需要照顧老人的是媳婦。特別是日本傳統的男人（丈夫也好，父親也好）都是「君子遠庖廚」，從來不參與家事；由女人（妻子也好，母親也好）完全負責燒飯、打掃、洗衣服、照顧孩子、管教孩子等家事。作為丈夫的，只要在外做事，回家來，也就被妻子服侍。極端的，連吃飯時，還得由服侍他的妻子替他倒茶、盛飯，甚至替丈夫按摩。不用說，家裡的老人也是媳婦要照顧的對象。就算生病了，或者心身有殘廢的老人，也是媳婦的責任。按照過去的習慣，作為妻子的，是「全職性」在家工作的女性，女人結婚或生了孩子，就得離開職場，回家當全職家庭婦女。在比較保守的日本，目前大部分的女性還得過這樣重男輕女的社會與家庭生活。可是，在現代的社會裡（譬如在美國），妻子還得到外就業，與丈夫一起工作，靠雙薪才能維持家計。此病人的媳婦就是在這樣面對著現代社會需要到外面工作，幫助家計的責任以外，同時也要遵守傳統的觀念，而去服侍有病的公公的雙重壓力。可是礙於傳統觀念與習俗的妻子，難以大聲申述她所面對的角色與職務的困難，表達已經長年如此辛苦，受不了；幾乎好幾年都沒休假，也沒有交際的活動，連懷孕、生育孩子的可能性都無法考慮。因此，輔導者的立場與角色就是在自然而然的情況下，替這個滿受苦而不敢大聲申述的媳婦講話，替她提供解除困難

的辦法。

提議他們兒子、媳婦與父親採取行動去參觀老人院，消除自己內心裡對老人院過去所保持的負面印象，面對現實，尋找適當而可安置的老人院，是第一個步驟。然後，提議去嘗試住幾天，是個好辦法，讓他們不覺得事情的決定只有一個方向，不是「一去就不可回」的決定，也就讓他們放心去嘗試。至於父親喜歡被安置的老人院，是連輔導者本身事先都沒預想到的好結果。

第三節　理論探討與學理說明

老人的生病與適應

有不少年老的人到了老年階段，身體還很好，精神也很不錯，可以享受年老的生活。可是，有些人卻遲早要面對軀體的毛病或不適，或者精神上的不妥當，需要特別去適應與克服。

軀體性的毛病：一般來說，有些老人到了年老階段，就喜歡申述自己身體的不適。這是個實際的情況，年老了以後，身體到處都會發生毛病。不是腰痠背痛，就是排便不順，或消化不良，全身上下不舒服。一來是心理上的趨勢，恢復到幼小時的情況，喜歡靠軀體不適的申訴來獲取四周人的關心。年老以後，自我的能力比較減退，適應現實困難的能力也消減，靠軀體的申訴來避免應對現實上的困難，同時獲得家人或朋友的關心，是普遍的趨勢。

可是，對老人軀體不適的申訴，不能很簡單地當成是「疑病症」（或「慮病症」）的表現而輕易對待，甚至是忽略。因為年老以後，軀體上的確容易發生問題，不像年輕時那麼健康。許多老人病，包括高血壓、糖尿病、腎臟毛病等，都容易有軀體不適的徵候，很需要從一般內科或老年醫學的角度施予檢查，並提供臨床上的照顧。千萬不要很輕率地當成疑病症（或慮病症）而不理會，更不要認為老人是給予家人搗蛋性的申述，而去生氣，甚至虐待。

還有，由於藥物的排泄變得比較慢，存留在體內，結果有不少老人對藥物

的反應比較強。有些老人需要服用許多種藥，而容易發生藥與藥間的相互反應，發生意想不到的副作用。反過來，有些病人忘記如何按時間服用藥物，不是少吃就是多吃，增加藥物方面的問題。因此，特別需要家人的服侍與督導藥物的服用。特別是記憶力不好或精神狀態欠佳的老人，就得依靠家人的照顧而去督導按時服用藥物，免得發生問題。

精神上的問題：大部分的老人雖然年老了，還可以保持很健康的精神狀態，但有些則不然，會開始出現記憶力欠佳、判斷力和決定力不敏銳的情況。嚴重時，還可能發生精神狀態一過性混亂的情況。藥物的副作用、軀體毛病的現象，包括腦血管系統性的一過性障礙，都可以引發短時或長期性的精神障礙；很需要小心做臨床上的診斷，並且給予適當的護理與治療。

反之，有些是心情上的問題，而呈現類似器質性腦障礙，需要很小心做鑑別診斷，不要當成腦器質性障礙而處理，失掉所需的正確治療。譬如，「假性癡呆症」（psudodementia），指的是老人因為心情不好，患了抑鬱症，表現臉部缺乏表情、少說話、動作遲緩、精神反應（包括決定能力）與記憶好似遲緩而有障礙似的，容易被誤診為癡呆症。可是小心觀察，卻可以發現病人還能針對話題而談吐，對傷心的話題比較敏感，表現悲傷；但談到比較高興的事情，臉上可以表現喜悅的表情，可以做臨床上的鑑別診斷，施以抗鬱劑的治療，短期可以表現恢復的徵候。

有些老人容易患抑鬱症。喪失親人（特別是配偶），身體長久性的不適而不舒服或不方便，包括視力或聽力的減退、行動不方便、無法參與日常的生活與娛樂活動、缺少社交性活動等等，都可能引發老人的抑鬱症。把原因去除了，就可改善抑鬱的心情。

老人療養院的問題

過去對老人院的看法：過去大家對老人院總抱有不好的看法與態度。其理由有二：過去的老人療養院確實不是很好，多半是設備比較差，沒有好的管理與護理人員，也沒有適當的活動或娛樂節目，是個實際上收容無家可歸的老人的收容所。而且基於過去的傳統觀念，把自己年老父母寄放到老人院，會被看

成是「遺棄」自己的父母，是很不孝的行為。事實上，在農村式的家庭裡，都可以在家養育年老衰弱的父母或祖父母，沒有太大的困難。因此，把自己的父母送到老人院，的確有點像是自己的父母不在家照顧，送到公家性質的老人院去的意思，別人會批評，自己內心裡也會覺得是如此而感到內咎，被送到老人院的年老父母也是如此感覺而難受。

可是現代的社會，情況有所轉變。特別是在大都市生活的人，假如成人子女白天都在外工作，而年老父母萬一心身衰退，無法自己在家照顧自己時，比較需要把年老父母安排住到老人療養院裡去生活。再者，目前的老人療養院雖然仍有不同的水準，好的老人療養院設備很好，工作人員水準也比較高，不但伙食、居住條件好，而且還安排有適當的活動，讓老人家可參與，經由彼此的來往而繼續社會化關係，也有娛樂的節目等，可說是相當好的居住場所。假如成人子女或家屬能常去訪問，可說是很理想的生活環境。唯一的缺點是，越是條件好的老人療養院，其收費也比較高，超乎一般人經濟上的負擔能力。因此，需要有不同條件的各種老人療養院，可讓一般人隨自己的經濟能力去挑選。無論如何，在現代的社會裡，年老以後去居住老人療養院，不要看成是個絕望的地方、是被遺棄的場所，而是家屬無法照顧時，可以考慮的一種安置場所，可以好好利用。

現代老人療養院的功能：現代社會裡，不但需要有不同經濟水準的老人療養所，適合一般人的經濟能力，而且在同一個療養院裡，要可以提供不同水準的居住、管理與照顧的單位，可隨居住在療養院的老人的心身條件而隨時調節與變更。這好比醫院裡有急診、普通門診，與慢性病房的單位及設備，可隨病人的病情而隨時更改與調節似的，有其分程度與階段性的設備。就一般原則來說，療養院能配合老人過去的習慣，注意飲食與起居的安排、所需的日常活動，保持心身的適當刺激。即使有心身的障礙，假如能提供適當的活動與刺激，對老人的心身健康會有所幫助。最要緊的，還是要家屬能按期來訪問，保持跟家人的接觸。而且，還可以有時在家屬陪同下，到外面環境去散步、遊覽，或者回家看看，這樣就不會讓老人覺得是被「遺棄」，而是住在特別安排的地方生活罷了。

　　由於社會裡成員的年齡逐漸增加，人人的生命延長，而可照顧老人的成人子女相對減少，因此，現代社會的人們需要考慮如何適當地使用老人療養院；在心理上有所準備，必要時，就準備住到老人療養院而過其終生的階段。

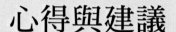

總結

心得與建議

　　我們在開頭就說明，心理治療的實施需要三個基本條件，即：學理的具備、病情的了解、技術的考慮；而這本書把此三個基本要素並行匯合而相互說明與討論，是很特殊的創意。我們很滿意能就此構想進行書寫，而得到難能可貴的結果。以編著者的身分，非常感謝共同作者們的熱心貢獻，提供寶貴而很有用的個案資料，以及他們治療操作的經驗，好能由編著者進行病情的解析，以及學理上的探討，我們相互合作得很好。

　　長年居住於國外，而能透過共同作者們所提供的實際案例，讓我（編著者）能切身體會國內華人的各種案例，而對華人常面對的心理問題有直接的接觸與了解，是很寶貴的學習經驗。同時，也相信共同作者們和編著者透過個案的書寫與討論而能相互的學習，也是很好的機會。大家可以彼此學習與討論，共同推展我們對心理治療的知識與了解，是最令人滿意的成果。

🔘 對各章個案的心得

　　實際的個案：本書中總共納入三十個案例，都是臨床上實際經驗到的個案。除了兩例是美國夏威夷所經驗到的日裔與韓裔美國人以外，其餘都是華人的例子，均是兒童心理衛生專家或成人精神醫學家在他們日常的臨床經驗裡所經歷治療的個案，是華人常見心理問題的彙總。

　　精采的個案：治療者們以共同作者的身分所提供書寫的個案，可說各個都是很精采而適合做學術性討論的案例；再加上他們使用各自書寫的文筆，採用

帶有個性的書寫方式，而把實際的案例做很詳細而深入的報告，是非常好的貢獻。

廣泛的個案：所採用的個案，各個有其特殊的心理問題與治療經過，包羅萬象，綜合起來，包含了各種各樣的人生問題，廣闊地反映了我們社會裡常遭遇的心理問題，變成是很廣泛的個案蒐集資料，是寶貴的臨床記錄。

病情解析的心得

根據「要點資料」進行解析：如何向病人探索重要的資料，是臨床上的技術；如何誘導病人描述治療者認為比較重要的事情，是會談上的技巧。由於各個共同作者所書寫的個案都能把適當且要點性的臨床資料含括進來，能幫助做病情的解析。對於個案的病情解析，一定要講究以事實作為基礎，才能進行確實的解析。因此，我們很注意這個要點，把作為分析用的個案的事實（包括病人本身或家屬所描述或敘述的話）用「」此符號標明起來，說明是根據這些資料而達到說明與解析的工作。

區別事實上的說明與推測：由於各種原因，臨床上無法時時都能獲得很完整的個案資料。一來是時間上的限制；二來是病人不知道或不願意敘述；三來是當時治療者沒有特別注意詢問探索；四來是治療者當時未覺得很重要而去追究。這些都是可了解的臨床上的現實。假如沒有足夠的資料，我們只能運用職業性的知識而做可能性的推測。可是，我們一定要把假設性的推測與根據事實的說明做清楚的劃分，不應混亂。

廣泛的解析榜樣例子：由於本書所包括的個案各有不同的問題與病情，可以讓我們嘗試不同的了解與分析，總結起來，構成很好的病情解析的範本，相信對讀者會有相當的助益。本書符合原本的構想，即：運用實際的個案例來討論如何了解與解釋病情的發生，進而可施行輔導的工作。本書可說是為了「解析」病情而編寫的精華書，對心理治療的基礎工作將有很大的貢獻。

治療策略的心得

客觀與確實的報告與檢討：心理治療的要點並不止於了解病情的來龍去

脈、問題的真相與性質，還得能進而建立治療上的策略，討論哪些問題要依先後的順序著手輔導，同時也要考慮進行哪些方面的輔導，並預料可能遭遇的困難，以及其應對的方法等等。因此，在每個個案裡，都請治療者報告他們實際進行治療的經過，所考慮的各種因素，也包括實際上所面對的限制或困難，並做適當的事後檢討。然後，由編著者提供對治療操作的評論，以及針對這類問題時，必須斟酌的各種條件，和治療上的基本策略。

原則性的考慮與廣泛的運用：由於每個個案都有不同的病情，再加上病人的自我能力、性格，以及對治療的了解情況及動機等的不同，需要議定的治療策略也將有所不同。經由各個案例對治療上的討論，希望能提供一般性的考慮原則，進而能舉一反三地廣泛運用於其他的個案，建立如何策劃治療策略的習慣。

學理討論的心得

就案例而討論所需的學理背景：由於對於病情的徹底了解，以及如何適當地去做分析與解釋，需要有學理上的根據，運用既有的知識與理論來進行解析。因此，我們在每章裡，將相關的學理或理論做討論與說明，幫助我們如何就這些學理背景而進行了解。

按類索引的功效：由於各個案例所牽涉的心理問題不同，需要引用的學理背景也不同，結果，整本書所討論與說明的理論與學理也各自不同。可說是化零為整的方式，累積成為有系統的全盤性說明。我們在書末附加「按類索引」，說明這些章所討論的學理題目是什麼。如此一來讀者也可以運用此索引，決定倒過去念哪一章，可以熟悉哪些學理是被運用在何種個案及心理問題。根據「按類索引」我們可以看得出，本書包括了基本上需要知道與了解的各種學理，可說是形成了有結構而相當完整的書籍。

對將來的貢獻與建議

了解華人的普通心理與常見問題：由於本書所包括的都是華人的實際案例，希望能把許多華人常見的案例蒐集累積起來，可以得到一個臨床上的總結果，探討與了解華人所見的普通心理與常見的心理問題是哪些，得到全盤性的

了解。譬如，關於少年或青少年階段的孩子，都普遍性地受到學習的壓力，再加上父母的過分期待與催促，面對雙重性的負擔，只注重智識的累積，缺少情感與生活方面的訓練；家裡的父親普遍性地少跟青少年溝通，而母親卻常跟子女過分親近，甚至黏密，無法放手青少年的子女，讓其學習自主自立的習慣。成人結婚後，不注意夫妻間的感情生活，有時容易發生婚外情的問題。這樣透過臨床上的個案資料所得的結果，會提供比較有意義的實際資料，跟流行病學方式所做調查的資料有所不同，可相補性地說明整體的真相。也能很具體且實際地提示華人的常見心理問題，以及需要注意的心理衛生與輔導的課題。

　　體會治療華人的特別要領：同樣的，對於華人的心理治療上的要領、方法與結果，經過這樣個案的累積資料，我們也可以獲得一個全盤性的體會。一般來說，華人背景的治療者受文化上的無形與有形之影響，在輔導操作裡容易採取教導與訓斥的姿態，向病人灌輸道理，而比較需要學習並改善如何配合學理背景去有深度地了解病人，並且觀察與善用治療者與病人的關係而施予治療。病人也比較缺少心理治療是需要經歷時間去得到效果的觀念，以及長期接受輔導的習慣。因此，從文化的層次來說，可督促我們去考慮，到底我們宜如何給華人提供適合心理與文化的心理輔導方法與原則，進而可建立一般性而專業水準的知識，是很好的研究與貢獻。

　　促進並修正適合華人的學理：關於心理與心理治療有關的學說，常受文化背景的影響，需要配合文化而做必要的修訂。隨著各個案例裡討論學理，讓我們體會這些（多半源之於西方的）既有的學說運用於（東方的）華人的情況裡，哪些學理可以通用，是全球性的；而哪些是需要修改調節的，或者不適用，需要另外建立適合華人的學理。

　　心性發展的各個階段，其發展速度與快慢、是否需要修訂（比如，是否要考慮口慾期與潛伏期的實際上延長）、各個階段性的課題是否明顯化（如性蕾期）、主題內容是否要調節更改，都是可以考慮與研究的例子。什麼是比較成熟的自我心理防衛機制（如壓抑或幽默等）、什麼是健康的人格因素（如依賴或被動性的接受，或者獨立、攻擊性的征服），都是值得從文化的層次而去探討與修訂的學理。這也是將來可以特別討論與進行的學理上之研究。

按類索引

心理現象與發展

自我防禦機制與適應模式

心理、行為與社會

家庭與心理

心理治療

國家圖書館出版品預行編目（CIP）資料

心理治療：解析與策略／曾文星編著. --初版.--
臺北市：心理，2009.12
面；　公分.--（心理治療系列；22118）
含索引
ISBN 978-986-191-322-3（平裝）

1. 心理治療　2. 心理諮商　3. 個案研究

178.8　　　　　　　　　　　　　　98021125

心理治療系列 22118

心理治療：解析與策略

編 著 者：曾文星

執 行 編 輯：林汝穎

總 編 輯：林敬堯

發 行 人：洪有義

出 版 者：心理出版社股份有限公司

地　　　址：231026 新北市新店區光明街 288 號 7 樓

電　　　話：(02) 29150566

傳　　　真：(02) 29152928

郵撥帳號：19293172　心理出版社股份有限公司

網　　　址：https://www.psy.com.tw

電子信箱：psychoco@ms15.hinet.net

排 版 者：龍虎電腦排版股份有限公司

印 刷 者：正恆實業有限公司

初版一刷：2009 年 12 月

初版三刷：2024 年 3 月

I S B N：978-986-191-322-3

定　　　價：新台幣 450 元